工学结合·基于工作过程导向的项目化创新系列教材
国家示范性高等职业教育土建类"十二五"规划教材

房地产开发与经营

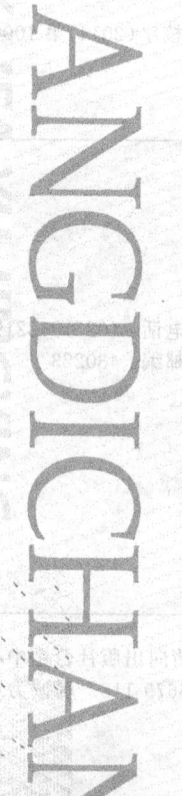

主 编 龚鹏腾 赵 琴
副主编 袁 黎 邓绍云

华中科技大学出版社
http://www.hustp.com
中国·武汉

内 容 简 介

本书是依据我国现行的规程规范,结合高职院校学生实际能力和就业特点,根据教学大纲及培养技术应用型人才的总目标而编写的。本书充分总结教学与实践经验,对基本理论的讲授以应用为目的,教学内容以"必需、够用"为度,突出实训、实例教学,紧跟时代和行业发展步伐,力求体现高职高专教育注重职业能力培养的特点。

本书共分 10 个学习情境,内容包括房地产开发与经营概述、房地产市场及市场调查、房地产开发策划、房地产开发项目可行性研究、房地产开发项目融资、房地产开发用地的取得、房地产开发项目产品设计、房地产开发项目建设过程、房地产销售、物业管理等。

为了方便教学,本书还配有电子课件等教学资源包,任课教师和学生可以登录"我们爱读书"网(www.ibook4us.com)免费注册下载,或者发邮件至 husttujian@163.com 免费索取。

本书可作为房地产开发经营、房地产经营与估价、物业管理、资产评估、国土资源管理、工程造价等专业的教学教材,也可作为房地产估价师、土地估价师、物业管理师等资格认证的培训教材。

图书在版编目(CIP)数据

房地产开发与经营/龚鹏腾,赵琴主编.—武汉:华中科技大学出版社,2014.5(2022.7重印)
国家示范性高等职业教育土建类"十二五"规划教材
ISBN 978-7-5680-0126-7

Ⅰ.①房… Ⅱ.①龚… ②赵… Ⅲ.①房地产开发-高等职业教育-教材 ②房地产经济-高等职业教育-教材 Ⅳ.①F293.3

中国版本图书馆 CIP 数据核字(2014)第 100450 号

房地产开发与经营   龚鹏腾 赵 琴 主编

策划编辑:康 序
责任编辑:康 序
封面设计:李 嫚
责任校对:何 欢
责任监印:张正林
出版发行:华中科技大学出版社(中国·武汉)   电话:(027)81321913
         武汉市东湖新技术开发区华工科技园   邮编:430223
录   排:武汉正风天下文化发展有限公司
印   刷:武汉邮科印务有限公司
开   本:787 mm×1 092 mm   1/16
印   张:18.5
字   数:469 千字
版   次:2022 年 7 月第 1 版第 4 次印刷
定   价:38.00 元

本书若有印装质量问题,请向出版社营销中心调换
全国免费服务热线:400-6679-118   竭诚为您服务
版权所有   侵权必究

前言

房地产开发与经营是房地产行业经济活动的重要组成部分，是房地产商品从开发、建设到竣工验收，并能够顺利进入市场，实现房地产商品价值，满足社会对房地产商品需求的经济活动。房地产开发与经营是一门应用学科，是经营管理学科的一个分支。

如何培养真正适应国家经济建设需求的人才，是高等教育迫切需要解决的课题。在讲授房地产开发与经营课程的过程中，编者多次与学生和企业沟通交流，也不止一次地深深思考：房地产开发经营课程教学应该怎样进行才能适应市场需求？怎样才能使学生既有一定的理论基础，又有较强的实践技能？教学内容如何与开发实践工作更加紧密地结合？在对这些问题的思索过程中，本书编者及相关院校和企业的同人产生了编写教材的想法。最终在华中科技大学出版社的帮助下，这个想法得以实现。

积极适应市场需求，将教学内容与开发实践工作紧密结合，使学生具有较强的实践能力，是本书的基本出发点。本书重点讲述房地产开发经营实践中所必须掌握的基本理论和方法，跟踪房地产市场的变化，选取具有代表性的实例，设计相关实训项目，进行能力训练。同时，按照房地产开发经营的实际工作程序安排内容顺序，便于教师开展以工作过程为主线的教学活动，满足房地产开发与经营课程的教学改革、课程建设和开发实践的需要。

本书由江西经济管理干部学院龚鹏腾、湖北财税职业学院赵琴担任主编，由武汉商贸职业学院袁黎、新疆应用职业技术学院邓绍云任副主编。本书的编写分工如下：学习情境1、2、3、4、8由龚鹏腾编写，学习情境7、9、10由赵琴编写，学习情境5由袁黎编写，学习情境6由邓绍云编写。全书由龚鹏腾修改、统稿。

为了方便教学，本书还配有电子课件等教学资源包，任课教师和学生可以登录"我们爱读书"网(www.ibook4us.com)免费注册下载，或者发邮件至husttujian@163.com免费索取。

本书编写过程中参考了有关编著者的论著，还借鉴了其他专家学者的许多研究成果，在此谨致诚挚的感谢！

由于编者水平有限，书中难免有不足之处，恳请读者和同行批评指正。

编　者
2014年5月

目录

学习情境 1　房地产开发与经营概述 ⋯⋯⋯⋯⋯⋯⋯⋯⋯⋯⋯⋯⋯⋯⋯⋯⋯⋯⋯⋯⋯⋯⋯ 1
　任务 1　房地产与房地产业 ⋯⋯⋯⋯⋯⋯⋯⋯⋯⋯⋯⋯⋯⋯⋯⋯⋯⋯⋯⋯⋯⋯⋯⋯⋯⋯⋯ 3
　任务 2　房地产开发与经营的形式与内容 ⋯⋯⋯⋯⋯⋯⋯⋯⋯⋯⋯⋯⋯⋯⋯⋯⋯⋯⋯⋯⋯ 7
　任务 3　房地产开发企业 ⋯⋯⋯⋯⋯⋯⋯⋯⋯⋯⋯⋯⋯⋯⋯⋯⋯⋯⋯⋯⋯⋯⋯⋯⋯⋯⋯⋯ 9
　任务 4　房地产开发程序 ⋯⋯⋯⋯⋯⋯⋯⋯⋯⋯⋯⋯⋯⋯⋯⋯⋯⋯⋯⋯⋯⋯⋯⋯⋯⋯⋯⋯ 18
学习情境 2　房地产市场及市场调查 ⋯⋯⋯⋯⋯⋯⋯⋯⋯⋯⋯⋯⋯⋯⋯⋯⋯⋯⋯⋯⋯⋯⋯⋯ 21
　任务 1　房地产市场及其运行规律 ⋯⋯⋯⋯⋯⋯⋯⋯⋯⋯⋯⋯⋯⋯⋯⋯⋯⋯⋯⋯⋯⋯⋯⋯ 23
　任务 2　房地产市场调查 ⋯⋯⋯⋯⋯⋯⋯⋯⋯⋯⋯⋯⋯⋯⋯⋯⋯⋯⋯⋯⋯⋯⋯⋯⋯⋯⋯⋯ 39
学习情境 3　房地产开发策划 ⋯⋯⋯⋯⋯⋯⋯⋯⋯⋯⋯⋯⋯⋯⋯⋯⋯⋯⋯⋯⋯⋯⋯⋯⋯⋯⋯ 49
　任务 1　房地产购买行为分析 ⋯⋯⋯⋯⋯⋯⋯⋯⋯⋯⋯⋯⋯⋯⋯⋯⋯⋯⋯⋯⋯⋯⋯⋯⋯⋯ 52
　任务 2　房地产市场细分与目标市场确定 ⋯⋯⋯⋯⋯⋯⋯⋯⋯⋯⋯⋯⋯⋯⋯⋯⋯⋯⋯⋯⋯ 62
　任务 3　房地产项目市场定位 ⋯⋯⋯⋯⋯⋯⋯⋯⋯⋯⋯⋯⋯⋯⋯⋯⋯⋯⋯⋯⋯⋯⋯⋯⋯⋯ 70
学习情境 4　房地产开发项目可行性研究 ⋯⋯⋯⋯⋯⋯⋯⋯⋯⋯⋯⋯⋯⋯⋯⋯⋯⋯⋯⋯⋯⋯ 80
　任务 1　房地产开发项目可行性研究概述 ⋯⋯⋯⋯⋯⋯⋯⋯⋯⋯⋯⋯⋯⋯⋯⋯⋯⋯⋯⋯⋯ 82
　任务 2　现金流量与资金时间价值 ⋯⋯⋯⋯⋯⋯⋯⋯⋯⋯⋯⋯⋯⋯⋯⋯⋯⋯⋯⋯⋯⋯⋯⋯ 84
　任务 3　经济评价指标与方法 ⋯⋯⋯⋯⋯⋯⋯⋯⋯⋯⋯⋯⋯⋯⋯⋯⋯⋯⋯⋯⋯⋯⋯⋯⋯⋯ 97
　任务 4　房地产开发项目风险与不确定性分析 ⋯⋯⋯⋯⋯⋯⋯⋯⋯⋯⋯⋯⋯⋯⋯⋯⋯⋯⋯ 107
　任务 5　房地产开发项目投资与收入估算 ⋯⋯⋯⋯⋯⋯⋯⋯⋯⋯⋯⋯⋯⋯⋯⋯⋯⋯⋯⋯⋯ 113
　任务 6　房地产开发项目财务报表的编制 ⋯⋯⋯⋯⋯⋯⋯⋯⋯⋯⋯⋯⋯⋯⋯⋯⋯⋯⋯⋯⋯ 116
　任务 7　房地产开发项目可行性研究报告的撰写 ⋯⋯⋯⋯⋯⋯⋯⋯⋯⋯⋯⋯⋯⋯⋯⋯⋯⋯ 123
学习情境 5　房地产开发项目融资 ⋯⋯⋯⋯⋯⋯⋯⋯⋯⋯⋯⋯⋯⋯⋯⋯⋯⋯⋯⋯⋯⋯⋯⋯⋯ 127
　任务 1　房地产开发项目融资概述 ⋯⋯⋯⋯⋯⋯⋯⋯⋯⋯⋯⋯⋯⋯⋯⋯⋯⋯⋯⋯⋯⋯⋯⋯ 130
　任务 2　房地产开发项目融资的渠道 ⋯⋯⋯⋯⋯⋯⋯⋯⋯⋯⋯⋯⋯⋯⋯⋯⋯⋯⋯⋯⋯⋯⋯ 134
　任务 3　房地产开发贷款的风险管理 ⋯⋯⋯⋯⋯⋯⋯⋯⋯⋯⋯⋯⋯⋯⋯⋯⋯⋯⋯⋯⋯⋯⋯ 141
学习情境 6　房地产开发用地的取得 ⋯⋯⋯⋯⋯⋯⋯⋯⋯⋯⋯⋯⋯⋯⋯⋯⋯⋯⋯⋯⋯⋯⋯⋯ 145
　任务 1　房地产开发用地取得的方式 ⋯⋯⋯⋯⋯⋯⋯⋯⋯⋯⋯⋯⋯⋯⋯⋯⋯⋯⋯⋯⋯⋯⋯ 146
　任务 2　国有土地使用权划拨 ⋯⋯⋯⋯⋯⋯⋯⋯⋯⋯⋯⋯⋯⋯⋯⋯⋯⋯⋯⋯⋯⋯⋯⋯⋯⋯ 153
　任务 3　国有土地使用权出让 ⋯⋯⋯⋯⋯⋯⋯⋯⋯⋯⋯⋯⋯⋯⋯⋯⋯⋯⋯⋯⋯⋯⋯⋯⋯⋯ 154
　任务 4　国有土地使用权转让 ⋯⋯⋯⋯⋯⋯⋯⋯⋯⋯⋯⋯⋯⋯⋯⋯⋯⋯⋯⋯⋯⋯⋯⋯⋯⋯ 158

任务 5	集体土地的征收	160
任务 6	国有土地上房屋征收与补偿	162
任务 7	土地储备制度	165

学习情境 7　房地产开发项目产品设计 … 169
　　任务 1　城市规划与房地产开发 … 173
　　任务 2　居住区规划设计 … 174
　　任务 3　建筑风格选择 … 177
　　任务 4　住宅户型设计 … 180
　　任务 5　环境景观设计 … 183
　　任务 6　住宅小区智能化 … 186

学习情境 8　房地产开发项目建设过程 … 191
　　任务 1　工程建设项目报建管理 … 192
　　任务 2　房地产开发项目施工招标与投标 … 193
　　任务 3　办理建设工程施工许可证 … 197
　　任务 4　工程项目管理 … 198
　　任务 5　工程项目竣工验收 … 206

学习情境 9　房地产销售 … 211
　　任务 1　房地产销售形式 … 213
　　任务 2　房地产开发项目定价 … 222
　　任务 3　房地产开发项目市场推广 … 234
　　任务 4　房地产开发项目销售管理 … 245

学习情境 10　物业管理 … 249
　　任务 1　物业管理概述 … 250
　　任务 2　物业管理的内容与程序 … 260
　　任务 3　物业管理经费来源及服务费用测算 … 268
　　任务 4　写字楼物业管理 … 278
　　任务 5　商业物业管理 … 283

参考文献 … 288

学习情境 1

房地产开发与经营概述

学习目标

1. 知识目标

（1）掌握房地产、房地产业的概念和内容，以及房地产的特性。

（2）了解房地产开发企业的概念和分类，房地产开发企业的组织结构和机构设置，房地产开发企业的设立条件和程序。

（3）熟悉房地产业与建筑业的关系。

2. 能力目标

（1）了解房地产开发与经营的形式和内容。

（2）熟悉房地产开发企业的资质等级条件、房地产开发程序。

引例导入

2009年国企大举进军房地产业

随着经济的发展和城市化进程的加快,城市地价必然呈上升趋势,因此也必然会推动城市土地市场土地交易价格不断上涨。经历了2008至2009年初土地市场的低迷之后,从2009年中期开始,土地市场重新活跃起来,各城市土地拍卖价格屡创新高,出现了新一轮的"地王"。但与往年相比,2009年土地市场的活跃具有明显的国有企业推动的背景。以各城市"地王"为例,2009年各城市"地王"绝大部分为国有企业或有国有背景的企业,而在同样"地王"频现的2007年,"地王"中则存在不少民营企业与外资企业,如新加坡仁恒房产、香港信和地产等,如表1-1与表1-2所示。

此外,2009年创造"地王"的国有企业中,有不少企业原有主业并不属于房地产行业,属于跨行业渗透,如中化方兴、中石化、中海集团、中信集团等。

表1-1 2007年主要城市"地王"

时间	城市	地块	总价/亿元	单位地价/(元/m²)	竞得企业
2007.9.11	广州	白云区金沙洲B3701 A02地块	21.2	8 769	保利地产
2007.7.9	杭州	杭政储出(2007)23号地	14.76	8 769	宁波雅戈尔置业有限公司
2007.7.24	长沙	长沙新河三角洲地块	92	—	北京城市开发集团有限公司和北京北辰实业联合体
2007.11	上海	新江湾城D3地块	13.01	5 600	新加坡仁恒房产
2007.7.26	南京	江宁区牛首山地块	17.85	3 278	万科联合宝静置业
2007.8.3	重庆	渝中区石油路1号地块和九龙坡区大杨石组团地块	25.3	—	恒大地产
2007.7.20	成都	东沙河地块	41	—	香港信和地产

表1-2 2009年主要城市"地王"

时间	城市	地块	总价/亿元	单位地价/(元/m²)	竞得企业
2009.11.20	北京	顺义区后沙峪镇天竺开发区22号住宅用地	50.5	29 859	大龙地产
2009.9.30	上海	徐汇区斜土街道107街坊龙华路1960号地块	72.45	27 231	绿地集团
2009.11.2	天津	津南区八里台镇天嘉湖北侧	36	1 434	中信集团
2009.9.10	深圳	尖岗山片区,位于宝安区新安和西乡街道办交会处	5.3	18 874.64	招商局地产、华侨城集团
2009.6.10	广州	D8-C3地块	345	15 324	广州城建集团

学习情境 1

房地产开发与经营概述

续表

时间	城市	地块	总价/亿元	单位地价/(元/m²)	竞得企业
2009.9.8	南京	南京河西地块	15.92	7 553	保利地产
2009.9.18	济南	东航三角地	0.86	17 800	中石化
2009.10.29	重庆	江北嘴 CBD 江北体育公园一开发地块	41	2 741	中海集团九龙仓
2009.10.28	佛山	佛南(挂)2009-030 宗地	38.2	6 495	中海地产
2009.8.18	杭州	杭政储出(2009)29 号地	7.7	24 295	浙江西子房产集团
2009.7.30	宁波	宁波高新区梅墟新城南区 SA-12-2 地块	7.7	8 170	金杰地产

看完以上引例,请同学们讨论:

(1)国企大举进军房地产业的原因是什么？这一情况将会导致什么结果呢？

(2)在本例中,房地产开发企业有哪几种类型？

任务 1　房地产与房地产业

一、房地产的概念与特性

(一)房地产的概念

可以从以下几个角度来理解房地产的概念。

(1)从产权角度来看,房地产是指房产和地产的组合。

(2)从实物和权益的角度来看,房地产是指土地、建筑物及固着在土地、建筑物上不可分离的部分及其附带的各种权益。

(3)从房地产估价的角度来看,房地产是区位、实物、权益的综合体。

本书所说的房地产是房地产投资者们的投资对象。

(二)房地产的特性

房地产与普通商品不同,它有以下十大特性。

1. 不可移动性

房地产又可以称为不动产,因为其在空间上具有不可移动性。也许有人会问,现在有移动建筑物的技术了,是否可以认为房地产不具有不可移动性了呢？其实不然,不可移动指的是立

房地产开发与经营

体空间,而建筑物只是这个空间里的一种人造物,空间中的土地是无法移动的。

房地产的不可移动性,决定了任何一宗房地产只能就地开发、利用或消费,而且要受制于其所在的空间环境(邻里及当地经济)。不像其他商品,原料地、生产地、销售地和消费地可以不在同一个地方,这样可以在不同地区之间调剂余缺,从产地或过剩地区运送到供给相对短缺或需求相对旺盛的地区。所以,房地产市场不存在全国性市场,更不存在全球性市场,而是一个地区性市场(城市房地产一般是以一个城市为一个市场),其供求状况、价格水平和价格走势等都仅限于当地市场,在不同地区之间各不相同。

2. 数量有限性

房地产数量的有限性,实质上是指土地数量的有限性。地球的陆地面积只占到30%,除去沙漠、戈壁、江河湖泊、高原、湿地、高寒地区,能适宜人类居住的地方并不多。我们所说的房地产主要是分布在城市当中的规划用地,而城市规划用地是有限的,特定用途的土地就更有限了,位于黄金地段的特定用途的土地就更为宝贵了。

与此同时,随着中国城镇化进程的加速,农村人口正在大量进入城市,改革开放初期,城市和农村人口比例还是2∶8,到2010年时,这个比例已经变为了5∶5,而且农村人口仍然在快速进入城市,未来的比例将会达到8∶2。一方面是土地供给数量的有限性,另一方面是不断增长的需求,结果形成了不断攀升的土地价格,土地价格的上涨,也就导致了房地产价格的上涨。价格上涨的主要原因正是土地数量的有限性。

3. 寿命长久性

房地产从实物角度来看,是由土地和建筑物组成的。一方面,土地具有不可毁灭性;另一方面,建筑物在保养良好的情况下,可以使用很长的时间。例如,江西省安义县的宋朝古村,已有一千多年的历史了,其房屋仍在使用,就是因为有良好的维修保养,所以能使用这么长时间。

房地产的寿命长久性对于开发经营者是有利的,可以在比较长的建筑物的自然寿命中获取多个经济寿命。自然寿命是指房地产从地上建筑物建成投入使用开始,直至建筑物由于主要结构构件和设备的自然老化损坏,不能继续保证安全使用的持续时间。经济寿命是指在市场和运营状态下,房地产的经营收益大于其运营成本,即净收入大于零的持续时间。投资者们可以在第一个经营项目利润降为零时,立即更换另一个经营项目,使得利润仍然为正值,如果利润又变为零,投资者们还可以再更换经营项目。例如,一位投资者买了一个临街店面,开始的时候卖水果,经营了半年,利润就降为零了,他可以更换经营项目,不卖水果了,改为经营网吧,经营了两年,利润又降为零了,他还可以更换经营项目,改为美容美发等,总之就是让利润不为零,根据市场上收益较高的经营项目来变化自己的经营项目。

4. 独一无二性

房地产具有独一无二性,每宗房地产都有其独特之处,可以说没有两宗完全相同的房地产。例如,相同的建筑结构,相同的设计,相同的装修,相同的设施设备的两栋楼也不是完全相同的,因为二者的区位不同。

由于房地产的独一无二性,对于开发商而言,前期的市场营销策划相当重要。在这个环节,开发商要充分地挖掘自己楼盘与竞争对手楼盘的优势与劣势,从而找到自己的卖点,最终找到销售突破点。

5. 价值高大性

房地产的价值很大,少则几万元、几十万元,多则几亿元,甚至几千亿元。这就意味着并不是每一个人都能进行房地产开发投资,价值高大性使得房地产投资的门槛比较高。即使是进入了房地产开发投资的领域,由于占用的自有资金太多,很多投资者们者会考虑借贷,这就增加了投资风险。对于房地产投资者们来说,对于风险的评估十分重要,在后面的学习情境中会介绍房地产开发项目的可行性研究。通过可行性研究,可以告诉投资者们该项投资的可行性、安全性、盈利能力、风险情况等。

6. 用途多样性

通常将土地的用途分为居住用途、商业用途、工业用途、特殊用途四大类,具体还可以对这四大类进行细分,这里就不展开介绍了。土地用途一经确定,则会保持很长一段时间不变,但建筑物的具体用途仍然可以改变。例如,前面所说的商业店面,可以在第一个经济寿命中经营水果店,在第二个经济寿命中改为经营网吧,在第三个经济寿命中改为经营美容美发店等。

7. 相互影响性

相互影响性是指房地产价值受其周边物业、城市基础设施与市政公用设施和环境变化的影响。房地产不可以移动,因而周边的环境对其价值影响很大,如果房地产项目周边的配套设施不完善,房价肯定很难上去,而如果旁边是公园、大型超市、重点中学、银行、菜场、新华书店,又或者小区门口就是地铁站点,多条公交路线从小区门口通过并且直达火车站、机场、市中心等重要地点,那么其价格一定是一路高涨。

由于房地产具有相互影响性,因而开发商在进行前期策划时,就应当与政府有关部门和单位进行沟通协调,完善其周边的配套设施。例如,位于南昌市坛子口的中环广场,其销售情况一直不佳,后经开发商与公交公司协商,在楼盘门口增设了一个公交站点,一举扭转了销售颓势。

8. 难以变现性

房地产不像股票那样可以随时变现,因为其具有独一无二性、价值高大性,使得对某宗特定房地产有偏好的购买者并不多,而能迅速拿出全款的购买者就更少了,想要拿到一个比较理想的变现价格,需要等待较长的时间,在短时间内很难变现,如果想在短时间内强行变现,卖方会遭受很大的损失。例如,在抵押贷款不能清偿时,银行会要求强制处分抵押房地产,这种强制处分通常以折价变卖或拍卖的方式解决,在短时间内变现,往往使得抵押房地产价值会损失10%~30%的价值。这一变现风险也提醒了房地产投资者们不宜急于出手自己的房地产。

9. 易受限制性

房地产的不可移动性决定了它的易受限制性,交通管制、城市规划、市容城管、园林规划都对其有很大的影响。例如,在交通管制中的单行道限制,在城市规划中的规划红线限制、楼高限制、容积率限制,在市容城管的住宅底商经营内容限制等。因此,开发商们必须增强法律法规意识,尤其要充分理解地方性法律法规,不能随意去触碰法律法规的"红线"。

10. 保值增值性

这里保值指的是保有房地产的使用价值,这里的增值是增加房地产的价值。前面已经说过,房地产具有寿命长久性和数量有限性,前者决定了它具有保值的特性,后者决定了它具有增值的特性。每当出现通货膨胀现象时,房地产价格的涨幅总能抵消通货膨胀带来的货币贬值,这也是它保值特性的一个体现。因为土地的增值特性,使得房地产成了一种比较安全的投资工具。

二、房地产业的概念与内容

(一) 房地产业的概念

房地产业是进行房地产投资、开发、经营、管理、服务的行业,属于第三产业,是具有基础性、先导性、带动性和风险性的产业。

人们经常会把房地产业和建筑业弄混,其实它们并不属于同一行业,建筑业属于第二产业。房地产开发商作为发包方,把建设项目发包给建筑承包商,在承包合同中,开发商是甲方,建筑承包商是乙方,他们是委托与被委托的关系,策划者与执行者的关系,以及导演与演员的关系,如图1-1所示。

(二) 房地产业的内容

房地产业包括房地产投资开发业和房地产服务业。其中,房地产服务业又可以分为房地产中介服务行业和物业管理行业,房地产中介服务行业又可以分为房地产咨询行业、房地产估价行业、房地产经纪行业,如图1-2所示。

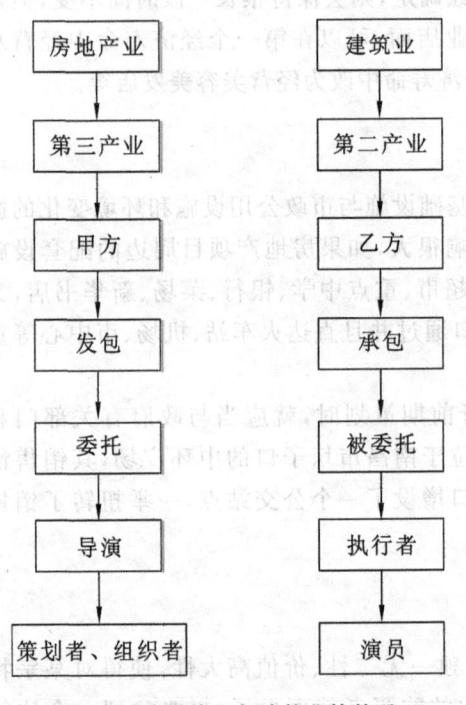

图1-1 房地产业与建筑业的关系

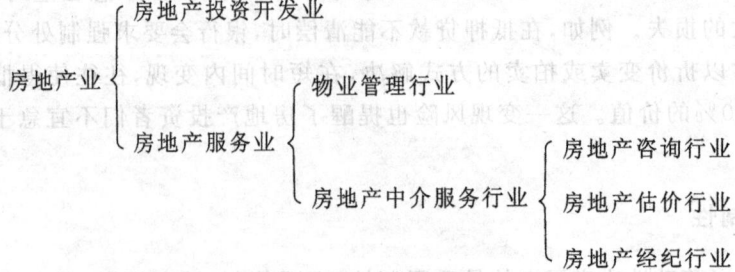

图1-2 房地产业的内容

图1-2所示的内容中,房地产投资开发业是主业,房地产服务业是围绕着房地产投资开发业

这个主业展开的辅业,房地产投资开发业的繁荣与否直接决定着房地产服务业的市场前景;反之,房地产服务业的繁荣与否也能反映出房地产投资开发业的发展状况。

下面简单介绍一下房地产咨询、房地产估价、房地产经纪的概念。房地产投资开发、物业管理的相关概念会在接下来的任务2和学习情境10中继续介绍。

1. 房地产咨询

房地产咨询是指为房地产经济活动的当事人提供法律法规、政策、信息、技术等方面服务的经营活动。现实中的具体业务有接受当事人委托进行房地产市场的调查研究和房地产开发项目可行性研究,以及房地产开发项目策划、房地产信息收集、房地产政策咨询、房地产业务培训等。

2. 房地产估价

房地产估价是指以房地产为对象,由专业估价人员根据估价目的,遵循估价原则,按照估价程序,选用适宜的估价方法,并在综合分析影响房地产估价因素的基础上,对房地产在估价时点的客观合理价格或价值进行估算和判定的活动。

3. 房地产经纪

房地产经纪是指为委托人提供房地产信息和居间代理业务的经营活动。目前其主要业务是接受房地产开发商的委托,销售其开发的楼盘。而房地产经纪业务不仅只是代理新房的买卖,还包括代理旧房的买卖;不仅代理房地产的买卖,还代理房地产的租赁等业务。

任务 2 房地产开发与经营的形式与内容

一、房地产开发与经营的概念

(一) 房地产开发

根据《中华人民共和国城市房地产管理法》(以下简称为《城市房地产管理法》)中的定义,房地产开发是指在依据《城市房地产管理法》取得国有土地使用权的土地上进行基础设施、房屋建设的行为。

(二) 房地产经营

房地产经营是房地产企业经营活动的重要组成部分,是指房地产企业为实现预期目标,确定实现目标的战略和策略,并有意识、有计划地加以实现的经济活动过程。广义的房地产经营不仅包括房地产生产过程的开发环节、流通环节的营销活动和中介服务活动等,还包括消费环

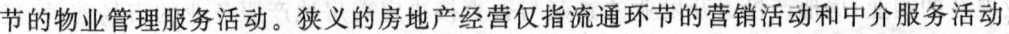

节的物业管理服务活动。狭义的房地产经营仅指流通环节的营销活动和中介服务活动。

(三) 房地产开发与经营

房地产开发与经营指的就是房地产经营的广义含义。本书将对房地产开发与经营的每一个环节进行详细介绍。

二、房地产开发与经营的形式与内容

下面根据房地产开发与经营在时间上的前后关系,来对房地产开发与经营的形式与内容进行详细介绍。

(一) 土地开发

有的开发商并不以完成房屋建设为目标,而只是完成土地的开发过程。即从获取生地或毛地开始,一直到开发成为熟地为止。最后将熟地转让给下一个开发商继续开发,从中获取利润。

下面介绍一下土地开发中的三个主要的概念。

1. 生地

生地主要包括以下两类。一类是从未有人类活动的土地,可以解释为荒地。获取时,只需要交给政府一笔土地使用权出让金即可。另一类是农村征用的集体土地。获取时,除了向政府缴纳土地使用权出让金外,还需要对被征用土地的农民进行补偿,包括土地补偿费、安置补助费、青苗补偿费、地上建筑物补偿费、新菜地开发基金等费用。

2. 毛地

毛地是指在城市旧区范围内,尚未经过拆迁安置补偿等的土地。根据《国有土地上房屋征收与补偿条例》中的规定,获取这类土地时,除了要向政府缴纳土地使用权出让金外,还要向被征收人进行三项补偿,分别是被征收房屋价值的补偿,因征收房屋造成的搬迁、临时安置的补偿,因征收房屋造成的停产停业损失的补偿。

3. 熟地

熟地是指生地经过通电、通道路、通自来水、通排水、通信、通燃气、通热力、平整土地(即七通一平)的加工改造以后,或者是将被改造的旧城区土地经过拆迁、土地平整和基础设施完善以后的空地,熟地可直接进行建设。

(二) 房屋开发

房屋开发是指开发商从获取国有土地(生地、毛地、熟地)的使用权开始,在土地上进行基础设施和房屋建设,并达到竣工验收标准,最后将其全部销售的过程。

(三) 在建工程开发

在建工程开发是指那些由于资金链断裂导致在建工程未完工的开发商,将其在建工程及在建工程所占有的土地使用权一并转让给下一个有资金实力的开发商继续开发的形式。

(四)置业投资

置业投资是投资者不参与房地产的开发过程,而是直接买进开发商开发好的新房或其他业主的二手房,持有一段时间后再进行转售的行为。置业投资至少可以在转售时获取房地产的增值收益,如果在持有期内采取出租的方式,还可以获取租金收益。

在持有期内,根据置业投资者的具体运作情况可以把置业投资细分为置业消费投资、置业买卖投资、置业租赁投资等。

1. 置业消费投资

置业消费投资按照房地产的使用方式的不同可分为生活型消费投资和生产、经营型消费投资。前者是满足人们"住"的需要,后者则是满足人们在商业、办公、工业、仓储等领域的需要。

2. 置业买卖投资

置业买卖投资为短线投资,投资者主要是利用市场变化,投入一定的资金,以低价购入房地产,待价而沽。置业买卖投资通过赚取差价获取利润,带有一定的投机性。例如,前几年出现的"温州炒房团",就是典型的买卖投资。

3. 置业租赁投资

置业租赁投资是指投资者获得房地产的完整产权后,将房地产的使用权让渡出来(即用益物权),以换取租金收益。承租人按租赁合同缴纳租金后,在规定的期限内,可以在房屋中进行消费、生产、经营等活动。

(五)租赁经营投资(包租)

在房地产市场活动中,有的业主拥有大量房地产,却不熟悉房地产市场,也不想去进行经营管理,而是采取包租的形式委托给他人料理,收取固定的租金。包租者投入一定的资金,根据出租情况的需要,对受托的房屋进行适度的整改,承担经营管理、维修等义务。包租者所得的营业收入,除按固定租金上缴业主和支付经营费用后,其差额部分属于包租收益。租赁投资的风险由包租人承担。

任务 3 房地产开发企业

一、房地产开发企业的概念

如果从法规的角度来理解,房地产开发企业是指按照《城市房地产管理法》的规定,以赢利为目的,从事房地产开发和经营的企业。

如果从开发过程的角度来理解,房地产开发企业是指从购买土地使用权开始,经过项目策划、规划设计、施工建设等过程,建成房地产商品以供租售的生产企业。

二、房地产开发企业的分类

(一) 按房地产开发业务在企业经营范围中的地位不同分类

按照房地产开发业务在企业经营范围中地位的不同进行分类,可将房地产开发企业分为房地产开发专营公司、房地产开发兼营公司和房地产开发项目公司。

(1) 房地产开发专营公司,是指以房地产开发经营为主要业务的企业。例如,深圳万科、上海绿地就是专门进行房地产开发的企业。

(2) 房地产开发兼营公司,是指以其他经营项目为主,兼营房地产开发业务的企业。例如,中化方兴、中石化、中海集团、中信集团就属于房地产开发兼营公司,其主业并不是房地产开发。

(3) 房地产开发项目公司,是指以开发某一项目为目的,从事单项房地产开发经营的企业。目前有很多小型房地产开发企业,在成长的初期都是仅仅只开发一个项目。

(二) 按企业所有制性质分类

按照房地产开发企业的所有制性质进行分类,可将房地产开发企业分为公有制的房地产开发企业、合资企业和私有企业。在本项目的引例导入当中其实已经提及了国有企业(属于公有制的房地产开发企业)、民营企业和外资企业(二者都属于私有企业)。

(1) 公有制的房地产开发企业,按公有化程度的不同又可细分为全民所有制和集体所有制的房地产企业。目前,全民所有制房地产开发企业在中国城市房地产开发经营市场中占主导地位,也是房地产企业体制改革的主要对象。

(2) 合资企业,是指由外商和国内企业联合组建的房地产开发经营企业,是引进外资和吸收国外先进的房地产开发经营技术经验的重要渠道。

(3) 私有企业,是指由个人所有的从事房地产开发经营的企业,目前其数量不少。

(三) 按照开发经营的对象分类

按照开发经营的对象进行分类,可将房地产开发企业分为专门从事土地和城市基础设施开发的企业、专门从事地上建筑物和构筑物建设的房地产开发企业和房地产综合开发经营企业,下面分别进行介绍。

(1) 专门从事土地和城市基础设施开发的企业。这类企业从政府或政府主管部门的手中取得土地使用权,然后对土地进行开发,完成城市基础设施的建设,最后将开发好的土地转让给其他用地单位。

(2) 专门从事地上建筑物和构筑物建设的房地产开发企业,是指主要从土地二级市场上取得土地使用权,然后在土地上建设各类房屋和建筑物,最后将建成的建筑物和构筑物出租或出售的房地产开发企业。

(3) 房地产综合开发经营企业,是指把土地和房屋作为统一的开发经营对象进行综合开发建设的房地产开发企业。

(四) 按照政府对企业的干预程度分类

按照政府对企业的干预程度进行分类,可将房地产开发企业分为商业性房地产开发企业和政策性房地产开发企业。

(1) 商业性房地产开发企业,是指从项目决策、资金融通一直到产品的竣工租售为止,完全以市场价格为导向的房地产开发经营企业。它们追求的是最大化的市场利润。

(2) 政策性房地产开发企业,是指接受国家指定的房地产开发经营任务,不完全按照商业性原则开发经营房地产的企业。例如,目前在住宅的生产中,"安居工程"、"经济适用房"、"公租房"和"廉租房"建设就是此类政策性项目,政府所属的从事"安居工程"的房地产开发经营企业就是政策性的房地产开发经营企业。

当然,完全的商业性或是政策性的房地产开发企业,在目前的环境下并不存在,大部分房地产开发企业是二者兼而有之。在某些情况下,政策性业务的开展可能会更好地促进商业性房地产开发经营业务。

三、房地产开发企业的设立

(一) 设立条件

根据《城市房地产管理法》第三十条和《城市房地产开发经营管理条例》第五条的规定,设立房地产开发企业,除应当符合有关法律、行政法规规定的企业设立条件外,还应当具备下列条件。

(1) 有自己的名称和组织机构。

(2) 有固定的经营场所。

(3) 有100万元以上的注册资本。

(4) 有4名以上持有资格证书的房地产专业、建筑工程专业的专职技术人员,2名以上持有资格证书的专职会计人员。

(5) 法律、行政法规规定的其他条件。

(二) 设立程序

房地产开发企业的设立程序如下。

(1) 向上级机关提出组建房地产开发企业的申请报告。

(2) 拟定房地产开发企业的章程。

(3) 向当地政府或房地产主管部门提出成立房地产开发经营企业的申请报告。

(4) 申报企业的资质等级。

(5) 办理银行的开户手续,并存入资金。

(6) 办理资金信用证明。
(7) 办理经营场所的使用证明。
(8) 向工商行政管理部门申请注册登记。

工商行政管理部门对符合《城市房地产开发经营管理条例》规定条件的房地产开发企业,应当自收到申请之日起 30 日内予以登记;对于不符合条件不予登记的,应当说明理由。工商行政管理部门在对设立房地产开发企业申请登记进行审查时,应当听取同级房地产开发主管部门的意见。

四、房地产开发企业的资质

(一) 资质分级

根据《房地产开发企业资质管理规定》,房地产开发企业按照企业条件分为一级、二级、三级、四级等四个资质等级。具体情况如表1-3所示。

表1-3 房地产开发企业各级资质等级条件

资质等级	注册资本/万元	从事房地产开发经营时间/年	近3年房屋建筑面积累计竣工/万平方米	连续建筑工程质量合格率达到100%年限/年	上一年房屋建筑施工面积/万平方米	专业管理人员/人		
						总计	其中	
							中级以上职称管理人员	持有资格证书的专职会计人员
一级	≥5000	≥5	≥30	5	≥15	≥40	≥20	≥4
二级	≥2000	≥3	≥15	3	≥10	≥20	≥10	≥3
三级	≥800	≥2	≥5	2		≥10	≥5	≥2
四级	≥100	≥1		已竣工的建筑工程		≥5		≥2

除了以上表格中的条件,《房地产开发企业资质管理规定》中还要求一级、二级、三级资质房地产开发企业不仅应具有完善的质量保证体系,而且在商品住宅销售中实行了《住宅质量保证书》和《住宅使用说明书》制度;要求四级资质房地产开发企业在商品住宅销售中实行了《住宅质量保证书》和《住宅使用说明书》制度;要求一级资质、二级资质、三级资质、四级资质的房地产开发企业都未发生过重大工程质量事故。

(二) 资质审批

房地产开发企业资质审批实行的是分级审批制度。

一级资质由省、自治区、直辖市人民政府建设行政主管部门初审,报国务院建设行政主管部门审批。

二级资质及二级资质以下企业的审批办法由省、自治区、直辖市人民政府建设行政主管部门制定。

经资质审查合格的企业,由资质审批部门发给其相应等级的资质证书。

(三)资质年检

房地产开发企业的资质实行年检制度。对于不符合原定资质条件或有不良经营行为的企业,由原资质审批部门予以降级或注销资质证书。

一级资质房地产开发企业的资质年检由国务院建设行政主管部门或其委托的机构负责。

二级资质及二级资质以下房地产开发企业的资质年检由省、自治区、直辖市人民政府建设行政主管部门来制定办法。

房地产开发企业无正当理由不参加资质年检的,视为年检不合格,由原资质审批部门注销其资质证书。

房地产开发主管部门应当将房地产开发企业资质年检结果向社会公布。

(四)不同资质的业务范围

一级资质的房地产开发企业承担房地产项目的建设规模不受限制,可以在全国范围承揽房地产开发项目。

二级资质及二级资质以下房地产开发企业可以承担建筑面积在 25 万平方米以下的开发建设项目,承担业务的具体范围由省、自治区、直辖市人民政府建设行政主管部门确定。

各资质等级企业应当在规定的业务范围内从事房地产开发经营业务,不得越级承担任务。

五、房地产开发企业的组织机构设置

(一)房地产开发企业组织机构的一般设置

房地产开发企业一般设置下列机构负责各项工作:①规划设计部;②征地拆迁部;③工作技术部;④计划部;⑤财务部;⑥材料供应部;⑦经营部;⑧人事部(人力资源部);⑨办公室。各部门工作由总经理统一协调。有关部门负责人(经理)对总经理负责。

(二)房地产开发企业组织结构的类型

房地产开发企业组织结构的类型有项目型组织结构、职能型组织结构、矩阵型组织结构及混合型组织结构。

1. 项目型组织结构

项目型组织结构是指在公司内部成立专门的项目机构,独立地承担项目管理任务,对项目目标负责。项目型组织结构如图 1-3 所示。

这种结构仍然是企业内部的一个项目组织,每个项目组织的运作方式如同一个微型公司。在项目组织的运行过程中,项目组织成员完全进入项目,已摆脱职能部门的任务,项目结束后项目组织解散,重新构建其他项目组织或回到原来的职能部门。

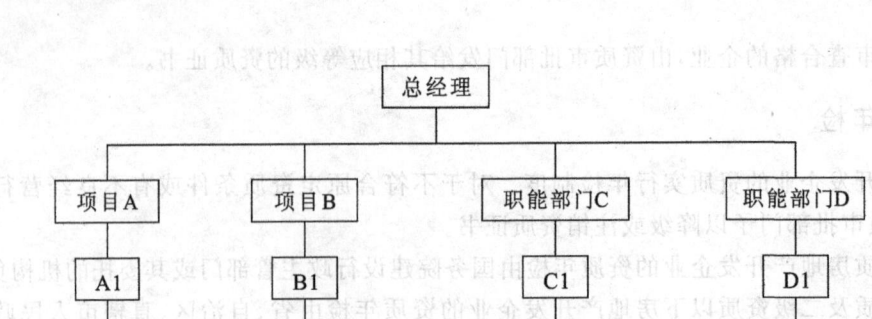

图 1-3　项目型组织结构示意图

2. 职能型组织结构

职能型组织结构是当今世界组织形式中应用最为普遍的组织形式。这种结构呈金字塔形，处于金字塔顶部的是高层管理者，塔顶以下依次分布着中层管理者和基层操作人员。其主要特点是按照专业分工设置职能部门，各职能部门在其业务范围内有权指挥下属单位及人员。按照市场投资、营销、开发、工程、预算、财务、人事等不同的职能，可以把公司的经营活动划分到不同的部门当中。其结构示意图如图 1-4 所示。

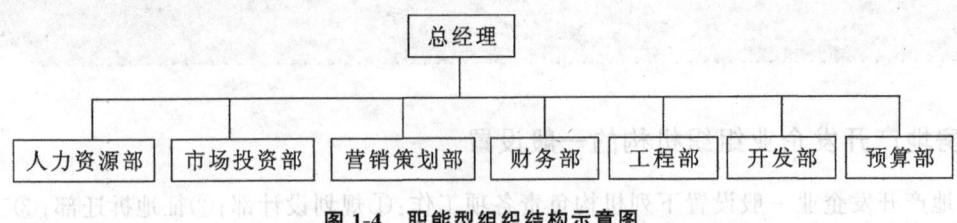

图 1-4　职能型组织结构示意图

3. 矩阵型组织结构

矩阵型组织结构是在 20 世纪 50 年代开始出现的一种组织结构形式。其实质是把按职能划分的部门和按项目（产品、服务等）划分的部门结合起来组成一个矩阵，使同一个员工既同原职能部门保持组织与业务的联系，又参加产品或项目小组的工作。为了保证完成一定的管理目标，每个项目小组都设负责人，在组织最高主管的直接领导下工作。这种矩阵型组织结构如图 1-5 所示。

4. 混合型组织结构

混合型组织结构的实质是将职能型和项目型组织结构相互结合而形成的一种企业组织形式。混合型组织结构示意图如图 1-6 所示。这种组织结构形式适用于中小组织，而不适用于规模较大、决策时需要考虑较多因素的组织，其综合了项目型与职能型组织形式的优点，职能高度集中，职责清楚，秩序井然，工作效率较高，整个组织有较高的稳定性。但是它也有如下缺点：下级部门的主动性的发挥受到限制；部门间互通情报少，不能集思广益地做出决策，当职能参谋部门和项目之间目标不一致时，

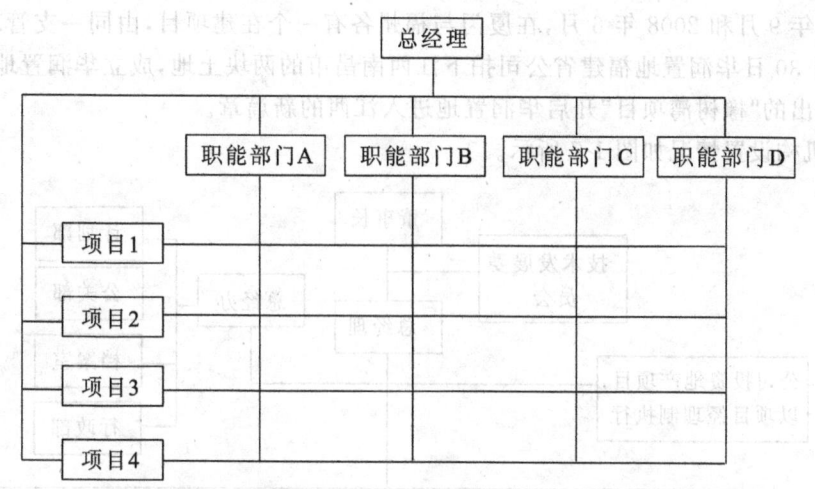

图 1-5　矩阵型组织结构示意图

容易产生矛盾,致使上层主管的协调工作量加大;难以从组织内部培养熟悉全面情况的管理人才;整个组织系统的适应性较差,缺乏弹性,不能对新情况及时做出反应。

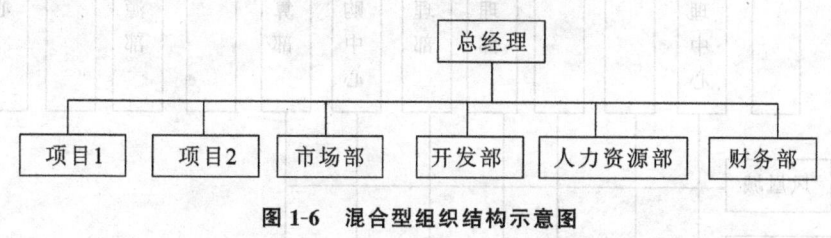

图 1-6　混合型组织结构示意图

(三)房地产开发企业组织结构和机构设置举例

下面以两家知名房地产开发企业为例,介绍房地产开发企业组织结构和机构设置情况。

1. 华润置地的组织结构和机构设置情况

华润置地有限公司(HK 1109)是华润集团旗下的地产业务旗舰,是中国内地最具实力的综合型地产开发商之一,从 2010 年 3 月 8 日起,香港恒生指数有限公司把华润置地纳入恒生指数成分股,成为香港 43 只蓝筹股之一。截至 2009 年年底,公司总资产超过 960 亿港元,净资产超过 390 亿港元,土地储备面积超过 2 210 万平方米,是中国地产行业内规模最大、盈利能力最强的地产企业之一。截至 2010 年 3 月,华润置地已进入中国内地 25 个城市,正在发展项目超过 50 个。

华润置地现已形成橡树湾学府系列、橡树湾英伦系列、凤凰城精品都市系列、百万平方米城中城系列、低密度大平层系列和特色高端产品等六大产品线,其持有物业发展出了"都市综合体""住宅+区域商业中心""住宅+欢乐颂"三种模式。其中,深圳万象城作为华润置地持有物业的代表作,是中国内地最具示范效应的都市综合体。

华润置地福建省公司是华润置地布局全国的十个大区之一,负责福建、江西两省的房地产业务。目前已进入的城市为厦门、福州和南昌。

华润置地(厦门)有限公司与华润置地(福州)有限公司(以下称华润置地福建省公司)先后

成立于2007年9月和2008年6月,在厦门与福州各有一个在建项目,由同一支管理团队运作。2010年12月30日华润置地福建省公司拍下江西南昌市的两块土地,成立华润置地(南昌)有限公司,已经推出的"橡树湾项目"开启华润置地进入江西的新篇章。

其组织机构设置情况如图1-7所示。

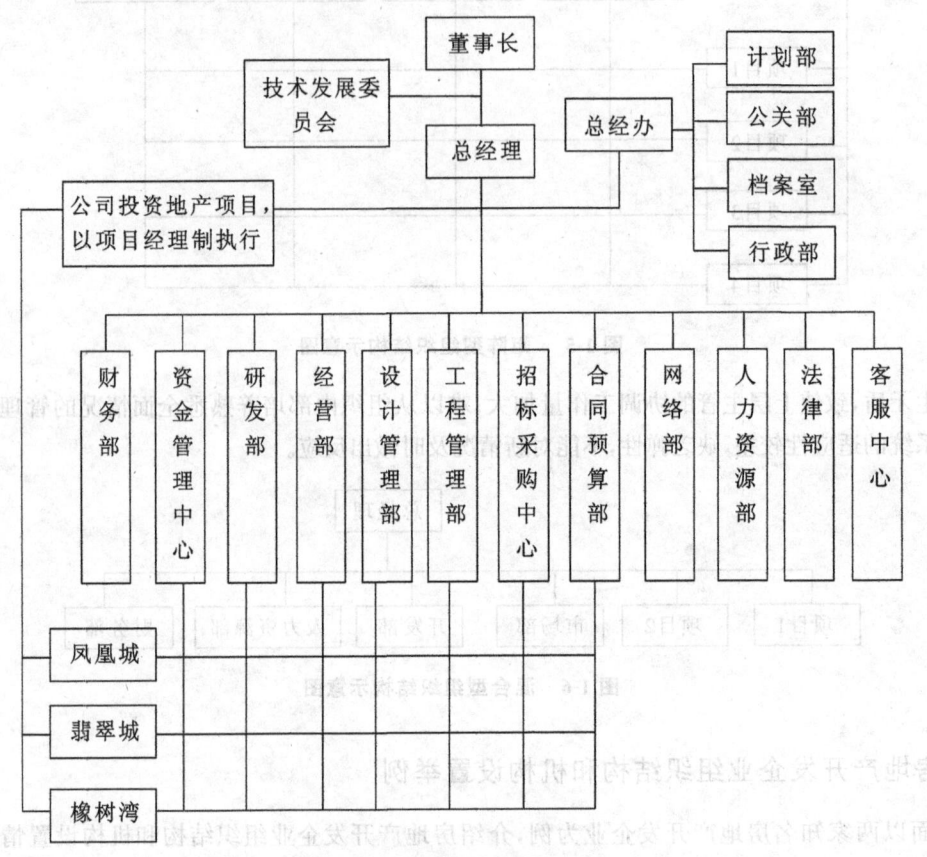

图1-7 华润置地组织机构设置

在图1-7中,研发部主要负责市场研究、土地谈判、前期策划等工作;经营部主要负责规划局立项、证照办理等工作;设计管理部由总建筑师负责,每个项目实行责任建筑师制;工程管理部和招标采购中心实行总工负责制;合同预算部负责合同起草、审核、执行、监督、做工程预算;网络部负责信息化平台建立维护。

华润置地组织机构的主要特点如下。

(1) 公司所有项目营销由华润置地经纪公司承担,具有专业化和职业化的特点,形成内部市场化运作。

(2) 实行项目经理制、总工负责制、建筑师责任制。

(3) 市场反应较慢,管理队伍年轻化。

(4) 华远分流人才,内伤较大。

(5) 资金、品牌、规划有优势。

(6) 逐渐形成自己开发模式,如凤凰城项目与翡翠城项目。

2. 万科集团的组织结构与机构设置情况

万科集团成立于1984年，1988年进入房地产行业，1991年成为深圳证券交易所的第二家上市公司。经过二十多年的发展，万科已成为国内最大的住宅开发企业之一，目前业务覆盖珠三角、长三角、环渤海三大城市经济圈及中西部地区，共计53个大中城市。近三年来，年均住宅销售规模在6万套以上，2011年公司实现销售面积1 075万平方米，销售额1 215亿元，2012年销售额超过1 400亿元。其销售规模持续居全球同行业首位。其组织机构设置情况如图1-8所示。

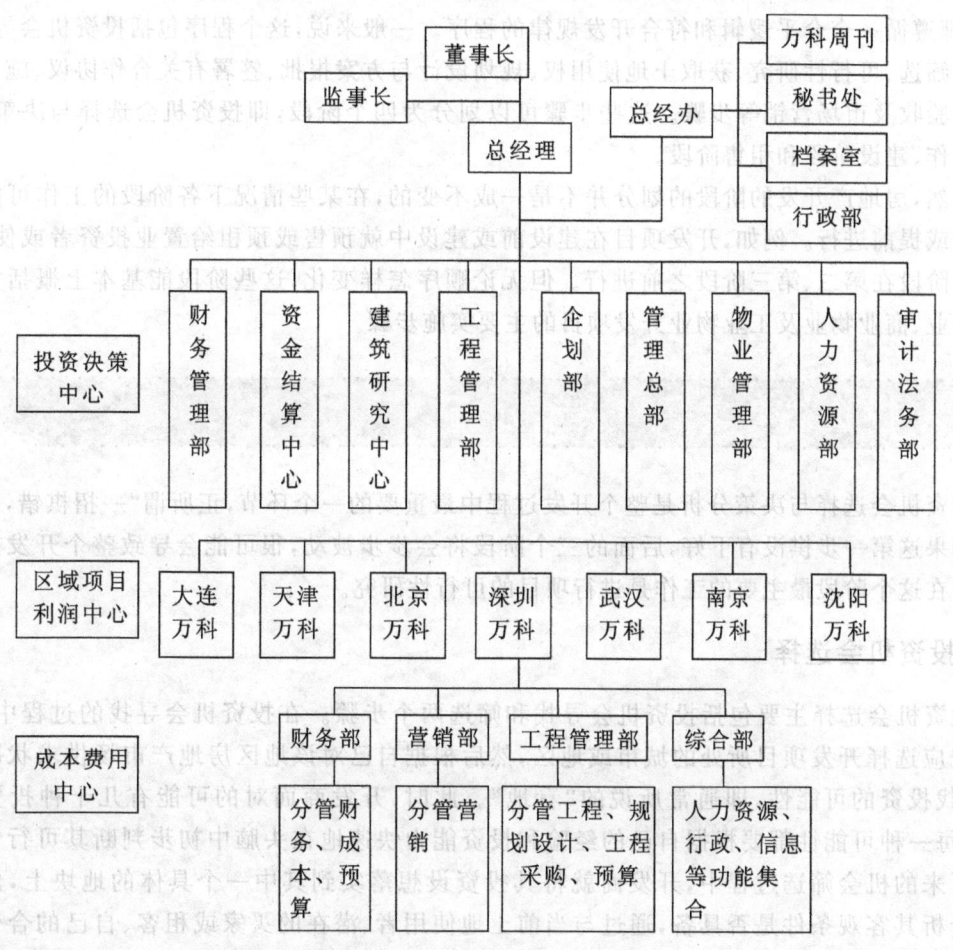

图1-8 万科集团组织机构设置

万科集团的组织机构设置有如下特点。
（1）最早提出职业经理人理念的企业，倡导职业化管理。
（2）企业管理比较规范。
（3）集团本部为投资决策中心，从事战略决策事宜。
（4）各地区分公司为法人治理机制，集团本部通过产权进行控制。
（5）分公司自主权力较大，机构设置尽量简单，总部只具有提供支持和进行监督的功能。
（6）非常重视人力资源管理，强调人才的轮岗和晋升，有利于职工的职业发展。
（7）薪酬较低，人才流动大。

任务 4 房地产开发程序

开发商从有投资意向至项目建设完毕，开始出售或出租并实施全寿命周期的物业管理为止，大都遵循一个合乎逻辑和符合开发规律的程序。一般来说，这个程序包括投资机会寻找、投资机会筛选、可行性研究、获取土地使用权、规划设计与方案报批、签署有关合作协议、施工建设与竣工验收及市场营销等步骤。这些步骤可以划分为四个阶段，即投资机会选择与决策分析、前期工作、建设阶段和租售阶段。

当然，房地产开发的阶段的划分并不是一成不变的，在某些情况下各阶段的工作可能要交替进行或提前进行。例如，开发项目在建设前或建设中就预售或预租给置业投资者或使用者，即第四阶段在第二、第三阶段之前进行。但无论顺序怎样变化，这些阶段能基本上概括大多数居住物业、商业物业及工业物业开发项目的主要实施步骤。

一、投资机会选择与决策分析

投资机会选择与决策分析是整个开发过程中最重要的一个环节，正所谓"一招棋错，满盘皆输"，如果这第一步棋没有下好，后面的三个阶段将会步步被动，很可能会导致整个开发投资的失败。在这个阶段最主要的工作是进行项目的可行性研究。

（一）投资机会选择

投资机会选择主要包括投资机会寻找和筛选两个步骤。在投资机会寻找的过程中，开发商首先应选择开发项目所处的城市或地区，然后根据自己对该地区房地产市场供求状况的认识，寻找投资的可能性，即通常所说的"看地"。此时，开发商面对的可能有几十种投资可能性，对每一种可能性都要根据自己的经验和投资能力快速地在头脑中初步判断其可行性。在紧接下来的机会筛选过程中，开发商就将其投资设想落实到其中一个具体的地块上，然后进一步分析其客观条件是否具备，通过与当前土地使用者、潜在的买家或租客、自己的合作伙伴及专业人士接触，提出一个初步的方案，如果认为可行，就可以草签购买土地使用权或有关合作的意向书。

（二）决策分析

决策分析主要包括市场分析和项目的财务评价两个部分的工作。市场分析主要分析市场的供求关系、竞争环境、目标市场及其可支付的价格水平。项目的财务评价是根据市场分析的结果，就项目的经营收入与费用进行比较分析，并由此确定项目是否可行。这项工作应在尚未签署任何协议之前进行，这样可以给开发商充足的时间来考虑有关问题。

二、前期工作

前期工作主要是指在投资项目确定以后,以及在项目开始施工之前要进行和开展的工作。具体包括获取土地使用权,确定规划设计方案并获得规划许可,建设工程招标,开工申请与审批,征地、拆迁、安置和补偿,施工现场的水、电、路通和场地平整,市政设施接入的谈判与签订协议,安排短期和长期信贷,对拟开发建设的项目寻找预租(售)的客户,进一步分析市场状况,初步确定目标市场、租金或售价水平,制订项目开发过程的监控策略,洽谈开发项目保险事宜等。

前期工作中最为复杂和多变的是各种手续的报批及许可证的获取,这不仅是因为前期工作环节多、涉及的政府部门多,也是因为国家的政策变化多以及政府部门间政策不协调等。

三、建设阶段

建设阶段,是指开发项目从开工到竣工验收所经过的过程。开发商在建设阶段的主要工作目标,就是在投资预算范围内,按项目开发进度计划的要求,高质量地完成建筑安装工程,使项目按时投入使用。开发商在建设阶段所涉及的管理工作,就是从业主的角度,对建设过程实施包括质量、进度、成本、合同、安全等在内的工程项目管理。房地产开发过程中的工程项目管理,可以由开发商自己组织管理队伍管理,也可委托监理机构负责管理。

由于建设过程是具体和集中的,对有些问题处理的变动性就小了,失去了调整的弹性,即一旦签订了承包合同,就不再有变动的机会了。

四、租售阶段

在建设阶段结束后,开发商的主要注意力就放在了项目预计的租金或价格能否实现的问题上。如果开发商在项目完工或接近完工时才开始市场营销工作,那就要重新进行市场调查了,因为经历建设阶段之后,房地产市场会有一些变化,其供求状况会发生一些变化,此时,开发商要决策选择何种销售形式,制订具体的租售方案,以及制订宣传与广告策略。当然,精明的开发商为了分散投资风险,减轻债务融资的压力,在项目建设前或建设过程中就会通过预租或预售的形式落实好买家或使用者。

小结

(1) 房地产的三种定义,房地产的十大特性。
(2) 房地产业的概念与内容,房地产业与建筑业的关系。
(3) 房地产开发与经营的概念,房地产开发与经营的形式与内容。
(4) 房地产开发企业的概念、分类、设立条件和程序。
(5) 房地产开发企业的资质等级(分为四级)及其管理。
(6) 房地产开发企业的组织结构和机构设置,本学习情境进行了一般情况的介绍,同时还列举两家知名企业的例子。

(1) 房地产有哪十大特性？
(2) 简述房地产业与建筑业的关系。
(3) 房地产开发与经营的形式有哪些？
(4) 房地产开发企业设立的条件是什么？
(5) 请在你所在的城市里寻找不同资质等级的房地产开发企业，列出它们的资质条件，内容应尽量详细些，然后进行交流讨论。
(6) 请在你所在的城市里找出几家典型的房地产开发企业，画出它们的组织结构图和机构设置图，比较它们的优势和劣势，然后进行交流讨论。

学习情境 2 房地产市场及市场调查

学习目标

1. 知识目标

（1）掌握房地产市场的分类和分级、房地产市场的特性、房地产市场自然周期的四个阶段，以及房地产市场调查的含义、作用和原则。

（2）熟悉房地产市场的参与者、房地产泡沫、房地产的过度开发、政府对房地产市场的干预手段，以及房地产市场营销过程的三大板块。

（3）了解房地产市场自然周期和投资周期的关系、房地产市场营销的概念、房地产市场调查的方法、房地产市场分析的概念和作用，以及房地产市场的功能。

2. 能力目标

（1）了解房地产泡沫和过度开发的区别与联系，掌握房地产市场调查报告的撰写。

（2）熟悉房地产市场调查的内容。

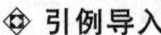

房地产开发与经营

◇ 引例导入

一个房地产项目销售成败的关键：房地产市场调查与分析

C集团在乌鲁木齐的黄金地段投资近5亿元人民币，建设开发了近10万平方米的C广场，它是集购物、商品批发、二类口岸、旅游、餐饮、娱乐、商务办公，以及酒店和公寓、住宅于一体的多功能综合大厦。此次营销策划工作是针对其商业部分招商的营销策划。

销售人员先进行了大量的市场调查，走访了政府各个相关管理部门，了解了当地的房地产市场和住宅现状等情况。

通过招聘和岗前培训，最后经过严格的考核，最终录用了由10人组成的具有市场调查、策划、招商功能的销售部。

在C广场的拆迁工作结束的同时，销售部通过一个月的市场调查和客户登记，准确地找到客户定位和价格定位，拿出了自己的一份全新的营销策划方案，全面推翻了原当地公司确定的营销方案。最重要的是，将价格从原定的首层商铺5 000元/m²起，提高到地下一层22 000元/m²起。

C广场地下一层鞋城开盘时，数百人排队抢购，光维持秩序就请了十多名警察。200多个摊位于当天中午十二点清盘，并且不做产权销售，只销售商铺15年的使用权，价格为22 000~25 000元/m²(原预测当地首层商铺价格为5 000元/m²)。当地各主流媒体、报纸、电视台、广播均对C广场进行了跟踪报道。C广场市场预计平均每层销售额将达到5 000万元，整个8层的市场销售额可达4亿。并且还将大厦的所有广告位都进行了出售，光广告收入每年就有几百万元，足够补贴物业管理费的不足，从而可以降低经营户的支出，促进其销售的同时又增加了新的亮点。

同时，乌鲁木齐当地的媒体一直密切关注着C广场的进展情况，从拆迁、奠基、开工、销售开盘到地下一层和二层售罄等都进行了连续报道。

C广场的销售之所以获得成功，既有客观原因，也有主观原因。具体分析如下。

一、客观原因

（1）C广场的位置是关键的原因。

（2）作为开发商的C集团公司的实力及背景在当地可谓家喻户晓。

（3）C广场是在乌鲁木齐市提出要建设成为国际商贸城的目标后，真正吸引外资的一个大型项目。

二、主观原因

（1）集团领导的重视。

（2）市场调查。C广场的销售有销售部仔细、认真、准确、大量的市场调查作为进行正确分析和判断的基础。其中，有些销售人员一人就走访了全市18家大型专业市场，拜访了数十位经营户，结识了许多民间商会的领军人物，如温州商会、湖北商会、福建商会、广东商会等。经过前期的充分准备，3 000余家经营户在招商现场登记，使销售人员掌握了第一手的资料和信息，对客户和竞争对手的情况可以说了如指掌，为集团领导做出决策提供了准确、有效的依据。

（3）将以往的经验及当地市场情况有机结合，准备了几套可行的操作方案，提供给公司领导和董事长参考、讨论并最终确定。

（4）排除各方面干扰，招商工作应由集团总部指导。

看完以上引例，请同学们讨论：

(1) 房地产市场调查与分析对于房地产项目销售的成败为什么那么重要？

(2) 在本引例当中，销售人员调查了哪些内容？从普遍意义上说，还应该调查哪些内容呢？

任务 1 房地产市场及其运行规律

一、房地产市场概述

(一) 房地产市场的概念

下面简单介绍一下市场的概念。

从政治经济学的角度来看，广义的市场是指商品交换关系的总和，狭义的市场是指商品交换的场所。

从市场营销学的角度来看，市场是指某种产品的现实购买者与潜在购买者需求的总和。销售者构成行业，购买者构成市场。市场包含三个主要因素，即有某种需要的人、为满足这种需要的购买能力和购买欲望。用公式表示就是：市场＝人口＋购买力＋购买欲望。

下面介绍一下房地产市场的概念。

房地产是一种特殊商品，不可移动性是其与劳动力、资本及其他类型商品的最大区别。虽然土地和地上建筑物不能移动，但它可以被某个人或机构所拥有，并且给拥有者带来收益，因此就产生了房地产交易行为。

(1) 从政治经济学角度来理解，房地产市场是指房地产商品的交换场所和领域，是房地产商品一切交换或流通关系的总和。凡是涉及房地产商品，包括土地、房地产及相关劳务活动交易的场所或领域，就会存在相应的房地产市场及其经济活动。

(2) 从房地产经济学的角度来理解，房地产市场是指当前潜在的房地产买者和卖者，以及当前的房地产交易活动。一个完整的房地产市场是由市场主体、客体、价格、资金、运行机制等因素构成的一个系统。

(二) 房地产市场的分类

1. 按地域范围划分

从一般地理意义上来说，房地产市场按照地域范围来划分，可以分为国际房地产市场(如东南亚房地产市场、北美洲房地产市场、欧洲房地产市场等)、国家房地产市场(如中国房地产市场、美国房地产市场、日本房地产市场等)、地区房地产市场(如华南地区房地产市场、华东地区房地产市场、东北地区房地产市场等)、省域房地产市场(如江西省房地产市场、浙江省房地产市场、黑龙江省房地产市场等)、城市房地产市场(如南昌市房地产市场、杭州市房地产市场、哈尔滨市房地产市场等)。

按照地域范围划分房地产市场如图2-1所示。

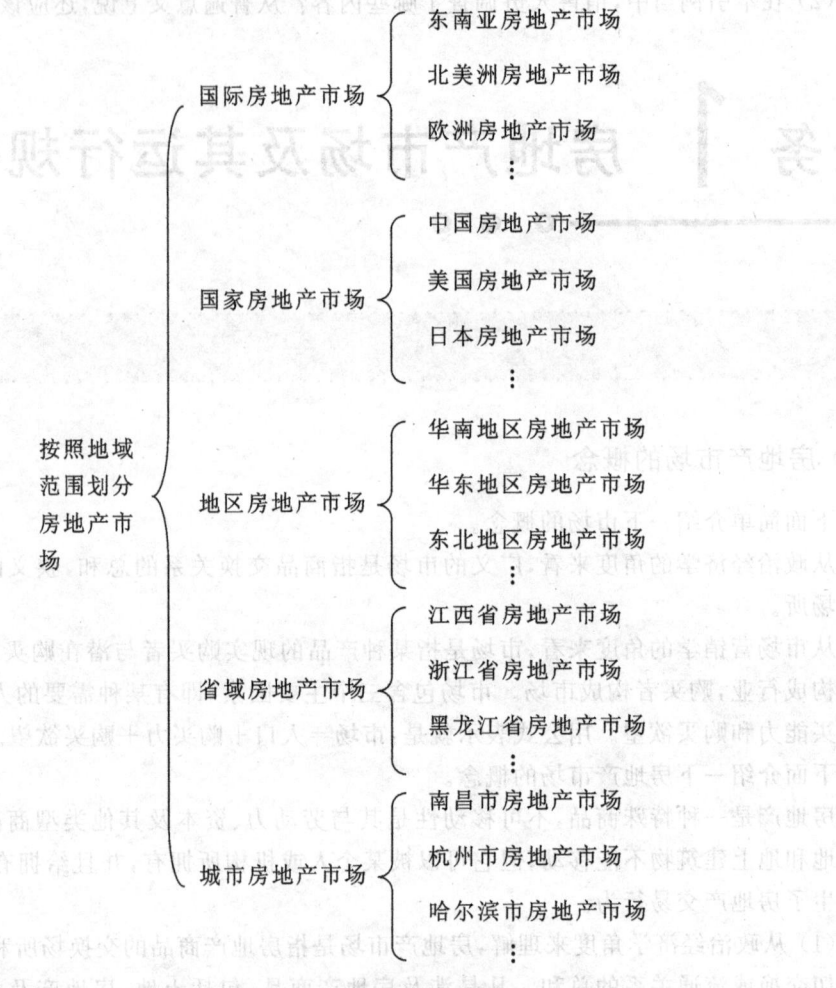

图2-1 按地域范围划分房地产市场

由于房地产具有不可移动性,故任何一宗房地产只能就地开发、利用或消费,而且受制于其所在的空间环境(即周边环境及当地经济情况),因此房地产市场的地域性很强。调查研究的范围越广,研究的意义就越小,例如,国际房地产市场对于想在南昌市开发房地产的投资者来说,没有任何意义。从地理意义上来说,调查研究的范围越小,其研究意义越大。例如,想在南昌市开发房地产,必须研究南昌市房地产市场的状况(地理范围甚至还可以更小),想在上海市开发房地产,就必须研究上海市房地产市场的状况,绝对不能把调查研究的范围搞得太大(如国际房地产市场的调查研究对于想在南昌市开发房地产的投资者来说,没有任何意义);同时也不能弄错位了,如使用上海市房地产市场的状况来分析南昌市房地产市场,或者使用南昌市房地产市场的状况来分析上海市房地产市场,二者不具有可比性。这是因为不同城市的当地经济情况和市场供求状况直接决定了各自的房地产价格的高低,开发商只能以此来做出正确的投资判断。

2. 按房地产的用途和等级划分

不同类型的房地产从投资决策到规划设计、工程建设、产品功能、服务客户的类型等方面均存在较大差异,因此,根据房地产的用途的不同,可将其分成若干子市场。例如,居住物业市场(包括普通住宅市场、高档公寓市场、别墅市场等)、商业物业市场(包括写字楼市场、商场或店铺市场、酒店市场等)、工业物业市场(包括标准工业厂房市场、高新技术产业用房市场、研究与发展用房市场等)、特殊物业市场(包括码头、机场等)和土地市场(包括各种类型用地市场)等。根据市场研究的需要,有时还可以进一步按物业的档次或等级进行细分,如甲级写字楼市场、乙级写字楼市场等。具体如图 2-2 所示。

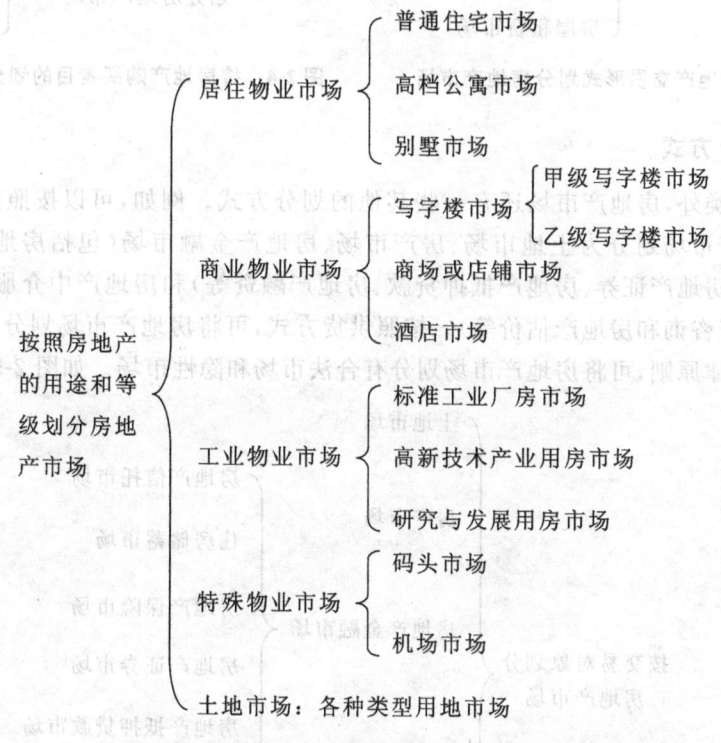

图 2-2 按房地产的用途和等级划分房地产市场

3. 按房地产交易形式划分

根据《中华人民共和国城市房地产管理法》中第四章的规定,房地产交易形式包括房地产转让、房地产抵押和房屋租赁等。这实际上是对房地产的物权利用的市场细分,房地产转让是房地产完整产权的转移,是完整物权的转移;房地产抵押是房地产的担保物权从所有权中的分离;房屋租赁是房地产的用益物权从所有权中的分离,担保物权和用益物权的分离都使得物的利用达到了一个更充分的程度。这种转移和分离情况大量的出现使得相应的市场也就形成了,那就是房地产转让市场、房地产抵押市场和房屋租赁市场,如图 2-3 所示。

4. 按房地产购买者目的划分

房地产市场上的买家购买房地产的目的主要有自用和投资两类。自用型购买者将房地产作为一种耐用消费品,目的在于满足自身生活或生产活动对入住空间的需要,其购买行为主要受购买者自身特点、偏好等因素的影响。投资型购买者将房地产作为一种投资工具,其目的在于将购入的房地产出租经营或转售,并从中获得投资收益和收回投资,其购买行为主要受房地产投资收益水平、其他类型投资工具的收益水平及市场内使用者的需求特点、走势和偏好的制约。按照购买者购买目的的不同，可以将房地产市场分为自用市场和投资市场，如图2-4所示。

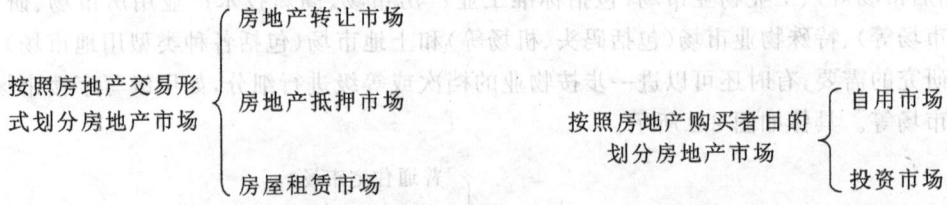

图 2-3　按房地产交易形式划分房地产市场　　　图 2-4　按房地产购买者目的划分房地产市场

5．其他划分方式

除了以上分类外，房地产市场还有一些其他的划分方式。例如，可以按照房地产市场的交易对象，将房地产市场划分为土地市场、房产市场、房地产金融市场（包括房地产信托、住房储蓄、房地产保险、房地产证券、房地产抵押贷款、房地产融资等）和房地产中介服务市场（包括房地产经纪、房地产咨询和房地产估价等）。按照供货方式，可将房地产市场划分为现房市场和期房市场。按照法律原则，可将房地产市场划分有合法市场和隐性市场。如图2-5和图2-6所示。

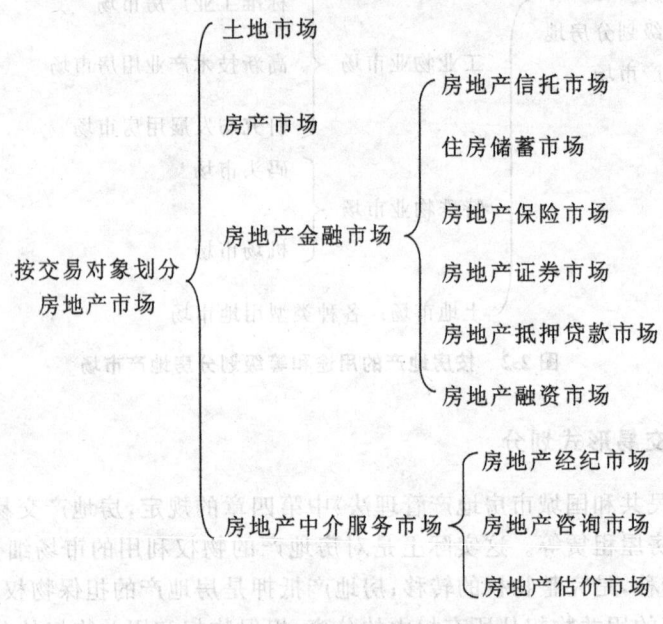

图 2-5　按照交易对象划分房地产市场

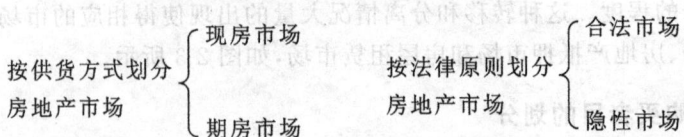

图 2-6　按照供货方式和按照法律原则划分房地产市场

（三）房地产市场的分级

根据房地产开发、销售与消费的特点，可以将房地产市场分为一级房地产市场（土地市场）、二级房地产市场(增量房市场或新房市场)和三级房地产市场(存量房市场或二手房市场)。

1. 一级房地产市场

一级房地产市场又可以称为土地市场,在这个市场上,政府向开发商或其他土地使用者出让国有土地使用权。政府是国有土地使用权的完全垄断者,完全主导着土地的价格,通常以招标、拍卖、挂牌的形式出让国有土地使用权。

2. 二级房地产市场

二级房地产市场又可以称为增量房市场或新房市场,在这个市场上,由开发商在土地上进行房屋建造并将新建成的房屋出售或出租。开发商对于自己所开发的房地产具有一定的垄断实力,但在同一个区域内不同的开发商所开发的同一类型楼盘之间还是有一定的竞争性。对于众多的购买者来说,开发商处于定价的主导地位,购买者讨价还价的余地很小。

3. 三级房地产市场

三级房地产市场又可以称为存量房市场或二手房市场,在这个市场上,业主将自己拥有的房屋进行自用、出租和转让等活动。二手房的买家和卖家数量众多,只要交易双方有充足的时间来收集信息、讨价还价,交易价格就会在一个比较合理的范围内,这个市场接近于完全市场竞争状态。但对于一些有特殊偏好的购买者,或者是急于达成交易的卖方或买方都会造成交易价格偏高或偏低。例如,有特殊优势的学区房,作为卖方而言仍具有一定的垄断地位,那些关心自己孩子未来的家长们会急于达成交易,尽管其售价或租金偏高。

这三个级别的房地产市场各有其不同的特征,表 2-1 中从市场供应方、市场需求方、市场竞争和市场价格等方面总结了这三个级别房地产市场的特征。

表 2-1 三个级别的房地产市场特征

等级 项目	一级房地产市场 (土地市场)	二级房地产市场 (增量房市场或新房市场)	三级房地产市场 (存量房市场或二手房市场)
市场供应方	政府	房地产开发商	业主
市场需求方	房地产开发商、投资者	业主	业主
市场竞争	供应方完全垄断供给,需求方处于竞争状态	在特定物业类型和特定区域内,不同的开发商之间处于垄断竞争状态	接近完全竞争市场状态,但特殊情况下仍然有完全垄断的情况存在
市场价格	政府主导、开发商参与	开发商主导定价	双方协定、自由议价

(四)房地产市场的参与者

房地产市场的参与者主要由市场中的买卖双方及为其提供支持和服务的人员或机构组成。这些参与者分别涉及房地产的开发建设过程、交易过程和使用过程。每个过程中的每一项工作或活动,都是由一系列不同的参与者来分别完成的。下面按照在房地产领域的生产、交易和使用过程中所涉及的角色的大致顺序,对房地产市场的参与者逐一进行介绍。

1. 土地所有者或当前的使用者

在城市,大部分土地是国有土地,土地所有者是国家。在农村,大部分土地是集体土地,土地所有者是农村集体经济组织。国有土地使用权的一级供给者是国家,国家垄断了出让价格,开发商十分关注每一次招拍挂的土地价格的变化情况。集体土地要先办理农用地转用手续后才能变为国有土地,这其中的土地补偿费、安置补助费、青苗补偿费、地上附着物、新菜地补偿基金等都需要由开发建设单位支付。

开发商还有可能从国有土地上的当前使用者手中获得土地,只是同一开发地块上的当前使用者越多,给开发带来的麻烦也就越大,因为开发商要与使用者逐一谈判拆迁、安置与补偿方案,如果遇上钉子户,不仅会使开发周期延长,还会大大增加房地产开发的前期费用,最终还可能会迫使开发商放弃对该土地购买的意愿。

2. 开发商

房地产开发商包括了从项目公司到大型的跨国公司等许多种类型。开发商开发房地产的目的很明确,即通过开发房地产获取利润。房地产开发商之间的主要区别在于其开发的物业是用于出售还是作为一项长期投资。许多小型房地产开发商大都是将开发的物业出售,以迅速积累资本,而随着其资本的积累,这些开发商也会逐渐成为物业的拥有者或投资者,即经历所谓的"资产固化"过程,从而逐渐向中型、大型房地产开发商过渡。当然,对于居住物业来说,不管是大公司还是小公司来开发,开发完毕后一般都用来销售,这是由居住物业的消费特性所决定的。

房地产开发商所承担的开发项目类型也有很大差别。有些开发商对某些特定的开发类型(如商场或住宅)或在某一特定的地区进行开发有专长,而另外一些开发商则可能宁愿将其开发风险分散于不同的开发类型和地点上;还有些开发商所开发的物业类型很专一,但地域分布却很广,甚至是国际性的。总之,开发商根据自身的特点、实力和经验,所选择的经营方针也会有很大差别。

开发商的经营管理风格也有较大的差异。有些开发商从规划设计到租售阶段,均聘请专业的顾问机构提供服务,而有些开发商从规划设计到房屋租售乃至物业管理,均由自己负责。

3. 政府及政府机构

政府及政府机构在参与房地产运行的过程中,既有制定规则的权力,又有监督、管理的职能,在某些方面还会提供相关服务。开发商从购买土地使用权开始,就不断与政府的土地管理、城市规划、建设管理、市政管理、房地产管理等部门打交道,以获取投资许可证、国有土地使用权证、建设用地规划许可证、建设工程规划许可证、施工许可证、市政设施和配套设施使用许可、商品房销售(预售)许可证和房地产产权证书等,作为公众利益的代表者,政府在参与房地产市场的同时,也对房地产市场其他参与者的行为产生影响。

房地产开发投资者对由政府行为而产生的影响相当敏感。建筑业、房地产业常常被政府用来作为一个"经济调节器",与房地产有关的税费收入又是中央和地方政府财政的一个重要来源,而对物业的不同占有、拥有形式又反映出了一个国家的政治取向。

4. 金融机构

房地产开发过程中需要两类资金,即用于支付开发费用的短期资金或建设贷款和项目建成后用于支持置业投资者购买房地产的长期资金或抵押贷款。房地产的生产过程和消费过程均需要大量的资金,没有金融机构的参与,房地产市场就很难正常运转。

5. 建筑承包商

房地产开发商往往需要将其建设过程的工程施工工作发包给建筑承包商。但承包商也能将其承包的建安工程的业务扩展并同时承担一些附加的开发风险,如购买土地使用权、参与项目的资金筹措和市场营销等。当承包商仅仅作为营造商时,其利润仅与建造成本及施工周期有关,承担的风险相对较少。如果承包商将其业务扩展至整个开发过程并承担与之相应的风险时,它就会要求有一个更高的收益水平。但即便如此,承包商往往能够承受较低的利润水平。

6. 专业顾问

由于房地产开发投资及交易管理的过程相当复杂,房地产市场上的大多数买家或卖家不可能有足够的经验和技能来处理房地产的生产、交易及使用过程中遇到的各种问题。因此,市场上的供给者和需求者很有必要在不同的阶段聘请专业的顾问公司提供咨询服务。这些专业顾问人员包括建筑师、工程师、会计师、造价工程师、房地产估价师及物业代理和律师等。

(1) 建筑师　在房地产产品的生产过程中,建筑师一般承担开发建设用地规划方案设计、建筑设计及建筑施工合同管理等工作。有时建筑师并不是亲自完成这些设计工作,而是作为组织者来组织或协调这些工作。在工程开发建设中,建筑师还负责施工合同的管理,工程进度的控制。一般情况下,建筑师还要定期组织技术工作会议、签发与合同有关的各项任务、提供施工所需图纸资料以及协助解决施工中技术问题等。

(2) 工程师　房地产开发过程中需要结构工程师、建筑设备工程师、电气工程师等。这些不同专业的工程师除进行结构、供暖、给排水、照明,以及空调或高级电气设备等设计外,还可以负责合同签订、建筑材料与设备采购、施工监理,以及协助解决工程施工中的技术问题等工作。

(3) 会计师　会计师从事开发投资企业的经济核算等多方面的工作,从全局的角度为项目投资提出财务安排或税收方面的建议,包括财政预算、工程预算、付税与清账、合同监督、提供付款方式等,并及时向开发投资企业的负责人通报财务状况。

(4) 造价工程师　在房地产开发过程中,经济师或造价工程师可服务于开发商、承包商、工程监理机构或造价咨询机构。其主要负责在工程建设前进行开发成本估算、工程成本预算,在工程招标阶段编制工程标底,在工程施工过程中负责成本控制、成本管理和合同管理,在工程竣工后进行工程结算等。

(5) 房地产估价师及物业代理　房地产估价师在有关房地产交易的过程中提供估价服务,在房地产产品的租售之前进行估价,以确定其最可能实现的租金或售价水平。房地产估价师在就某一宗房地产进行估价时,应能够准确把握该宗房地产的物质实体状况和产权状况,掌握充分的市场信息,全面分析影响房地产价格的各种因素。物业代理或经纪人通常协助买卖双方办理出租、出售手续,同时还协助委托方制订与实施租售策略、确定租售对象与方法、预测租售价格等。

(6) 律师　房地产产品的生产、交易和使用过程中,均需要律师的参与,为有关委托方提供法律支持和服务。例如,开发商在获得土地使用权时,须签订土地使用权出让或转让合同,出租或出售物业时须签订各类合同,这些都离不开律师提供的专业服务。

7. 消费者或买家

每一个人和机构都是房地产市场上现实的或潜在的消费者。人人都需要住房,每一个机构都需要一定的建筑空间从事其生产经营活动,而不管这些房屋是买来的还是租来的。消费者在房地产市场交易中的取向是"物有所值",即用适当的货币资金,换取房地产的使用或拥有房地产的满足感或效用。因此,市场上的买家,主要包括自用型购买者和投资型购买者两种类型。购买能力是自用型购买者的主要约束条件,而对于投资型购买者来说,其拥有物业后所能获取的预期收益的大小,往往决定了其愿意支付的价格水平。

应该指出的是,由于所处阶段的特点不同,以上各参与者的重要程度是有差异的,也不是每一个过程都需要这些人或机构的参与。

(五) 房地产市场的特性

社会主义的市场体系,不仅包括消费品和生产资料等商品市场,还包括资金、劳务、技术、信息和房地产等生产要素市场。可见,房地产市场是整个市场体系的重要组成部分。房地产市场具有市场的一般性规律,如其受价值规律、竞争规律、供求规律等的制约,但由于房地产商品本身具有区别于其他商品的独特属性,并且房地产业在国民经济中又具有特殊重要的地位,这就导致了房地产市场具有一系列区别于一般市场的特性,概括为以下几个方面。

1. 短期内市场供给缺乏弹性

房地产商品的长期供给-需求曲线与普通商品的供给-需求曲线相似,如图2-7所示。

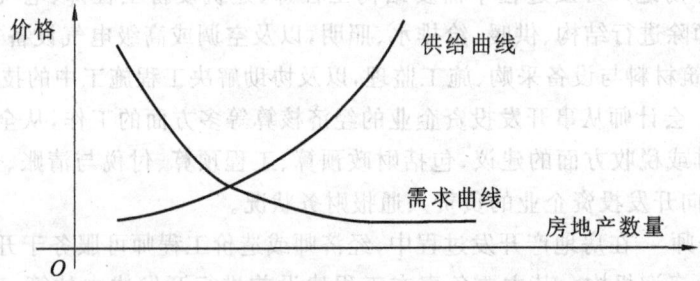

图2-7 房地产商品的长期供给-需求曲线

但在短期内的情况就不是这样了。由于房地产的开发周期至少需要一到两年时间,一些超高层建筑建造的时间则更长,如迪拜的帆船酒店的建造就用了五年的时间。这就意味着,房地产商品不可能因为短期内的需求增加而使得供给也增加。在短期内,无论价格如何提高或降低,无论需求如何增加或减少,房地产商品的供给始终不会发生改变,因此短期内的供给曲线是一根垂直于横轴的直线(即供给的价格弹性为零,这是一种极端情况),如图2-8所示。短期内的供给曲线表明,房地产市场的供给在短期内缺乏弹性。

这种情况导致的直接结果是:在短期内,房地产的价格完全由需求曲线决定。例如,住宅房地产的需求量突然上升(如图2-9中所示的需求曲线向右移动),而房地产的供给量在短期内无法突然增加(如图2-9所示,供给曲线是一根垂直于横轴的垂直线),因此导致房地产价格直线上升。

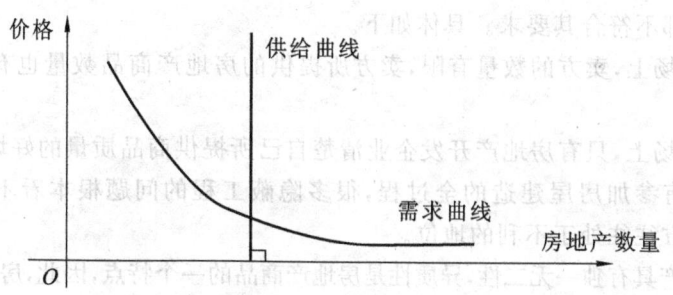

图 2-8　短期内房地产商品的供给-需求曲线

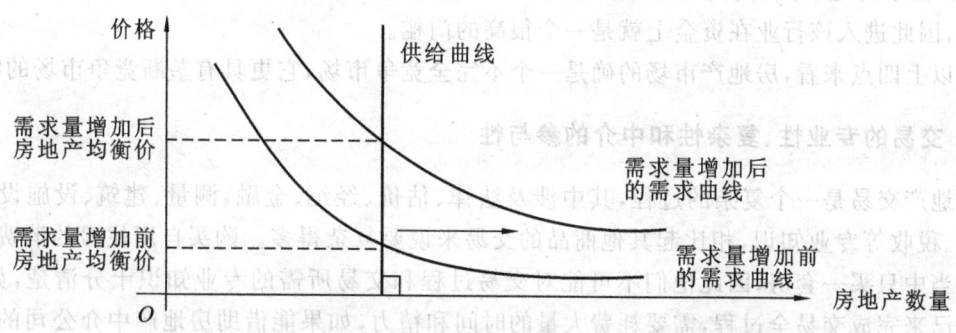

图 2-9　短期内需求的增长直接导致房地产商品价格的上升

2. 房地产市场实质是产权交易市场

在普通商品市场中,进行流转的是商品本身。而在房地产市场中,由于房地产商品具有不可移动性,因此房地产交易仅仅是房地产产权的流转和界定。在《物权法》中就有规定,普通商品的交易中只要进行了"交付",即卖方拿到钱,买方拿到货,交易就算完成了。而不动产的交易则必须以"登记"为准,就算是付了钱,给了钥匙,只要是没有"登记",那么房子仍然还是卖方的,而不是买方的,这里的产权交易特性十分明显。

因为是产权交易市场,所以房地产交易一般要经过复杂、严密的法律程序,耗费较长的时间和较高的交易费用,包括中介费、税金等在内的交易费用一般会占房地产价值的 10% 左右。

3. 交换客体的异质性

由于房地产的自然异质性和空间区位的差异性,使得不同房地产的价格也不相同,因此任何房地产交易只能是个别估价、个别成交。

4. 地域性强

由于房地产商品的不可移动性,不同地域的房地产商品难以相互替代,因而难以形成统一的市场和统一的市场价格。可见,房地产市场具有强烈的地域性。

5. 不完全竞争性

房地产市场是一个典型的不完全竞争市场,从微观经济学中对于完全竞争市场特征的描述来看,房地产市场都不符合其要求。具体如下。

(1) 房地产市场上,卖方的数量有限,卖方所提供的房地产商品数量也有限,而买方的数量却是无限的。

(2) 房地产市场上,只有房地产开发企业清楚自己所提供商品质量的好坏,购买者不是建筑方面的专家,也没有参加房屋建造的全过程,很多隐蔽工程的问题根本看不到,信息明显不对称。故交易时,买方往往处于不利的地位。

(3) 由于房地产具有独一无二性,异质性是房地产商品的一个特点,因此,房地产销售时,差异化营销策略的运用是最普遍的。有时,距离很近的两个房地产商品的价格都可能会有很大差异。

(4) 由于房地产具有价值高大性,房地产开发企业最低一级资质的注册资金也要 100 万元人民币,因此进入该行业在资金上就是一个很高的门槛。

从以上四点来看,房地产市场的确是一个不完全竞争市场,它更具有垄断竞争市场的特征。

6. 交易的专业性、复杂性和中介的参与性

房地产交易是一个复杂的过程,其中涉及法律、估价、经纪、金融、测量、建筑、设施设备、行政程序、税收等专业知识,相比起其他商品的交易来说要复杂得多。购买自用住房的消费者,往往一生当中只买一套房,因此他们不可能对交易过程和交易所需的专业知识十分清楚,如果完全靠自己来完成交易全过程,需要耗费大量的时间和精力,如果能借助房地产中介公司的力量,就会轻松很多,交易的效率也会提高很多。目前,大多数的房地产交易都是依靠房地产中介公司的参与来完成的。

(六) 房地产市场的功能

在任何市场中,某种商品的价格反映了当时的市场供求状况。但价格不仅预示着市场的变化及其趋势,还可以通过价格信号来指导买卖双方的行为。简而言之,价格机制是通过市场发挥作用的。房地产市场的功能,可以分为以下几个方面。

1. 配置存量房地产资源和利益

由于土地资源的有限性,又由于房地产开发建设周期较长而滞后于市场需求的变化,所以必须在众多想拥有物业的人和机构之间进行分配。通过市场机制的调节作用,在达到令买卖双方都能接受的市场均衡价格的条件下,就能完成这种分配。

2. 显示房地产市场需求变化

下面通过一个简单的例子说明房地产市场的这种功能。假如某居民想搬出自己租住的房子而购买自己拥有的住宅,则市场上住宅的售价就会上升而租金就会下降。如图 2-10 所示,售价从图 2-10(a)中的 P 点上升到 P_1 点,租金从图 2-10(b)中的 R 点下降到 R_1 点。

引起需求增加或减少的原因主要有:未来预期收益的变化,政府税收政策的影响,贷款利率的变化,收入水平变化或消费取向变化等。

3. 指导供给以适应需求的变化

房地产市场供给的变化可能是由于以下两个方面的原因引起的。

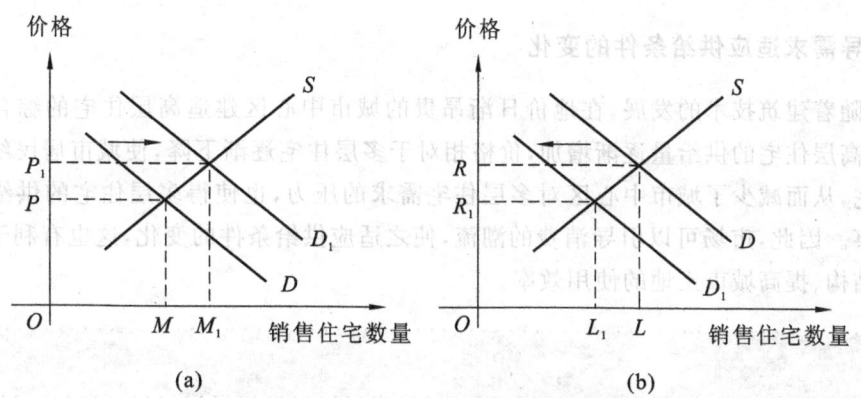

图 2-10 销售和出租住宅需求变化示意图

(1) 建设新的房地产项目或改变原来物业的使用方式。例如,在图 2-10(b)中,由于部分需求从出租住宅转向出售住宅,租金下降至 R_1 点,出租住宅的供给量从 OL 降到 OL_1,LL_1 就可以转换成出售住宅,因为出售住宅的需求量增加了 MM_1,最后形成了均衡价格 OP_1 和均衡租金 OR_1。

(2) 某类物业或可替代物业间的租售价格比发生变化。根据当地各类房地产收益率水平,同类型的物业都存在一个适当的租金售价比例。例如,一般情况下住宅的售价相当于大约 100 个月的租金,如果售价太高,那么对出租住宅的需求就会增加,反之亦然。用途可相互替代的不同类型物业之间的租金售价的相对变化也会引起需求的变化。例如,北京市 1994 年写字楼物业供给紧张,最高的月租金达到 110 美元/m^2,所以有些酒店和公寓作为写字楼出租,使这三类物业间的供给量发生了相对变化。

应该指出的是,房地产市场供给的这些变化需要一定的时间才能完成,而且受房地产市场不完全竞争特性的影响,这一变化所需要的时间相对较长。同时,对市场供给与需求的有效调节还基于这样一些假设,即所有的房地产利益是可分解的,并且有一个完全的资本市场存在。但实际上这些假设条件是很难达到的。例如,银行的信贷政策往往受政府宏观政策的影响,使并非所有的人都能够获得金融机构的支持,为了整个社会的利益,政府还会通过城市规划、售价或租金控制等政策干预市场。房地产市场的不完全竞争性,使之不可能像证券市场、外汇市场及期货市场等那样在短时间内达到市场供需均衡。

由于房地产市场通常需要一年以上的时间才能完成供需平衡的调节过程,而新的平衡刚达到甚至还没有达到时,可能马上又出现新的影响因素而造成新的不平衡,所以,用"不平衡是绝对的,平衡是相对的和暂时的"来描述房地产市场是再恰当不过的了。

4. 指导政府制订科学的土地供给计划

在我国,城市土地属于国家所有,这就为政府通过制订科学的土地供给计划来适时满足全体社会成员生产和生活的需要,调节房地产市场的供求关系提供了最可靠的保证。然而,制订土地供给计划首先要了解房地产市场,通过对市场提供的房地产存量、增量、交易价格和数量、空置率、吸纳率、市场发展趋势等市场信号的分析研究,才能制订出既符合市场需求、可操作性强,又能体现政府政策和意志的土地供给计划。

5. 引导需求适应供给条件的变化

例如,随着建筑技术的发展,在地价日渐昂贵的城市中心区建造高层住宅的综合成本不断降低,导致高层住宅的供给量逐渐增加,价格相对于多层住宅逐渐下降,使城市居民纷纷转向购买高层住宅,从而减少了城市中心区对多层住宅需求的压力,也使得多层住宅的供给减少成为很自然的事。因此,市场可以引导消费的潮流,使之适应供给条件的变化,这也有利于政府调整城市用地结构、提高城市土地的使用效率。

二、房地产市场的运行规律

(一)房地产市场的周期循环

由于经济的发展带动或产生了对商业、居住和服务设施的空间需求,从而带来房地产市场的兴起。因此从本质上讲,房地产市场的发展状况是由整体经济的发展状况决定的。从一个较长的历史时间来看,社会经济的发展体现为周期性的运动。相应地,房地产市场状况的发展也存在周期循环的特性。

1. 房地产市场周期循环的定义

房地产市场周期循环是指房地产市场活动或其投入与产出有上下波动的现象,并且此现象重复发生。

2. 房地产市场周期循环的原因

房地产市场周期循环的主要原因包括:
(1)供需因素的影响,其中与金融相关的因素的变动较关键;
(2)市场信息不充分,导致从供需两方面调整不均衡的时间存在时滞(time-lag);
(3)生产者与消费者心理因素的影响,如追涨不追跌、一窝蜂地投机或非理性预期等;
(4)政策因素的影响,如容积率控制、农地征用控制等;
(5)制度因素的影响,如预售制度的期货效应、中介与估价制度的健全程度等;
(6)政治冲击,如社会政治动荡等;
(7)生产时间落差、季节性调整、总体经济形势等。

3. 房地产市场的自然周期

不论供给是短缺还是过剩,需求是超过还是少于现存的供给数量,在市场机制的作用下总能在市场周期运动中找到一个供求平衡点(从供给的角度来说,在这个平衡点上允许有一定数量的空置),尽管不能精确地确定平衡点的位置,但专家认为,从历史多个周期变化的资料中计算出来的长期平均空置率(又称合理空置率或结构空置率),就是房地产市场自然周期中的平衡点。从供需相互作用的特性出发,房地产市场自然周期分为四个阶段,如图 2-11 所示。

(1)自然周期的第一个阶段为市场周期的谷底。由于前一时期新开发建设的数量过多或需求的负增长导致了市场上供给过剩,所以谷底的空置率达到了峰值。通常情况下,市场的谷底

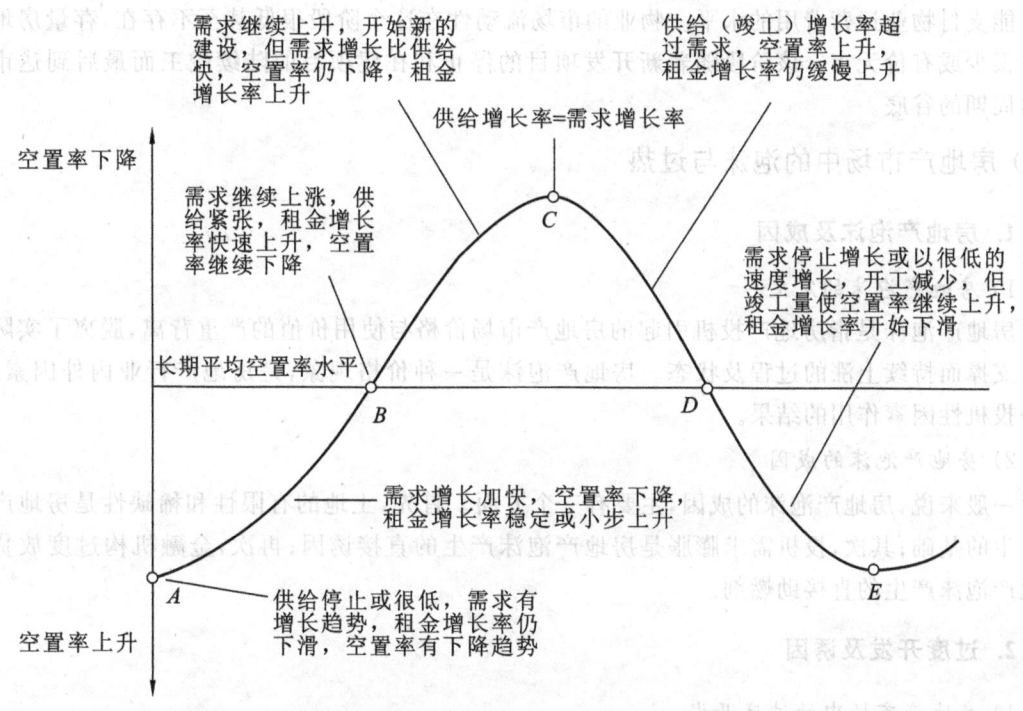

图 2-11 销售和出租住宅需求变化示意图
(第一阶段从 A 点到 B 点,第二阶段从 B 点到 C 点,第三阶段从 C 点到 D 点,第四阶段从 D 点到 E 点)

出现在前一个周期中过量建设停止的时候。净需求的增长将慢慢吸纳先前过剩的供给,推动市场逐渐走出谷底。这时供给保持不变,没有或很少有新的投资性开发建设项目出现。随着存量房地产被市场吸收,空置率逐渐下降,房地产租金从稳定状态过渡到增长状态。随着这个市场复苏阶段的继续,对于市场复苏和增长的预期又会使业主小幅度地增加租金,使市场最后达到供需平衡。

(2) 在自然周期的第二阶段(增长超过了平衡点),需求继续以一定的速度增长,形成了对额外房屋空间的需求。由于空置率降到了合理空置率以下,表明市场上的供给吃紧,租金开始迅速上涨,直至达到一个令开发商觉得开始建设新项目有利可图的水平。在这个阶段,如果能获得项目融资,会有一些开发商开始进行新项目的开发。此后,需求的增长和供给的增长将会以一个大致相同的速率保持相当长的一段时间,令总体市场缓慢攀升,这个过程可能像爬山那样缓慢。当到达该周期的峰值点,即供求增长曲线上的"转折点"时,需求增长速度开始低于供给增长速度。

(3) 自然周期的第三阶段始于供求转折点,此时由于房地产空置率低于合理空置率,所以看起来市场情况还不错。此时,供给增长速度高于需求增长速度,空置率回升并逐渐接近合理空置率水平。由于在该过程中不存在过剩供给,新竣工的项目在市场上竞争租客,租金上涨趋势减缓甚至停止。当市场参与者最终认识到市场开始转向时,新开工的开发建设项目将会减少甚至停止。但竣工项目的大量增加所导致的供给高速增长,推动市场进入自然周期运动的第四阶段。

(4) 自然周期的第四阶段始于市场运行到平衡点水平以下,此时供给高增长,需求低增长或负增长。市场下滑过程的时间长短,取决于市场供给超出市场需求数量的大小。在该阶段,如果物业租金缺乏竞争力或不及时下调租金的话,就可能很快失去市场份额,租金收入甚至会降到只能支付物业运营费用的水平。物业的市场流动性在这个阶段很低甚至不存在,存量房地产交易很少或有价无市。该阶段随着新开发项目的停止和在建项目的陆续竣工而最后到达市场自然周期的谷底。

(二) 房地产市场中的泡沫与过热

1. 房地产泡沫及成因

1) 房地产泡沫的定义

房地产泡沫是指房地产投机引起的房地产市场价格与使用价值的严重背离,脱离了实际使用者支撑而持续上涨的过程及状态。房地产泡沫是一种价格现象,是房地产行业内外因素,特别是投机性因素作用的结果。

2) 房地产泡沫的成因

一般来说,房地产泡沫的成因,主要有三个方面。首先,土地的有限性和稀缺性是房地产泡沫产生的基础;其次,投机需求膨胀是房地产泡沫产生的直接诱因;再次,金融机构过度放贷是房地产泡沫产生的直接助燃剂。

2. 过度开发及诱因

1) 房地产市场中的过度开发

房地产市场中的过度开发有时也称为房地产"过热",是指当市场上的需求增长赶不上新增供给增长的速度时,所出现的空置率上升、物业价格和租金下降的情况。

2) 过度开发的诱因

过度开发的诱因主要有三个方面,即开发商对市场预测的偏差、开发商之间的博弈和非理性行为以及开发资金的易得性。

3. 房地产泡沫和过度开发的区别与联系

1) 房地产泡沫和过度开发的区别

过度开发和泡沫是反映两个不同层面的市场指标。过度开发反映市场上的供求关系,当新增供给的增长速度超过了需求的增长速度,就产生了过度开发现象;而泡沫则是反映市场价格和实际价值之间的关系,如果市场价格偏离实际价值太远,而且这种偏离是由于过度投机所产生的,房地产泡沫就出现了。

过度开发和泡沫的严重程度和危害性不同。房地产泡沫比过度开发的严重程度更高,危害更大,属于房地产市场不正常的大起大落。房地产泡沫一旦产生,就很难通过自我调整而恢复至平衡状态。

房地产过度开发和房地产泡沫在周期循环中所处的阶段不同。如果投机性泡沫存在的话,往往会出现在周期循环的上升阶段。过度开发一般存在于循环的下降阶段,这时供给的增长速度已经超过需求,空置率上升,价格出现下跌趋势。也就是说,当泡沫产生时,市场还处于上升阶段;而出现过度开发的现象时,市场已经开始下滑了。从另一个角度来说,如果泡沫产生,就必然会引起过度开发;但过度开发却不一定是由泡沫引发的。

从市场参与者的参与动机来看:"过热"表现为投资者基于土地开发利用的目的而加大投

资,通常是为了获得长期收益;而"泡沫"则表现为市场参与者对短期资本收益的追逐,他们不考虑土地的用途和开发,通常表现为增加现期的购买与囤积,以待价格更高时抛出。

2) 房地产泡沫和过度开发的联系

房地产泡沫和过度开发,都是用来描述房地产市场中房地产实际价格对房地产基本市场价值的偏离,这是两者的共同点。

三、政府对房地产市场的干预手段

由于房地产商品本身的特点,使得房地产市场具有不完全竞争性(这一点在前面已经介绍过),这就意味着,房地产商品有限的数量相对于巨大的使用需求来讲,总是处于稀缺状态,如果完全依赖市场来调节房地产商品的供给与需求的余缺,那么,大多数人将会没有房子可住,能够买得起房子的人也要付出很高的代价才能获得一套房子,地价和房价都会高得让人吃惊,因此政府要对房地产市场的进行行政干预。

(一) 土地供应政策

没有土地供应,房地产开发和商品房供给就无从谈起。在我国当前的土地制度条件下,政府是唯一的土地供给者,政府的土地供应政策对房地产市场的发展与运行有决定性的影响。

土地供应政策的核心是土地供应计划。土地供应计划对房地产开发投资调节的功能非常显著,因为房地产开发总是伴随着对土地的直接需求,政府土地供应计划所确定的土地供给数量和结构,直接影响着房地产开发的规模和结构,能够对房地产开发商的盲目与冲动形成有效的抑制。科学的土地供应计划,应与国民经济发展规划和城市规划相协调,应有足够的弹性,能够对市场信号做出灵敏的反应。土地供应计划也应该是公开透明的,能够为市场提供近期和中长期的土地供应信息,以帮助市场参与者形成合理的市场预期、减少盲目竞争和非理性行为。

通过土地供应计划对房地产市场进行宏观调控,要求政府必须拥有足够的土地储备和供给能力,还要妥善处理好保护土地资源和满足社会经济发展对建筑空间的需求之间的关系。保护的目的是为了更好的、可持续的满足需求,但如果对当前的需求都不能很好满足,就很难说这种保护是有效率的。要在政府的集中垄断供给和市场的多样化需求之间实现平衡,必须准确把握社会经济发展的空间需求特征,通过提高土地集约利用和优化配置水平,采用科学的地价政策和灵活的土地供给方式,实现保护土地资源和满足需求的双重目标。

(二) 金融政策

房地产业与金融业息息相关。金融业的支持是房地产业繁荣必不可少的条件,房地产信贷也为金融业提供了广阔的发展空间。个人住房抵押贷款价值比率的调整,会明显影响居民购房支付能力,进而影响居民当前购房需求的数量;房地产开发贷款利率、信贷规模和发放条件的调整,也会大大影响房地产开发商的生产成本和利润水平,进而对其开发建设规模和商品房供给数量产生显著影响。此外,外商投资政策、房地产资产证券化政策以及房地产资本市场创新渠道的建立,也会通过影响房地产资本市场上的资金供求关系,进而起到对房地产开发投资和消费行为的调节作用。因此,发展房地产金融,通过信贷规模、利率水平、贷款方式、金融创新等金融政策调节房地产市场,是政府调控房地产市场的一个重要手段。

(三)住房政策

居住是人类生存的基本要求,住房问题不仅是经济问题,而且是社会问题。各国的经验表明,单靠市场或是全部依赖政府都不能很好地解决住房问题,而市场和非市场的结合,才是解决这一问题的有效途径。目前我国城市住宅的供给主要有四类,即廉租房、公共租赁房、经济适用房和商品房。其中,廉租房面向最低收入家庭,其供应、分配和经营完全由政府控制,廉租房不能进入市场流通;公共租赁房即公租房,针对社会经济收入的"夹心层"(达不到廉租房、经济适用房的条件,又买不起商品房的群体)开发的住宅,其租金比正常的市场租金要低,一般为正常租金的70%,以解决"夹心层"的经济问题,为日后购买商品房做准备;经济适用房是具有社会保障性质的政策性商品住宅,政府对其建设在土地供应和税费征收上给予很多优惠,但其销售价格和销售对象,要受政府的指导;市场价商品住宅则采取完全市场化的方式经营,是城市房地产市场的主要组成部分。如果政府对廉租房和经济适用房的供给和分配政策控制不严格,就会使商品房受到前三类住宅的冲击。政府的住房分配和消费政策,对商品住宅市场的调控作用也是显而易见的。1998年政府停止住房实物分配,实行住房分配货币化政策以来,商品住宅销售中个人购买的比例,已经稳定在95%左右。

(四)城市规划

城市规划以合理利用土地、协调城市物质空间布局、指导城市健康有序地发展为目标,对土地开发、利用起指导作用。原有的城市规划带有传统计划经济的色彩,市场经济体系建立后,其科学性、适用性都面临严峻的挑战。我国的部分城市,如深圳市已经开始进行城市规划图则体系的改革,将规划分为发展策略、次区域发展纲要、法定图则、发展大纲图和详细蓝图等五个层次,高层次的规划应能指导土地的开发和供应,低层次的细部规划应能为土地出让过程中确定规划要点提供依据。整个规划力求体现超前性、科学性、动态性和适用性。

(五)地价政策

房地产价格是政府调控房地产市场的主要对象,因为房地产价格不但直接影响房地产市场的运作,而且对整体社会经济、投资环境产生直接的影响。虽然房地产价格主要取决于市场供求关系,但由于地价对房地产价格影响很大,城市土地又由政府垄断出让,所以政府可以用地价对房地产市场进行调控。

地价、建造成本、专业费用、管理费用、财务费用、投资利润、税金等因素极大地影响着房地产市场的供给价格。在一定时期内,建造成本及与之相关的专业费用和管理费用、财务费用和税金大致固定在一定的水平范围,通过调控地价来间接调控房地产价格,通常是十分有效的。政府通过调整土地供应数量、调整与土地开发相关的税费政策等经济手段,灵活运用协议、挂牌、招标、拍卖四种出让方式,以及必要时通过直接的行政干预,都可以对地价进行有效调控。

(六)税收政策

房地产税收政策是政府调控房地产市场的核心政策之一。正确运用税收杠杆不但可以理顺分配关系、保证政府的土地收益,还可以通过税赋差别体现政府的税收政策和产业政策,进而对抑制市场投机、控制房地产价格、规范房地产市场交易行为等方面起到显著的作用。例如,美国通过免除公司所得税这一税务优惠政策,推动了房地产投资信托行业的发展壮大。世界上许多国家和地区,通过个人购房税的优惠等相关政策,有效推动了住房自有率水平的提高。

(七)租金控制

租赁市场是房地产市场的一个重要组成部分,租金作为房地产的租赁价格,同样是政府调控房地产市场的主要对象之一,合理的租金水平应与整体经济发展水平相适应。在正常运行的房地产市场中,租金还与房地产价格保持合理的比例。与交易价格一样,租金也受土地因素的影响。畸高的租金和租金回报率,往往意味着调控手段的无力和级差地租的流失,不利于房地产市场和整体经济的正常运行。

任务 2 房地产市场调查

一、房地产市场营销概述

(一)房地产市场营销的定义

房地产市场营销,狭义上是指将房地产产品从房地产开发企业手中引导到消费者或用户手中的活动,广义上是指房地产开发企业或代理商为了实现经营目标,对房地产产品的规划进行构思、定价、促销和分销的计划和执行过程。

房地产市场营销有以下几层含义。

(1)房地产市场营销的目的是为了满足消费者对房地产商品和服务的需求。

(2)房地产市场需求既包括现实需求又包括潜在需求,更多的时候,房地产市场营销的成功与否取决于如何有效地将潜在需求转化为现实需求。

(3)房地产市场营销不仅仅是推销,而且还是围绕着交换展开的房地产产品价值的实现过程。

(二)房地产市场营销的过程

房地产市场营销的分为三个板块,分别是:市场探测板块(P板块)、市场营销战略板块(STP板块)、市场营销策略板块(4Ps板块),如图2-12所示。

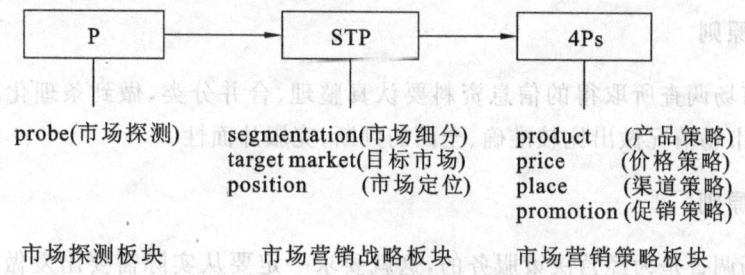

图2-12 房地产市场营销过程

下面介绍一下市场探测板块,即市场调查与分析。在学习情境 3 和学习情境 9 中,还将讨论市场营销战略板块和市场营销策略板块的相关内容。

二、房地产市场调查概述

(一) 房地产市场调查的含义

房地产市场调查是利用某种调查方式和方法,系统地搜集有关市场、商品、顾客行为、销售等方面的数据与资料并加以整理,以识别、定义市场机会和可能出现的问题,制定、优化营销组合,并评估其效果。

房地产市场调查的作用如下。

(1) 房地产市场调查是房地产企业进行经营决策和市场预测的必要前提。

(2) 房地产市场调查是改善房地产企业经营管理,提高房地产产品竞争力的必要途径。

(3) 房地产市场调查是房地产企业进行竞争的必要手段。

(二) 房地产市场调查的原则

1. 计划性原则

房地产市场调查是一项复杂而细致的工作,而且量大面广,所以在市场调查过程中必须有周密的计划,建立一套系统科学的程序,以围绕主题、分清主次、突出重点、统筹安排、严密组织。

2. 及时性原则

由于房地产市场同其他商品市场一样是瞬息万变的,不及时调查发现问题,并作出适当决策,就会错失良机,使企业失去市场,甚至亏损或破产,因此,必须坚持房地产市场调查的及时性。

3. 准确性原则

调查资料必须真实、准确地反映客观实际。调查资料的准确与可靠,是房地产市场调查的核心。因为只有掌握客观真实的情况,才能做出正确有效的决策。因此,在房地产市场调查中,必须保证资料的准确性,客观如实地反映房地产市场情况,同时也要对房地产市场情报进行鉴别和评价,去伪存真,做到准确可靠。

4. 系统性原则

对房地产市场调查所取得的信息资料要认真整理、合并分类,做到条理化、系统化和经常化,这样才能对市场情况做出比较准确、全面的判断,克服片面性。

5. 针对性原则

房地产市场调查是为经营决策服务的,这就要求一定要从实际需要出发做好调查,并且确保有的放矢和有针对性地进行。

6. 经济效益原则

经济效益原则即用最少的费用取得最佳的调查效果。因为调查的目的是为了减少损耗、提高效益,避免经营的盲目性,所以在房地产市场调查过程中,要体现这一原则,则应采用科学的调查方法,以减少调查费用。

三、房地产市场调查的内容

房地产市场调查的内容可以分为两个大的方面,即宏观环境和微观环境。

(一) 宏观环境

宏观环境就是宏观影响因素,是指对房地产企业营销活动造成市场机会和环境威胁的主要社会力量,包括经济、人口、政治法律、自然、文化、房地产供求状况等因素。

1. 经济环境

1) 国民经济增长和就业

国民经济呈周期性发展,国民经济增长直接影响国民就业。在我国,国民经济每增长一个百分点就关系到上百万人的就业。

2) 居民家庭收入

收入是影响居民购买房地产的直接因素,因此,房地产调查必须搜集居民收入的有关资料。居民收入应从以下三个方面分析。

(1) 居民平均收入水平。房地产是比较贵重的商品,如果购买者没有相应的收入水平,是难以购买的。根据国外的经验,当家庭年收入相当于房地产价格的1/5时,即具备了购买房地产的能力。

(2) 收入差距。收入差距是反映居民收入真实水平的重要指标,在收入总量不变的情况下,收入差距越大,意味着现有的收入集中度越高,即少部分人拥有了大部分收入。收入差距对房地产购买市场的影响是十分强烈的。一方面在总收入偏低的情况下,收入差距太小,即大家收入都很低,则大家都无力买房,因此收入有一定差距,对促进房地产这样贵重商品的销售是有利的;但另一方面,收入差距不能过大,收入过度集中在少部分人手中,绝大部分的家庭无力购买房地产,市场必然萎缩。

(3) 预期收入和预期支出。市场经济条件下,居民未来的就业、收入都是不确定的,要受国家经济和行业经济的影响。住房、医疗、教育制度已经改革,城镇居民预期支出增加。同时,收入水平直接决定居民的消费结构的发展状况,消费结构层次的高低表现为恩格尔系数的大小,即食品支出占总消费支出的比例大小。吃饭和穿衣是最基本的消费,只有吃得好、穿得好以后,人们的消费才可能向住得好发展。收入提高并不一定买房子,只有消费达到一定水平,住房才有可能进入人们的购买计划。消费结构的发展也应该是房地产调查的重要内容。

3) 有关金融财政税收政策

房地产属于大规模的投资品,购买房地产需要大量资金,住房贷款能提前使消费者使用房地产,但利率水平的高低直接影响着消费者购房的积极性。房地产属于财产,因此是征税的对象,同时政府也运用税收手段积极调节房地产市场的供求状况。目前,对房地产购买决策影响巨大的国家有关税收品种主要有营业税、所得税、财产税和遗产税四种。

2. 人口环境

一定数量的人口是市场营销活动的基础。人口与房地产市场紧密相连,人口和家庭数量的增长直接影响房地产的需求,人口结构尤其是年龄结构往往决定着房地产市场的产品结构和产品需求类型。

3. 政治法律环境

房地产市场营销在很大程度上受到政治和法律因素的影响、制约,包括国家法律、法规的健全与完善的程度,国家政局的稳定程度等。同时,国家、省、市有关房地产开发经营的方针政策,有关房地产开发经营的法律规定,有关城市建设规划、城市发展战略等,也影响着房地产市场的发展。

4. 自然环境和文化环境

我国幅员辽阔,各地气候不同,故自然条件应属于房地产调查的范围。例如,东北地区和南方地区的卧室都相对比较小,东北地区卧室小是为了节省保暖用的燃料,南方地区卧室小是因为南方人衣着、被褥比较简单;而华东地区的上海的卧室不宜过小,因为华东地区四季比较分明,卧室内需放衣柜,以备更换衣物。

文化是人类需求和欲望的最基本的决定因素,也是影响消费者行为最广泛的环境因素。文化背景影响着消费者的购买目标、购买方式,这里所说的文化背景主要是指一个国家、地区或民族的传统文化,如风俗习惯、伦理道德观念、价值观念等,人们在不同的社会文化背景下成长和生活,各有其不同的观念和信仰。文化环境包含的范围很广泛,主要涉及以下方面:①教育程度和职业,它与消费者的收入、社交、居住环境及消费习惯均密切相关,从购买习惯来看,通常受教育程度越高的消费者购买时的理性程度越高,他们对房屋的设计方案、房间大小与分隔、功能与环境等的要求与一般人不尽相同;②单位家庭人数,现代家庭是社会的细胞,也是商品房购买的对象,单位家庭的平均人数不断下降,小家庭越来越多,房屋市场需求量越来越大,为房地产业的发展带来了机遇;③价值观念,在特定的社会中,人们持有许多持久不变的核心信仰和价值观念,它们对房地产市场也会产生相应的影响。

5. 房地产供求状况

在房地产的需求方面,房地产企业需要掌握以下信息。

(1) 居民家庭人均住房面积。通过人均住房面积可以了解房地产的未来需求量,人均住房面积越低,市场潜在需求量越大;反之,潜在需求量则越小。

(2) 大多数居民愿意接受的房价。例如,最近有调查显示,上海市多数居民愿意接受的价格是 1.2 万元/m²。房地产价格层次,即各类房地产的价格,是企业最终定价的重要依据。

(3) 销售情况比较好的房地产产品,即市场上比较受欢迎的房地产产品种类和户型。

房地产的供应方面,房地产企业需要掌握以下信息。

(1) 可供销售面积。可供销售面积包括可供销售总面积(建筑面积)、存量可供销售面积、今年新增销售面积、销售面积增长率等。

(2) 房地产销售情况,包括近年的房地产销售情况,去年和今年的房地产销售率(即实际销售面积占可销售面积的比例),以及销售面积增长率(与同期比),空置房地产面积及房地产空置率,各类房地产的销售情况和空置状况等。

(3) 今年房地产新开工楼盘数、新开工项目总建筑面积。

(4) 房地产建筑的设计、材料、高新技术在房地产建设中的利用,如目前的宽带接入、无线上网、智能化楼宇系统等。

(二) 微观环境

微观环境即区域环境,它也是房地产的一个重要组成部分。同样的建筑耸立在不同的区域,其品位和价值可能有天壤之别。因此,房地产市场调查中的区域调查部分实际上是产品的自身调查,它比宏观环境调查更具有针对性,并且更有实用价值。

1. 软环境

1) 历史沉淀

城市的格局通常是历史形成的,城市内不同区域的不同历史背景对区域内房地产价值产生强烈的影响。

2) 区域基本特征

房地产的市场调查应通过调查和分析了解项目开发区域的基本特征。例如,开发区域是位于市中心、湖滨风景区、商业中心区或临近商业中心区、高等学府集中区、经济开发区,还是城乡接合部或郊区等。

3) 卫生、治安、环保等

人们都希望生活在安静、祥和的环境中,一些住宅小区内部建设得非常宁静、优美,但周围环境十分杂乱。环境污染已经引起人们的高度重视,因为被污染的环境直接威胁人们的生命安全。拟开发的小区附近是否有尚未治理的臭水沟,是否有产生废水、废气、噪声的工业企业等,这些都将影响购房者的购买决心,必须做好这方面的调查。

2. 硬环境

1) 交通状况

出行交通是否便利是影响房地产价格的因素之一,交通是否便利包括住房离车站距离的远近、住房附近有几个公交车站及是否在地铁站附近等。房地产市场调查必须调查清楚项目开发区域的交通状况,包括公交、地铁站点等分布情况,具体的距离为多少。这些资料不仅对投资决策是必不可少的,而且对于未来项目的销售推广也极为重要。

2) 学校、商店和医院等市政配套设施

小区附近是否有可供子女上学的理想的学校往往是购房者决策时考虑的重要因素之一。当开发商进行成片开发时,可通过投资建设学校来吸引买者,因此这方面的调查需要相当详细。商业网点对房地产的开发也有重要影响,它关系到人们的衣、食、住、行。在进行市场调查时必须调查开发项目附近的各种商业网点的配套情况,在缺少商业网点的情况下,可以预留沿街房屋用于招商。医院对人们的生活来说是至关重要的,而医院的建立又是十分困难的。因此,房地产调查时必须了解项目周边医院配置情况,包括周边医院的等级、是否有老年护理医院、医院与开发项目的距离有多远等。如果对医院配置不够满意,还需到有关街道调查投资兴办低层次医疗机构的可能性。

3) 规划前景

城市规划涉及开发项目环境的未来变化。规划是十分重要的,因为未来环境变化可能使项目升值,也可能使项目贬值。

3. 竞争态势

1) 区域房地产供求平衡的总体情况

在调查时,应关注区域内是否有已建成而尚未售完的房地产;是否有在建尚未竣工的楼宇;是否有尚未开发但不久将要开发的地盘,包括已经立项和还未立项的地盘;如果有现在已经可供销售的楼盘,则需了解其预售的总建筑面积为多少,以后两三年内陆续增加的可供销售面积是多少,待本项目进入销售时,区域内房地产销售总面积将为多少。

2) 区域内产品近远期的组合供应量

调查应包括各类房地产的供应量,包括多层建筑、高层建筑(包括高层小区)、小高层、花园别墅以及商务用楼等;各类可供销售房地产目前的总建筑面积,已开工今后将推出销售的面积、规划已立项的建筑面积等;主力房地产,即占最大比例的房地产的建筑是什么,总建筑面积多少;拟开发的房地产是否属于本区域的主力房地产类型,是否存在建筑类型上的空白可以填补,或者是否存在某种类型房地产供应偏少的现象。

同时,还应了解房型配比情况。本区域开发、销售的房地产中,各种房型如两室一厅一卫、两室一厅两卫、三室一厅一卫、三室两厅两卫、四室户、五室户、复式住宅等的配比情况;其中的商用楼是固定格局商住楼,还是自由分割的纯粹办公楼,目前和近远期的供应量各为多少。

3) 房地产销售情况

应调查各类房地产的销售比例情况,哪些房地产销售增长情况好,哪些不理想;空置房地产的情况,空置的主要是什么房地产。同时,销售反映的是需求状况,通过区域内房地产的销售情况调查,应该掌握本区域房地产需求是否旺盛,各类房地产的需求情况,主力销售房地产是什么,即哪种建筑、房型、楼层、价位的房地产需求量最大。

4) 房地产价格情况

经过调查应该了解本区域的基本价位,包括各类房地产的价格水平,哪些房地产项目的价格偏高,哪些房地产价格比较合理,哪些房地产价格偏低(主要是为了促销)。经过测算应该了解本区域已经销售房地产的经营利润率大致是多少。市场调查还必须包括对区域内房地产公司采用的定价策略的调查,应该了解哪些策略是成功的,哪些策略没有收到应有的效果。价格调查是确定未来本企业开发房地产价格的重要依据。

5) 租赁分析

租赁分析包括出租率、类型、房型、租金等。商务楼盘是主要用于租赁经营的房地产,因此,对于这些楼盘来说,出租率的高低是至关重要的。我国的一些大城市已出现高收入者两次、三次购买住宅的现象。高收入者拥有两三处,甚至更多处的住宅已经不是个别现象。购买房地产已成为一种重要的投资手段。我国的大城市如京、津、沪及一些省会城市,是全省、全地区乃至全国的经济中心,一些国内外大企业汇集在这里,来自国内外常驻工作人员比较多,这就促进了大城市房地产租赁市场的繁荣。由于一些房地产购买者购买的目的就是为了出租获取收益,故在房地产市场调查中,租赁调查分析就成了一个重要部分。租赁调查应包括:开发项目区域是否存在租赁需求;这种需求是否旺盛;房客的来源是什么;国内外房客的比例;租金水平如何;周围各种建筑、各种档次楼盘的租金水平高低(与城市其他区域比较);受欢迎的或出租率比较高的建筑、楼层、房型等是什么;主要竞争对手是谁等。

四、房地产市场调查的方法

(一)市场调查一般方法

1. 按照调查的侧重点划分

按调查的侧重点,可将市场调查分为定性调查和定量调查,从词义上不难看出二者的侧重点的不同:定性调查的重点在于性质,而定量调查的重点在于数量。在市场调查的实际操作中,定性与定量调查及其信息具有互补性,一项特定的市场营销决策可能要求同时使用两种方法。

2. 按照选择调查对象方式划分

1) 全面普查

全面普查是指对调查对象总体所包含的全部单位进行调查。对房地产市场在售项目的户型结构、面积进行全面普查,可获得全面的数据,正确反映客观实际,效果明显。如果对一个城市的人口、年龄、家庭结构、职业、收入情况进行了系统的调查了解,对房地产开发将是十分有利的。但由于全面普查的工作量很大,要耗费大量的人力、物力、财力,调查周期又较长,故一般只在较小范围内采用。

2) 重点调查

重点调查是以有代表性的区位或消费者作为调查对象,进而推导得出一般结论。采用这种调查方式,由于被调查的对象数目不多,故企业可以动用较少的人力、物力、财力,并在较短时间内完成。例如,调查高档住宅的需求情况,可选择一些大客户作为调查对象,这些大客户对住宅需求量、住宅功能等的需求占整个高档商品住宅需求量的绝大多数,从而可推断出整个市场对高档住宅的需求量。

3. 按照抽样方法划分

1) 随机抽样

随机抽样在市场调查中占有重要地位,在实际工作中应用也很广泛。随机抽样最主要的特征是从母体中任意抽取样本,每一样本有相等的机会,这样的事件发生的概率是相等的。因此,可以根据调查样本来推断母体的情况。随机抽样又可以分为简单随机抽样、分层随机抽样和分群随机抽样三种。

2) 非随机抽样

非随机抽样是指市场调查人员在选取样本时并不是随机选取,而是先确定某个标准,然后再选取样本数,这样每个样本被选择的机会并不是相等的。非随机抽样也分为就便抽样、判断抽样和配额抽样三种具体方法。

4. 按照调查方法划分

1) 访问法

访问法又可以分为:问卷访问法、实地调查法、座谈会、深度访谈和电话调查等五种方法。

2) 观察法

这种方法是指调查人员不与被调查者正面接触,而是在旁边观察。这样做可以使被调查者没有压力,表现得很自然,因此调查效果也较理想。观察法有三种形式,即实地观察法、实际痕迹测量法和行为记录法。

3) 实验法

实验法是指将调查范围缩小到一个比较小的规模,进行实验后得出一定结果,然后再推断出样本总体可能的结果。例如,在调查广告效果时,可选定一些消费者作为调查对象,对他们进行广告宣传,然后根据接受的效果来改进广告词和声音等。

(二) 房地产市场调查的常用方法

房地产市场调查是通过准确地了解和把握市场供求等情况来发挥作用的。准确性是市场调查的第一要求,这个要求就使得市场调查从描述调查问题开始,到调查方式的选择,到具体的调查方法和最后的分析都需要非常准确才行。

在具体的调查方法的选取方面,房地产市场调查需要根据不同的阶段(见表2-2)和内容,采用不同的调查方法。例如,在一般市场调查中,问卷访问法是普遍采用的重要方法之一;而在房地产市场调查方法中,由于问卷访问需要甄别的难度较大,并且被访问人员的不一定愿意配合等问题,故问卷法只作为辅助手段,而实地调查法是房地产市场调查中广泛采用的方法。

表 2-2 各阶段市场调查常用方法

	项目定位阶段	市场推广阶段	销售阶段	三级市场
市场调查常用方法	实地调查法 座谈会	实地调查法 座谈会 二手资料调查	实地调查法 座谈会 成交客户问卷调查	实地调查法 二手资料调查

五、房地产市场调查报告的撰写

撰写市场调查报告是市场调查的最后一步,也是十分重要的一步。调查报告是调查结果的集中表现。调查数据经过统计分析之后,只是为我们得出有关结论提供了基本依据和素材,若要将整个调查研究的成果用文字形式表现出来,使市场调查真正起到解决企业实际问题、服务于企业的作用,则需要撰写调查报告。能否撰写出一份高质量的调查报告,是决定调查本身成败与否的重要环节。

(一)调查报告的主要内容

市场调查报告中应对已完成的调查项目进行完整而又准确的描述。也就是说,调查报告的内容必须详细、完整地表达给读者以下内容:①调查目的;②主要背景信息;③调查方法的评价;④以表格或图形的方式展示调查结果;⑤调查结果摘要;⑥结论;⑦建议;等等。

(二)调查报告的撰写要求

调查报告是通过文字、图表等形式将调查的结果表现出来,以使人们对所调查的市场现象或问题有一个全面系统的了解和认识。一份优质的调查报告能对整个营销研究起到画龙点睛的作用,一般来说,调查报告必须做到以下几点:①客观、真实、准确地反映调查成果;②报告内容简明扼要,重点突出;③文字精练,用语中肯;④结论和建议应表达清晰,可归纳为要点;⑤报告后应附上必要的表格、附件与附图,以便阅读和使用;⑥报告完整,印刷清楚美观。

调查报告应当为读者提供他们能理解的所有信息。值得一提的是,需要使用调查报告的部门可能不止一个,必须根据调查结果整理一份系统的报告,分送不同的部门,以备讨论。

 小结

(1)房地产市场的分类。可以根据地域、用途等级、交易形式、购买者目的、交易对象等标准进行分类。

(2)房地产市场分级。分为三级市场,一级市场为土地市场,二级市场为增量房市场,三级市场为存量房市场。

(3)房地产市场的特性。短期内市场供给缺乏弹性,实质是产权交易市场,交换客体的异质性,地域性强,不完全竞争性,交易的专业复杂性和中介的参与性。

(4)房地产市场自然周期的四个阶段。

(5)房地产市场调查是利用某种调查方式和方法,系统地搜集有关市场、商品、顾客行为、销售等方面的数据与资料并加以整理,以识别、定义市场机会和可能出现的问题,制定、优化营销组合,并评估其效果。

(6)房地产市场的参与者包括土地所有者或当前的使用者、开发商、政府及政府机构、金融机构、建筑承包商、专业顾问、消费者或买家等。

(7)房地产泡沫是指房地产投机引起的房地产市场价格与使用价值严重背离,脱离了实际使用者支撑而持续上涨的过程及状态。房地产泡沫是一种价格现象,是房地产行业内外因素,特别是投机性因素作用的结果。

(8)过度开发房地产市场中的过度开发有时也称为房地产"过热",是指当市场上的需求增长赶不上新增供给增长的速度时,所出现的空置率上升、物业价格和租金下降的情况。

(9)过度开发和泡沫是反映两个不同层面的市场指标。过度开发和泡沫在严重程度和危害性方面不同。房地产过度开发和房地产泡沫在周期循环中所处的阶段不同。

(10)从市场参与者的参与动机来看:"过热"表现为投资者基于土地开发利用的目的而加大

投资,通常是为获得长期收益;而"泡沫"则表现为市场参与者对短期资本收益的追逐,他们不考虑土地的用途和开发,通常表现为增加现期的购买与囤积,以待价格更高时抛出。

(11) 政府对房地产市场的干预手段包括:土地供应政策、金融政策、住房政策、城市规划、地价政策、税收政策、租金控制等。

(12) 房地产市场营销,狭义上是指将房地产产品从房地产开发企业手中引导到消费者或用户手中的活动。广义上是指房地产开发企业或代理商为了实现经营目标,对房地产产品的规划构思、定价、促销和分销的计划和执行过程。

(13) 房地产市场营销的三大板块包括市场探测板块、市场营销战略板块、市场营销策略板块。

(14) 投资周期在第一阶段和第二阶段初期滞后于市场自然周期的变化,在其他阶段则超前于市场自然周期的变化。

(15) 房地产市场调查方法包括访问法、观察法、实验法。

(16) 房地产市场调查的内容包括:宏观环境和微观环境。

(17) 房地产市场调查报告的撰写要注意的问题。

(1) 运用市场运行规律解释2007—2008年美国的次贷危机。

(2) 2013年7月20日中国人民银行决定放开全国商业银行最低0.7倍的贷款利率调整下限,各大商业银行可以对客户根据市场需要调整贷款利率,但房地产贷款利率不在本次放开项目之列,这是为什么呢?

(3) 简述房地产市场调查方法中,访问法、观察法、实验法各自的特点。

(4) 房地产市场按地域划分,其中哪一层次对房地产市场调查和分析最有意义?为什么?

(5) 政府对房地产市场有哪些调控手段?

(6) 房地产泡沫与过度开发的关系。

(7) 房地产市场的参与者有哪些?

(8) 房地产市场营销的三个板块分别是什么?

(9) 房地产市场的特性有哪些?

(10) 通过房地产市场的自然周期,如何认识正常空置率的存在?

(11) 房地产市场分级中,一级、二级和三级市场各有何特征。

(12) 做一做:通过网络、报纸等信息工具认识所在城市的房地产宏观环境,形成一份宏观环境的市场调查报告。

(13) 练一练:以5~6人为一组,在所在城市进行两到三宗新楼盘的实地调查(踩盘),了解该楼盘的目前的销售进度、销售均价、主力户型、物业管理服务和收费、销售现场设置、销售人员配置、楼盘的主要卖点等内容。做完调查后,形成一份竞争楼盘市场调查报告。

学习情境 3 房地产开发策划

学习目标

1. 知识目标

(1) 了解购买行为类型,以及房地产产品定位差异化策略。
(2) 熟悉在购买决策中,参与购买的角色。
(3) 掌握不同用途房地产购买行为的影响因素。

2. 能力目标

(1) 熟悉目标市场的选择策略。
(2) 掌握房地产市场细分的方法,以及房地产产品定位的步骤。

引例导入

四川成都某项目开发全程策划报告之市场细分部分(2009年)

一、市场细分概况

由于消费者构成极为复杂,不便于市场把控。因此,在这里以产品为细分对象,依据总价和单价指标,将市场细分为低端、中低端、中端、中高端及高端市场,见表3-1。

表3-1 市场细分表

	低端	中低端	中端	中高端	高端
总价/元	20万以下	20万～40万	40万～60万	60万～80万	80万以上
单价(元/m²)	3 000以下	3 000～4 500	4 500～6 000	6 000～8 000	8 000以上

二、市场细分描述

1. 低端市场

(1) 市场特征:该类产品一般为低总价(20万元以内)、低单价,或者小户型;产品品质较低,大多为满足人们最基本的居住需要,开发技术层面的要求不高。

(2) 低端客户群特征描述如表3-2所示。

表3-2 低端客户群特征描述

年龄	主要集中在30岁以下的未婚人士和其他年龄段的低收入者
收入	年收入大多在3万元以下
家庭结构	2人及以下
受教育程度	他们大多受过较高层次的教育
置业情况	大多为第一次置业,现在主要以租房为主
购房目的	成家立业的需要,作为过渡性住房,解决基本的居住问题
购买行为	注重产品的经济实用,对品牌基本没有要求

2. 中低端市场

(1) 市场特征:该类产品总价主要集中在20万～40万元,单价多为3 000～4 500元/m²;产品品质一般,产品变现速度较快,对开发商市场运作能力要求不高,因此,竞争对手进入该市场较为容易。

(2) 低端客户群特征描述如表3-3所示。

表3-3 中低端客户群特征描述

年龄	这个阶层的年龄范围较广,界定这个阶层主要以收入和购买能力为标准,年龄主要集中在40岁以下
收入情况	年收入3万～5万元
家庭结构	这部分人群大多已经成家,家庭人口以3人为主,或者3人以上
职业状况	企事业单位的普通职工、公司员工
受教育程度	受教育程度普遍不高
置业情况	第一次置业为主,二次置业为辅
购房目的	家庭居住需要,追切需要改变居住环境
购买行为	对价格很敏感,注重产品的实用性和舒适性,对于开发商品牌基本没有要求

3. 中端市场

(1) 市场特征:该类产品总价大多在 40 万~60 万元,单价在 4 500~6 000 元/m²,产品品质较好,配套设施比较齐全,环境较好,因此销售速度一般较快。该市场开发商进入的难度较中低端市场要大一些。

(2) 中端客户群特征描述如表 3-4 所示:

表 3-4　中端客户群特征描述

年龄	30~40 岁,这部分人群也属于有效消费的主力人群
收入	收入在 5 万~8 万元之间,有一部分积蓄
家庭结构	以三口之家为主
职业状况	教师、公务员等
受教育程度	受教育程度较高
置业情况	相当大的一部分为二次置业
购房目的	改善居住环境,提高居住水平
购房行为	比较理智,除实用外,比较注重产品的舒适性,对品牌有一定的要求

4. 中高端市场

(1) 市场特征:该类产品总价在 60 万~80 万元,单价在 6 000~8 000 元/m²,产品品质较高,建筑结构多为框剪结构,户型设计新颖,配套设施齐全,注重小区环境,运用新型建筑材料或建筑技术,对开发商的运作水平要求较高。

(2) 中高端客户群特征描述如表 3-5 所示。

表 3-5　中高端客户群特征描述

年龄	30~40 岁,这部分人群也属于有效消费的主力人群
收入	在 8 万~12 万元之间,有一定数量的积蓄
家庭结构	以三口之家为主
职业状况	单位中层及高层干部、企业经理层等
受教育程度	受教育程度较高,多为大学以上学历
置业情况	相当大的一部分为二次置业
购房目的	改善居住环境,提高居住水平
购房行为	比较理智,注重产品的舒适性,注重产品品质、品牌

5. 高端市场

(1) 市场特征:该类市场总价大多在 80 万元以上,单价在 8 000 元/m² 以上,产品品质高,设施设备档次高,大量运用高新技术产品,多为低层,环境优美,对开发商的运作水平要求高。

(2) 高端客户群特征描述如表 3-6 所示。

表 3-6 高端客户群特征描述

年龄	35～50 岁之间
收入	高收入阶层,年收入 12 万元以上,有相当的存款
家庭结构	3 人或 3 人以上
职业状况	公司或企业的管理人员、行政事业单位的高层干部、私营业主等高收入阶层
受教育程度	大多受过较高的教育
置业情况	为二次置业或多次置业
购房目的	提高生活品质,彰显身份,从一定层面上讲,也可为投资行为
购房行为	理智,往往要等产品变现后才下单,非常看重品质、品牌

看完以上引例,请同学们讨论:

(1) 这份房地产开发策划报告中,依据什么标准进行市场细分的? 细分出了哪几个市场?

(2) 把引例中的五个表格的内容全部清除,换成你所在城市的市场细分标准,你又该如何填写里面的内容呢?

任务 1　房地产购买行为分析

在进行房地产购买行为分析之前,先让我们来了解一下消费者购买决策过程,从中我们能得到消费者购买行为的一般认识。

一、消费者购买决策过程

(一) 参与购买的角色

人们在购买决策过程中可能扮演不同的角色,包括:

(1) 发起者,即首先提出或有意向购房的人;

(2) 影响者,即其看法或建议对最终决策具有一定影响力的人;

(3) 决策者,即对是否买、为何买、如何买、何处买等方面的购买决策做出完全或部分最后决定的人;

(4) 购买者,即实际付款购买房地产的人;

(5) 使用者,即实际使用房地产或相关服务的人。

对于开发商而言,这五个角色中最重要的是决策者和使用者。

(二) 购买行为的类型

消费者的购买决策随购买决策类型的不同而变化。较为复杂和花费较多的决策往往凝结着购买者的反复权衡和众多人的参与。根据参与者的介入程度和品牌间的差异程度,可将消费者的购买行为分为四种。

（1）习惯性购买行为。一般多是指对便利品的购买，消费者不需要花时间来进行选择，也不需要经过搜集信息、评价产品特点等复杂过程，因而，其购买行为最简单。消费者只是被动地接收信息，出于熟悉而购买，也不一定进行购后评价。例如，购买卫生纸的行为就属于习惯性购买行为，一旦习惯了某种品牌的卫生纸就会习惯性购买。这类产品的市场营销者可以用价格优惠、电视广告、独特包装、销售促进等方式鼓励消费者试用、购买和续购其产品。

（2）寻求多样化购买行为。有些产品品牌差异明显，但消费者并不愿意花长时间来选择和估价，而是不断变换所购产品的品牌。这样做并不是因为对产品不满意，而是为了寻求多样化。例如，购买牙膏的行为就属于寻求多样化购买行为，由于不同牙膏的品牌和功效都有很大差异，每用完一支牙膏，消费者就会尝试使用新的品牌。针对这种购买行为类型，市场营销者可采用销售促进和占据有利货架位置等办法，保障供应，鼓励消费者购买。

（3）化解不协调购买行为。有些产品品牌差异不大，消费者不经常购买，而购买时又有一定的风险，所以，消费者一般要经过比较和看货，只要价格公道、购买方便、机会合适，消费者就会决定购买。购买以后，消费者也许会感到有些不协调或不够满意，在使用过程中，会了解更多情况，并寻求种种理由来减轻、化解这种不协调，以证明自己的购买决定是正确的。经过由不协调到协调的过程，消费者会有一系列的心理变化。例如，购买手机的行为就属于化解不协调购买行为，因为手机并不是经常购买的商品，在使用中才能产生真实的感受，如果有不协调因素的存在，消费者就会寻找理由来减轻这种不协调因素，比如手机的某项功能非常强，此前使用的手机是没有的。针对这种购买行为类型，市场营销者应注意运用价格策略和人员促销策略，选择最佳销售地点，向消费者提供有关产品评价的信息，使其在购买后相信自己做了正确的决定。

（4）复杂购买行为。当消费者购买一件贵重的、不常买的、有风险的而且又非常有意义的产品时，由于产品品质差异大，消费者对产品缺乏了解，因而需要有一个学习的过程，广泛了解产品的性能、特点，从而对产品产生某种看法，最后决定购买。居民购买住宅的行为就属于复杂购买行为，为了选择合适的住房，需要进行多次家庭会议，找专业人士咨询，收集信息，进行实地查勘，认真研讨等，因为毕竟动用的资金非常大。对于这种复杂购买行为，市场营销者应采取有效措施帮助消费者了解产品性能及其相对重要性，并介绍产品优势及其给购买者带来的利益，从而影响购买者的最终选择。

（三）购买决策的过程

在复杂购买行为中，购买者的购买决策过程由引起需要、收集信息、评价方案、决定购买和买后行为五个阶段构成，如图3-1所示。

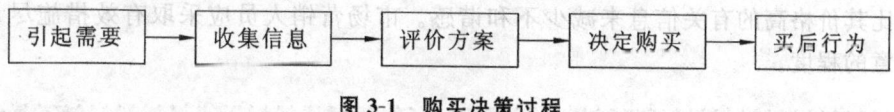

图3-1 购买决策过程

（1）引起需要。购买者的需要往往由两种刺激引起，即内部刺激和外部刺激。内部刺激是人本身的生理和心理需要。例如，人要喝水，要吃饭，要睡觉这是生理需要；人要穿衣服，戴饰物以显示个人的身份，这是心理需要。外部刺激来自人的感官接触，包括视觉、听觉、嗅觉、触觉、味觉等，这种感官刺激需要不停地作用于消费者，才能使商品进入消费者的长期记忆，然后在某个时间点通过某种刺激爆发出来。

（2）收集信息。一般来说，引起的需要不是马上就能满足，消费者需要寻找相关信息。消费者信息来源主要有个人来源（包括家庭、朋友、邻居、熟人等）、商业来源（包括广告、推销员、经销商、包装、展览等）、公共来源（包括大众传播媒体、消费者评审组织等）、经验来源（包括处理、检查和使用产品等）等。市场营销人员应对消费者使用的信息来源认真加以识别，并评价其各自的重要程度，以及询问消费者最初接触品牌信息时有何感觉等。

（3）评价方案。消费者对产品的判断大都是建立在自觉和理性基础之上的。消费者的评价行为一般会涉及产品属性（即产品能够满足消费者需要的特性）、属性权重（即消费者对产品有关属性所赋予的不同的重要性权数）、品牌信念（即消费者对某品牌优劣程度的总的看法）、效用函数（即描述消费者所期望的产品满足感随产品属性的不同而有所变化的函数关系）和评价模型（即消费者对不同品牌进行评价和选择的程序和方法）等问题。

（4）决定购买。评价行为会使消费者对可供选择的品牌形成某种偏好，从而形成购买意图，进而购买所偏好的品牌。但是，在形成购买意图和决定购买期间，有两种因素会起作用，一是别人的态度，二是意外情况。也就是说，偏好和购买意图并不总是导致实际购买，尽管二者对购买行为有直接影响。消费者修正、推迟或回避做出某一购买决定，往往是受到了可觉察风险的影响。可觉察风险的大小随着冒这一风险所支付的货币数量、不确定属性的比例及消费者的自信程度而变化。市场营销人员必须了解消费者有风险感的那些因素，进而采取措施来减少消费者的可觉察风险。

（5）买后行为。消费者在购买产品后会产生某种程度的满意感和不满意感，进而采取一些使市场营销人员感兴趣的买后行为。所以，产品在被购买之后，就进入了买后阶段，此时，市场营销人员的工作并没有结束，购买者对其购买活动的满意感（s）是其产品期望（e）和该产品可觉察性能（p）的函数，即 $s=f(e,p)$。若 $e=p$，则消费者会满意；若 $e>p$，则消费者会非常满意。消费者根据自己从卖主、朋友及其他来源所获得的信息来形成产品期望。如果卖主夸大其产品的优点，消费者将会感受到不能证实的期望。这种不能证实的期望会导致消费者的不满意感。e 与 p 之间的差距越大，消费者的不满意感也就越强烈。所以，卖主应使其产品真正体现出其可觉察性能，以便使购买者感到满意。事实上，那些有保留地宣传其产品优点的企业，反倒使消费者产生了高于期望的满意感，并树立起良好的产品形象和企业形象。

消费者对其购买的产品是否满意，将影响到其以后的购买行为。如果对产品满意，则在下一次购买中可能继续采购该产品，并向其他人宣传该产品的优点。如果对产品不满意，则会尽量减少不和谐感，因为人有一种在自己的意见、知识和价值观之间建立协调性、一致性或和谐性的驱使力。具有不和谐感的消费者可以通过放弃或退货来减少不和谐感，也可以通过寻求证实产品价值比其价格高的有关信息来减少不和谐感。市场营销人员应采取有效措施尽量减少购买后不满意的程度。

二、房地产购买行为的影响因素

（一）居住性房地产购买行为的影响因素

居住性房地产的购买者一般是个人（或家庭），其购买目的是为了居住，即使是置业投资者，也必须考虑所购买的房地产在将来是否有更适宜居住的属性。因此，就居住性房地产的开发来说，不论是普通住宅还是高档商品住宅、别墅，研究人们对居住的各方面、各层次的需要是开发商在产品定位时必须考虑的因素。居住性房地产购买行为的影响因素主要分为两类：一类是消费者自身因素，另一类是其他因素。

1. 消费者自身因素对居住性房地产购买行为的影响

1）年龄

年龄不同，对住房属性的要求也不同。例如，对房屋外观、室内设计、房型、工程质量、水电设施、通风、采光、朝向等特征上的要求差异会很大。一般来说，年轻人重视的往往是建筑面积和室内设计，而中老年人则倾向于交通、生活方便。按照年龄层次可将消费者分为老年家庭、中年家庭和青年家庭。

（1）老年家庭。老年家庭是指年龄在60岁以上无子女或与子女分开单独居住的老年人家庭。老年家庭倾向于交通、生活方便，对居住的安全性、实用性要求较高。安全性包括居住的安全性和运动的安全性。居住的安全性指小区的服务设施，如医疗保健设施、保安设施及报警设施等；运动的安全性指楼梯的设计以及路面的硬化等。居住的实用性主要指的是要符合老年人的生理和心理特点。随着我国计划生育基本国策的实行和城市人口的老龄化，这类家庭所占比例将越来越高。

（2）中年家庭。中年家庭是指35～60岁年龄段的家庭。这一年龄段的居民具备一定的经济能力，事业有成，置业投资的欲望也最强，是购买力较强的阶层。他们在整个住房市场上所占的比重也较大。

（3）青年家庭。青年家庭指25～35岁年龄段的家庭。这一年龄段的居民由于婚姻、生育等问题，经济上独立性强，事业心也较强，购买产品多以降低时间成本为主。但由于受经济收入的限制，对住宅的房型、地段又不可能有较大的选择余地。

2）家庭收入

家庭收入是影响住房消费最重要的因素。按照家庭收入分为高收入家庭、中等收入家庭和低收入家庭。中高收入家庭是购买的主流，但高收入家庭首先考虑的是住宅的舒适性，而中等收入家庭则对住宅的价位和面积比较重视，低收入家庭一般以租房为主。有一定的家庭收入和家庭积累支持，住房消费才能成为事实。近几年我国的商品房相对过剩，空置率上升，就是开发商市场定位不准，很少考虑消费者的收入状况而导致的结果。

此外，居民收入预期对住房消费也有相当程度的影响。目前，分期付款、银行按揭及国家推出的各类住房消费贷款（如住房公积金贷款、个人住房商业贷款、"车房组合"贷款）已成为居民住房消费的主要模式，但若居民对未来收入预期缺乏信心，对贷款偿还能力缺乏信心，则会影响居民的预期支付。

3）职业

一个人（或家庭）的职业在很大程度上决定其在社会中的地位、收入水平、闲暇时间及工作性质。职业不同，社会地位不同，收入水平、闲暇时间等也不同。购买者会选择与其地位、收入水平、闲暇时间及工作性质等相符的房地产产品或劳务，开发商应提供不同层次的产品以满足消费者的需求。

房地产开发与经营

此外,个人的生活方式、人生观、心理需要和购买动机等因素也直接或间接地影响消费者的购买行为。

2. 其他因素对居住性房地产购买行为的影响

影响住宅购买行为的其他因素很多,主要有以下几种。

1) 市政公用和公建配套设施的完备程度

市政公用设施主要为居民的生活居住提供水电、煤气等,公建配套设施则包括托儿所、幼儿园、中小学、医院、邮局、储蓄所、超市、娱乐设施和康体设施等。我国大量空置的商品住宅,许多是因为不具备上述设施配套条件造成的。

2) 公共交通便捷程度

目前的城镇居民家庭结构中,少数家庭拥有私人汽车,大多数仍属于工薪阶层,他们对方便快捷的公共交通系统的依赖性很大,因此,居住性房地产对城市社会经济生活的可接近性是消费者购买决策的一个重要参数。西方社会甚至认为房地产的购买是一种接近权购买。例如,美国有人对人们的各种社会生活活动的范围及交通工具做了较好的研究,这些研究可供开发商选择房地产开发地点时参考。

总之,家庭住房要求对社会生活具有一定的可接近性。一般住宅的购买者要求购买的住宅接近公交车站;别墅的购买者通常拥有自己的私人汽车,更关注别墅通向外部的道路是否总会保持畅通;高层公寓购买者希望公寓最好坐落在城市的主要街道上。

3) 居住区室外空间的环境因素

随着我国城镇居民生活水平的提高,对住区室外空间环境提出了越来越高的要求。一些专家提出了"人居环境"的概念,它包括居住区室外空间环境因素和安全环境因素。

居住区室外空间环境因素包括:建筑物空间组合状态、人口密度控制、建筑物容积率控制、建筑物覆盖率控制、绿化率控制、道路交通便捷安全、市政与公用设施完善、夜间照明、公建配套设施齐全方便、绿化充分与环境优美、阳光充足与空气清新、有利于邻里交往、儿童娱乐、老年人活动、网球场、游泳池(高级住宅区)、发展备用空间、山水风景、无噪声污染等。例如,菜市场、超市、学校、公园、活动场所等各项设施。

居住区的安全环境包括:房地产与治安管理、监控系统、报警系统、防火减灾措施等。

以上这些因素,可以用社区管理、社区服务、社区物质文明和精神文明、生态环境与可持续发展来概括。消费者在选择安居时,会有区域环境偏好,这也是开发商在选择居住项目时应慎重考虑的因素。

在室外环境选择中,个人的观念、教育程度、生理需要、购买动机、性别差异等消费者的自身因素都可能会对环境选择造成影响。例如,个人的观念使每个人对居住环境选择的着眼点不同,同时个人的观念又受其教育的影响最深,因此,受教育程度是影响区域偏好的一个可能因素。购买动机不同,则会使某些与购买动机有关的环境因素,如区域发展状况、潜力等具有不同的重要性。例如,置业投资者,重视的是房屋的增值潜力,只要增值快就行,也就不在乎什么地区的偏好。而对于"想拥有一栋别墅"的消费者,其地区偏好则非常明显,往往集中于风景秀丽、交通便利的区域。

近几年,首先是以绿色环境为代表的绿色营销得到了消费者的欢迎。例如,在上海有关部门联合举办的"21世纪我的家"大型问卷中,人们对居住环境的要求是未来住宅小区绿化覆盖率在40%以上;对小区绿化形态要求是小区林荫道、宅前绿化、中央绿化等。1998年以来,上海房地产营销中掀起一股"绿色旋风",以至于各家房地产开发公司都非常注重对项目楼盘的环境进行绿化包装、广告宣传等。

其次是以社区文化为代表的文化营销也得到了消费者的青睐。房地产的文化营销是商业行为与文化建构相碰撞、交汇的产物。它出售的是一种人居文化,改变了楼盘是"钢筋+水泥+设备器具"的传统观念,楼盘的文化区域一般包括教育文化区域、体育文化区域、艺术文化区域、出版文化区域、休闲文化区域,甚至还依赖于楼盘本身与所处文化区域相匹配的特性。苏州桐芳苑小区在这一方面就是一个范例。因此,发掘、建构和提升楼盘区位的文化功能、文化档次、文化情调,或者说构建楼盘的文化区域已成为吸引部分消费者购楼的重要因素。

4)**房屋自身要素**

房屋自身要素包括外观、室内设计、房厅数、工程质量、水电设施、采光、通风和朝向等。这些房屋要素的相对重要性受个人年龄、受教育程度、购买动机、房型期望等因素的影响。例如,年轻人和受教育程度较高者一般会比较重视室内设计,这大概与他们重视享受和欣赏的观念相吻合。

(1)房型偏好。房型偏好取决于家庭收入和人数。有许多消费者在购买房屋时,先打定主意要买几室几厅的房子(这个决定很可能根据家庭人数和性别做出),再考虑面积的问题。根据相关调查显示,大面积住房的房厅数偏好集中于三室二厅和四室二厅两类房型。介于二者之间的四室一厅则不太受购房者的欢迎,因为四室一厅有先天的缺陷,即没有餐厅,住四房的人大概很少会满足于一厅。

(2)特色住宅。我国一些城市的住宅多年来大都是统一的火柴盒式样,套型结构、功能大同小异。这在福利房时代,居民自然不会苛求,但在房改多年后的今天,老百姓掏自己的钱来买房,自然会慎重选择。特色住宅主要体现在三个方面,即特色造型、特色结构和特色套型。

特色造型主要是指在住宅外观上与众不同,风格独特。例如,苏州市为保护历史文化名城的风貌,在进行古城改造中,实行成片开发,拆除了破烂不堪的旧住宅,建造了一批2~3层的粉墙黛瓦、古色古香的新住宅,这样的建筑给人以古朴典雅、悠闲宁静的感受,不仅怀旧的老年人喜欢,连追求返璞归真的青年人也很喜欢,都有比较强烈的购买意向。

特色结构是指开发商适应居民要求,建造跃层式、错层式、复式等结构形式的住宅。例如,错层式结构是在同一套住房内分上下两层,通过转式或折式扶梯上下楼,给人以身居别墅的感觉。在普通楼盘顶层加盖人字顶或梯形顶,使顶层形成复式空间,这样就使难卖的顶层成了抢手货。

特色套型则是考虑到老年人需要与子女往来,可以相互照应,但若同住一套房,三代同堂总免不了发生矛盾。因此,可开发出"老少居"套型,即在同一单元中设置门对门一套大户配一套小户,从而使三代同堂的家庭成员既能居住在一起,又能有相对独立的空间。

(3)住宅属性。住宅属性包括坚固、耐用、宽敞、舒适、方便、安静、美观、气派等。住宅属性的相对重要性与个人的性别、年龄、受教育程度及收入状况高度相关。因此,一幢房屋的住宅属性定位,不仅是设计建造者应当面对的问题,也是广告企划人员应当深思的问题。例如,房屋坚固、耐用的属性对消费者心理感受而言是住宅属性,对房屋本身而言是房屋要素。房屋坚固属性可以满足消费者的安全感,房屋耐用属性可以满足消费者依托感的需要,房屋宽敞属性则可以消除个人的封闭感,房屋气派属性则使人有成就感等。

(4) 现有住宅类型。现有住宅类型与个人需要有关。在现有住宅住了很久,必然会感觉到某种心理得到了满足。对于那些能满足这种心理需要的住宅属性,人们习以为常,觉得理当如此,反而较不重视这些住宅属性了;对于那些现有住宅没有或较差的属性,由于相应的心理需要尚未获得满足,基于补偿原则,就会特别重视。

不同收入水平的人,会有不同的心理需要,因而会重视不同的住宅属性。例如,对宽敞这个属性,不同的消费者,基于其自身的生活方式,对于客厅、主卧房、卧房等各种房间的宽敞程度,就会有不同的着重点。了解消费者在宽敞属性方面的具体偏好,可以为开发商在房型设计上提供参考。据调查分析,人们对各种房间的宽敞程度的要求依次是:客厅、卧房、厨房、浴厕。一般而言,女性比男性更重视厨房和浴厕,男人则较重视餐厅和阳台。

(5) 现房和期房。它主要涉及置业投资风险和对现房与期房的偏好问题。

可以按是否开工、是否完工、距离完工的时间,以及现在是否有人居住,将期房与现房共分为五类:一是尚未开工的房子;二是已开工且一年内可以盖好的房子;三是已开工且半年内可以盖好的房子;四是还没有人住过的房子;五是已有人住过的现成房子。

消费者对房屋预售所担心的风险主要有以下几个方面:一是产权不清楚;二是偷工减料;三是缴款后开发商宣告倒闭或携款潜逃;四是开发商要求追加款项;五是不能如期交房;六是实际房屋与图纸差距过大;七是邻里素质参差不齐等。

以上几种类型,消费者最担心的是偷工减料、产权不清楚和不能如期交房,这是因为消费者最重视房屋的坚固程度等质量问题,而产权则影响到房屋的增值及转售。

对于风险的担心,与个人的性格、经验和认知有关,另外,财力、购买动机、房屋类型、偏好的地点、性别、职业、受教育程度和家庭收入等,也可能影响到个人对风险的担心。根据相关调查,从开发商的角度而言,对于各种风险的相对担心度依次为:购买动机、偏好的地点、房屋类型、个人的性格、性别、职业、受教育程度、家庭收入等。

关于消费者现房和期房的偏好情况,根据相关调查显示,各种类型的房屋中最受人欢迎的是"还没有人住过的空房",其次是"已开工半年内可以盖好的房子",然后依次是"刚推出尚未开工的房子"和"已开工一年内可以盖好的房子"、"已经有人住过的现成房子"。这一结果表明,现房未必就是最受欢迎的房子。

此外,对于期房与现房,男女偏好也不太一样。男人能接受"尚未开工的房子",而女人则不喜欢"已有人住过的房子"。

(二) 收益性房地产购买行为的影响因素

收益性房地产包括很多类型,这里主要介绍写字楼、工业房地产和商业房地产的购买行为的影响因素。

1. 写字楼购买行为的影响因素

写字楼一般都是20~30层楼以上的高层建筑物,建筑质量和内部装修比一般建筑物要好很多,因此,售价和租金也比较高。写字楼属于商业性投资,收益高,风险大。有的开发商为了减少市场风险,保证稳定的投资经营收益,兴建具有多种功能的"综合楼",这样既可以用于办公,又可以用于住宅,还可以设置商场或酒店。因此,写字楼的价值依赖于该地区社会、经济、文化的发展水平。改革开放以后写字楼曾一度成为房地产市场的热点。

影响写字楼购买行为的因素主要有以下几种。

（1）位置。写字楼的位置一般有三种选择：一是在商业繁华地段，这样可以满足对吃饭和购物的需要，人气也会非常旺，如南昌市八一广场（南昌市的一级商业中心）旁的万达财富广场；二是在市政道路的交叉口处，因为在交叉口处的人流量是最大的，多路公交车都会在交叉口设站，交通便利的好处很明显，如南昌市坛子口（交叉口）旁的国贸广场、中环广场、明珠广场；三是在政府办公大楼附近，与政府大楼毗邻，再加上写字楼的地标性，使得在此处购买写字楼有很大的无形价值，如南昌市红谷滩绿地中央广场，为设计高度为303 m的地标性建筑，同时又毗邻南昌市政府。

（2）周围市政配套设施状况。写字楼作为日常办公场所，对其周围的市政配套设施有较高要求。如写字楼的对外道路交通是否便捷，是否有足够的停车位；写字楼附近是否有与办理商务紧密相关的机构和服务设施，如政府有关办事机构、银行、保险机构、邮局、打字复印社、餐饮设施、宾馆、酒店等。

（3）配套设施设备的数量与质量。写字楼的电梯、卫生设施、空调设备、通信设备等是否齐全有效，数量是否足够，质量是否稳定，能否确保正常运行等，都对发挥写字楼的功能至关重要。

（4）写字楼的层次设备、空间尺寸与布局。写字楼的层次设备要合理，发展趋势会向着智能化方向发展，开发商必须顺应这一历史潮流，引入高科技和智能化设备，使房地产升值。在空间尺寸上，除少数行业的特殊要求外，绝大多数的商贸型公司都需要空间尺寸较大的空间，以提高机构的工作效率。写字楼楼层布局最好无强制分隔，以利于各公司根据实际情况进行办公室的布局安排。写字楼的楼层高度适宜，根据相关研究，写字楼楼层过低，会使办公人员有压迫感，精神不振，影响工作效率，相反楼层过高又会使办公人员精神高度紧张，不利于身心健康。写字楼主门厅装修气派，外观上整齐美观，其投资价值往往也会十分理想。

（5）写字楼的日照、通风。写字楼的周围没有巨大建筑物或其他东西遮挡，采光和通风好，楼前有适当广场或绿地，其价值必然上升。据《北京青年报》报道：中国预防医学科学院和北京市卫生防疫站在北京市区选择了15家有代表性的高档餐厅、咖啡厅、写字楼等，设置了32个室内环境质量监测点进行调查，结果表明各项环境质量指标超标严重。其中，可吸入颗粒物、二氧化碳、噪声、温度和湿度超标率分别为75％、72％、72％、69％和69％。专家认为，人的一生中80％以上的时间是在室内度过的，"写字楼综合征"正严重危及白领阶层的身心健康，因此，开发商更应重视写字楼的通风状况。

（6）写字楼的社会形象。写字楼的社会形象主要体现在两个方面：一是其功能要专业化，写字楼不能和住宅混合在一起，否则就会出现西装革履、手提公文包的职员与携家带眷、拎篮提菜的家庭妇女共乘电梯的不协调局面；二是写字楼的服务对象专业性要强，否则就不能提高写字楼的知名度，形不成规模效益。因此，良好的社会形象是影响写字楼购买者和承租者决策的重要因素。因为这将有助于衬托和提高其社会地位，为其发展创造出更多的机会。

（7）写字楼的服务设施。写字楼内或附近的服务设施应齐全，如打字、影印、翻译、餐饮及娱乐等设施，当然，服务设施不应妨碍写字楼的专业化要求。

（8）房地产管理服务。写字楼房地产能否正常发挥其使用价值，与房地产管理服务的水平高低有重大关系。房地产管理工作做得好，等于创造一个良好的工作环境，有利于写字楼内各公司（企业）的正常营运，并帮助它们维持企业形象和提高企业的信誉。

2. 商业房地产购买行为的影响因素

商业房地产的价值主要取决于其所处的地理位置、商业流通的发达水平、人们的购买能力和流动人口等因素。具体有以下几个方面。

(1) 地理位置。商业房地产的购买者对于所购房地产的地理位置最为关注。例如，商业房地产处在或临近城市的中心商业区，或者处在有商业发展潜力的地段，购得后进行经营活动往往容易获利。但需要注意的是，十字路口是人流汇聚之地，本是理想的投资位置，但如果兴建地下通道或立交桥以后，其投资价值就会明显不如以前。

(2) 所处地段的总体商业环境。它具体包括：商业区内的人口密度、人口流量；商业区的范围及发展方向；商业区内消费者的收入水平及消费特性；营业范围及时间是否受到某种限制；商业区内的商业繁华程度，主要指商业区级别、商业服务业店铺总数(包括数目和面积)、营业类型及竞争情况、商业经营者的资历及开拓精神等。例如，成都市人民商场的老店店面，在其新营业大楼竣工营业之前，顾客盈门、利润甚丰，想承租店面者甚多。然而，在新营业大楼营业后，顾客纷纷涌向具有现代化一流服务设备的新大楼，老店面立即冷清下来，承租人赚不到钱，只好纷纷退租。

(3) 交通便捷程度。商业店铺是人流、物流集中的地方，保证交通顺畅非常重要。交通便捷程度包括对内和对外两个方面。对内主要考察商业区内道路类型、道路宽度、路面状况、公共交通站点总数及密度、平均车流量等。对外主要考察商业房地产与机场、火车站、港口、长途汽车站等设施的空间距离和对外交通的方便程度等。

(4) 店面自身的配置。在店面自身的配置方面，具体应注意如下几点：店面以两面临街为最佳；应兼顾进货与出货的方便性；店面在长、宽、高三个方向上最好有充足的发展余地以利于装潢之用；应有可悬挂旋转广告招牌的醒目位置；店面的展示面和临街面应较大，以便拥有较好的营业优势；店面前不应有任何障碍物，以免顾客出入不便。

(5) 店面的小环境。店面小环境包括：①店面朝向，一般来说店面宜朝向阳面，阳面的店铺人流较多，单行道的右侧的店面通常营业状况不错；②预计经营的范围与种类应与周围店铺的经营范围与种类存在某种互补和不同；③临街长度应足够；④店面的采光充分；⑤停车与行人步行均应方便。

(6) 规划设计与建筑质量。对于商业店铺而言，过少的摊位组合吸引不了人潮，过多的摊位又会使店铺显得杂乱零碎，因此，规划设计上合理，才能使商业店铺活而不乱、多而不杂、繁荣且井然有序。从建筑质量上来看，无论是购物中心还是商店，它的设计风格式样应独特、新颖，具有外观上的吸引力；内部设备应先进、技术性能良好。

还是以成都市人民商场老店店面为例，之所以在新营业大楼开始营业后，顾客纷纷涌向新大楼，就是因为新大楼具有现代化一流服务设备，而老店店面设备老化。因此，虽然这两个不同的购物中心，地段上优劣相近，而且租户经营类别和经营能力类似，市场大小也差不多，却形成了不同的经济效果。因此，选择好了地段，还必须注意建筑的质量(包括外观和内部设备等)。

3. 工业房地产购买行为的影响因素

工业房地产一般包括厂房和仓储两类，属特种房地产。由于规划、结构等因素的影响，这类房地产很难改变其使用性质,给投资者带来的投资风险很大。因此,这类投资者有时同时又是该房地产的经营者。其购买行为的影响因素有以下几点。

(1) 区域经济状况。工业房地产的购买行为受当地经济发展的影响很大。因为一旦当地经济衰退,必然引起工厂关闭,那么厂房的投资者有可能亏本;而且如果当地的经济结构由以工业为主转向以服务业为主,那么必然使得工业房地产的售价或租金出现疲软。因此,投资、开发工业房地产要选在工业经济势头好的时机。工业经济发展的前景好,才能保证有效的工业用房需求。

(2) 交通便捷程度。这是指工业房地产所在地区的内外交通运输的方便程度,包括该城市的铁路、公路、机场、港口等对内、对外交通设施情况,因为这涉及生产原材料的运入以及生产成品的运出。交通便捷程度可以从两个方面进行衡量:①对内的交通运输情况,包括区域内道路类型、宽度、路面状况、道路面积、道路密度等;②对外交通运输联系情况,包括工业区道路系统与骨干公路、高速公路、机场、港口、过境公路和铁路的连接状况,工业房地产距火车站、港口及其他交通枢纽的距离和上述设施的可利用程度等。这一点对于仓库来说尤为重要。

(3) 基础设施完善程度。这是指为工业服务的基础设施的配置及运行能力。基础设施包括动力能源、供水能力及保证率、排水设施及能力。工业的动力能源主要有煤、油、火电、水电、热能等。一般来说,基础设施条件好,保证率高,生产则不受影响,工业房地产的使用效益可以得到充分发挥。

(4) 工业建筑设计与质量。不同的工业生产有不同的工艺流程、设备、管道设施和环境卫生条件等方面的要求,相应的工业建筑的平面布局、形体、结构形式、空间大小、立面设计和艺术处理等也各不相同。工业建筑的设计必须贯彻以下四条基本原则。

① 满足生产工艺要求,包括流程、运输工具和运输方式、生产特点等的要求。而且这种要求一般要与国际接轨。

② 根据生产工艺要求和材料、施工条件,选择适宜的结构条件。

③ 保证良好的生产环境:工业建筑应有良好的采光、照明、通风和噪声控制措施,对于某些在温度、湿度、洁净度、防微尘、防辐射等方面有特殊要求的车间,则应在建筑平面、结构等方面采取相应的措施;同时要注意厂房内外整体环境的设计,包括色彩和绿化;另外,应考虑工业污染对周围环境所带来的影响。

④ 合理布置更衣房、卫生间、餐厅等生活用房和辅助用房。

(5) 产业集聚规模。产业集聚规模是指工业区内工业企业数目多少、行业类型及企业规模的大小。现代化工业生产分工细、专业性强,许多生产部门需要相互协作。工业区内具有一定规模的生产技术体系才能使置身其中的企业产生规模经济效益和集聚效益,减少不必要的生产成本和一些其他费用。产业的集聚规模可以用两个指标进行衡量:① 工业区内的工业企业数目与行业结构;②每一企业占地面积(或职工总数)和产品结构与产量。此外,产业的集聚规模还与原材料市场状况、地方政府的产业发展政策有关。

以上因素,在各城市间有很大差别,甚至同一个城市内不同区域也有很大差别。例如,上海的浦东新区和浦西老市区,其交通状况、基础设施状况和政策条件等就有很大差别。

任务 2　房地产市场细分与目标市场确定

一、房地产市场细分

（一）市场细分概述

1. 市场细分的定义

市场细分是指按照消费者在市场需求、购买动机、购买行为和购买能力等方面的差异,运用系统方法将整个市场划分为个数不同的消费群(子市场),然后选择合适的子市场作为公司服务的目标市场的过程。

市场细分具体包括以下三个基本点:①市场细分的基础是消费者需求的差异性或异质性,即是细分消费者而不是细分市场;②市场细分的方法是求大同存小异,即在每个不同的细分市场之间,消费者的需求存在明显的差异,但是在每个细分市场内,消费者需求差异较小;③市场细分的目的是选择最有利的市场作为企业的目标市场。通过市场细分,有助于发现新的市场机会,对于企业开展针对性的营销活动、提高竞争力具有积极的作用。

2. 房地产市场细分的本质特征

房地产市场本质上是一种社会关系,并非纯物质。从这个角度来看,房地产消费者的购买动机呈现多样性的特征,具体体现在消费者的不同的购买意向、影响消费者购买动机的不同因素及消费者购买动机的不同类型等方面。

（二）房地产市场细分的方法

1. 市场细分的有效条件

1) 可衡量性

细分市场的规模、购买潜力和大致轮廓可以识别和衡量,这样划分出来的市场范围才能比较清晰,才能对市场的规模作出判断。

2) 可盈利性

细分市场的规模足够大,有足够的利润来支持产品选择该细分市场的方案。简单来说,就是指这个细分是否大到足以在经济上可行,是否有足够多的人在细分中形成一个可行的市场。因此,可盈利性是指需求的现实产品是否达到足够的数量,并愿意为购买产品支付费用。

3) 可接近性

细分市场既应该是企业可以进入并占有一定份额的市场,也应该是企业能够对消费者产生影响并能够为消费者服务的市场。如果潜在的消费者拒绝接触营销活动或信息，或者潜在的消费者不愿意提供有关真实的资料和信息，那么细分出来的市场就难以接近。

4) 可行性

企业所依据的细分标准，一方面必须符合人们的价值观、消费习惯、消费心理及政府的法规、法令等；另一方面，开发企业应有足够的能力开发选定的细分市场并为其服务。

2. 居住物业市场细分的因素

细分消费者市场常用的变量有两大类：一类是根据消费者的特征进行市场等细分，如消费者的地理特征（如本市人、外地人等）、心理特征、素质特征（如白领、蓝领、金领等）等；另一类是根据顾客对产品的使用及反应进行市场细分，目标变量有使用意愿、购买习惯等。具体的细分因素见表3-7。

表3-7　市场细分因素

地理因素	地区	城市行政区域、居民自然形成街区
	规模	以一定人口数量指标划分
	密度	城市中心、郊区
人口因素	年龄	20～30岁、31～40岁、40岁以上
	家庭结构	单身、无子女夫妇、有子女夫妇、三代同堂
	家庭收入	低收入、中等收入、高收入
	职业	专业人员、经理人、政府官员、自由职业者
	教育程度	大专以下、本科、硕士以上
	社会阶层	下层、中层、上层
心理因素	生活方式	变化型、参与型、自由型、稳定型
	个性	冲动型、进攻型、自由型、稳定型
	敏感因素	质量、价格、服务、广告、交通、品牌
	购买习惯	经常购买、偶尔购买
行为因素	追求的利益	便利、经济、身份、品位
	使用者地位	首次置业、二次置业、多次置业
	时机	一般时机、特殊时机

(1) 地理因素　按照消费者所处的自然地理环境的不同来细分市场。处于不同地理位置、自然环境、人文环境的消费者，对同样的房地产产品有着不同的需求和偏好。例如，城市郊区的消费者对城市中心住宅的布局感到狭窄，而且认为市中心的房价较高；而城市中心的消费者在购买住宅时，通常重视周围的人文环境，如学校、医院、商场、俱乐部、社区等。地理细分能够分析不同的地理区域消费者对房地产产品的要求、需求总量和需求变化。房地产项目开发是比较重视区域选址的，因而地理因素是必不可少的。

(2) 人口因素　人口因素按年龄、家庭结构、家庭收入、职业、受教育程度和社会阶层等来划分。不同类型的消费者对房地产产品的档次、风格、面积和房型等有着不同的需求。

(3) 心理因素　心理因素按消费者的生活方式、个性、敏感因素和购买习惯等来划分。在房地产市场营销中,常常可以发现,不同的消费者对于同一房地产产品需求有较大的差异,其原因在于消费者的心理因素。

(4) 行为因素　以消费者对房地产产品的住宅消费数量、了解程度、使用程度、购买或使用时机等行为因素为基础来划分消费者群体的方法,称为住宅市场的行为细分。

3. 房地产市场细分的方法

房地产市场细分的方法主要有以下两种。

(1) 主导因素排列法　从消费者的特征中选择和确定主导因素,然后与其他因素有机结合,确定目标市场。对于房地产市场,一般来说,职业与收入是影响选择的主导因素,文化、婚姻、气候等因素则居于从属地位。

(2) 多项因素排列法　有的房地产市场细分因素,其地位与作用是并列的,很难区分出主、次来,此时可以采用多因素排列法选择细分市场。根据排列的因素多少,可以将其分为双因素排列法、三因素排列和多因素排列法,见表3-8。

表3-8　多因素排列法

户主年龄/岁	收入水平/万元	家庭人数/人	职业	教育程度
>65	<10	1~2	公务员	文盲
50~64	10~20	3~4	一般白领	中小学
35~49	21~30	5~8	高级白领	本科
18~34	>30	>8	企业主	硕士

例如,可以按照以下标准划分细分市场:户主年龄35~49岁、收入水平10万~20万元、家庭人口3人、职业高级白领、教育程度硕士的一个细分市场。

除了在"引例导入"中的市场细分案例,下面再举一个市场细分的例子。

案例分析 3-1

深圳某住宅细分定位

1. 片区分段

分级前提:以滨河大道和华强北路为界,以北以西,主要为北方移民置业选择区域,带有浓厚的北方文化文脉;以南以东,主要为广东客户,多数置业居民具有广东亲缘。

可按8个片区进行分级,分出的8个区域内有置业互接性。8个片区为香蜜湖、车公庙、梅林、景田、莲花、中心区、黄木岗、华强。其中,一级居住区为中心区、香蜜湖(车公庙),片区价格8 000元/m²以上;二级居住区为景田、莲花,片区价格为6 000~7 000元/m²;三级居住区为梅林,片区价格为5 000~6 000元/m²。

8个片区中的开发量,第一级为香蜜湖、中心区、景田;第二级为梅林、莲花;第三级为车公庙、华强、黄木岗。

2. 客户分级

（1）第一类　二次以上置业者，能承受100万元以上的物业，所需面积140 m² 以上。居住选择首先考虑大片区环境，高档居住区是置业的首选条件；对产品品质尤为关注，如小区环境、户型设计、物业管理等是置业首选要素；对价格不敏感，首付和月供能力极强；来深圳10年左右，家庭年收入35万元以上，已有1套以上100 m² 的物业，年龄30～45岁，有较高社会地位，多为核心家庭和双核心家庭，有车，讲究身份感。

（2）第二类　能承受60万～80万元的物业，所需面积100～140 m² 以上。居住讲究实用性，同时重视产品户型设计、小区环境、生活教育配套、交通等方面因素；对价格有一定敏感性，有一定的首付和月供能力；来深圳5年左右，家庭年收入20万元左右，已有一套80 m² 以下的物业，或者一直未置业，年龄30～40岁，多为核心家庭，有入托或入学小孩，部分有车，收入较高的公司中层或小私营业主。

（3）第三类　能承受30万～50万元的物业，所需面积80 m² 以下。对价格敏感，讲究居住的便捷，对公共交通依赖程度高、置业选择地铁和主要交通枢纽附近。要求周边配套齐全，产品要求户型方正实用、实用率高，但对具体设计、朝向、小区环境、物业管理现状要求不高；来深圳2年左右，家庭年收入12万元以下，年龄30岁以下，多为丁克家庭或单身，极少有车。

（4）第四类　投资物业大都在60 m² 以下，定价在40万元以下；对设计、环境朝向等没有过多要求；投资物业讲究地理位置和升值前景；一般选择靠近中心商务区和中心商业区物业；区域内租赁市场旺盛。

3. 细分客户结论

第一类客户主要流向中心区、香蜜湖、景田；第二类客户主要流向景田、莲花、中心区；第三类客户主要流向景田、莲花、梅林；第四类客户同样主要流向景田、莲花、梅林。

4. 片区定位结论

景田片区是第二类和第三类客户首选的区域，也是第四类客户选择的区域。

二、房地产目标市场的确定

市场细分后，房地产开发商进入目标市场选择阶段。在这个阶段中，开发商要在市场细分的基础上，对各细分市场做出评价，并结合自身的资源能力，对本企业最终选择进入哪些目标市场或为多少个目标市场服务做出决策。

（一）房地产目标市场

房地产目标市场是房地产企业为了满足现实或潜在的消费者需求而开拓的特定市场。一般来说，一个好的房地产目标市场应具备以下几个条件。

（1）可盈利性　该房地产目标市场应具有一定的吸引力，能够使企业获得一定的销售额和利润。某一细分市场可能具备理想的规模和发展特征，然而从盈利的角度来看，它未必有吸引力。

（2）可成长性　该目标市场不但有尚未满足的有效需求，而且还有一定的发展空间，能够支持企业的长期发展。目标市场应当具有一定的规模和发展潜力。

（3）可进入性　该房地产企业具备开拓市场的能力，同时，该市场也没有被竞争者完全占领或控制。

企业的资源条件是否适合在某一细分市场经营也是重要的考虑因素，应选择企业有条件进入并能充分发挥其资源优势的细分市场作为目标市场。另外,目标市场的竞争程度也是重要的考虑因素,应选择竞争激烈程度低的细分市场作为目标市场。这样,房地产企业才会立于不败之地。

(二)选择房地产目标市场时应考虑的要素

1. 房地产企业的资源或实力

一般来说,如果企业资源条件好或实力较强,目标市场的选择范围较大,那么既可以选择进入部分目标市场,也可以选择进入全部目标市场。如果企业资源或实力有限,就应该考虑采取集中性目标市场策略,以取得在目标市场上的优势。就房地产企业而言,土地与资金是房地产业的两个稀缺资源要素,房地产企业在这两个重要资源上的实力强弱及企业在市场运营方面的能力决定了该企业选择房地产目标市场的范围和空间。

(1)土地资源　土地是从事房地产业的首要资源。在我国,地价是构成房地产成本的主要因素,因此,获得优质低价的土地就成为房地产开发最为关键的因素。随着房地产市场的规范化,大量土地将通过分开拍卖或招标获得,因此,土地获得的能力越来越取决于公司的资金实力,现有的通过各种非市场化渠道获得土地的能力所起的作用将逐渐减弱。

(2)资本规模　房地产作为资金密集型行业,具有进入门槛较高、运作周期较长、回款较慢的特点,企业自有资金的实力是决定企业运作房地产成败的关键因素。企业在资本规模上的优势将会带来明显的规模经济。这种规模经济主要表现在以下几个方面:①大规模项目的开发,使企业可通过集团购买量大的优势降低成本;②配套完善的社区规划,更容易吸引消费者;③房地产企业可以进行市场组合,从而降低风险,使企业抵御市场风险的能力大增强;④房地产企业可以连续开发多个项目,可避免因地产开发周期长而导致的资金周转困难;⑤企业资金实力强,开发规模大,更容易形成市场信赖品牌。

(3)市场经营能力　房地产目标市场的选择必须具有一定的前瞻性,这就要求房地产企业能够了解消费者的需求动向,准确把握市场,并为客户提供更多的让渡价值。鉴于此,房地产企业必须具备人才、品牌、文化和相应的持续创新能力、产品设计能力、职业管理能力、客户感召能力、市场推广能力、价值驱动能力和客户服务能力等。它们之间互相作用影响,形成企业的综合能力,对本企业房地产目标市场的选择发挥着各自不同的作用。

2. 市场同质性

市场同质性是指各细分市场在顾客需求、购买行为等方面的相似程度。目前,需求多样化趋势日益明显,房地产细分市场逐渐成形。房地产消费市场有如下三个比较突出的特点。

(1)多层次性　在同一商品市场上,不同消费者群体由于社会阶层、收入水平和文化素养的差异,其需求也会呈现出多层次性的特点。例如,有人需要一室一厅,有人需要两室一厅、三室一厅甚至豪华别墅等。

(2)多变性和差异性　由于各种因素的影响,消费者对房屋有多种多样的需求,随着科技的发展及消费水平的提高,消费者需求在总量、结构和层次上也将不断发展,日益多样化。这就要求在进行目标市场的选择时应根据自身条件准确作出判断。

(3)消费者需求的可诱导性　消费者需求的产生,有时是自发的,有时是与外界的刺激诱导有关的。宏观经济政策的变动、社会交际的启示、广告宣传的诱导等,都会使消费者的需求发生变化,使潜在的需求变为现实的需求,使微弱的购买欲望变成强烈的购买欲望,因此,应该准确估计消费者潜在的可诱导的需求。

3. 房地产产品的生命周期

一般而言,目标市场所需产品为新产品或成长期的产品时,企业应当采取无差别市场策略,以探测市场需求,降低成本;当目标市场所需产品进入成熟期时,企业宜采用差异性市场策略,开发新产品,开拓新市场;当目标市场的现有产品进入衰退期时,企业应当采取集中性的市场策略,集中力量开发少数有利可图的产品。

4. 房地产市场竞争状况

房地产目标市场的选择,还应当关注各个子市场的竞争状况。针对不同的竞争态势及竞争者,进行相应的目标市场选择和营销策略。例如,若竞争对手采用差异性营销策略,企业应用差异性或集中性营销策略与之抗衡;若竞争对手较弱,企业可以采取无差异性目标市场策略。此外,还应当避免同竞争对手采取相同的策略,防止竞争加剧,两败俱伤。目标市场的竞争情况一般包括以下几个方面。

(1) 竞争对手有哪些,有多少竞争者,会否引来新的竞争者。
(2) 竞争对手实力如何,其卖点及定位是什么。
(3) 竞争对手的市场定位如何,供应商以及合作者力量的强弱。
(4) 竞争对手的竞争策略是什么。
(5) 买方实力强弱。

(三) 房地产目标市场选择战略

可供房地产开发商选择的目标市场模式有以下五种。

1. 单一市场模式

单一市场模式即目标集中化,此模式下的房地产开发企业只生产一种产品,只选择一个目标子市场,进行集中营销。单一市场模式适合于公司资源有限且竞争力较弱的状况。如图 3-2 所示,某房地产开发企业就在九个细分市场中,选择了开发针对三口之家的中档住宅这一个细分市场。

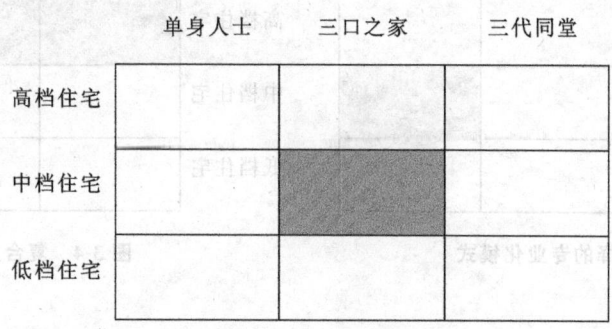

图 3-2　单一市场模式

案例分析 3-2

深圳万科股份公司在1998年4月开发建设了万科俊园,该项目位于深圳市文锦路与爱国路交汇处的北侧,它占地5 466 m², 总建筑面积78 000 m², 建筑总层数45层,高161 m, 它是当时中国第一高住宅楼,在该项目的前期阶段,开发商通过市场细分后锁定了深圳市及周边地区拥有千万资产人士的目标市场,虽然这一目标市场十分狭窄,客户群体容量也十分有限,但由于这部分群体存在着有效需求,开发商把握了他们的需求信息,及时开发出他们所需求的物业产品——高层豪宅,结果市场反响热烈,至1999年11月,该项目的销售率已达到83%。

2. 有选择的专业化模式

房地产开发企业选择若干个不同的子目标市场,并为不同子市场生产不同的产品。这就要求每个目标市场在客观上有吸引力,而且符合开发商的目标和资源实力。如图3-3所示,某房地产开发企业实力比较强,可以选择九个细分市场中的两个(单身人士的高档住宅细分市场和三代同堂的中档住宅细分市场)进入。

案例分析 3-3

北京红石实业公司,通过市场细分,选择了九个细分市场其中的两个目标市场。该公司集中有限的资源先后为北京的居家办公的目标市场开发了SOHO现代城,为金领人士组成的目标市场在海南开发了高档海景别墅。二者的市场反应良好,建成后在不长的时间内即达到了销售目标。

3. 复合产品模式

复合产品模式即产品专业化,是指生产一种产品,然后针对多个比较类似的子市场集中营销的模式。就房地产业而言,是指房地产开发商集中开发一种类型的物业产品,并向多个目标市场的客户群体销售这种产品。如图3-4所示,某房地产开发企业向单身人士、三口之家、三代同堂三类客户推出同一种产品(高档住宅)。

	单身人士	三口之家	三代同堂
高档住宅	■		
中档住宅			■
低档住宅			

图 3-3 有选择的专业化模式

	单身人士	三口之家	三代同堂
高档住宅	■	■	■
中档住宅			
低档住宅			

图 3-4 复合产品模式

案例分析 3-4

北京天创房地产开发公司精心打造天缘公寓(高层住宅项目),该项目位于北京市宣武区白纸坊和西二环交汇口,项目总建筑面积70 000 m²,公寓的户型面积从75～193 m²,含盖了两室两厅、三室两厅、四室两厅等多种规格,开发商力图通过该物业的开发建设来满足不同目标市场(包括小康型住宅需求群体、富裕型住宅需求群体、豪华享受型住宅需求群体等)的需求。但是,将不同的目标客户群体安排在同一物业内显然无法满足这些目标群体的个性化需求,开发商在选用此模式时要慎重。

4. 复合市场模式

复合市场模式即市场专业化,是指生产多个产品以满足某一类客户的多种需求的模式。就房地产业而言,是指房地产开发商专门为了满足某个目标客户群体的各种主要需求而开发物业。如图3-5所示,某房地产开发企业专门为三口之家市场提供不同档次的房地产产品(包括高档住宅、中档住宅、低档住宅)。

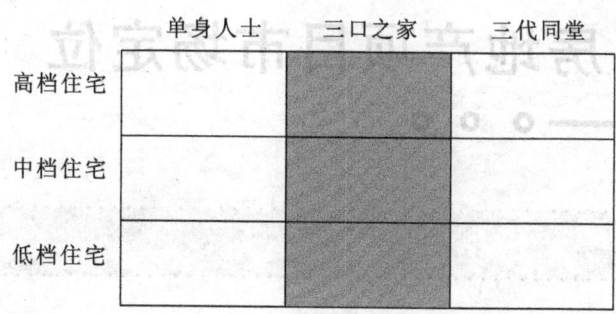

图3-5 复合市场模式

❖ 案例分析 3-5

位于南京新街口中央商务区的标志性建筑天安国际大厦,它的目标客户群体定位在南京CBD办公的白领阶层,该项目的1～8层为大洋百货公司,9～13层为高档写字楼,14～42层是公寓。开发商通过在一个楼盘中开发不同类型的物业,较好地满足了南京新街口CBD区域内的白领人士购物、餐饮娱乐、办公、居住等各种需求。

5. 完全市场覆盖模式

完全市场覆盖模式即全面进入,是指针对每个子市场生产不同的产品的模式。这种模式是指房地产开发商通过投资开发各种类型的物业来满足各种目标市场的需求,只有大型的房地产公司才有实力采用完全市场覆盖战略。如图3-6所示,某房地产开发企业具备超强实力,可以满足单身人士、三口之家、三代同堂对于不同类型房地产产品(包括高档住宅、中档住宅、低档住宅)的需求。

❖ 案例分析 3-6

深圳万科股份有限公司、南京栖霞建设股份有限公司等大型房地产开发企业就是借助自身核心竞争能力开发各种物业来满足各种客户群体的需求的。

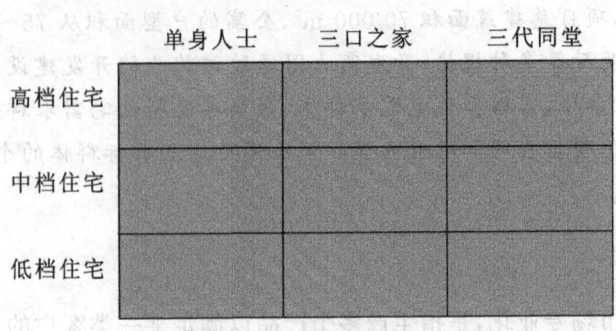

图 3-6 完全市场覆盖模式

任务 3 房地产项目市场定位

一、产品市场定位概念

(一) 产品定位

房地产项目的产品定位不仅仅来源于生产方(这里主要指开发商和设计单位)的单方制造行为,它的定位是在市场研究基础上的市场定位,是对消费者使用方式和使用心理进行分析研究基础上的产品定位,是将产品核心按消费者的理解和偏好方式传达出去的形象定位。

房地产项目产品定位的概念可以表述为:房地产开发经营者通过研究市场前提、技术前提和资金投入状况等一系列与房地产产品生产有关的前提条件,利用科学方法,构思出房地产项目产品方案,从而在产品市场和目标客户中确定其与众不同的价值地位的这一过程就是房地产的项目市场定位。

(二) 房地产产品定位的步骤

实践中,房地产产品的综合定位应将产品固有的特性、独特的优点、竞争优势等与目标市场的特征、需求、欲望等因素结合在一起来考虑。房地产产品定位的步骤如下。

1. 分析本公司与竞争者的产品

分析本企业及竞争者所销售的产品,是定位的良好起点。在实践中,房地产企业往往选择本企业项目的相邻周边区域的项目作为竞争对手,但随着商品住宅的进一步发展和交通工具的改善,置业者的消费范围已大大扩大,项目的竞争对手范围亦在逐渐扩大,尤其是对那些定位差异化明显的高端产品,如度假物业等,其客户来源区域甚广,其竞争项目同样亦会有广泛的区域性。

因此,竞争调研除了重点考虑相邻片区的相关楼盘外,还应考虑其他区域的同质楼盘,应注意调研的深度与广度,这样调研结论也就会更具说服力与指导性。

在分析本公司与竞争者的产品时,可以采用项目SWOT分析方法。

1) 项目SWOT分析方法的概念

SWOT为优势(strength)、劣势(weakness)、机会(opportunity)和威胁(threats)的缩写。其中,优势和劣势分析主要是着眼于项目自身的实力及其与竞争对手的比较;而机会和威胁分析是指外部环境的变化及对项目的可能影响,两者之间有着紧密的联系。分析方法示意图如图3-7所示。

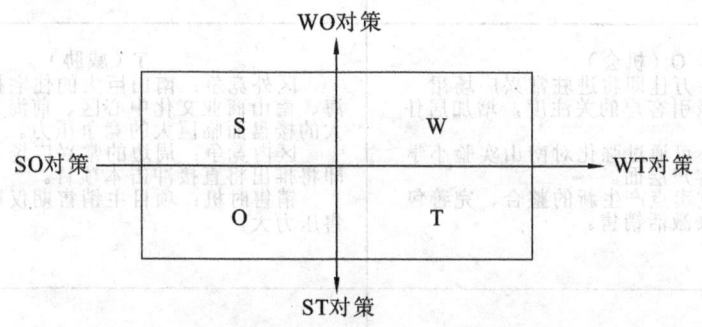

图3-7 SWOT分析方法示意图

(1) 内部环境分析(优势与劣势) 当两个房地产项目处在同一竞争市场,或者说它们都有能力向同一消费群体提供产品和服务时,如果其中一个项目有更高的市场获得率或市场获得潜力,那么,我们就认为这个项目比另外一个项目更具有竞争优势。反之,则为竞争劣势。

(2) 外部环境分析(机会与威胁) 房地产项目的外部环境主要由两部分构成:①宏观环境,如人口统计、经济、技术、政治、法律、社会或文化等环境因素;②微观环境,如消费者、竞争项目等。

2) 构造项目SWOT分析矩阵

构造项目SWOT分析矩阵,如图3-8所示。将调查得出的各种因素根据轻重缓急或影响程度等排序,构造SWOT矩阵。在此过程中,将那些对项目发展有直接、重要、大量、迫切、久远影响的因素优先排列出来,而将那些间接的、次要的、少许的、不急的、短暂的影响因素排列在后面。

3) 制定行动对策

最小与最小对策(WT对策),即考虑劣势因素和威胁因素,目的是努力使这些因素影响都趋于最小。

最小与最大对策(WO对策),即着重考虑劣势因素和机会因素,目的是努力使劣势影响趋于最小,使机会趋于最大,使劣势不成为机会的障碍。

最大与最小对策(ST对策),即着重考虑优势因素和威胁因素,目的是努力使优势因素影响趋于最大,使威胁因素影响趋于最小,用优势抵抗威胁。

最大与最大对策(SO对策),即着重考虑优势因素和机会因素,目的在于努力使这两种因素都趋于最大。

可见,WT对策是一种最为悲观的对策,是处在最困难的情况下不得不采取的对策;WO对

S（优势）	W（劣势）
地段：位于南山大道和南新路之间，属于商业与居住两相宜的成熟地段。 交通：处于次干道路口，交通便利。 配套：紧邻家乐福商圈，生活配套完备。 教育：南山实验小学形成了强大支撑。 产品：楼盘处于准现楼状态。 工程形象：楼盘外立面形象良好。 户型：布局。	规模：项目规模较小，难与大盘抗衡。 自身配套：单体建筑，缺乏目前市场上流行的小区环境和小区花园。 户型：主力户型以三房为主，对于本区域而言面积偏大。 卖场：目前的售楼处处于小核心商圈中，卖场形象较差。 片区：地处南山老地段，不属于目前的热卖片区，不利于吸引区外人士的目光。
O（机会）	T（威胁）
商业配套：万佳即将进驻常兴广场裙楼，将极大地吸引客户的关注度，增加居住氛围。 教育配套：可通过强化对南山实验小学的宣传而增加客户层面。 营销：通过卖点产生新的整合、完善包装和销售手段来激活销售。	区外竞争：南山巨大的住宅推出量（后海、南山商业文化中心区、前海等）使规模较大的楼盘面临巨大的竞争压力。 区内竞争：周边的常兴广场、如意家园的即将推出将直接冲击本项目。 销售时机：项目主销售期仅剩下2个月，销售压力大。

图 3-8　项目 SWOT 分析矩阵

策和 ST 对策是一种苦乐参半的对策，是处在一般情况下采取的对策；SO 对策是一种最理想的对策，是处在最为顺畅的情况下采取的十分乐观的对策。

案例分析 3-7

某项目 SWOT 策略分析

1. 外部环境价值点（机会分析）

（1）优势的地理位置，位居道路交叉口物业。

（2）监控交通干道、视野开阔，具有良好的昭示性。

（3）周边有大型商场和超市，生活配套齐全。

（4）闹中取静，虽临近主干道，但环境却相对幽静。

（5）部分楼盘销售业绩较好，造就小地段的知名度。

2. 本体弱势点（劣势分析）

（1）1997 年烂尾楼，在居民心目中印象低下。

（2）户型设计陈旧，并且有很多不完善的地方。

（3）工程现有进度给项目户型的改造带来相当难度。

（4）户型配比中，对于场地价值点的挖掘不充分。

（5）按原设计，建筑容积率高，无环境。

3. 项目 WO 对策

（1）利用地理位置和本身昭示性，对建筑外立面进行处理，以其亮丽的色彩达到广而告知的目的和体现档次。

(2) 完善建筑本体细节，增加凸窗，对阳台样板、建筑顶部、构件装饰等增加丰富的效果。

(3) 在最大限度保持原设计和成本控制的前提下，调配户型比例，使环境优势价值最大化。

(4) 现场环境改造，增加绿化面积和小品，破除原有烂尾楼形象。

(5) 对住宅公共部分重点投入，如对大堂、电梯间等进行包装，使用高速、品牌电梯，小区和楼体实行智能化管理。

(6) 对部分较差户型送装修，体现超值感。

2. 找出差异性

比较自己的产品和竞争产品，对产品目标市场正面及负面效果的差异做出评价。对这些差异的分析必须详细列出适合所销售产品之营销组合的关键因素。有时候，表面上看起来有负面效果的差异，在实践中，也许会变成具有正面效果的因素。

3. 寻找目标客户

竞争对手的客户构成可能就是我们自身项目的客户构成，需要重点研究。寻找目标客户的途径包括以下两种。

(1) 现场拜访　现场拜访在这里不是指随机去竞争对手的售楼现场了解其客源，而建议最好是在竞争项目的促销活动日去了解，因为这时其目标客户会全部出现。现场拜访之前应提前设计好问卷，以便快速有效地访问，取得良好的效果。

(2) 网络业主论坛　在网络相当发达的今天，大部分项目都会有业主论坛。房地产开发企业登录网络，输入想了解项目的名称，寻找自己想要获得的信息，当然也可从中揣测出目标客户的大致情况。

4. 目标市场特征分析

它包括目标客户的欲望、需求及竞争环境等，房地产开发企业应做出包含这些因素的分析的分析报告。

❖ 实战演练 3-1

广州房地产项目"金色海湾"的项目定位为尊贵的豪宅，所针对的目标客户为置业群体中处于"金字塔尖端位置"的少部分置业人士，其日常生活习惯、消费特征往往影响着其置业特征。该公司就本项目的目标市场的特征分析如下。

(1) 年龄层次：35～45 岁。

(2) 性别：以男性为主。

(3) 资产所得：目标客户群由于工作背景及收入来源不同，其所得有以下几种可能：个人积蓄超过 150 万元；年收入超过 20 万元；拥有资产超过 500 万元。

(4) 职业：工厂、私企老板，知名企业高级行政人员，政府机关高级行政官员，综合生意人（投资者）。

(5) 学历、阅历：本科、硕士以上学历；社会认可学历程度不高，但社会阅历丰富，工作经验及私人财富积累较为丰硕。

(6) 社会阶层：属于上层。

① 作为家用，他们较一般消费群体相比，受一般媒介促销影响程度较浅，而容易受其活跃于周边的同类群体的生活方式及潮流喜好所影响。他们除了对产品的综合质量具有较高要求外，还需要能从消费过程中得到"情感"与"精神"上的满足，如"在这里生活，是罕有的尊贵享受"。

② 作为投资者，他们懂得把握高投入、高回报的投资组合（如新大厦以高级外商公寓定位，即有针对性地招揽此类型的客户）。

(7) 家庭组成：本项目客户普遍为已婚家庭，因生活习惯的差异，具体有以下几种可能：有一两个子女，组成3～4人家庭；三代同堂，与父母和子女一起居住，组成5～6人家庭；结婚未生子女，组成两人家庭。

(8) 其他特征：拥有私家车，拥有多处物业等。具体如下。

① 私人资产：拥有私家车，拥有一套或一套以上的私人物业。

② 经济心理：对大经济环境、社会综合投资环境变化反应较敏锐，会对可行性投资采取相应的行动。

③ 生活喜好：讲究生活健康（会使用休闲康体活动，并注重健康保障服务），注重饮食（经常出入高级饭店和宾馆酒店），注重衣着品牌（其家人会订阅时装杂志，进行跟潮流的购物），有兴趣参与高尚文化欣赏活动（如名画展、著名歌舞剧、古玩拍卖会、时装展览、名车欣赏等）。他们会容易接受同类群体的时兴或喜好，以满足精神需要。

④ 培养进修：受过高等教育的客户群，会注重社区超前的科技配置（如宽带上网、远程网络教育、医疗服务、为社区生活提供完善方便的配套服务等）；缺乏高等教育机会的客户群，会注重对其子女的教育，设法为其提供最全面、最优越的教育（如儿童教育体系、保险计划、护理健康等服务）。

实战要求：在上述客源综合特征分析的基础上，根据客户的不同置业性质，对客户群体作进一步细分，划分出不同的目标客户群。

5. 分析目标市场的需求

分析目标市场的需求是指把产品的特征和目标市场的需求与欲望结合在一起。例如，营销人员有时在产品和目标市场特征之间，进行对比分析，以发现消费者尚有哪些未被公司产品或竞争者的产品所满足的需求。

案例分析 3-8

深圳500强企业中外籍人士置房一般选择面积在100～150 m² 的住宅。调查数据显示，高层及小高层为外籍人士倾向选择的主要产品类型，但不容忽视别墅与townhouse，这类产品占倾向选择的比例高达30%，显示外籍人士由于生活习惯等原因对于别墅及townhouse情有独钟。结合市场供应情况分析，目前深圳市福田中心区别墅及townhouse定价较高，大部分外籍人士在选择物业时表示想在中心区附近寻找租金在2万～4万元/月之间的别墅或townhouse几乎没有可能，这也显示了福田中心区附近租金在2万～4万元/月之间的别墅或townhouse为市场空白点。

二、房地产产品定位方法

物业产品定位的内容包括市场、功能、规划设计和设施等方面,具体有以下五种产品定位方法。

(一) 主要属性/利益定位法

主要属性/利益定位法,即房地产开发商将产品定位在某一特色(如房地产特定属性/利益方面)的领先者。

◆ **案例分析 3-9**

当代万国城是由北京当代鸿运房地产经营开发有限公司开发兴建的大型住宅项目,地处东直门东北角,交通便利。项目内部环境不仅聘请日本景观设计师进行景观设计,而且还充分利用近水的优势做到了观水、亲水、戏水,为目标市场的客户群体创造出其他项目无法比拟的生态和环境方面的利益,在为城市景观做出贡献的同时也使当代万国城的客户享受到高品质的生活。当代万国城在由全国工商联住宅产业商会和中国太平洋经济合作全国工商委员会联合发起的"亚太村"国际生态住宅联合评审中,其五个房地产项目积分名列榜首,成为北京地区首个符合国家评分标准的"生态住宅",也成为北京楼市生态住宅的标杆。

(二) 价格/性能定位法

性价比作为衡量一个楼盘的重要指标,实际上就是其综合性能和价格的比率。价格/性能定位法,即房地产开发商把为目标市场提供性价比更高的物业作为自己楼盘的定位。

◆ **案例分析 3-10**

作为布吉镇居家型楼盘的典范之作,深圳峰之畔产品配套成熟、交通便捷、户型精致,居家元素无一或缺,而其 3 800 元/m^2 的均价,却远低于同类楼盘,有"最佳性价比物业"之称。

(三) 目标客户需求定位法

这种定位方法是将产品与使用者或某一类使用者联系起来。例如,希望通过模特或名人与产品联系起来,并能通过他们的特征和形象来影响产品形象。

房地产开发商在进行物业产品定位时,根据所选定的目标市场的实际需求,开发建设出能满足他们个性化需求的产品。

(四) 竞争者定位法

在大多数定位战略中,竞争者的定位都被直接或间接地作为参考。在某些场合,参考竞争者可能是确定其定位战略的最主要方面。房地产产品竞争者定位法,是指房地产开发商直接面对竞争对手,将自己的物业产品定位为在某方面比竞争对手更好一些。参考竞争者来定位之所以必要,主要有以下两方面的原因。

（1）竞争者可能有一个稳固的多年塑造起来的良好形象,竞争者的形象可以作为一种桥梁来帮助宣传另外一个形象。

（2）有时顾客认为你如何好并不重要,重要的是你与某个竞争者同样的好,或者比它更好,以竞争者定位可以通过比较性广告明确地指出竞争者及其房地产产品的一个或多个比较特性。通常,在价格和质量定位上与竞争者相比较是非常有效的。

◇ 案例分析 3-11

上海陆家嘴靠近黄浦江的景观房房源主要集中在仁恒滨江园和世茂滨江花园两个大盘。世茂滨江花园在开发过程中以仁恒滨江园为标杆,力图在项目定位、规划设计、工程建设、景观营造和营销推广等方面高出仁恒滨江园一等,以使高档住宅目标市场的消费群体在购房时先想到世茂滨江花园而不是仁恒滨江园。

（五）复合定位法

房地产开发商在对项目进行定位时,巧妙地将房地产领域的各种技术手段和房地产以外的其他手段（如体育业、旅游度假业等）相结合,通过复合房地产开发来唤醒并满足目标客户群的潜在需求。

◇ 案例分析 3-12

广州奥林匹克花园坐落于广州洛溪地区,占地面积 250 亩（1 亩=666.67 m²）。1999 年 7 月 8 日,广州奥林匹克花园正式推出首期,短期内全部售罄,该项目一举成为广州乃至全国的明星楼盘。创造了 5 次推盘 5 次排队抢购一空的辉煌业绩。累计售出商品房近 2 000 套,共计面积 250 000 m²。创造了当年开发,当年销售,当年入住的楼市奇迹。

广州奥林匹克花园首创复合地产概念,成功地把奥林匹克文化、理念融合于社区环境规划和社区物业管理之中,在运用房地产领域内的各种手段进行营销定位的同时,吸收了体育业的最新理念和手段,两者相互嫁接、复合,突出了"运动就在家门口"的主题,体现了"运动、健康"的生活方式。

三、房地产产品定位差异化策略

（一）差异化的产品定位需考虑的因素

是否要实施差异化的产品定位,应当充分考虑当时当地的市场,以下几个方面的情况:①市场是否重要;②市场是否有足够容量;③市场是否具备差异化的优越性;④市场是否容易接近并能进入细分后的目标市场;⑤市场是否具备明晰的产品特征且方便与目标消费群进行沟通;⑥差异化可实现能力;⑦收益前提可控性等。

（二）房地产产品定位差异化

产品差异化是指某一企业生产的产品,在特色、性能质量、一致性质量、可靠性、风格、设计上明显优于同类产品的生产厂家,从而形成自己的市场。对同一行业的竞争对手来说,产品的核心价值是基本相同的,所不同的是在性能和质量上,在满足顾客基本需要的情况下,为顾客提供独特的产品的是差异化战略追求的目标,而实现这一目标的根本在于细分市场,在产品的开发和营销上不断创新。

(三)房地产产品差异化与营销差异化

产品定位是房地产营销实务的一个重要环节,房地产产品的差异化应当与营销差异化策略相配合,主要表现在以下几个方面。

1. 服务差异化

随着买方市场的到来,相同功能、相同质量的产品越来越多,房地产企业如何使自己的产品赢得消费者的青睐呢?于是政策咨询、金融服务、物业管理、装修服务、配套服务、售后服务差异就成了房地产业竞争对手之间的竞争利器。其中,售后服务泛指一切有关房地产开发、销售后的如房屋的保养、维修,住宅小区的清洁、绿化和管理等,包含的范围非常广泛。尽管服务内容多,但最重要的是为用户提供完善的服务。

2. 营销人员差异化

房地产企业的营销管理人员的能力、营销人员的诚实可信和沟通的有效性是房地产营销成功与否的又一关键。房地产营销人员队伍的壮大和整体素质的提高直接影响到行业的发展和企业的形象。提高房地产营销人员的业务操作能力是提升企业竞争实力和加强队伍素质建设的当务之急。

为了确保销售人员的素质,房地产公司在人才培训上应极为严谨,除了要求良好的学历、经历及背景外,更要严格考查其品德行为。员工不仅要深谙销售、语言、沟通之道,更需切实了解本地客户真正的需求,了解最详尽的地产需求分析和产品分析。让每位客户都能得到真正所需的产品和资料。这些经验丰富、知识全面的地产销售人员将扮演承前启后的重要角色,成为客户最好的顾问兼朋友。

3. 营销渠道差异化

渠道是房地产营销的重要一环,房地产企业是选择直接销售还是请他人代销,需要根据实力来慎重抉择。在网络经济环境下,网上直销、电子商场、房地产超市等新兴事物的出现对传统的营销渠道提出了挑战。根据生产者与消费者之间销售商的多少,又可将分销渠道分为窄渠道与宽渠道。在同类产品中根据自己的特点和优势采取合适的销售渠道可以取得事半功倍的效果。为了构建覆盖面广、专业化强、绩效水平高的房地产企业渠道,应当尝试除售楼处之外的新的销售渠道,如房地产网上直销、关系营销等。

4. 企业形象差异化

形象差异化即企业实施通常所说的品牌战略和CI战略而产生的差异。企业应通过强烈的品牌意识、成功的CI战略,并借助媒体的宣传,使企业在消费者心目中树立起优异的形象,从而对该企业的产品产生偏好,一旦需要,就会毫不犹豫地选择这一企业的产品。

（四）房地产产品定位的注意事项

1. 定位过低

产品定位过低会导致客户对其产品只有一个模糊的印象，并没有真正感觉到它有什么区别于其他同类产品的特别之处。同时还会造成客户对项目失去信心，难以引起目标客户群对项目的关注。

2. 定位过高

产品定位过高会使消费者望而却步，从而失去许多潜在客户。房地产开发企业应对自己的产品进行多重利益定位，让客户了解到该企业产品的多样化，从而避免失去潜在客户。例如，一个房地产的消费者可能认为一个企业只开发高档次、高价位的楼盘，而事实上，该企业也开发一般消费者能够买得起的中、低档次的楼盘，这样会使该企业失去潜在的有购买力的客户。

3. 定位混乱

产品定位混乱会导致客户对企业产品的印象模糊不清，对公司的形象和产品产生模棱两可的认识，从而使消费者产生一种无所适从的感觉，丧失其购买的欲望。这种混乱一般是由于房地产企业对其产品的宣传主题太多所导致的。例如，开发商一会儿宣传自己的小区是专门为年轻人打造的，是青年们的乐园，一会儿又说环境优美，是老年人养老的极佳之选。看完宣传资料后，年轻人会认为房子是卖给老年人的，而老年人则认为房子应当是卖给年轻人的，结果他们都放弃了购买。

4. 令人怀疑的定位

令人怀疑的定位会使房地产开发企业的潜在客户很难相信该企业在产品特色、价格或建筑商等方面进行的相关宣传。

小结

（1）购买行为包括习惯性购买行为、寻求多样化购买行为、化解不协调购买行为、复杂购买行为。

（2）房地产产品定位差异化策略可以从服务差异化、营销人员差异化、营销渠道差异化、企业形象差异化等几个方面入手。

（3）选择房地产目标市场时应考虑房地产企业的资源或实力、市场同质性、房地产产品的生命周期、房地产市场竞争状况等要素。

（4）参与购买的角色有发起者、影响者、购买者、使用者和决策者，其中，开发商的销售人员尤其要注意使用者和决策者，这两个角色在购买过程中起决定性作用。

（5）购买者的购买决策过程由引起需要、收集信息、评价方案、决定购买和买后行为五个阶段构成。

（6）房地产目标市场选择战略包括单一市场选择模式、有选择的专业化模式、复合产品模式、复合市场模式、完全市场覆盖模式。

（7）房地产市场细分的方法包括主导因素排列法和多项因素排列法。

(8) 房地产产品定位的步骤：①分析本公司与竞争者的产品；②找出差异性；③寻找目标客户；④目标市场特征分析；⑤分析目标市场的需求。

(1) 写字楼房地产购买行为的影响因素有哪些？
(2) 如果你们家曾经购买过商品住宅，那么你可以回忆一下，在参与购买的角色中谁是发起者？谁是影响者？谁是购买者？谁是使用者？谁又是决策者？
(3) 房地产目标市场选择战略包括哪些？
(4) 在你所在的城市中，寻找一个在建项目，搜集其资料，以你的专业水准，对其进行一次房地产产品定位。
(5) 市场细分的有效条件有哪些？
(6) 请你在网上搜集一些房地产开发项目进行市场细分的资料，从中可以进行横向比较。
(7) 如果你是某家大型购物中心的开发商，你会选择在哪里进行开发？说一说你的理由。
(8) 购买者的购买决策过程由引起需要、收集信息、评价方案、决定购买和买后行为五个阶段构成。请举一两个例子来说明这个过程。如果是购买房地产，我们又应当在每一个阶段注意一些什么关键性的问题？

学习情境 4 房地产开发项目可行性研究

学习目标

1. 知识目标

（1）掌握现金流量、现金流量表、现金流量图、资金时间价值、资金等效值等概念，以及单利与复利公式的计算，名义利率与实际利率的关系。掌握经济评价指标中财务净现值、财务净现值率、财务内部收益率、动态投资回收期的计算方法。掌握盈亏平衡分析和敏感性分析的概念、计算方法。

（2）熟悉可行性研究的工作阶段。

（3）了解房地产开发项目可行性的概念、目的、作用，房地产开发项目的系统风险和个别风险，开发项目的成本费用构成，可行性研究报告的类型和构成。

2. 能力目标

（1）熟练运用不同的复利计算公式。
（2）能运用经济评价指标进行项目可行性分析。

知识链接

对资金时间价值的再认识

要准确理解资金时间价值的含义,首先需要弄清楚资金时间价值和资本增值的关系。资本在扩大再生产及其循环的过程中随着时间的变化会产生增值。资本之所以能够增值,是由于资本投入生产或流通领域中,不断运动,并与其他生产要素相结合,形成有机、完整、现实的生产力,生产出价值更大的劳动成果,从而实现了资本增值。可见资本增值是资本在循环过程中与其他生产要素有机结合后产生的结果,说明资本增值是所有生产要素共同发挥作用造成的,而不仅仅是资本的功劳。

劳动者的劳动和多种生产要素(包括资本)的组合是资本得以实现增值的根源,也是资金时间价值的源泉。如果资金不投入生产或流通领域中去周转,不与劳动者的劳动及其他生产要素相结合,它就不可能增值。一笔货币如果保存起来,数年之后仍为数量相等的货币,它没有增值,因为它并没有在生产和流通过程中发挥其作为生产要素的作用。所以,资金只有不断运动才能增值。

一笔资金投入生产过程中去发挥作用,对于资金所有者来说,这笔资金在一定时间内被占用,则在短时期内这笔资金就失去了用于消费的机会。因此,资金时间价值就是牺牲当前消费所应得到的价值补偿。当然,这笔补偿只是资本全部增值中的一部分。

资本增值通常有两种方式:①把钱存入银行,再由银行把钱投入到生产与流通中去。经过一定时间,金额增加了,即资本得到了增值,这种投资方式又称为间接投资;②将资本直接投入到生产经营活动中去,用资本这种生产要素购买其他各种生产要素,经过企业家的经营才能使各生产要素在整合后,生产出适销对路的产品,并且销售后又得到资金。通常情况下,这一过程资本的增值往往比本金高出很多。投资者得到比本金多出的那部分增值额,即利润,应该是资本的全部增值额。事实上,利润并不是由资金本身所创造的。但是,由于生产过程结束后衡量劳动成果价值的计量单位,与生产过程开始前衡量生产要素价值的计量单位都是采用货币单位来表示的,这就给人一种假象,似乎资本的全部增值都是由资金本身带来的,即所谓"钱能生钱"。实际上,这种资本的增值是生产者、经营者及其他生产要素相结合的共同成果,其中也包括了资本的一份功劳,如果承认资本的增值是各种生产要素在生产过程中相互配合、共同作用的结果,那么资本的全部增值就应该归结为劳动、土地、资本、技术、信息、经营才能等所有生产要素共同被占用了一定时间的时间价值,而不单单是资本的时间价值。

因此,资本的时间价值就是指资本这个单一生产要素被占用一定时间而应该得到的价值补偿,或者经营者为得到资本在一段时间内的使用权而必须付出的代价。由于把资金存入银行的投资方式仅仅是向社会提供了单一的生产要素,所以这时从银行得到的全部资本增值额就理所当然都是资金的时间价值。

需要把资本增值和资金时间价值区别开来的另一个理由是,如果定义资本的全部增值都是资金时间价值的话,就会与净现值的经济含义自相矛盾。净现值是指项目全部增值的折现值超出资金时间价值的额外增值部分,是技术和经营才能的时间价值。所以要严格区分资金的时间价值和资本增值这两个既有联系又有区别的概念。

看完以上知识链接,请同学们讨论:

(1)你是怎么理解资金时间价值的?资金的时间价值与哪些因素有关?

(2)现实生活当中,普通投资者(他们并没有学过投资的相关知识)在计算和衡量投资价值时,是怎么体现和考虑资金时间价值的?

任务 1 房地产开发项目可行性研究概述

一、可行性研究的含义和目的

可行性研究是在投资决策前,对建设项目进行全面的技术经济分析、论证的科学方法。具体来说,可行性研究就是在工程项目投资决策前,对与项目有关的社会、经济和技术等方面的情况进行深入细致的研究;对拟定的各种可能的建设方案或技术方案进行认真的技术经济分析、比较和论证;对项目的经济、社会、环境效益进行科学的预测和评价。在此基础上,综合研究建设项目的技术先进性和适用性、经济合理性及建设的可能性和可行性,由此确定该项目是否应该投资和如何投资等结论性意见,为决策部门最终决策提供可靠的、科学的依据,并作为开展下一步工作的基础。

可行性研究的根本目的,是实现项目决策的科学化、民主化,减少或避免投资决策的失误,从而提高项目开发建设的经济、社会和环境效益。

二、可行性研究的作用

可行性研究主要有以下几个方面的作用。

(一)项目投资决策的依据

一个开发建设项目,特别是大中型项目,花费的人力、物力、财力的多少,不是只凭经验或感觉就能确定的,而是要通过投资决策前的可行性研究,明确该项目的建设地址、规模、建设内容与方案等是否可行,房地产开发项目的产品有无销路、有无竞争能力、投资效果如何等,从而得出这项工程应不应该建或建设时应按哪种方案会取得最佳的效果,作为开发建设项目投资决策的依据。国家规定,凡是没有经过可行性研究的开发建设项目,不能批准设计任务书,不能进行设计,不能列入计划。

(二)筹集建设资金的依据

银行等金融机构都把可行性研究报告作为建设项目申请贷款的先决条件,他们对可行性研究报告进行全面、细致的分析评估后,才能确定是否给予贷款。

(三)开发商与有关部门签订协议、合同的依据

项目所需的建筑材料、协作条件及供电、供水、供热、通信、交通等很多方面,都需要与有关

部门协作。这些供应的协议、合同都需根据可行性研究报告进行商谈。有关技术引进和建筑设备进口必须在可行性研究报告审查批准后,才能据以同国外厂商正式签约。

(四)编制下阶段规划设计的依据

在可行性研究报告中,对项目的规模、地址、建筑设计的方案构想、主要设备造型、单项工程结构形式、配套设施和公用辅助设施的种类、建设速度等都进行了分析和论证,确定了原则,推荐了建设方案。可行性研究报告批准后,规划设计工作就可据此进行,不必另作方案比较选择和重新论证。

三、可行性研究的依据

可行性研究的依据包括以下内容。
(1) 国家和地区经济建设的方针、政策和长远规划。
(2) 批准的项目建议书和同等效力的文件。
(3) 国家批准的城市总体规划、详细规划、交通等市政基础设施等。
(4) 自然、地理、气象、水文地质、经济、社会等基础资料。
(5) 有关工程技术方面的标准、规范、指标、要求等资料。
(6) 国家所规定的经济参数和指标。
(7) 开发项目备选方案的土地利用条件、规划设计条件及备选规划设计方案等。

四、可行性研究的工作阶段

可行性研究是在投资前期所做的工作。它分为四个工作阶段,每阶段的内容逐步由浅到深。

(一)投资机会研究

该阶段的主要任务是对投资项目或投资方向提出建议,即在一定的地区和部门内,以自然资源和市场的调查预测为基础,寻找最有利的投资机会。

投资机会研究分为一般投资机会研究和特定项目的投资机会研究。一般投资机会研究又分为地区研究、部门研究和以利用资源为基础的研究三种类型,其目的是指明具体的投资方向。特定项目的投资机会研究则是要选择确定项目的投资机遇,将项目意向变为概略的投资建议,使投资者可据以决策。

投资机会研究的主要内容有:地区情况、经济政策、资源条件、劳动力状况、社会条件、地理环境、国内外市场情况、工程项目建成后对社会的影响等。

投资机会研究相当粗略,主要依靠笼统的估计而不是依靠详细的分析。该阶段投资估算的精确度为±30%,研究费用一般占总投资的0.2%～0.8%。

如果机会研究认为是可行的,那么就可以进行下一阶段的工作。

(二)初步可行性研究

初步可行性研究亦称"预可行性研究",它是在机会研究的基础上,进一步对项目建设的可能性与潜在效益进行论证分析。其主要解决的问题包括以下几点。

(1) 分析机会研究的结论,在详细资料的基础上做出是否投资的决定。

(2) 是否有进行详细可行性研究的必要。

(3) 有哪些关键问题需要进行辅助研究。

在初步可行性研究阶段,需要对以下内容进行粗略的审查:市场需求与供应、建筑材料供应状况、项目所在地区的社会经济情况、项目地址及其周围环境、项目规划设计方案、项目进度、项目销售收入与投资估算、项目财务分析等。

初步可行性研究阶段投资估算的精度可达±20%,所需费用约占总投资的0.25%~1.5%。所谓辅助研究是指对投资项目的一个或几个重要方面进行单独研究,可用于初步可行性研究和详细可行研究的先决条件,或者用于支持这两项研究。

(三) 详细可行性研究

详细可行性研究即通常所说的可行性研究。详细可行性研究是开发建设项目投资决策的基础,是在分析项目技术、经济可行性后做出投资与否决策的关键步骤。

这一阶段对建设投资估算的精度在±10%,其所需费用,小型项目占投资的1.0%~3.0%,大型复杂的工程占投资0.2%~1.0%。

(四) 项目的评估和决策

按照国家有关规定,对于大中型和限额以上的项目及重要的小型项目,必须经有权审批单位委托有资格的咨询评估单位就项目可行性研究报告进行评估论证。未经评估的建设项目,任何单位不准审批,更不准组织建设。

项目评估是由决策部门组织或授权于建设银行、投资银行、咨询公司或有关专家,代表国家对上报的建设项目可行性研究报告进行全面审核和再评估阶段。

任务 2 现金流量与资金时间价值

房地产开发投资的目的,是通过资本、劳动力、土地资源和管理技术等生产要素的投入,向社会提供有用的房地产产品或服务,并获得相应的投资回报。因此,用货币量化房地产开发投资项目的投入产出,是房地产投资分析工作的基础,也是正确计算房地产投资项目经济效果评价指标的前提。为此,下面将重点介绍与之相关的现金流量、资金时间价值和资金等效值计算这三方面的内容。

一、现金流量、现金流量表、现金流量图的概念

(一) 现金流量的概念

房地产开发活动可以从物质形态与货币形态两个方面进行考查。从物质形态上看,房地产

开发活动表现为开发商使用各种工具、设备,消耗一定量的能源,通过对土地进行开发活动,以及使用各种建筑材料与建筑部件,最终生产出可供人类生产或生活入住的房地产商品。从货币形态上来看,房地产开发活动则表现为投入一定量的资金,花费一定量的成本,通过房屋销售或出租获得一定量的货币收入。

对于一个特定的经济系统而言,投入的资金、花费的成本和获取的收益,都可以看成是以货币形式(包括现金和其他货币支付形式)体现的资金流出或资金流入。在房地产投资分析中,把某一项投资活动作为一个独立的系统,把一定时期各时间点上实际发生的资金流出或流入称为现金流量(cash flow,CF)。其中,流出系统的资金称为现金流出(cash outflow,CO),流入系统的资金称为现金流入(cash inflow,CI)。现金流出与现金流入之差称为净现金流量(net cash flow,NCF)。

根据经济活动的类型和特点不同,现金流入和现金流出的具体表现形式也会有很大差异。对于房地产开发投资项目来说,现金流入通常包括销售收入、出租收入、利息收入和贷款本金收入等,现金流出主要包括土地费用、建造费用、还本付息、经营费用、税金等。

(二)现金流量表的概念

现金流入、现金流出和净现金流量三部分及其所对应的时期或时间点可一起组成一张现金流量表,如表4-1所示。从表4-1中可以看出,这张表主要由现金流入、现金流出和净现金流量三大项构成。其中,现金流入和现金流出又分别由各自的小项加总而成。

表4-1 现金流量表示例

时间点 项目	1	2	3	……	n
1 现金流入(1.1+1.2+…)					
1.1 现金流入项目1					
1.2 现金流入项目2					
……					
2 现金流出(2.1+2.2+…)					
2.1 现金流出项目1					
2.2 现金流出项目2					
……					
3 净现金流量(1+2)					

(三)现金流量图的概念

把某一项投资活动作为一个独立的系统,其资金的流向(收入或支出)、数额和发生时间点都不尽相同。为了正确地进行经济效果评价,我们有必要借助现金流量图来进行分析。现金流量图是用于反映投资项目在一定时期内资金运动状态的简化图示,即把经济系统的现金流量绘入一个时间坐标图中,表示出各现金流入、流出与相应时间点的对应关系。

绘制现金流量图的基本规则如下。

（1）以横轴为时间轴，向右延伸表示时间的延续，轴上的每一刻度表示一个时间单位，两个刻度之间的时间长度称为计息周期，可取年、半年、季度或月等。横坐标轴上"0"点，通常表示当前时间点，也可表示资金运动的时间始点或某一基准时刻，也可称为第1个计息周期的期初。时间点"1"表示第1个计息周期的期末，同时又是第2个计息周期的开始（期初），依此类推，如图4-1所示。

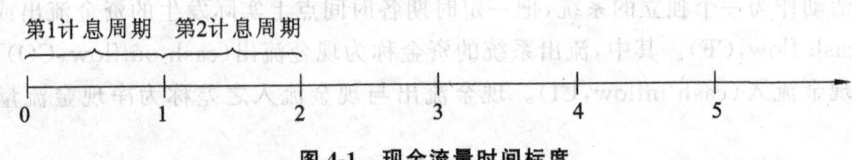

图4-1　现金流量时间标度

（2）如果现金流出或流入不是发生在计息周期的期初或期末，而是发生在计息周期的期间，为了简化计算，公认的习惯方法是将其代数和看成是在计息周期的期末发生，称为期末惯例法。在一般情况下，采用这个简化假设，能够满足投资分析工作的需要。

（3）为了与期末惯例法保持一致，在把资金的流动情况绘成现金流量图时，都把初始投资 P 作为上一周期期末，即第0期期末发生的，这就是在有关计算中出现第0周期的由来。

（4）相对于时间坐标的垂直箭线代表不同时间点的现金流量。现金流量图中垂直箭线的箭头，通常是向上者表示正现金流量，向下者表示负现金流量，如图4-2所示。某一计息周期内的净现金流量，是指该时段内现金流量的代数和。正现金流量的垂直箭线旁边会注明一个具体的正数，负现金流量的垂直箭线旁边会注明一个具体的负数。

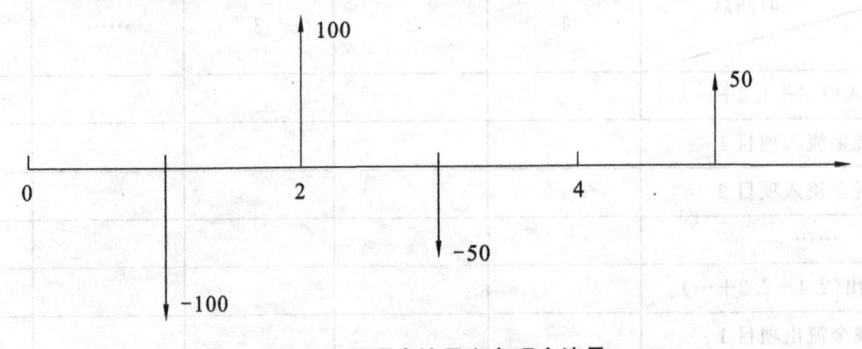

图4-2　正现金流量和负现金流量

【例4-1】　2007年，某投资者计划用三年时间，以800万元的价格按照分期付款的方式购买一栋写字楼。已知前两年的付款比例分别为30%和50%，余下的部分在第三年付清，并在该年年末装修完毕，第四年年初即出租，每年毛租金为100万元，经营成本为25万元，并假设今后几年毛租金和年经营成本均保持不变。出租5年后，该投资者把楼转售给别人，获得1 200万元的收入，其中还支付了100万元的转售费用。如果装修成本为25万元，并假设投资和经营期间的收支均发生在年末，试：

（1）编制该写字楼投资项目的现金流量表；
（2）绘制该写字楼投资项目的净现金流量图。

【解】　（1）求出项目的现金流入、现金流出及净现金流量。依题意，有：

① 本项目的现金流入包括：毛租金收入、转售收入。
② 本项目的现金流出包括：购楼支出、经营成本、装修支出、转售成本。
③ 本项目各期末净现金流量等于各期发生的现金流入减去各期发生的现金流出。

根据以上分析，可以编制出相应的现金流量表，并在表中填入现金流出、现金流入及净现金流量的有关数据，结果如表 4-2 所示。

表 4-2 例 4-1 项目投资现金流量表

年份 项目	2007	2008	2009	2010	2011	2012	2013	2014
1 现金流入	0	0	0	100	100	100	100	1 300
1.1 毛租金收入				100	100	100	100	100
1.2 转售收入								1 200
2 现金流出	−240	−400	−185	−25	−25	−25	−25	−125
2.1 购楼支出	−240	−400	−160					
2.2 经营成本				−25	−25	−25	−25	−25
2.3 装修支出			−25					
2.4 转售费用								−100
3 净现金流量	−240	−400	−185	75	75	75	75	1 175

（2）绘制净现金流量图。

根据表 4-2 中的各年净现金流量数据，可绘制出该项目的净现金流量图，如图 4-3 所示。

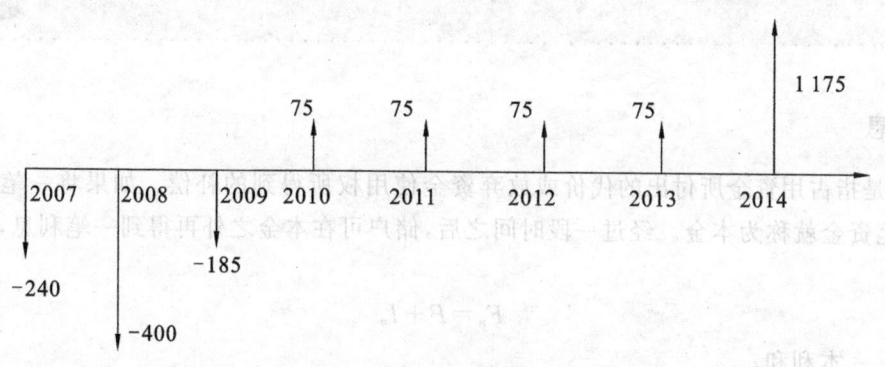

图 4-3 例 4-1 项目净现金流量图（单位：万元）

二、资金时间价值的概念

生产建设过程中的大小投资活动，从发生、发展到结束，都有一个时间上的延续过程。对于投资者来说，资金的投入与收益的获得往往构成一个时间上有先有后的现金流量序列，客观地评价房地产投资项目的经济效果或对不同投资方案进行经济比较时，不仅要考虑支出和收入的数额,还必须考虑每笔现金流量发生的时间,以某一个相同的时间点为基准,把不同时间点上的支出和收入折算到同一个时间点上,才能得出正确的结论。

在不同的时间付出或得到同样数额的资金在价值上是不等的。也就是说,资金的价值会随时间的变化而发生变化。今天可以用来投资的一笔资金,即使不考虑通货膨胀因素,也比将来可获得的同样数额的资金更有价值。因为当前可用的资金能够立即用来投资并带来收益,而将来才可取得的资金则无法用于当前的投资,也无法获得相应的收益。

因此,同样数额的资金在不同时间点上具有不同的价值,而不同时间发生的等额资金在价值上的差别称为资金的时间价值。这一点,可以将货币存入银行,或者是从银行贷款为例来说明最容易理解。如果现在将1 000元存入银行,一年后得到的本利和为1 060元,经过1年而增加的60元,就是在1年内让出了1 000元货币的使用权而得到的报酬。也就是说,这60元是1 000元在1年中的时间价值。对于资金的时间价值,可以从以下两个方面理解。

(1) 随着时间的推移,资金的价值会增加。这种现象称为资金增值。在市场经济条件下,资金伴随着生产与交换的进行不断运动,生产与交换活动会给投资者带来利润,表现为资金的增值。从投资者的角度来看,资金的增值特性使其具有时间价值。

(2) 资金一旦用于投资,就不能用于即期消费。牺牲即期消费是为了能在将来得到更多的消费,个人储蓄的动机和国家积累的目的都是如此。从消费者的角度来看,资金的时间价值体现为放弃即期消费的损失所应得到的补偿。

资金时间价值的大小,取决于多方面的因素。从投资的角度来看主要有以下几个因素:①投资利润率,即单位投资所能取得的利润;②通货膨胀率方面,即对因货币贬值造成的损失所应得到的补偿;③风险因素方面,即对因风险可能带来的损失所应获得的补偿。

三、利率与计息方式

(一) 利息

利息是指占用资金所付出的代价或放弃资金使用权所得到的补偿。如果将一笔资金存入银行,这笔资金就称为本金。经过一段时间之后,储户可在本金之外再得到一笔利息,这一过程可表示为

$$F_n = P + I_n$$

式中:F_n——本利和;

P——本金;

I_n——利息。

其中,下标n表示计算利息的周期数。计息周期是指计算利息的时间单位,如"年"、"季度"、"月"或"周"等,但通常采用的时间单位是年。

(二) 利率

利率是在单位时间(一个计息周期)内所得的利息额与借贷金额(即本金)之比,一般以百分数表示。用i表示利率,其表达式为

$$i = \frac{I_1}{P} \times 100\%$$

式中：I_1——一个计息周期的利息。

上式表明，利率是单位本金经过一个计息周期后的增值额。

（三）单利计息与复利计息

1. 单利计息

单利计息是仅按本金计算利息，利息不再生息，其利息总额与借贷时间成正比。单利计息时的利息计算公式为

$$I_n = P \cdot n \cdot i \tag{4-1}$$

式中：I_n——n 个计息周期的总利息；

P——期初本金；

n——计息周期数；

i——周期利率。

n 个计息周期后的本利和 F_n 为

$$F_n = P \cdot (1 + i \cdot n) \tag{4-2}$$

我国个人储蓄存款和国库券的利息就是以单利计算的，计息周期为"年"。

【例 4-2】 存入银行 10 000 元，定期三年，年利率为 4.25%，三年后本利和为

$$F_3 = 10\,000 \times (1 + 3 \times 4.25\%) 元 = 11\,275 元$$

2. 复利计息

复利计息，是指银行将上一期产生的利息同本金一起滚动到下一期成为新的本金，以此来计算下一期的利息。很显然，往后各期的本金是越来越大，各期的利息也会越来越高，即"利息再生利息"或者是"利滚利，驴打滚"的情况。按复利方式计算利息时，利息的计算公式为

$$I_n = P \cdot [(1+i)^n - 1] \tag{4-3}$$

n 个计息周期后的本利和为

$$F_n = P \cdot (1+i)^n \tag{4-4}$$

我国房地产开发贷款和住房抵押贷款等都是按复利计息的。由于复利计息比较符合资金在社会再生产过程中运动的实际状况，所以在投资分析中，一般采用复利计息。

【例 4-3】 在例 4-2 中，如果是复利计息，则三年后的本利和为

$$F_3 = 10\,000 \times (1 + 4.25\%)^3 元 = 11\,329.96 元$$

（四）实际利率与名义利率

1. 名义利率与实际利率的概念

在以上讨论中，我们都是以年为计息周期的，但在实际经济活动中，计息周期有年、季、月、周、日等，也就是说，计息周期可以短于一年。这样就出现了不同计息周期的利率换算问题。也就是说，当利率标明的时间单位与计算周期不一致时，就出现了名义利率和实际利率的区别。

名义利率,指一年内多次复利时给出的年利率,它等于每期利率与年内复利次数的乘积。实际利率,指一年内多次复利时,每年年末终值比年初本金的增长率。

例如,某笔住房抵押贷款按月还本付息,其月利率为0.5%,通常称为"年利率6%,每月计息一次"。这里的年利率6%称为"名义利率"。当按单利计算利息时,名义利率和实际利率是一致的;但当按复利计息时,上述"年利率6%,每月计息一次"的实际利率则不等于名义利率(6%)。

又如,年利率为12%,存款额为1 000元,期限为一年,分别以一年一次复利计息,一年四次按季度利率计息,一年十二次按月利率计息,则一年后的本利和分别如下。

(1) 一年一次计息:$F=1\,000\times(1+12\%)$元$=1\,120$元。
(2) 一年四次计息:$F=1\,000\times(1+3\%)^4$元$=1\,125.51$元。
(3) 一年十二次计息:$F=1\,000\times(1+1\%)^{12}$元$=1\,126.83$元。

这里的12%,对于一年一次计息情况既是实际利率又是名义利率;而3%和1%则称为周期利率。由上述计算可知:名义利率=周期利率×每年的计息周期数。

对于一年计息四次和十二次来说,12%就是名义利率,而一年计息四次时的实际利率$=(1+3\%)^4-1=12.55\%$;一年计息十二次时的实际利率$=(1+1\%)^{12}-1=12.68\%$。

2. 名义利率与实际利率的关系式

设名义利率为$i_名$,实际利率为$i_实$,若年初借款为P,在一年中计算利息m次,则每一计息周期的利率为$\frac{i_名}{m}$,一年后的本利和为$F=P\cdot\left(1+\frac{i_名}{m}\right)^m$,其中利息为$I=F-P=P\cdot\left(1+\frac{i_名}{m}\right)^m-P$。故实际利率$i_实$与名义利率$i_名$的关系式为

$$i_实=\frac{F-P}{P}=\frac{P\cdot\left(1+\frac{i_名}{m}\right)^m-P}{P}=\left(1+\frac{i_名}{m}\right)^m-1 \tag{4-5}$$

当一年内的计息周期数m趋向于无穷大($m\to\infty$),即计息周期无限短时,此时的实际利率会趋近于一个极限值$e^{i_名}-1$。即

$$i_实=e^{i_名}-1 \tag{4-6}$$

通过上述分析和计算,可以得出名义利率与实际利率存在着下述关系。
(1) 实际利率比名义利率更能反映资金的时间价值。
(2) 名义利率越大,计息周期越短,实际利率与名义利率的差异就越大。
(3) 当每年计息周期数$m=1$时,名义利率与实际利率相等。
(4) 当每年计息周期数$m>1$时,实际利率大于名义利率。
(5) 当每年计息周期数$m\to\infty$时,名义利率$i_名$与实际利率$i_实$的关系为:$i_实=e^{i_名}-1$。

四、资金的等效值计算

(一) 资金等值的概念

等值是资金时间价值计算中一个十分重要概念。资金等值是指在考虑时间因素的情况下,不同时间点发生的绝对值不等的资金可能具有相同的价值。也可以解释为"与某一时间

点上一定金额的实际经济价值相等的另一时间点上的价值"。在以后的讨论中,我们把等效值简称为等值。

例如,现在借入 100 元,年利率是 15%,一年后要还的本利和为 115 元。也就是说,现在的 100 元与一年后的 115 元虽然绝对值不等,但它们是等值的,即其实际经济价值相等。

(二) 复利计算

1. 常用符号

在复利计算和考虑资金时间因素的计算中,常用的符号包括 P、F、A、G、s、n 和 i 等,各符号的具体含义如下。

P——现值(present value)。

F——终值(final value)。

A——连续出现在各计息周期期末的等额支付金额,简称年值(annual value)。

G——每一时间间隔收入或支出的等差变化值。

s——每一时间间隔收入或支出的等比变化值。

n——计息周期数。

i——每个计息周期的利率。

2. 公式与系数

1) 一次支付的现值系数和终值系数

一次支付的现金流量图如图 4-4 所示。如果在时间点 $t=0$ 时的资金现值为 P,并且利率 i 已定,则复利计息的 n 个计息周期后的终值 F 的计算公式为

$$F = P \cdot (1+i)^n \quad (4-7)$$

式(4-7)中的 $(1+i)^n$ 称为一次支付终值系数。

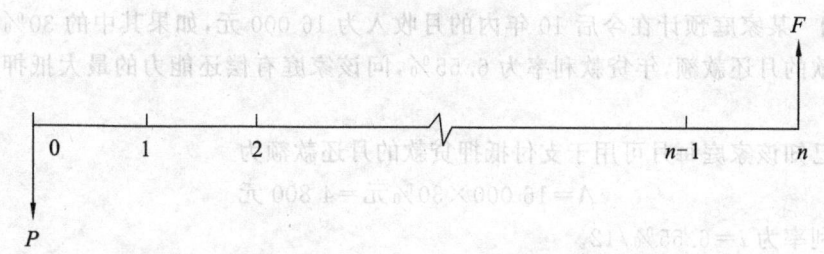

图 4-4 一次支付现金流量图

当已知终值 F 和利率 i 时,很容易得到复利计息条件下现值 P 的计算公式为

$$P = F \cdot \left[\frac{1}{(1+i)^n}\right] \quad (4-8)$$

式中: $\left[\dfrac{1}{(1+i)^n}\right]$——一次支付现值系数。

【例 4-4】 某购买者欲购买一套价值 100 万元的住宅,计划在一年内分两次交清购房款,一半房款现在交付,另一半房款一年后付清,假设折现率为 8%,请问该购买者实际支付的房款是多少?

【解】 对于一年后支付的房款来说,先利用到一次支付现值系数求得其现值,然后与现在支付的一半房款相加,就得到了该购买者实际支付的房款数额。

$$实际支付房款 = \left[100 \times \frac{1}{2} + 100 \times \frac{1}{2} \times \left(\frac{1}{(1+8\%)^1}\right)\right] 万元 = 96.296 \ 万元$$

2)等额序列支付的现值系数和资金回收系数

等额序列支付是指在现金流量图上的每一个计算周期期末都有一个等额支付金额 A,现金流量图如图 4-5 所示。此时,其现值可以这样确定:把每一个 A 看作是一次支付中的 F,用一次支付复利计算公式求其现值,然后相加,即可得到所求的现值 P。其计算公式如下。

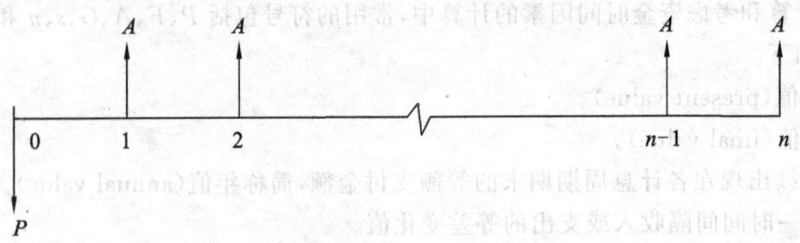

图 4-5 等额序列支付现金流量图

$$P = A \cdot \left[\frac{(1+i)^n - 1}{i(1+i)^n}\right] \tag{4-9}$$

式中:$\left[\frac{(1+i)^n - 1}{i(1+i)^n}\right]$ ——等额序列支付现值系数。

由上式,当现值 P 和利率 i 为已知时,则复利计息的等额序列支付年值 A 的计算公式为

$$A = \frac{P \cdot i}{1 - \frac{1}{(1+i)^n}} = P \cdot \left[\frac{i \cdot (1+i)^n}{(1+i)^n - 1}\right] = P \cdot i + \frac{P \cdot i}{(1+i)^n - 1} \tag{4-10}$$

式中:$\left[\frac{i \cdot (1+i)^n}{(1+i)^n - 1}\right]$ ——等额序列支付的资金回收系数。

【例 4-5】 某家庭预计在今后 10 年内的月收入为 16 000 元,如果其中的 30% 可用于支付住房抵押贷款的月还款额,年贷款利率为 6.55%,问该家庭有偿还能力的最大抵押贷款申请额是多少?

【解】 已知该家庭每月可用于支付抵押贷款的月还款额为

$$A = 16\ 000 \times 30\% 元 = 4\ 800 \ 元$$

月贷款利率为 $i = 6.55\%/12$。

计息周期数为 $n = 10 \times 12 \ 月 = 120 \ 月$。

则该家庭有偿还能力的最大抵押贷款额为

$$P = A \cdot \left[\frac{(1+i)^n - 1}{i(1+i)^n}\right] = 4\ 800 \times \left[\frac{\left(1+\frac{6.55\%}{12}\right)^{120} - 1}{\frac{6.55\%}{12}\left(1+\frac{6.55\%}{12}\right)^{120}}\right] 元 = 42.178 \ 万元$$

【例 4-6】 某家庭以抵押贷款的方式购买了一套价值为 100 万元的住宅,如果该家庭首付款为房价的 30%,其余房款用抵押贷款支付。如果抵押贷款的期限为 10 年,按月等额偿还,年贷款利率为 6.55%,问月还款额应为多少?如果该家庭 25% 的收入可以用来支付抵押贷款月

还款额,问该家庭需月收入多少才能购买上述住宅?

【解】 已知抵押贷款额为:
$$P = 100 \times 70\% \text{万元} = 70 \text{万元}$$

月贷款利率为:
$$i = 6.55\%/12$$

计息周期数为:
$$n = 10 \times 12 \text{月} = 120 \text{月}$$

则月还款额为:
$$A = P \cdot \left[\frac{i \cdot (1+i)^n}{(1+i)^n - 1} \right] = 700\,000 \times \left[\frac{\frac{6.55\%}{12} \times (1 + \frac{6.55\%}{12})^{120}}{(1 + \frac{6.55\%}{12})^{120} - 1} \right] \text{元} = 7\,966.18 \text{元}$$

该家庭欲购买上述住宅,则其月收入需为:$7\,966.18/0.25$ 元 $= 31\,864.72$ 元。

3) 等额序列支付的终值系数和储存基金系数

所谓等额序列支付的终值系数和储存基金系数就是在已知 F 的情况下求 A,或者在已知 A 的情况下求 F,现金流量图如图 4-6 所示。因为前面已经得出了 P 和 A 之间的关系,我们也已经知道了 P 和 F 之间的关系,所以很容易就可以推导出 F 和 A 之间的关系。其计算公式如下。

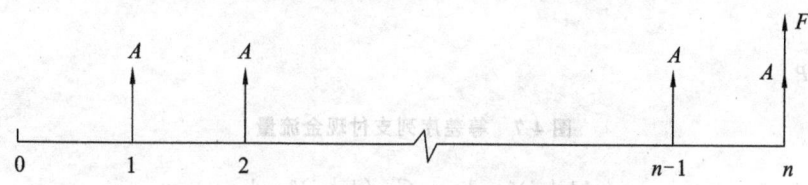

图 4-6 等额序列支付现金流量图

$$F = A \cdot \left[\frac{(1+i)^n - 1}{i} \right] \tag{4-11}$$

式中:$\left[\frac{(1+i)^n - 1}{i} \right]$——等额序列支付终值系数。

通过式(4-11),可以很容易地推导出式(4-12)。

$$A = F \cdot \left[\frac{i}{(1+i)^n - 1} \right] \tag{4-12}$$

式中:$\left[\frac{i}{(1+i)^n - 1} \right]$——等额序列支付储存基金系数。

【例 4-7】 每年年末存入 10 000 元,年利率为 8%,求第 5 年末的本利和。

【解】 此时 $A = 10\,000, i = 8\%, n = 5$。

第 5 年末的本利和为
$$F = A \cdot \left[\frac{(1+i)^n - 1}{i} \right] = 10\,000 \times \left[\frac{(1+8\%)^5 - 1}{8\%} \right] \text{元} = 58\,666 \text{元}$$

【例 4-8】 需在 5 年后一次偿还银行贷款本息共 100 万元,年利率为 10%,求从现在起的每年年末应等额存储多少资金以偿还该项贷款?

【解】 此时 $F = 1\,000\,000, i = 10\%, n = 5$。

每年年末等额存储资金为

$$A = F \cdot \left[\frac{i}{(1+i)^n - 1}\right] = 1\,000\,000 \times \left[\frac{10\%}{(1+10\%)^5 - 1}\right] 元 = 16.38 万元$$

4) 等差序列支付的现值系数和年费用系数

等差序列是一种等额增加或减少的现金流量序列。换句话说,这种现金流量序列的收入或支出每年以相同的数量发生变化。例如,物业的维修费用往往随着房屋及其附属设备的陈旧程度而逐年增加,物业的租金收入通常随着房地产市场的发展逐年增加等。逐年增加的收入或费用,虽然不能严格地按线性规律变化,但可根据多年资料,整理成等差序列以简化计算。

如果以 G 表示收入或支出的年等差变化值,第 1 年的现金收入或支出的流量 A_1 已知,则第 t 年年末现金收入或支出的流量为 $A_1 + (t-1)G$,现金流量图如图 4-7 所示。其公式如下。

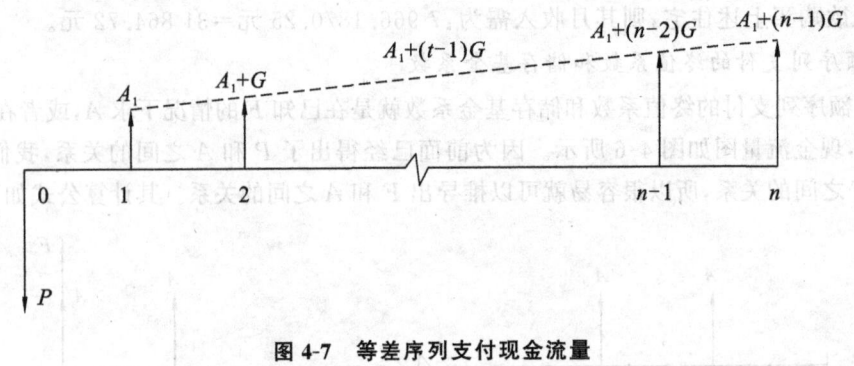

图 4-7 等差序列支付现金流量

$$P = A_1 \cdot \left[\frac{(1+i)^n - 1}{i(1+i)^n}\right] + \frac{G}{i}\left[\frac{(1+i)^n - 1}{i(1+i)^n} - \frac{n}{(1+i)^n}\right] \tag{4-13}$$

式中:$\frac{1}{i}\left[\frac{(1+i)^n - 1}{i(1+i)^n} - \frac{n}{(1+i)^n}\right]$ ——等差序列现值系数。

若要将等差现金流量序列换算成等额年值 A,其计算公式为

$$A = A_1 + \frac{G}{i}\left[1 - \frac{i \cdot n}{(1+i)^n - 1}\right] = A_1 + G\left[\frac{1}{i} - \frac{n}{(1+i)^n - 1}\right] \tag{4-14}$$

式中:$\left[\frac{1}{i} - \frac{n}{(1+i)^n - 1}\right]$ ——等差序列年费用系数。

【例 4-9】 某家庭以 10 000 元/m² 的价格,购买了一套建筑面积为 100 m² 的住宅,银行为其提供了 20 年期的住房抵押贷款,该贷款的年利率为 6.55%,抵押贷款价值比率为 70%,考虑到此家庭未来收入呈现一个等差递增的趋势,银行专门为他们设计了一款等差序列还款方案,每月递增 40 元,请问该家庭第十个月的月还款额是多少?

【解】 已知:$P = 10\,000 \times 100 \times 70\% 元 = 700\,000 元,n = 20 \times 12 月 = 240 月,i = 6.55\%/12,G = 40 元,t = 10$。

而等差序列现值系数公式经过变形后为

$$A_1 = \frac{P - \frac{G}{i}\left[\frac{(1+i)^n - 1}{i(1+i)^n} - \frac{n}{(1+i)^n}\right]}{\frac{(1+i)^n - 1}{i(1+i)^n}}$$

将已知数据代入可得

$$A_1 = \frac{700\,000 - \dfrac{40}{\dfrac{6.55\%}{12}}\left[\dfrac{\left(1+\dfrac{6.55\%}{12}\right)^{240}-1}{\dfrac{6.55\%}{12}\left(1+\dfrac{6.55\%}{12}\right)^{240}} - \dfrac{240}{\left(1+\dfrac{6.55\%}{12}\right)^{240}}\right]}{\dfrac{\left(1+\dfrac{6.55\%}{12}\right)^{240}-1}{\dfrac{6.55\%}{12}\left(1+\dfrac{6.55\%}{12}\right)^{240}}}\text{元} = 1\,476.20\text{元}$$

该家庭第十个月的月还款额为

$$A_{10} = A_1 + (t-1)\times G = 1\,476.20\text{元} + (10-1)\times 40\text{元} = 1\,836.20\text{元}$$

【例 4-10】 银行为某家庭设计了一款等差序列还款方案，第一个月还款 1 230 元，以后每一个月都在上一个月的基础上增加 50 元，以 2012 年 7 月 6 日公布的商业贷款五年期以上的贷款利率 6.55% 为名义利率，向银行申请了 20 年的抵押贷款，按月还款。请问，如果该家庭想将等差序列还款方式换为等额序列还款方式，每月的还款额应为多少？

【解】 已知 $A_1 = 1230$ 元，$i = 6.55\%/12$，$n = 20\times 12$ 月 $= 240$ 月，$G = 50$ 元。

该家庭如果用等额序列还款方式，其每月还款额可以用等差序列年费用系数进行转换，其结果为

$$A = A_1 + G\left[\dfrac{1}{i} - \dfrac{n}{(1+i)^n - 1}\right] = 1\,230\text{元} + 50\times\left[\dfrac{1}{\dfrac{6.55\%}{12}} - \dfrac{240}{\left(1+\dfrac{6.55\%}{12}\right)^{240}-1}\right]\text{元}$$

$$= 5\,934.30\text{元}$$

5) 等比序列支付的现值系数和年费用系数

等比序列是一种等比例增加或减少的现金流量序列。换句话说，这种现金流量序列的收入或支出每年以一个固定的比例发生变化。例如，建筑物的建造成本每年以 10% 的比例逐年增加，房地产的价格或租金水平每年以 5% 的速度逐年增加等。

如果以等比系数 s 表示收入或支出每年变化的百分率，第一年的现金收入或支出的流量 A_1 已知，则第 n 年年末现金收入或支出的流量为 $A_1\cdot(1+s)^{n-1}$，现金流量图如图 4-8 所示。等比序列支付公式如下。

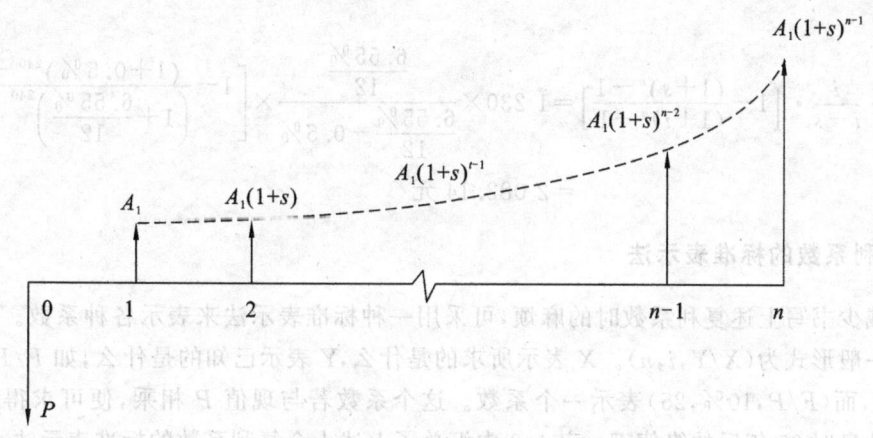

图 4-8 等比序列支付现金流量图

$$P=\begin{cases}\dfrac{A_1}{i-s}\cdot\left[1-\left(\dfrac{1+s}{1+i}\right)^n\right], & \text{当 } i\neq s \text{ 时} \\ \dfrac{n\cdot A_1}{1+i}, & \text{当 } i=s \text{ 时}\end{cases} \quad (4\text{-}15)$$

式中：$\dfrac{1}{i-s}\cdot\left[1-\left(\dfrac{1+s}{1+i}\right)^n\right]$——等比序列现值系数。

若要将等比序列支付换算成等额年值 A，则其公式为

$$A=A_1\cdot\dfrac{i}{i-s}\cdot\left[1-\dfrac{(1+s)^n-1}{(1+i)^n-1}\right] \quad (4\text{-}16)$$

式中：$\dfrac{i}{i-s}\cdot\left[1-\dfrac{(1+s)^n-1}{(1+i)^n-1}\right]$——等比序列年费用系数。

【例 4-11】 某购房者拟向银行申请 60 万元的住房抵押贷款，银行根据购房者未来收入增长的情况，为他安排了等比递增还款抵押贷款。若抵押贷款年利率为 6.55%，期限为 20 年，购房者的月还款额增长率为 0.5%，问该购房者第 10 年最后一个月份的月还款额是多少？

【解】 已知：$P=60$ 万元，$s=0.5\%$，$n=20\times12$ 月 $=240$ 月，$i=6.55\%/12$。

抵押贷款首次月还款额为

$$A_1=\dfrac{P\cdot(i-s)}{1-\left(\dfrac{1+s}{1+i}\right)^n}=\dfrac{600\,000\times\left(\dfrac{6.55\%}{12}-0.5\%\right)}{1-\left(\dfrac{1+0.5\%}{1+\dfrac{6.55\%}{12}}\right)^{240}}\text{元}=2\,653.08\text{ 元}$$

第 10 年最后一个月份的还款额 A_{120} 为：

$$A_{120}=A_1\cdot(1+s)^{t-1}=2\,653.08\times(1+0.5\%)^{120-1}\text{元}=4\,802.99\text{ 元}$$

【例 4-12】 银行为某家庭设计了一款等比序列还款方案，第一个月还款 1 230 元，以后每一个月都以 0.5% 的速度递增，以 2012 年 7 月 6 日公布的商业贷款五年期以上的贷款利率 6.55% 为名义利率，向银行申请了 20 年的抵押贷款，按月还款。请问，如果该家庭想将等比序列还款方式换为等额序列还款方式，每月的还款额应为多少？

【解】 已知 $A_1=1\,230$ 元，$i=6.55\%/12$，$n=20\times12$ 月 $=240$ 月，$s=0.5\%$。

该家庭如果用等额序列还款方式，其每月还款额可以用等比序列年费用系数进行转换，其结果为

$$A=A_1\cdot\dfrac{i}{i-s}\cdot\left[1-\dfrac{(1+s)^n-1}{(1+i)^n-1}\right]=1\,230\times\dfrac{\dfrac{6.55\%}{12}}{\dfrac{6.55\%}{12}-0.5\%}\times\left[1-\dfrac{(1+0.5\%)^{240}-1}{\left(1+\dfrac{6.55\%}{12}\right)^{240}-1}\right]\text{元}$$

$$=2\,082.14\text{ 元}$$

3. 复利系数的标准表示法

为了减少书写上述复利系数时的麻烦，可采用一种标准表示法来表示各种系数。这种标准表示法的一般形式为 $(X/Y,i,n)$。X 表示所求的是什么，Y 表示已知的是什么，如 F/P 表示"已知 P 求 F"，而 $(F/P,10\%,25)$ 表示一个系数。这个系数若与现值 P 相乘，便可求得按年利率 10% 复利计息时 25 年后的终值 F。表 4-3 中汇总了上述十个复利系数的标准表示法，以及系数用标准表示法表示的复利计算公式。

在实际计算中建议各位学习者还是应当把计算公式写出，通过多次重复书写计算公式，可便于学习者对公式的记忆。当然，由于标准表示法简单、统一，故在对外正式提交报告时应用较多。

表 4-3　复利系数标准表示法及复利计算公式汇总表

系数名称	标准表示法	所求	已知	公式
一次支付现值系数	$(P/F,i,n)$	P	F	$P=F(P/F,i,n)$
一次支付终值系数	$(F/P,i,n)$	F	P	$F=P(F/P,i,n)$
等额序列支付现值系数	$(P/A,i,n)$	P	A	$P=A(P/A,i,n)$
等额序列支付资金回收系数	$(A/P,i,n)$	A	P	$A=P(A/P,i,n)$
等额序列支付储存基金系数	$(A/F,i,n)$	A	F	$A=F(A/F,i,n)$
等额序列支付终值系数	$(F/A,i,n)$	F	A	$F=A(F/A,i,n)$
等差序列现值系数	$(P/G,i,n)$	P	G	$P=G(P/G,i,n)$
等差序列年费用系数	$(A/G,i,n)$	A	G	$A=G(A/G,i,n)$
等比序列现值系数	$(P/s,i,n)$	P	s,A_1	$P=s(P/s,i,n)$
等比序列年费用系数	$(A/s,i,n)$	A	s,A_1	$A=s(A/s,i,n)$

任务 3　经济评价指标与方法

一、经济评价指标体系

房地产开发投资项目经济评价的目的，是为了考察项目的盈利能力和清偿能力。因此，经济评价指标体系（见表 4-4）包括了盈利能力指标和清偿能力指标。

盈利能力指标是用来考察项目盈利能力水平的指标，包括静态指标和动态指标两类。其中，静态指标是在不考虑资金的时间价值因素影响的情况下，直接通过现金流量计算出来的经济评价指标。静态指标的计算简便，通常在概略评价时采用。动态指标是考虑了资金的时间价值因素的影响，要对发生在不同时间的收入、费用计算资金的时间价值，将现金流量进行等值化处理后计算出来的经济评价指标。动态评价指标能较全面地反映投资方案在整个计算期的经济效果，适用于详细可行性研究阶段的经济评价和计算期较长的投资项目。

清偿能力指标是指考察项目计算期内偿债能力的指标。除了投资者重视项目的偿债能力外，为项目提供融资的金融机构更加重视项目偿债能力的评价结果。

表 4-4 房地产投资项目经济评价指标体系

盈利能力指标		清偿能力指标
静态指标	动态指标	
成本利润率	财务净现值 FNPV	借款偿还期
投资利润率	财务净现值率 FNPVR	利息备付率
资本金利润率	财务内部收益率 FIRR	偿债备付率
静态投资回收期 P'_b	动态投资回收期 P_b	资产负债率
投资回报率		流动比率
现金回报率		速动比率

二、盈利能力指标计算方法

(一) 静态指标

1. 成本利润率

成本利润率,是指开发利润占总开发成本的比率,是初步判断房地产开发项目财务可行性的经济评价指标。成本利润率的计算公式为

$$成本利润率 = \frac{项目总开发价值 - 项目总开发成本}{项目总开发成本} \times 100\%$$

$$= \frac{开发商利润}{项目总开发成本} = \times 100\%$$

计算项目总开发价值时,如果项目全部销售,则等于总销售收入扣除销售税金后的净销售收入;当项目用于出租时,项目总开发价值为项目在整个持有期内净经营收入和净转售收入的现值累计之和。

项目总开发成本,是指房地产开发项目开发经营期内实际支出的成本,在数值上等于开发建设投资,包括土地费用、前期工程费用、基础设施建设费用、建筑安装工程费用、公共配套设施建设费用、开发间接费用、财务费用、管理费用、销售费用、开发期税费、其他费用和不可预见费用等。

开发商利润实际上是对开发商所承担的开发风险的回报。当成本利润率超过目标利润率时,则该项目在经济上是可接受的。目标利润率水平的高低,与项目所在地区的市场竞争状况、项目开发经营周期长度、开发项目的物业类型及贷款利率水平等相关。一般来说,对于一个开发周期为 2 年的商品住宅开发项目,其目标成本利润率大致应为 35%~45%。

2. 投资利润率

投资利润率是指项目经营期内一个正常年份的年利润总额或项目经营期内年平均利润总额与项目总投资的比率,它是考察项目单位投资盈利能力的静态指标。对经营期内各年的利润

变化幅度较大的项目,应计算经营期内年平均利润总额与项目总投资的比率,其计算公式为

$$投资利润率 = \frac{年利润总额或年平均利润总额}{项目总投资} \times 100\%$$

利润总额＝经营收入(含销售、出租、自营)－经营成本－运营费用－销售税金

销售税金＝营业税＋城市维护建设税＋教育费附加

项目总投资＝开发建设投资＋经营资金

投资利润率可以根据损益表中的有关数据计算求得。在财务评价中,将投资利润率与行业平均利润率对比,以判别项目单位投资盈利能力是否达到本行业的平均水平。

3. 资本金利润率

资本金利润率是指项目经营期内一个正常年份的年利润总额或项目经营期内的年平均利润总额与资本金的比率,它反映投入项目的资本金的盈利能力。资本金是投资者为房地产开发投资项目投入的资本金或权益资本。资本金利润率的计算公式为

$$资本金利润率 = \frac{年利润总额或年平均利润总额}{资本金} \times 100\%$$

4. 资本金净利润率

资本金净利润率是指项目经营期内一个正常年份的年税后利润总额或项目经营期内的年平均税后利润总额与资本金的比率,它反映投入项目的资本金的盈利能力。其计算公式为

$$资本金净利润率 = \frac{年税后利润总额或年平均税后利润总额}{资本金} \times 100\%$$

5. 静态投资回收期 P'_b

静态投资回收期 P'_b,是指当不考虑资金时间价值时,项目以净收益抵偿全部投资所需的时间。一般以年为单位,对房地产投资项目来说,静态投资回收期自投资起始点算起。其计算公式为

$$\sum_{t=0}^{P'_b} (CI - CO)_t = 0$$

式中: P'_b——静态投资回收期。

静态投资回收期可以根据财务现金流量表中累计净现金流量求得,其详细计算公式为:

$$P'_b = (累计净现金流量开始出现正值的年份数 - 1) + \frac{上年累计净现金流量的绝对值}{当年净现金流量}$$

6. 现金回报率

现金回报率是指房地产置业投资过程中,每年所获得的现金报酬与投资者初始投入的权益资本的比率。该指标反映了初始现金投资或首付款与年现金收入之间的关系。现金回报率分为税前现金回报率和税后现金回报率。其中,税前现金回报率等于净经营收入扣除还本付息后的净现金流量除以投资者的初始现金投资;税后现金回报率等于税后净现金流量除以投资者的初始现金投资。

7. 投资回报率

投资回报率是指房地产置业投资过程中，每年所获得的净收益与投资者初始投入的权益资本的比率。相对于现金回报率来说，投资回报率中的收益包括了还本付息中投资者所获得的物业权益增加的价值，还可以考虑将物业升值所带来的收益计入投资收益。该指标反映了投资者实际获得的收益与初始权益投资之比。

在不考虑物业增值收益时，有

$$投资回报率 = \frac{税后现金流量 + 投资者权益增加值}{权益投资数额} \times 100\%$$

在考虑物业增值收益时，有

$$投资回报率 = \frac{税后现金流量 + 投资者权益增加值 + 物业增值收益}{权益投资数额} \times 100\%$$

（二）动态指标

1. 财务净现值

财务净现值（financial net present value，FNPV），是指项目按行业的基准收益率或设定的目标收益率 i_c，将项目计算期内各年的净现金流量折算到开发活动起始点的现值之和，是房地产开发项目财务评价中的一个重要经济指标。

1) 财务净现值的计算公式

$$FNPV = \sum_{t=0}^{n} (CI - CO)_t (1 + i_c)^{-t}$$

式中：FNPV——项目在起始时间点的财务净现值；

i_c——基准收益率或设定的目标收益率或折现率，它反映了资金的时间价值；

$(CI - CO)_t$——第 t 期的净现金流量，即表示第 t 期的现金流入与第 t 期的现金流出之差；

n——投资期数；

t——第 t 期。

如果 $FNPV \geqslant 0$，说明该项目的获利能力达到或超过了基准收益率的要求，因而在财务上是可以接受的。如果 $FNPV < 0$，则项目不可接受。

2) 财务净现值指标的优缺点

财务净现值的优点是考虑了项目寿命期内各年现金流量的时间价值，并且在投资总额相等的情况下可以按净现值的大小对项目或方案进行优劣排序。

但它也有以下一些明显的缺点：①不适用于投资额不相等的投资项目比较；②折现率不易确定，折现率是计算净现值必不可少的依据，然而在一般情况下，其确定只能靠主观判断；③虽然能够反映项目在整个计算期内的绝对效果，但不能反映单位投资的效果（可以用财务净现值率来反映）；④即使知道了净现值大于零，我们也无法判断该项目的预期收益率真正是多少（可以用财务内部收益率来判断）。

【例 4-13】 已知某投资项目的净现金流量如表 4-5 所示。如果投资者目标收益率为 15%，求该投资项目的财务净现值。

表 4-5　某项目净现金流量表　　　　　　　　　　　单位：万元

年份	0	1	2	3	4	5
现金流入量		400	400	400	400	400
现金流出量	1 200					
净现金流量	−1 200	400	400	400	400	400

【解】　因为 $i_c = 15\%$，利用公式 $FNPV = \sum_{t=0}^{n} (CI - CO)_t (1 + i_c)^{-t}$，则该项目的财务净现值为

$$FNPV = -1\,200\,\text{万元} + \frac{400}{15\%}\left[1 - \frac{1}{(1+15\%)^5}\right]\text{万元} = 140.86\,\text{万元}$$

此时的 FNPV>0，说明该项目的获利能力超过了基准收益率的要求，因而在财务上是可以接受的。

2. 财务净现值率

财务净现值率（financial net present value ratio, FNPVR），是项目财务净现值与全部投资现值的比值，即单位投资的净现值，是反映项目效果的相对指标。其表达式为

$$FNPVR = \frac{FNPV}{I}$$

式中：I——总投资的现值。

财务净现值率可以作为财务净现值的一个补充指标。一般来说，财务净现值率大的方案为可选方案。

【例 4-14】　设某一房地产项目的开发建设有以下三个投资方案（见表 4-6），请计算这三个方案的财务净现值率，并比较其大小。

表 4-6　三个投资方案

方　案	财务净现值	总投资现值
方案一	1 500	10 000
方案二	1 000	5 000
方案三	900	3 600

【解】　分别计算这三个方案的财务净现值率。

方案一：　　　$FNPVR_1 = \dfrac{1\,500}{10\,000} \times 100\% = 15\%$

方案二：　　　$FNPVR_2 = \dfrac{1\,000}{5\,000} \times 100\% = 20\%$

方案三：　　　$FNPVR_3 = \dfrac{900}{3\,600} \times 100\% = 25\%$

计算结果表明，三种方案的财务净现值率大小排序为：$FNPVR_3 > FNPVR_2 > FNPVR_1$。

3. 财务内部收益率

1) 含义与计算公式

财务内部收益率(financial internal rate of return,FIRR),是指项目在整个计算期内,各年净现金流量现值累计等于零时的折现率。其计算公式为

$$\text{FNPV} = \sum_{t=0}^{n} (\text{CI} - \text{CO})_t (1 + \text{FIRR})^{-t} = 0 \tag{4-17}$$

式中:FIRR——项目财务内部收益率。

从经济角度看,可以这样理解内部收益率。在这样的折现率(等于FIRR)条件下,到项目计算期结束时,当初的所有投资(考虑了资金的时间价值)都可以完全被收回。

由式(4-17)可知,这是一个财务净现值为零时,求取财务内部收益率的方程式。不过,由于该公式其实是个高次方程,要求出内部收益率却不是一件容易的事情。可以从另外一个角度来求解FIRR,财务净现值与折现率之间的关系如图4-9所示,因此财务净现值随折现率的变化而呈反方向变化。

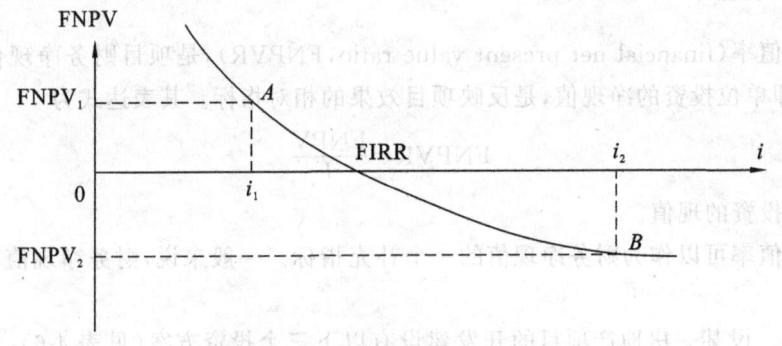

图4-9 财务内部收益率内插法示意图

在图4-9中,当$i<$FIRR时,FNPV为正值;当$i>$FIRR时,FNPV为负值。则在折现率由小到大(从i_1变化到i_2)的变化过程当中,必然有一个折现率使FNPV=0,此时的折现率即为财务内部收益率FIRR。假设i_1与i_2相距很近,那么曲线AB就可近似地认为是一条直线,A点、i_1点和FIRR点构成的三角形,与B点、i_2点和FIRR点构成的三角形互为对顶角,因此它们是相似三角形,然后可以利用相似三角形的边与边的比例关系来求取FIRR,按照上述分析,可以找到一种计算财务内部收益率的方法,即内插法。其计算步骤如下

(1) 初估FIRR的试算初值。

(2) 试算,找出i_1和i_2及其相对应的FNPV_1和FNPV_2,并且为保证FIRR的精度,尽量让曲线AB呈现为一根直线,i_1与i_2之间的差距一般以不超过2%为宜,最好能控制在1%。

(3) 用线性内插法计算FIRR的近似值,其公式如下:

$$\text{FIRR} \approx i' = i_1 + \frac{\text{FNPV}_1}{\text{FNPV}_1 + |\text{FNPV}_2|} \times (i_2 - i_1)$$

式中:i_1——当财务净现值接近于零的正值时的折现率;

i_2——当财务净现值接近于零的负值时的折现率;

$FNPV_1$——采用 i_1 折现率时净现值的正值;

$FNPV_2$——采用 i_2 折现率时净现值的负值。

【例 4-15】 某投资项目各年净现金流量如表 4-7 所示,求该项目的内部收益率。

表 4-7 某项目各年净现金流量　　　　　　　　　　　　　　　　单位:万元

年份	0	1	2	3	4	5
净现金流量	−100	20	30	30	40	50

【解】 初步估算 FIRR 值。当选择 $i=10\%$ 时,其相应的净现值为

$$FNPV = \left[-100 + \frac{20}{(1+10\%)^1} + \frac{30}{(1+10\%)^2} + \frac{30}{(1+10\%)^3} + \frac{40}{(1+10\%)^4} + \frac{50}{(1+10\%)^5}\right]万元$$
$$= 23.88 \text{ 万元}$$

计算结果表明,净现值大于零,而且结果偏大,因此,所选取的 10% 数值偏小,应进一步增加 i 的值。当取 $i=15\%$ 再次计算得相应净现值 $FNPV=7.53$ 万元,仍然大于零,说明还要继续增大折现率。最后,当取 $i_1=17\%$ 时,相应的 $FNPV_1=1.89$ 万元;而取 $i_2=18\%$ 时,相应的 $FNPV_2=-0.76$ 万元。于是,可取 $i_1=17\%$,$FNPV_1=1.89$;$i_2=18\%$,$FNPV_2=-0.76$,利用内插法公式得:

$$FIRR \approx i' = i_1 + \frac{FNPV_1}{FNPV_1 + |FNPV_2|} \times (i_2 - i_1)$$
$$= 17\% + \frac{1.89}{1.89 + 0.76} \times (18\% - 17\%)$$
$$= 17.71\%$$

因此,$FIRR \approx 17.71\%$,即该项目的财务内部收益率约为 17.71%。

2) 财务内部收益率的作用

财务内部收益率是项目折现率的临界值。在进行房地产投资项目的分析评价时,一般是在求得投资项目的财务内部收益率后,与同期贷款利率、同期行业基准收益率相比较,以判定项目在经济上是否可行。如果同期贷款利率水平为 i,同期行业基准收益率或投资者可接受的最低收益率为 i_c,则有如下情况。

(1) FIRR 与 i 比较时,反映项目的盈亏状况如下。

- 当 $FIRR > i$ 时,项目盈利。
- 当 $FIRR = i$ 时,项目盈亏平衡。
- 当 $FIRR < i$ 时,项目亏损。

(2) FIRR 与 i_c 比较时,反映项目与行业基准收益率或投资者可接受的最低收益率相比的盈利情况如下。

- 当 $FIRR > i_c$ 时,项目盈利超出行业平均收益水平或投资者要求的最低收益水平。
- 当 $FIRR = i_c$ 时,项目盈利等于行业平均收益水平或投资者要求的最低收益水平。
- 当 $FIRR < i_c$ 时,项目盈利低于行业平均收益水平或投资者要求的最低收益水平。

通常情况下,投资者一般将 FIRR 指标与行业的基准收益率或自己要求的最低收益率进行比较。当 $FIRR \geq i_c$ 时,则认为项目的盈利能力满足最低要求,该项目值得进一步研究;否则,项

目即可放弃。

3）财务内部收益率的优缺点

财务内部收益率主要有以下几个优点：①财务内部收益率考虑了资金的时间价值；②比较直观、容易理解，计算时不需要事先确定一个折现率；③财务内部收益率表示投资项目内在收益率，所以能在一定程度上反映投资效率的高低。

其主要缺点是：①财务内部收益率并不能直观地显示项目投资获利数额的多少；②其计算比较复杂、费事；③当投资项目各年净现金流量不是常规模式时，一个投资项目的内部收益率可能存在多个解或无解，此时，财务内部收益率无明确的经济意义。

4. 动态回收投资期 P_b

1）含义与计算公式

动态投资回收期是指在考虑时间价值的前提下，以基准收益率为折现率，项目从投资开始到以净收益补偿投资额为止所经历的时间。动态投资回收期就是净现金流量累计现值等于零时的年份。基本表达式为

$$\sum_{t=0}^{P_b}(CI-CO)_t(1+i_c)^{-t}=0$$

式中：P_b——动态投资回收期。

在实际计算时一般采用净现金流量现值累计并结合插值公式求解。插值公式为

$$P_b=(净现金流量现值累计值开始出现正值的年份数-1)+\frac{上年净现金流量现值累计值的绝对值}{当年净现金流量现值}$$

2）动态投资回收期指标的作用

在项目经济评价中，计算出的动态投资回收期可以与行业规定的平均投资回收期或投资者要求的最短投资回收期相比较，如果前者小于或等于后者，则投资项目在经济上就是可以接受的。

3）动态投资回收期的优缺点

与静态投资回收期指标相比较，动态回收期的优点是考虑了资金的时间价值因素，能够比较准确地反映资金的回收时间。不过动态回收期也有缺陷，例如，这一指标强调了投资回收的快慢，而忽视了投资盈利能力，更没有考虑回收成本后的盈利情况。

【例 4-16】 已知某房地产投资项目的现金流量如表 4-8 所示，假设投资者的目标收益率为 12%，求该项目的静态和动态投资回收期。

表 4-8 某房地产投资项目现金流量表　　　　单位：万元

年份	0	1	2	3	4	5	6
现金流出	−3 000	−1 500	−300	−300	0	0	0
现金流入	0	0	0	3 000	2 000	2 000	1 000

【解】 根据表 4-8，先求出各年的净现金流量、累计净现金流量、净现金流量的现值及净现金流量现值累计等项，如表 4-9 所示。

表4-9 例4-16各年的数据指标 单位:万元

年份	0	1	2	3	4	5	6
现金流出	−3 000	−1 500	−300	−300	0	0	0
现金流入	0	0	0	3 000	2 000	2 000	1 000
净现金流量	−3 000	−1 500	−300	2 700	2 000	2 000	1 000
累计净现金流量	−3 000	−4 500	−4 800	−2 100	−100	1 900	2 900
净现金流量的现值	−3 000	−1 339.29	−239.16	1 921.81	1 271.04	1 134.85	506.63
净现金流量的现值累计	−3 000	−4 339.29	−4 578.44	−2 656.64	−1 385.60	−250.75	255.88

根据表4-9中的数据,可以分别求出该项目的静态投资回收期和动态投资回收期,其计算过程如下。

$$静态投资回收期=\left(5-1+\frac{100}{2\ 000}\right)年=4.05\ 年$$

$$动态投资回收期=\left(6-1+\frac{250.75}{506.63}\right)年=5.50\ 年$$

所以,从计算结果可以看出,对于同一个项目而言,其静态投资回收期往往要比动态投资回收期短。

三、清偿能力指标计算方法

房地产投资项目的清偿能力,主要是考察计算期内项目各年的财务状况及偿还到期债务的能力。

(一)借款偿还期

借款偿还期是指在国家规定及房地产投资项目具体财务条件下,项目开发经营期内使用可用作还款的利润、折旧、摊销及其他还款资金偿还项目借款本息所需要的时间。房地产置业投资项目和房地产开发之后进行出租经营或自营的项目,需要计算借款偿还期。房地产开发项目用于销售时,不计算借款偿还期。

(二)利息备付率

利息备付率,指项目在借款偿还期内各年用于支付利息的税息前利润,与当期应付利息费用的比率。其计算公式为

$$利息备付率=\frac{税息前利润}{当期应付利息费用}$$

式中:税息前利润为利润总额与计入总成本费用的利息费用之和,当期应付利息是指当期计入总成本费用的全部利息。利息备付率可以按年计算,也可以按整个借款期计算。

利息备付率表示使用项目利润偿付利息的保障倍数。对于一般房地产投资项目,该指标值应该大于2。否则,表示项目付息能力保障程度不足。对于出租经营或自营的房地产投资项目,

该指标的计算非常重要。

(三) 偿债备付率

偿债备付率,指项目在借款偿还期内各年用于还本付息的资金与当期应还本付息金额的比率。其计算公式为

$$偿债备付率=\frac{可用于还本付息资金}{当期应还本付息资金}$$

可用于还本付息资金,包括可用于还款的折旧和摊销,在成本中列支的利息费用,可用于还款的利润等。当期应还本付息金额包括当期应还贷款本金及计入成本的利息。

偿债备付率可以按年计算,也可以按整个借款期计算。偿债备付率表示可用于还本付息的资金偿还借款本息的保障倍数。对于一般房地产投资项目,该指标值应该大于1.2。当该指标小于1.2时,表示当期资金来源不足以偿付当期债务,需要通过短期借款来偿还已到期的债务。该指标的计算对出租经营或自营的房地产投资项目非常重要。

(四) 资产负债率

资产负债率是反映项目各年所面临的财务风险程度及偿债能力的指标,属于长期偿债能力指标,反映债权人所提供的资金占全部资产的比例,即总资产中有多大比例是通过借债来筹集的,它可以用来衡量客户在清算时保护债权人利益的程度。其表达式为

$$资产负债率=\frac{负债合计}{资产合计}\times100\%$$

资产负债率高,则企业的资本金不足,对负债的依赖性强,在经济萎缩或信贷政策有所改变时,应变能力较差;资产负债率低则企业的资本金充裕,企业就应变能力强。房地产开发属于资金密集型经济活动,所以房地产开发公司的资产负债率一般较高。

(五) 流动比率

流动比率是反映项目各年偿付流动负债能力的指标。其表达式为

$$流动比率=\frac{流动资产总额}{流动负债总额}\times100\%$$

流动比率越高,说明营运资本(即流动资产减流动负债的余额)越多,对债权人而言,其债权就越安全。通过这个指标可以看出每一百元流动负债有几百元流动资产来抵偿,故又称偿债能力比率。在国际上银行一般要求这一比率维持在200%以上,因此人们称之为"银行家比率"或"二对一比率"。

对房地产开发项目来说,200%并不是最理想的流动比率。因为房地产开发项目所需开发资金较多,并且本身并不拥有大量的资本金,其资金一般来源于长、短期借款。此外,房地产开发项目通常采取预售期房的方式筹集资金。这些特点使得房地产开发项目的流动负债数额较大,流动比率相对较低。

(六) 速动比率

速动比率是反映项目快速偿付流动负债能力的指标。其表达式为

$$速动比率 = \frac{流动资产总额 - 存货}{流动负债总额} \times 100\%$$

该指标属于短期偿债能力指标。它反映项目流动资产总体变现或近期偿债的能力,因此它必须在流动资产中扣除存货部分,因为存货变现能力差,至少也需要经过销售和收账两个过程,并且会受到价格下跌、损坏、不易销售等因素的影响。一般而言,房地产开发项目的存货占流动资产的大部分,其速动比率较低,不会达到100%。

资产负债率、流动比率、速动比率指标,可结合房地产开发企业的资产负债表进行计算。

【例4-17】 从某房地产投资项目的资产负债表上,可以得到如下项目信息:负债合计为3 000万元,资产合计为5 000万元,流动资产和流动负债分别为2 500万元和1 250万元,存货为1 500万元。试计算该房地产投资项目的资产负债率、流动比率和速动比率。

【解】 (1) $资产负债率 = \frac{负债合计}{资产合计} \times 100\% = \frac{3\,000}{5\,000} \times 100\% = 60\%$

(2) $流动比率 = \frac{流动资产总额}{流动负债总额} \times 100\% = \frac{2\,500}{1\,250} \times 100\% = 200\%$

(3) $速动比率 = \frac{流动资产总额 - 存货}{流动负债总额} \times 100\% = \frac{2\,500 - 1\,500}{1250} \times 100\% = 80\%$

任务 4 房地产开发项目风险与不确定性分析

一、房地产开发项目风险

(一) 风险的定义

从房地产投资的角度来说,风险可以定义为未来获得预期收益可能性的大小。完成投资过程进入经营阶段后,人们就可以计算实际获得的收益与预期收益之间的差别,进而也就可以计算获取预期收益可能性的大小。

(二) 房地产开发项目风险的种类

在通常情况下,人们往往把风险划分为对市场内所有投资项目均产生影响,投资者无法控制的系统风险;以及仅对市场内个别项目产生影响,投资者可以控制的个别风险。

1. 系统风险

房地产投资首先面临的是系统风险,投资者对这些风险不易判断和控制,如通货膨胀风险、市场供求风险、周期风险、变现风险、利率风险、政策风险、政治风险和或然损失风险等。

1) 通货膨胀风险

通货膨胀风险又称购买力风险,是指投资完成后所收回的资金与初始投入的资金相比,购买力降低给投资者带来的风险。

2) 市场供求风险

市场供求风险是指投资者所在地区房地产市场供求关系的变化给投资者带来的风险。

3) 周期风险

周期风险是指房地产市场的周期波动给投资者带来的风险。

4) 变现风险

变现风险是指急于将商品兑换为现金时由于折价而导致资金损失的风险。

5) 利率风险

调整利率是国家对经济活动进行宏观调控的主要手段之一。利率调升会对房地产投资产生两方面的影响：一是导致房地产实际价值的折损，利用升高的利率对现金流折现，会使投资项目的财务净现值减小，甚至出现负值；二是会加大投资者的债务负担，导致还贷困难。利率提高还会抑制房地产市场上的需求数量，从而导致房地产价格下降。

6) 政策风险

政府有关房地产投资的土地供给政策、地价政策、税费政策、住房政策、价格政策、金融政策、环境保护政策等，均对房地产投资者收益目标的实现产生巨大的影响。

7) 政治风险

房地产的不可移动性，使房地产投资者要承担相当程度的政治风险。政治风险主要由政变、战争、经济制裁、外来侵略、罢工、骚乱等因素造成。政治风险一旦发生，不仅会直接给建筑物造成损害，而且会引起一系列其他风险的发生，是房地产投资中危害最大的一种风险。

8) 或然损失风险

或然损失风险是指火灾、风灾或者其他偶然发生的自然灾害引起的置业投资损失。

2. 个别风险

1) 收益现金流风险

收益现金流风险是指房地产投资项目的实际收益现金流未达到预期目标要求的风险。

2) 未来运营费用风险

未来运营费用风险是指物业实际运营费用支出超过预期运营费用而带来的风险。

3) 资本价值风险

资本价值在很大程度上取决于预期收益现金流和可能的未来运营费用水平。然而，即使收益和运营费用都不发生变化，资本价值也会随着报酬率的变化而变化。

4) 比较风险

比较风险又称机会成本风险，是指投资者将资金投入房地产项目中，失去了其他投资机会，同时也失去了相应可能收益时，给投资者带来的风险。

5) 时间风险

时间风险是指房地产投资中与时间和时机选择因素相关的风险。房地产投资强调在适当的时间、选择合适的地点和物业类型进行投资，这样才能使其在获得最大投资收益的同时使风险降到最低限度。

6) 持有期风险

持有期风险是指与房地产投资持有时间相关的风险。一般来说，投资项目的寿命周期越长，可能遇到的影响项目收益的不确定性因素就越多。

二、房地产开发项目不确定性分析

房地产开发项目的未来情况和可行性研究中所做的预测不可能完全一致，计算开发项目的评价指标所用到的有关成本费用和收益情况的数据是在理想状态下的估计值，这些数值的确定取决于许多变量。因此对房地产开发项目进行不确定性分析，即预估这些变量的变化对开发项目评价结果的影响程度是十分必要的。通过不确定性分析，使财务评价的结果更加真实可靠和符合实际，从而为房地产开发决策提供更加科学的依据。

不确定性分析的方法有很多，基本方法包括盈亏平衡分析、敏感性分析和概率分析。下面重点介绍盈亏平衡分析和敏感性分析。

（一）盈亏平衡分析

盈亏平衡分析是将房地产开发项目的成本划分为固定成本和变动成本两部分之后，假定产销量一致，根据产量、成本、售价和利润四者之间的函数关系所进行的分析。

固定成本是指在一定时期和一定业务量范围内，成本总额不受业务量增减变动影响而固定不变的成本。变动成本是指成本总额与业务量总数呈现正比例增减变动关系的成本。可以用销售收入减去固定成本和变动成本得到利润。如图 4-10 所示，当产量小于 Q^* 时，销售收入一直低于总成本（固定成本与变动成本之和），此时利润为负值，开发企业正处于亏损状态；当产量等于 Q^* 时，销售收入等于总成本，利润为零；当产量大于 Q^* 时，销售收入大于总成本，利润为正值，开发企业正处于盈利状态。此时的 Q^* 点就是该项目的盈亏平衡点产量。

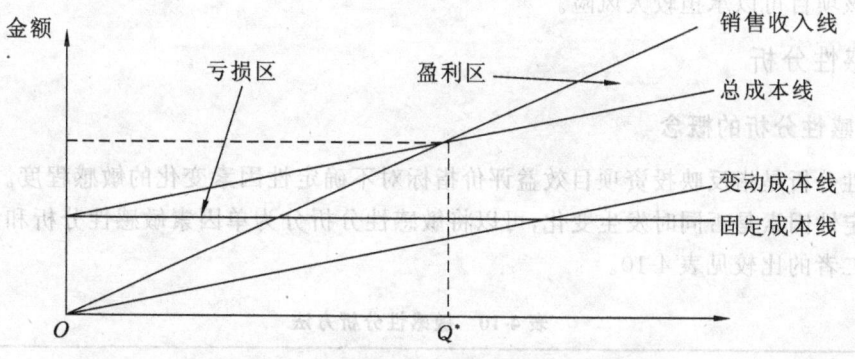

图 4-10 产量、成本、售价和利润之间的关系

盈亏平衡产量又应当如何求取呢？考虑到影响因素众多，下面先进行一些假设后，再介绍一个比较简单的盈亏平衡分析模型。

- 假设条件一：开发量与销售量相等。
- 假设条件二：在所分析的范围内，固定成本不变。
- 假设条件三：变动成本是产销量的线性函数。
- 假设条件四：销售收入随产销量的变动而变动且呈线性关系。

- 假设条件五:分析中,销售单价保持不变。

在盈亏平衡模型中,Q 表示产销量,a 表示固定成本总额,b 表示单位变动成本,P 表示单位售价,M 表示目标利润,R 表示销售税率。根据盈亏平衡的概念,可建立下列方程式

$$PQ = a + Qb + PQR + M$$

当利润为零(即 $M=0$)时,有

$$Q^* = \frac{a}{P(1-R)-b}$$

式中:Q^*——盈亏平衡点的产销量。

当开发企业的开发数量 $Q > Q^* = \dfrac{a}{P(1-R)-b}$,即 $Q[P(1-R)-b]-a > 0$ 时,开发项目才会盈利;否则,项目将亏损或利润为零。

房地产开发项目在盈亏平衡点的抗风险能力公式为

$$\frac{Q^*}{Q_c} = \frac{a}{Q_c[P(1-R)-b]} \times 100\%$$

式中:Q_c——房地产开发项目设计方案的产销量。通常根据经验值,若 $\dfrac{Q^*}{Q_c}$ 低于 70%,则项目相当安全或可以承担较大风险。

【例 4-18】 某房地产开发项目设计建筑面积为 50 000 m²,建成后的售价根据市场预测可确定为 3 500 元/m²(建筑面积),固定成本为 2 800 万元,单位变动成本为 2 400 元,销售税率为 6.5%,则该开发项目的盈亏平衡点的产销量是多少平方米,其抗风险能力如何?

【解】 $Q^* = \dfrac{a}{P(1-R)-b} = \dfrac{28\,000\,000}{3\,500 \times (1-6.5\%) - 2\,400}$ m² = 3 2091.7 m²

$$\frac{Q^*}{Q_c} = (3\,2091.7/50\,000) \times 100\% = 64.18\%$$

所以该项目可以承担较大风险。

(二)敏感性分析

1. 敏感性分析的概念

敏感性分析是指反映投资项目效益评价指标对不确定性因素变化的敏感程度。具体来说,根据不确定性因素是否同时发生变化,可以将敏感性分析分为单因素敏感性分析和多因素敏感性分析。二者的比较见表 4-10。

表 4-10 敏感性分析方法

方 法	方法介绍
单因素敏感性分析	在进行单因素的敏感性分析时,每次只改变该因素的一个参数值,而其他参数值保持不变,在这种情况下研究其对评价结果影响的程度。这种方法忽略了变量和变量之间的联系,是在各个变量相互独立的条件下所进行的分析
多因素敏感性分析	多因素的敏感性分析是在分析两个或两个以上的参数值同时发生变化时,对评价结果影响的程度。由于事物是普遍联系的,一个因素发生变化,势必会引起另外的因素也发生变化。在现实中,通常是两个或两个以上的不确定因素同时发生变化,所以多因素的敏感性分析实用性很强

2. 敏感性分析的步骤

敏感性分析的具体步骤如下。
(1) 确定分析指标。
(2) 选定需分析的不确定性因素,并设定其变化范围。
(3) 计算所选定的不确定性因素在其变化范围内的变动导致评价指标变动的数量。
(4) 确定敏感性因素。

3. 单因素敏感性分析图表

1) 敏感度系数

单因素敏感性分析可用敏感度系数表示项目评价指标对不确定因素的敏感程度。其公式为

$$\beta = \frac{\frac{\Delta Y}{Y}}{\frac{\Delta X}{X}}$$

式中:$\frac{\Delta X}{X}$——不确定因素 X 的变化率;

$\frac{\Delta Y}{Y}$——不确定因素 X 发生 ΔX 的变化率时,财务评价指标 Y 的变化率;

β——财务评价指标 Y 对不确定因素 X 的敏感度系数。

2) 临界点

临界点是指项目允许不确定因素向不利方向变化的极限数值,它可以用临界点的百分比或临界值来表示。当某一变量的数值超过临界点的极限数值时,开发项目的指标将从可行变为不可行。

3) 敏感性分析表

敏感性分析表见表 4-11。表 4-11 中所列出的不确定因素是可能对财务评价指标产生影响的因素。在分析时可选择一个或多个因素进行分析,不确定因素的变化范围可自行设定。评价指标可根据需要选定。

表 4-11 敏感性分析表

序号	不确定因素	变化率	财务内部收益率	敏感度系数	临界点	临界值
0	原始状态					
1	土地开发成本					
2	建造成本					
3	开发规模与开发数量					
4	租金或售价					
5	开发周期					
6	利率					

4) 敏感性分析图

敏感性分析图如图 4-11 所示。图中每一条斜线的斜率反映财务评价指标对该不确定因素的敏感程度,斜率越大则敏感程度越高,此图中可以同时反映多个不确定因素的敏感性分析结果。每条斜线与基准收益率线的交点即是所对应的不确定因素变化率,图中 C_1、C_2、C_3、C_4 等为该因素的临界点,将临界点上的变化率转化为绝对数值即为不确定因素的临界值。

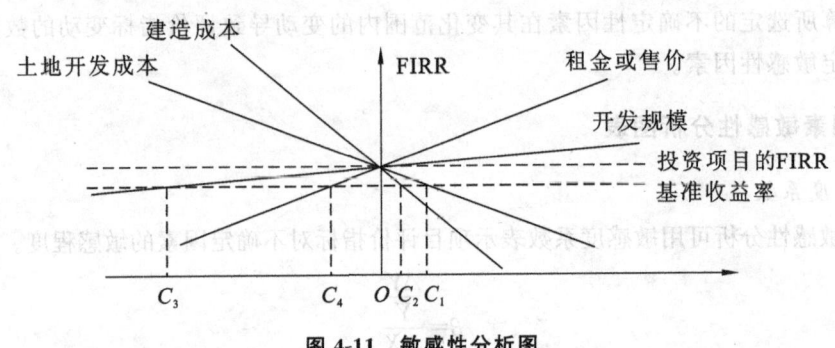

图 4-11 敏感性分析图

4. 单因素敏感性分析应用举例

【例 4-19】 某开发商拟在某市 CBD 商圈内建一豪华公寓,总投资计划为 30 400 万元(假设在建设期第一年末投入),总销售面积为 50 400 m²,拟销售价格为 1 万元/m²(均价)。该项目建设期为 1 年,在建设期第一年末,期房销售面积预计可达总销售面积的 25%,价格为 9.5 折。第二年末全部售出,折现率为 10%。试分析该项目的风险。

【解】 进行敏感性分析,找出敏感因素,确定其影响程度。

(1) 确定项目财务评价指标及影响该项目收益的主要因素。

在该例题中,选择财务净现值(FNPV)作为经济评价指标。其计算公式为

$$FNPV = \sum_{t=0}^{n} (CI - CO)_t (1 + i_c)^{-t}$$

在影响房地产项目收益的因素中,起主要作用并可量化的因素是项目的投资额、商品房的销售价格及空置率,并且受房地产业泡沫的影响,这些因素在未来的变化将会很大,因此将这三个因素作为该项目敏感性分析的主要因素。

(2) 计算该项目在初始条件下的财务净现值(基本方案)。

$$FNPV_0 = \frac{(50\ 400 \times 25\% \times 1 \times 0.95 - 30\ 400)}{(1 + 10\%)} 万元 + 50\ 400 \times (1 - 25\%) \times \frac{1}{(1 + 10\%)^2} 万元$$

$$= 14\ 485 \text{ 万元}$$

(3) 单因素敏感性分析,找出敏感因素。

敏感度系数为 $\beta = \dfrac{\dfrac{\Delta Y}{Y}}{\dfrac{\Delta X}{X}} = \dfrac{|FNPV 的变化率|}{|影响因素的变化率|}$

β 值越大,因素对项目的影响就越敏感,即为敏感因素。令投资额、销售价格逐一在初始值的基础上按 ±10%、±20% 的幅度变动,空置率按 10%、20% 的幅度变动,分别计算相对应的 FNPV 值及敏感度系数,得出的结果见表 4-12。

学习情境 4
房地产开发项目可行性研究

表 4-12　单因素敏感性分析　　　　　　　　　　　　单位：万元

	−20%	−10%	0	10%	20%	β值
投资额	20 012	17 249	14 485	11 721	8 958	1.91
销售价格	6 061	10 273	14 485	18 697	22 909	2.91
空置率			14 485	10 226	5 967	2.94

由表 4-12 和图 4-12 可以看出，销售价格和空置率的敏感程度最高，它们是影响该项目的敏感因素。

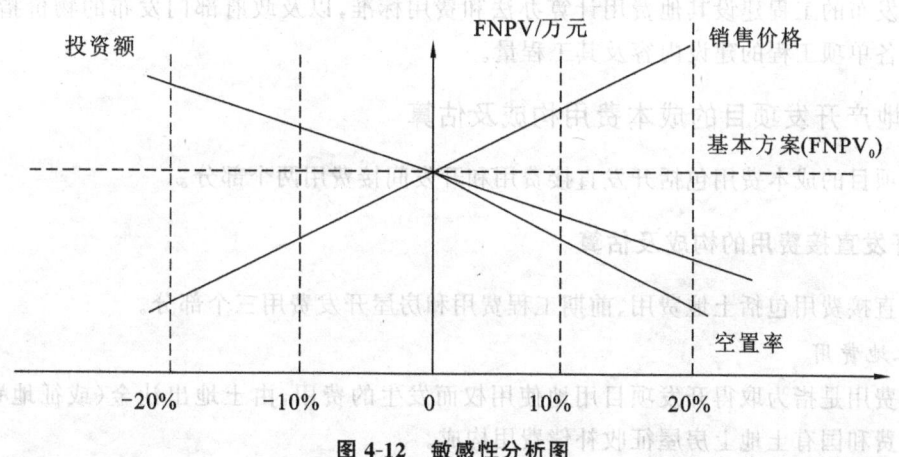

图 4-12　敏感性分析图

（三）概率分析

敏感性分析无法解决在房地产开发项目评价中不确定性因素发生变化可能性大小的问题，这就要借助于概率分析。

概率分析也称风险分析，它能够克服敏感性分析的不足。概率分析是事先给出各个变量或因素发生某种变动的概率，并根据各种变量或因素的概率分布，来求出房地产开发项目在面临不同风险时，获利的可能性大小。概率分析的方法主要有决策树法、概率法、蒙特卡罗法等。

任务 5　房地产开发项目投资与收入估算

房地产开发项目在进行前期准备工作时，需要提前对房地产开发项目投资与收入进行估算，以方便测算各项经济评价指标，帮助投资决策者做出正确的决策。由于投资与收入的估算是发生在项目并未开工或未取得的时候，所有的数据只能是估算，估算得准确与否也决定着经济评价指标最后的结果。

一、房地产开发项目的投资估算

投资估算是房地产开发项目前期工作的重要环节,也是制订融资方案、进行财务评价的主要依据之一。要准确估算房地产开发项目的投资,必须首先明确开发项目的成本费用构成,并在对开发项目的全部成本费用进行估算的基础上,估算出房地产开发项目的投资。

房地产开发项目的成本费用及投资估算应做到方法科学、依据充分。估算的主要依据有:专门机构发布的建设工程造价费用构成、估算指标、计算方法及其他有关计算工程造价的文件;专门机构发布的工程建设其他费用计算办法和费用标准,以及政府部门发布的物价指数;拟建开发项目各单项工程的建设内容及其工程量。

(一)房地产开发项目的成本费用构成及估算

开发项目的成本费用包括开发直接费用和开发间接费用两个部分。

1. 开发直接费用的构成及估算

开发直接费用包括土地费用、前期工程费用和房屋开发费用三个部分。

1)土地费用

土地费用是指为取得开发项目用地使用权而发生的费用,由土地出让金(或征地费)、城市建设配套费和国有土地上房屋征收补偿费用构成。

土地出让金是指土地使用者为得到一定时期的国有土地使用权而向国家支付的土地使用权的价格。土地出让金的估算可参照当地近期出让的类似地块的出让金数额,并进行相关因素的修正后得到。

征地费是因国家建设需要而征用农村土地所发生的费用,主要由土地补偿费用、土地投资补偿费用、人员安置补助费用、新菜地开发基金、土地管理费用、耕地占用税和拆迁费用等构成。征地费的估算可按国家和各个地方的有关规定及标准执行。

城市建设配套费是因政府投资进行城市基础设施建设并由受益者分摊的费用。城市建设配套费的估算可按各个地方的有关规定及标准执行。

国有土地上房屋征收补偿费用是对被征收国有土地上的房屋进行的补偿,根据 2011 年 2 月出台的《国有土地上房屋征收与补偿条例》规定,具体补偿项目包括:被征收房屋价值的补偿;因征收房屋造成的搬迁、临时安置的补偿;因征收房屋造成的停产停业损失的补偿。对被征收房屋价值的补偿形式包括产权调换和货币补偿两种或将二者相结合的形式,产权调换按照被拆除房屋的建筑面积进行计算,货币补偿按照被拆除房屋的区位、用途、建筑面积及成新度计算其市场价格。

2)前期工程费用

前期工程费用主要由项目前期规划、设计、可行性研究、地质水文勘测及三通一平等土地开发费用构成。

一般情况下,项目前期规划、设计所需费用可按建筑安装工程费的 3% 进行估算,可行性研究所需费用可按总投资的 1%~3% 进行估算,地质水文勘测所需费用可根据所需工作量及有关收费标准进行估算,三通一平等土地开发费用可根据实际工作量及参照有关计费标准进行估算。

3) 房屋开发费用

房屋开发费用包括建筑安装工程费、公共配套设施建设费和基础设施建设费。

建筑安装工程费是直接用于工程建设的总成本费用,主要由建筑工程费、设备及安装工程费和室内装饰家具费构成。

公共配套设施建设费是居住小区内为居民建设的各种非营利性公共配套设施的建设费用。主要包括居委会、派出所、托儿所、幼儿园、公共厕所、停车场等,一般按规划指标和实际工程量估算。

基础设施建设费是指建筑物 2 m 以外和项目红线范围内的各种管线、道路工程的建设费用。主要包括自来水、雨水、污水、燃气、热力、供电、电信、道路、绿化、环卫、室外照明等设施的建设费用,各项设施与市政设施干线、干管、干道等的接口费用,一般按实际工程量估算。

房屋开发费用可采用单元估算法、单位指标估算法、工程量近似匡算法、概算指标估算法等方法进行估算。

2. 开发间接费用的构成及估算

开发间接费用包括管理费用、销售费用、财务费用、其他费用、不可预见费用和税费六个部分。

1) 管理费用

管理费用是指开发项目从立项至竣工验收、交付使用全过程管理所需的各种费用。管理费用包括的项目很多,主要有开办费、管理工作人员的工资、资金及福利费、劳动保护费、办公费、差旅费、工会经费、职工教育培训费、工程招标费、咨询费、审计费、法律咨询费、排污费、房地产税、业务招待费、坏账损失、报废损失、竣工验收费等费用。在估算时可按项目投资或开发直接费的一定比率进行计算。

2) 销售费用

销售费用是在销售产品中所发生的费用,以及专设销售机构或委托销售代理的各项费用。销售费用包括销售人员的工资、资金、福利费、差旅费、销售机构的折旧费和修理费、销售许可证申领费、广告费、代理费等。可根据开发项目的营销设想进行估算。

3) 财务费用

财务费用是企业为筹集资金所发生的各项费用,主要表现为借款的利息、手续费、融资代理费等各项费用。财务费用可根据筹集资金的方式、金额及其筹资费率等进行计算。其中,利息费用在各项费用中占的比例较大,是主要的财务费用项目。

4) 其他费用

其他费用主要包括临时用地费和临时建设费、施工图预算和标底编制费、工程合同预算和标底审查费、合同公证费、开发管理费、工程质量监督检查费、工程监理费、竣工图编制费、保险费等各项费用,它们一般按当地有关部门规定的费率进行估算。

5) 不可预见费用

不可预见费用是在开发建设过程中,对未来的事物不可能百分之百的预见到,为应对一些事先没有预想到的情况出现,而根据开发项目的复杂程度和上述各项费用估算的准确程度,按上述各项费用之和的 3%~7% 进行估算。

6）税费

税费是开发建设项目应负担的各种税金和地方政府或有关部门征收的费用,税费可根据国家或当地有关法规标准进行估算。

（二）房地产开发项目投资估算

投资估算是在对房地产开发项目成本费用估算及对开发建设规模、施工方案、实施进度等进行研究并基本确定的基础上,估算开发项目投入的总资金并测算分年度资金需要量的过程。

二、房地产开发项目的收入估算

在对房地产市场进行分析与观测的基础上,测算开发项目的租售收入是可行性研究的一项重要内容。在测算之前,首先要确定以下几个方面的内容:①所采用的租售方案,即确定开发项目是出租、出售、还是租售并举;②出租与出售的面积比例;③出租与出售的时间安排及其进度安排;租金水平与出租收款计划的安排;④售价水平与销售收款计划的安排等。

测算开发项目的租售收入除对房地产市场进行分析与预测之外,还应结合开发项目的位置、周围环境、开发项目的档次、开发项目的租售服务对象等因素进行综合考虑。

任务 6　房地产开发项目财务报表的编制

房地产开发项目的财务评价报表分为辅助报表和基本报表两大类。

一、辅助报表的编制

辅助报表是用来为基本报表提供基础数据的,主要有成本费用估算表、投资计划与资金筹措表、银行贷款还本付息表、销（出）售收入估算表、出租收入估算表、折旧摊销表和营业成本表等。

（一）成本费用估算表

房地产开发项目的成本费用项目及其估算已在前面一个任务中已经阐述过,其中成本费用构成的每一大项基本上都可以通过专门编制各自的表格进行汇总计算。例如,关于土地费用的估算、前期工程费用的估算、基础设施建设费用的估算、建筑安装工程费用的估算和公共配套设施建设费用的估算等。

（二）投资计划与资金筹措表

1. 投资使用计划的编制

房地产项目需要根据可能的建设进度，将会发生的实际付款时间和金额编制使用（投资）计划表。这里首先需要解决下面几个问题。

（1）关于建设工期的确定。建设工期是指拟建项目开工之日，到项目全面建成交付使用的全部时间。项目建设工期可以参考有关部门制定的建设项目工期定额和单位工期定额，结合项目建设内容、工程量大小、建设难易程度及施工条件等具体情况综合分析确定。

（2）根据所确定的工期，制订相应的项目实施计划，在投资分析中，项目实施计划一般以甘特横道图的形式来表达。

（3）在确定项目实施进度的基础上，结合项目的总投资估算，再来确定项目的分年度资金投入计划，并最终与资金筹措计划合并编制"投资计划与资金筹措表"。

2. 资金筹措计划的编制

显然，资金筹措计划的编制应该依据资金的投入计划表来进行，通过投入计划表中各期的资金需求情况对资金的来源及数量进行安排。一般先考虑使用资本金和预租售收入，如果不够则再考虑借贷资金。在编制过程中需要保证资金投入计划与资金筹措计划应在各期和总量上保持平衡。为此，具体的数据填入还需要通过损益表、借款偿还表等多个表配合计算才行。

（三）借款还本付息表

借款还本付息表是分析项目债务清偿能力的重要依据，其中之一就是可以通过借款还本付息表计算项目的借款偿还期。通过借款还本付息表中的数据，也可以对项目的负债结构、还贷方式及负债程度等问题进行分析，从对项目的财务风险作出相应的评价。

（四）租售收入估算表

根据项目的租售方案确定租售收入估算表的内容。

（五）其他辅助报表

1. 折旧摊销表

折旧摊销表主要表示房地产开发企业所有的房屋建筑物、机电设备、无形资产及开办费等项目的折旧和摊销情况。

2. 营业成本表

营业成本表是编制出租项目损益表和现金流量表的重要辅助报表。

二、基本报表的编制

房地产开发项目财务评价的基本报表主要有四种,即现金流量表、损益表、资金来源与运用表和资产负债表。

(一)现金流量表

现金流量表反映房地产项目在整个开发经营期间的现金流出和现金流入的情况,是财务分析中计算项目的净现值、内部收益率、投资回收期等指标的依据。现金流量表包括全部投资现金流量表和资本金(自有资金)投资现金流量表两种。

1. 全部投资现金流量表

全部投资现金流量表不考虑投资资金的来源,以全部投资作为计算的基础,其目的是考察整个项目投资的盈利能力,为各个可能的投资方案进行比较建立共同的基础。

全部投资现金流量表的格式如表 4-13 所示。

表 4-13 全部投资现金流量表　　　　　　　　　　单位:万元

序号	项目	合计	1	2	3	…	n
1	现金流入						
1.1	销售收入						
1.2	出租收入						
1.3	自营收入						
1.4	净转售收入						
1.5	其他收入						
1.6	回收固定资产余值						
1.7	回收经营资金						
2	现金流出						
2.1	开发建设投资						
2.2	经营资金						
2.3	运营费用						
2.4	修理费用						
2.5	经营税金及附加						
2.6	土地增值税						
2.7	所得税						
3	净现金流量						
4	累计净现金流量						

表中各项数据分别可以从租售收入及营业税金估算表、投资计划与资金筹措表、总成本费用表等表和有关计算中得到。

2. 资本金现金流量表

该表从投资者的角度，以投资者的出资额作为计算依据，将借款本金偿还和利息支付认为是现金流出，考察项目的现金流入、流出的情况，从而反映资本金的盈利能力。其表格形式见表4-14。

表4-14 资本金投资现金流量表　　　　　　　　　　　　　　　单位：万元

序号	项目	合计	1	2	3	…	n
1	现金流入						
1.1	销售收入						
1.2	出租收入						
1.3	自营收入						
1.4	净转售收入						
1.5	其他收入						
1.6	回收固定资产余值						
1.7	回收经营资金						
2	现金流出						
2.1	资本金						
2.2	经营资金						
2.3	运营费用						
2.4	修理费用						
2.5	经营税金及附加						
2.6	土地增值税						
2.7	所得税						
2.8	借款本金偿还						
2.9	借款利息支付						
3	净现金流量						
4	累计净现金流量						

（二）损益表

损益表是反映房地产投资项目开发经营期内各年的利润总额、所得税及各年税后利润的分配等情况的财务报表。通过该表提供的数据，可以计算得出项目的投资利润率、投资利税率、资本金利润率、资本金净利润率等静态分析指标。其表格形式如表4-15所示。

表 4-15 损益表　　　　　　　　　　　　　　　　　　　　　　　　单位：万元

序号	项目	合计	1	2	3	…	n
1	经营收入						
1.1	销售收入						
1.2	出租收入						
1.3	自营收入						
2	经营成本						
2.1	商品房经营成本						
2.2	出租房经营成本						
3	运营费用						
4	修理费用						
5	经营税金及附加						
6	土地增值税						
7	利润总额						
8	所得税						
9	税后利润						
9.1	盈余公积金						
9.2	应付利润						
9.3	未分配利润						

损益表中有关项目的计算如下。

1. 利润总额的计算

利润总额的计算公式为：

利润总额＝经营收入－经营成本－运营费用－修理费用－经营税金及附加－土地增值税

对于出售型的房地产开发项目，由于房地产投资的过程也即是房地产产品的生产过程，因此，可得：总投资＝总成本费用＝经营成本。所以对于出售型的房地产开发项目，利润总额的计算公式可以简化为：

利润总额＝销售收入－总成本费用－经营税金及附加－土地增值税

而对于出租类的房地产项目则不同，其经营成本包括利息支出、房产税、管理费、维修费、折旧费等。故对于出租型的房地产项目，利润总额的计算公式可以简化为：

利润总额＝出租收入－经营成本－经营税金及附加

2. 税后利润的计算

税后利润指的是利润总额扣除所得税后的利润数额。

3. 利润的分配

房地产开发企业的税后利润即为可分配利润,可分配利润按弥补企业以前年度亏损、盈余公积金、应付利润、未分配利润等项目进行分配。

(三) 资金来源与运用表

资金来源与运用表主要反映房地产项目各期的资金盈余或短缺情况,即反映项目资金的平衡情况。显然,在当年资金来源多于资金运用的数额时,即为盈余;在当年资金来源少于资金运用的数额时,即为短缺。从资金的使用效率和项目的财务安全角度看,每期或总量上资金数量过分的盈余或发生短缺都会对项目的经营业绩产生影响。资金来源与运用表的形式如表 4-16 所示。

表 4-16　资金来源与运用表　　　　　　　　　　单位:万元

序号	项目	合计	1	2	3	…	n
1	资金来源						
1.1	销售收入						
1.2	出租收入						
1.3	自营收入						
1.4	资本金						
1.5	长期借款						
1.6	短期借款						
1.7	回收固定资产余值						
1.8	回收经营资金						
1.9	净转售收入						
2	资金运用						
2.1	开发建设投资						
2.2	经营资金						
2.3	运营费用						
2.4	修理费用						
2.5	经营税金及附加						
2.6	土地增值税						
2.7	所得税						
2.8	应付利润						
2.9	借款本金偿还						
2.10	借款利息支付						
3	盈余资金(1)—(2)						
4	累计盈余资金						

(四)资产负债表

资产负债表反映的是房地产项目在各计算期内的资产、负债和所有者权益变化与对应关系,主要用于分析某一项目的资产、负债和所有者权益结构,进而对项目的清偿能力进行分析。其表格的形式如表 4-17 所示。

表 4-17 资产负债表　　　　　　　　　　　　　　　　　　　　　单位:万元

序号	项目	合计	1	2	3	…	n
1	资产						
1.1	流动资产						
1.1.1	应收账款						
1.1.2	存货						
1.1.3	现金						
1.1.4	累计盈余资金						
1.2	在建工程						
1.3	固定资产净值						
1.4	无形及递延资产净值						
2	负债及所有者权益						
2.1	流动负债总额						
2.1.1	应付账款						
2.1.2	短期借款						
2.2	借款						
2.2.1	经营资金借款						
2.2.2	固定资产投资借款						
2.2.3	开发产品投资借款						
	负债小计						
2.3	所有者权益						
2.3.1	资本金						
2.3.2	资本公积金						
2.3.3	盈余公积金						
2.3.4	累计未分配利润						

任务 7 房地产开发项目可行性研究报告的撰写

一、房地产开发项目可行性研究报告的类型

分类标准不同,可行性研究报告的类型也不同。按可行性研究的内容划分,可分为政策可行性研究报告和建设项目可行性研究报告。按可行性研究的范围划分,可分为一般可行性研究报告和大中型项目可行性研究报告。按可行性研究的性质划分,可分为肯定性可行性研究报告和否定性可行性研究报告。肯定性可行性研究报告即肯定项目具备实施的必要性和可行性的报告;否定性可行性研究报告即否定项目具备实施的必要性和可行性的报告。

二、房地产开发项目可行性研究报告的结构

可行性研究报告是房地产开发投资项目可行性研究结果的体现。在正式撰写前,应首先对可行性研究报告的内容进行筹划。可行性研究报告一般由标题、目录、报告和附件四个部分组成。

(一) 标题

标题由项目主办单位、项目名称和文种三部分组成。例如,《天津某公司办公楼改扩建项目可行性研究报告》,标题下应署编制单位名称、编制日期,这些内容应写在可行性研究报告首页即封面上。

(二) 目录

封面后是可行性研究报告的目录部分。可行性研究报告往往内容较多,篇幅较长,目录能起到方便了解可行性研究报告内容及把握前后之间关系的作用。它主要是注明正文各部分所在位置,同时还需注明附件及其名称。

(三) 报告

报告即可行性研究的正文,是可行性研究报告的主体和核心部分,由前言、论证和结论三部分组成。正文应按照逻辑顺序从总体到细节循序渐进的撰写。但不同的被评估项目之间可能会有一些差异,因此正文的具体内容要视被评估项目的评估目的及可行性研究报告使用者所关心的问题来具体确定。

1. 前言

前言也称概述、概论或总说明。前言一般介绍立项的原因、目的、依据、范围、实施单位、承

担者及报告人的简况,研究工作的依据和范围等。

2. 论证

论证是可行性研究(分析)报告的核心,是结论和建议赖以产生的基础。要求使用系统分析的方法,以经济效益为核心,围绕影响项目的各种因素,运用大量的数据资料,全面论证拟建项目是否可行。

3. 结论和建议

对拟立项的项目完成了所有方面的分析研究之后,便可以对其提出综合性的评价或结论,指出其优缺点,提出可行或不可行的建议。

(四)附件

附件是对正文的补充,即必须附上的有关资料或证明文件,它是可行性研究报告的重要组成部分,包括:附表及附图、有些篇幅过长或类别较多的统计资料及说明文字、技术论证材料、财务测算、设备清单、批文、有关协议、意向书、地址选择报告、环境影响报告等。附表主要包括项目进度计划表、投资估算表、投资计划表、资金筹措表、销售计划表、销售收入测算表、贷款偿还估算表和敏感性分析表等。这些表格通常不便插入正文中,将其按一定的顺序编号并附于正文之后。附图主要包括项目位置示意图、规划项目用地红线图、建筑设计方案平面图等,有时还会包括一些数据分析图,这些附图可以起到辅助说明的作用。

房地产开发项目可行性研究报告附件还包括公司的营业执照、经营许可证、土地使用证、建设用地规划许可证、施工许可证、销售许可证等。

在可行性研究报告中往往在封面后、目录前写明摘要,主要是介绍被评估项目的情况、特点、项目所在地的市场状况及评估的结论等。该部分的内容应简短,并且言必达意。

小结

(1)可行性研究的根本目的,是实现项目决策的科学化、民主化,减少或避免投资决策的失误,提高项目开发建设的经济、社会和环境效益。

(2)可行性研究分为投资机会研究、初步可行性研究、详细可行性研究、项目的评估和决策四个工作阶段。

(3)对于房地产开发投资项目来说,现金流入通常包括销售收入、出租收入、利息收入和贷款本金收入等,现金流出主要包括土地费用、建造费用、还本付息、经营费用、税金等。

(4)在技术经济分析中,对资金时间价值的计算方法与银行利息的计算方法相同。实际上,银行利息也是一种资金时间价值的表现方式,利率是资金时间价值的一种标志。

(5)名义利率越大,计息周期越短,实际利率与名义利率的差异就越大。当每年计息周期数 $m=1$ 时,名义利率与实际利率相等;当每年计息周期数 $m>1$ 时,实际利率大于名义利率;当每年计息周期数 $m\to\infty$ 时,名义利率 $i_名$ 与实际利率 $i_实$ 的关系为: $i_实=e^{i_名}-1$。

(6)资金等值是指在考虑时间因素的情况下,不同时点发生的绝对值不等的资金可能具有相同的价值。也可以解释为"与某一时间点上一定金额的实际经济价值相等的另一时间点上的价值"。

（7）经济评价指标体系包括了盈利能力指标和清偿能力指标，盈利能力指标分为静态指标和动态指标。其中，静态指标包括成本利润率、投资利润率、资本金利润率、静态投资回收期、投资回报率、现金回报率等；动态指标包括财务净现值、财务净现值率、财务内部收益率、动态投资回收期。清偿能力指标包括借款偿还期、利息备付率、偿债备付率、资产负债率、流动比率、速动比率等。

（8）在通常情况下，人们往往把风险划分为对市场内所有投资项目均产生影响、投资者无法控制的系统风险和仅对市场内个别项目产生影响、投资者可以控制的个别风险。

（9）不确定性分析的基本方法包括盈亏平衡分析、敏感性分析和概率分析。

（10）根据不确定性因素是否同时发生变化，可以将敏感性分析分为单因素敏感性分析和多因素敏感性分析。

（11）开发项目的成本费用包括开发直接费用和开发间接费用两部分。开发直接费用包括土地费用、前期工程费用和房屋开发费用三个部分。开发间接费用包括管理费用、销售费用、财务费用、其他费用、不可预见费用和税费六个部分。

（12）房地产开发项目的财务评价报表分为辅助报表和基本报表两大类。辅助报表是用来为基本报表提供基础数据的，主要又可分为成本费用估算表、投资计划与资金筹措表、银行贷款还本付息表、销（出）售收入估算表、出租收入估算表、折旧摊销表和营业成本表等。基本报表主要有四种，即现金流量表、损益表、资金来源与运用表和资产负债表。其中，现金流量表包括全部投资现金流量表和资本金（自有资金）投资现金流量表两种。

（13）可行性研究报告一般由标题、目录、报告和附件四个部分组成。

（1）简述房地产开发项目可行性研究的含义、目的、作用、依据和工作阶段。

（2）若年利率为6%，按月计息，其实际利率是多少？如果一年内无限次计息，实际利率的极限是多少？

（3）存入银行30 000元，定期三年，年利率为4.25%（中国人民银行2012年7月6日公布的三年期整存整取定期存款利率），三年后本利和为多少？如果是复利计息，则三年后的本利和为多少？

（4）某人购房贷款23.5万元，贷款期限为20年，年利率为6.55%。如果采用等额偿还的方式，每年年末应偿还多少？如果每年年末偿还数额为6万元，现在能贷款多少？

（5）某房地产开发企业6年后需要投资6 000万元，年利率为6.55%，在6年中以等额的方式把款项存入银行，每年年末应存入银行多少款项？如果每年年末存入600万元，6年后款项是多少？

（6）某房地产开发企业采用出租方式把一栋建筑物出租，租期为10年，第一年末收租金12万元，以后每年租金增加1.8万元，当租期期满后，每年等额收取的租金是多少？所收租金的现值是多少？假定年利率为6.55%。

（7）某开发商所建商品房的售价为9 800元/m²，在未来的一年中房价在每月月末上调3%，假如每月可销售商品房1 000 m²（看成月末销售），月利率为5%，则在该年所得销售款的现值是多少？年金是多少？

(8) 某开发商向国外银行贷款 2 000 万元，借款期限 5 年，年利率为 6.55%，每周复利计息一次。在进行资金运用效果评价时，误将年利率认为是实际利率。该开发商少算多少利息？

(9) 已知某房地产三年之内增值了 35%，它每年的增长率是多少？如果该房地产每年比上一年增值 5%，请问需要多少年才能达到实际增值 35% 的目标？

(10) 某房地产开发项目的现金流量见表 4-18，求其财务净现值、财务内部收益率、静态投资回收期和动态投资回收期。已知折现率为 10%。

表 4-18　题 10 表　　　　　　　　　　　　　　　　　　　　　　单位：万元

年份	0	1	2	3	4	5
现金流量	-1 200	-900	700	700	700	1 400

(11) 房地产开发项目风险的种类有哪些？

(12) 某房地产开发项目设计建筑面积为 50 000 m²，建成后的售价根据市场预测可确定为 5 500 元/m²（建筑面积），固定成本为 3 000 万元，单位变动成本为 2 500 元，销售税率为 6.5%，则该开发项目的盈亏平衡点的产销量为多少，其抗风险能力为如何？

(13) 某开发商拟在××市 CBD 商圈内建一豪华公寓，总投资计划为 40 400 万元（假设在建设期第一年末投入），总销售面积为 60 400 m²，拟销售价格为 10 000 元/m²（均价）。该项目建设期为 1 年，在建设期第一年末，期房销售面积预计可达总销售面积的 25%，价格为 9.5 折。第二年末全部售出，折现率为 10%。对该项目的财务净现值进行单因素敏感性分析。令销售价格在初始值的基础上上浮 10%，求其敏感度系数 β。

(14) 房地产开发项目成本费用的构成有哪些？它们是如何估算的？

(15) 房地产开发项目的财务评价报表有哪些？

(16) 房地产开发项目可行性研究报告的类型有哪些？它的结构是怎样的？

学习情境 5

房地产开发项目融资

学习目标

1. 知识目标

(1) 掌握房地产开发项目融资的主要方式。
(2) 熟悉房地产开发项目融资的概念、特性、基本原则及其分类。
(3) 了解房地产开发贷款的风险管理。

2. 能力目标

(1) 能够正确选择房地产开发项目的融资方式。
(2) 具有初步设计和选择房地产开发项目融资方案的能力。

◆引例导入

金融危机的爆发给我国企业带来了巨大冲击,作为经济发展引擎之一的房地产行业所面临的资金压力进一步加大。除此之外,我国政府出台了一系列对房地产行业的宏观调控政策,房贷政策不断收紧,加剧了房地产企业的融资压力。可见,有效地解决融资问题已成为房地产企业稳健发展的关键,资本实力已成为房地产企业在激烈的行业竞争中立于不败之地的决定性力量。

一、A 地产公司的企业背景及发展状况

A 地产公司是我国房地产行业中的一家大型国有企业,该公司在行业中具有较强的竞争实力,长期以来一直居于行业领军位置,其经营业务具有多元化的特色,从房地产开发、建筑设计、工程施工、物业管理拓展到商业会展、酒店经营等相关行业,但该公司始终将商品住宅开发作为企业的核心业务,对经营性物业则保持适度发展的状态。公司始终将全国化战略作为指导方向,在不断加强专业化运作的过程中连续实现跨越式发展,现已完成以广州、北京、上海为中心,覆盖 21 个城市,拥有 81 家控股子公司的全国化战略布局。

A 地产公司在成长过程中始终保持着良好的经营业绩和财务状况。截至 2009 年 12 月 31 日,该公司的总资产利润率为 7.50%,净资产报酬率为 16.51%,总资产报酬率为 4.91%,销售毛利率达 36.82%,销售净利率为 15.31%,具有较强的获利能力。除此之外,每股收益增长率达 51.43%,主营业务收入增长率为 48.11%,净利润增长率达 57.19%,净资产增长率为 72.02%,总资产增长率为 67.49%,呈现出强劲的发展实力。

二、A 地产公司的主要融资方式

1. 银行贷款

长期以来,公司一直将银行贷款作为主要的融资途径,有着较高的资产负债率,基本在 70% 左右(见表 5-1)。

表 5-1 资产负债率

年度 \ 项目	资产总额/元	负债总额/元	资产负债率/(%)
2009	89 830 723 861.34	62 869 175 061.39	70.00
2008	53 632 162 746.67	37 959 020 487.15	70.78
2007	40 894 664 218.50	28 060 194 964.49	68.62
2006	16 507 888 340.95	12 489 412 327.67	75.66

注:数据来源于案例公司 2006—2009 年年度财务报表。

在 2006 年以前,公司尚未达到上市的门槛,通过银行进行贷款融资的条件相对宽松,同时企业实力也较为雄厚,因此比较容易取得银行贷款。2008 年公司开始调整借款结构,对短期借款进行大幅压缩的同时加大了长期借款的数额。2008 年年底短期借款数额仅为 7 000 万元,与上年同期相比减少了 54 810.92 万元,增减幅度为 −88.68%;而长期借款由上年同期的 903 815 万元增长到 1 404 846.19 万元,增减幅度为 55.44%。该公司的做法与当时的

金融危机有关。2008年,愈演愈烈的美国次贷危机已经转变为一场来势凶猛的金融危机席卷全球,并对我国房地产业和金融业产生重大影响。我国政府采取的是积极的财政政策和适度宽松的货币政策,鼓励银行等金融机构在控制风险的前提下,推进货币信贷的稳定增长。A地产公司充分利用有利的经济政策,对短期借款进行大规模缩减,实现了企业借款结构的优化,一定程度上缓解了短期债务偿还所带来的压力。自2008年年底开始,我国的地产业交易呈现阶段性回暖状态,因此公司为满足进一步扩大经营规模所产生的资金需求在适当程度上又增加了短期借款。

2. 股权融资

2006年公司上市首次发行股票,以13.95元/股的发行价格共募集资金20.93亿元。2007年公司成功实现增发再融资,以向老股东优先配售、余额采用网下配售和网上定价相结合的方式共募集资金68.15亿元。同时公司当年盈利状况较好,所有者权益比上年同期增长了219.39%,达到128.24亿元,使得年末资产负债率下降了7.04%,在一定程度上优化了企业的财务结构。2009年7月6日,公司以24.12元的发行价格向8家特定对象非公开发行3.32亿股,共融资78.15亿元。通过此次融资使得公司的自有资本得到了很大程度的补充,资产负债率进一步降低。截至2009年12月31日,其总股本为3 519 721 100股,有限售条件流通股为331 674 958股,占总股本的9.42%;无限售条件流通股3 188 046 142股,占总股本的90.58%。

在新一轮的融资浪潮中公司再次选择了非公开发行A股股票的融资方式。该公司于2010年3月发表的公告中明确提出了新的融资方案,即非公开发行股票不超过总股本的20%或者7亿股,募集资金不超过96亿元。此次增发定价为17.92元/股,公司称将对发行底价进行相应调整,发行对象为不超过10家的特定对象,筹得的资金主要用于13个地产项目的开发。公司的再次定向增发有利于降低长期以来居高不下的资产负债率,在减少财务风险的同时提高公司的盈利能力,使企业资本结构得到不断改善,以实现股东利益最大化。

3. 公司债券

近年来,公司的发展速度非常快,2006年、2007年持续加大在建项目的开发建设和土地储备投资,截至2007年年底股票融资取得的资金完全投入到了这两项中。不可避免的,2008年严峻的经济形势给公司也带来了资金紧张的危机感。为保证企业资金运作顺畅,2008年7月公司平价发行了每张面值为100元、票面利率7%、总额为43亿元的5年期固定利率债券。对公司来说,虽然公司债券存在着发行主体范围有限、信用评级受限、发行规模有限等诸多限制,但成本较低,可以利用财务杠杆、资金用途灵活、保障股东控制权等优势也具有较大的吸引力。这次融资不仅进一步拓宽了企业的融资渠道,更满足了业务发展的资金需求,在用于还贷和新项目开发的同时获得了重要的发展机会,而且进一步优化了负债结构,使企业保持了较强的偿债能力,在一定程度上也节约了财务费用。

4. 预收账款

预收账款是流动负债的一种,但却是一种特殊的负债,不需要实际对外支付,只需用商品或者劳务来偿还,因此是被企业广泛采用的一种融资形式。长期以来,公司也将预收账款作为融资的主要方式之一,并且在负债总额中占有很大比重(见表5-2)。

房地产开发与经营

表 5-2 预收账款占负债总额比例

项目 年度	预收账款/万元	负债总额/万元	预收账款占负债总额比例/(%)
2009 年	298.30	628.69	47.45%
2008 年	97.98	379.59	25.81%
2007 年	109.40	280.60	38.99%
2006 年	49.22	124.89	39.41%
2005 年	20.02	68.12	29.39%

表 5-2 中最引人瞩目的当属 2009 年年底,预收账款金额达 298.30 亿元人民币,占负债总额的 47.45%,成为当年最主要的负债形式。这主要是由于 2008 年经济寒冬所带来的阴影尚未退去,或者说对市场回暖趋势还未抱有确定的信心,因此诸多上市房企在 2009 年业绩迅速好转的同时收敛了较为激进的销售确认方法,使得资产负债表中出现了巨额的预收账款。

A 地产公司每年都有大量的预收账款并且增长迅速,其中以预售楼盘的收入为主,由预收账款的变化中可以看出,公司的预收账款基本呈现出持续高增长的状态。究其原因,主要是由于我国实施扩大内需政策,房地产投资迅速增加,出现了商品房销售增长迅速的状况。巨额的预收账款不仅增加了企业的现金流量,也在一定程度上缓解了公司的财务压力,并且为企业提供了大量的后续投资资金,同时也成为下一步业绩增长的保障。在 2008 年公司的预收账款出现了下滑现象,这主要是金融危机的巨大冲击导致房地产市场持续低迷,进入了短暂的寒冬期,交易量的大幅度下滑直接引起了预收账款数量的锐减。而预收账款在 2009 年出现了反弹,年底高达 298.3 亿元。

看完以上引例,请同学们讨论:
(1) A 公司在融资上有什么问题?
(2) 对于 A 公司在融资上的问题有什么好的建议?

任务 1 房地产开发项目融资概述

一、房地产开发项目融资的概念

房地产开发企业的成功与否,不仅取决于土地资源的获取、房地产项目的运作,很大程度上还取决于房地产企业融资能力和利用资金的能力。

房地产开发项目资金筹集的实质,是充分发挥房地产的财产功能,为房地产投资筹措资金,以达到尽快开发、提高投资效益的目的。房地产开发项目资金筹集主要是指资本金、预租售收入和债务资金三部分资金的筹集。

二、房地产开发项目融资的目的

1. 实现项目投资开发目标和企业发展目标

房地产开发企业投资开发新的项目,或者在项目开发的前、中期阶段,往往需要筹集大量资金,尤其是中长期资金,同时项目投资者总是希望加快项目的投资开发速度和进程,这样必须突破现有的资本存量,需要新的资本增量。这种扩张性融资使企业的资产规模有所扩大,使企业增加了市场竞争能力和收益能力。但由于负债规模增大,也就带来了更大的投资风险。

2. 偿还债务,改善盈利能力,调整资本结构

房地产开发企业的资本结构是一个动态指标,为了偿还某些债务而融资主要有以下两方面的原因:一是尽管企业有能力支付到期旧债,但为了调整原有的资本结构,仍然进行新的融资,从而使资本结构更加合理,充分发挥杠杆效益;二是房地产开发企业现有支付能力已不足以偿还到期旧债,被迫融资,这表明企业的财务状况已经恶化。因此,通过融资,调整资本结构,能够使房地产开发企业的权益资本和债务资本保持适当的比例关系,从而改善和提高企业或项目的偿债能力和盈利能力。

三、房地产开发项目资金使用的特性

1. 资金占用量大

由于房地产开发须要耗用大量的土地资源、人力资源及各种材料设备等工业产品,使房地产开发须占用大量的资金。这种大规模的资金的运用,仅仅依赖于自有资金难以实现。因此,房地产开发往往需要银行等金融机构的支持。

2. 资金占用时间长

房地产开发建设周期长,过程复杂,手续繁多,市场交易难度较高,投资回收期较长,资金占用的时间也较长。

3. 资金使用的地域性

房地产区位的固定性,加上房地产的流通和消费有较强的地域性,从而使其资金流动受区域范围的显著影响,往往局限于某一城市或某一区域内。

4. 资金缺乏流动性

房地产由于价值大,位置固定,交易手续繁杂,所以不易在短时间内变现。相对于股票、基金、债券等流动性较好的资产,房地产项目很难在短时间内处置。正是由于房地产投资具有融资规模大、投资回收期长等特点,房地产资金在投入项目建成后,相应也具备了缺乏流动性的特点。

5. 资金增值性较强

随着经济的不断发展,城市化进程的不断加快,对房地产的需求势必增加,加上土地资源的稀缺性所带来的供求矛盾将导致房地产的价格从长期的角度看是不断上升的。所以相比其他资产,如银行存款、股票、债券等,房地产投资是一种固定的,既能保值又能增值的稳健资产,它能为持有者带来可观的收益。

6. 资金的高风险、高收益性

房地产属于高风险行业。但房地产投资一旦成功运作并销售,其利润率相当高,具有明显的高风险、高收益性特点。

四、房地产开发项目融资的基本原则

房地产开发项目资金使用的特性决定了筹措房地产开发项目资金必须遵循以下基本原则,这些原则成为资金筹集的重要依据。

1. 安全性原则

企业在债务资金的筹集中,应当全面、客观地认识企业以及项目的收益和偿债能力,本着安全性的原则,保持一个适当的负债比例,使企业的负债率和还债率控制在一个合理范围之内,从而降低企业的财务风险。企业负债率,是指企业负债占全部资产的比率。企业还债率,是指企业还债数额占全部收入的比率。企业的负债率和还债率过高,会造成企业的信用危机、支付利息过多,造成企业财务困难。

2. 经济性原则

由于房地产开发资金需求量大,资金占用时间长,因此融资成本直接影响到房地产开发项目的效益水平。因此,应当本着经济性原则,尽可能降低融资成本。

3. 可靠性原则

在房地产项目开发过程中资金是陆续投入的,在不同的时点均有不同数量的资金投入。应当本着可靠性原则,在资金需要的不同时间,按时、按量保证资金到位,要求资金融资的渠道、方式、时间、数量等方面是切实可靠的。

五、房地产开发项目资金融资的分类

房地产开发项目资金融资的分类方式很多,主要有以下方式。

(一)按融资主体分类

从融资主体看,分为房地产企业融资和房地产项目融资。

1. 房地产企业融资

房地产开发企业融资,是指利用企业自身的经济实力进行融资,它与其他生产经营性企业融资一样,具有一般性特点。资金募集的方式很多,诸如股票融资、债券融资、信贷融资、信托融资等方式。外部资金拥有者决定是否进行投资或是否贷款时,主要是房地产企业作为一个整体,全盘审定其资产负债及利润情况,并结合房地产企业的项目综合考虑,但并不限定资金用于哪些具体的房地产开发项目。

2. 房地产项目融资

房地产项目融资主要是针对具体房地产开发项目的融资方式,根据项目自身的现金流,是否可以覆盖融资需要,通过选择房地产项目、测算房地产项目的现金流融资成本、设计合理的融资结构,以达到满足房地产开发商具体项目的融资需求。目前,中小房地产公司常常采用项目融资模式。

(二) 按融资渠道分类

从融资渠道看,分为直接融资和间接融资。

1. 直接融资

所谓直接融资,就是指不通过金融中介机构,而由投资者直接面向社会进行的融资。房地产公司直接融资所采用的方式主要是发行股票和债券。发行股票和债券可以有两种方式:一是委托有关证券公司办理相关发行手续,在资本市场上发行股票和(或)债券;另一种是企业在内部筹集资金。一般情况下,当企业的资金需求量较小时,多采用内部直接融资方式。

2. 间接融资

所谓间接融资,是指由金融机构直接参与的融资活动。在间接融资方式下,金融机构不仅仅是"代办者",而更主要是"参与者"。金融机构参与项目的融资活动,其目的是为了自身盈利的需要。它一般是由证券公司、信托投资公司(以上两类公司主要从事投资银行业务)、银行和保险公司等广泛地向社会各界融通资金,然后有选择地贷放给或投资于项目,满足工程项目的资金需要。

3. 直接融资与间接融资的比较

直接融资与间接融资的比较如表 5-3 所示。

表 5-3 直接融资与间接融资方式的比较

融资相关主体	直接融资	间接融资
项目融资者	手续简便,融资范围和金额直接受到项目融资者信誉影响	手续复杂,可不受融资金额大小的影响
金融中介机构	不承担任何风险,收益很小	收益很高,但风险较大
社会投资者或储蓄者	收益很高,但风险较大	收益稳定,收益和风险相对较小

(三) 按融资偿还性分类

从资金偿还特性看,分为权益融资和债务融资。

1. 权益融资

权益融资是指项目为了获取可供长期或永久使用的资金而采取的资金融通方式。这种方式所筹集的资金直接构成了项目的资本金,其性质是项目的自有资金。权益融资通常采用直接融资的方式,如投资者通过对外发行股票、直接吸引投资者参与项目的合资与合作以及企业内部的资金积累等方式筹集资金。

2. 债务融资

债务融资是指项目投资者通过信用方式取得资金,并按预先规定的利率支付报酬的一种资金融通方式。就其性质而言,债务融资是不发生所有权变化的单方面资金使用权的临时让渡,融资者必须在规定的期限内使用资金,同时要按期支付利息。从理论上讲,债务融资形式一般不受时间、地点、范围的限制,甚至不受资本的限制。只要融资者有足够的资信水平,就可以获得超过资本金数倍的资金。债务融资往往采用间接与直接融资相结合的方式,如银行贷款、发行企业债券、利用商业信用等。

3. 权益融资和债务融资的比较

权益融资和债务融资的比较见表 5-4 所示。

表 5-4　权益融资和债务融资方式的比较

融资相关主体	权益融资	债务融资
项目融资者	融资风险小,融资成本高。权益融资比例过大会影响自有资金的投资回报率,可降低负债的比例	要求项目的投资报酬率大于贷款利率,因而融资风险较大。可减少项目融资成本,控制股权,提高产权资本收益率

(四) 其他分类方式

除了上述的融资方式外,还有很多融资分类方式。例如,从融资来源国别的不同可以分为国内融资和国际融资;从融资币种不同,可以分为本币融资和外汇融资;从期限的长短可以分为长期融资、中期融资和短期融资;从融资来源是否具有政策性,可以分为政策性融资和商业性融资等。

任务 2　房地产开发项目融资的渠道

由于房地产开发资金需求量特别大,房地产开发商的自有资金一般不可能完全满足需要,通过合理的渠道落实资金就成为房地产开发商必须解决的一个重要问题。随着我国房地产市场的逐步完善,房地产金融业的逐步发展,房地产开发资金的筹集渠道也越来越多。目前,房地产开发商的资金筹集渠道主要有自有资金、预收房款以及银行贷款等方式。

◆ **案例分析**

房地产开发资金的筹集方式

房地产开发资金的筹集方式,是指围绕着项目开发与经营,房地产开发企业取得资金的具体方式。从表5-5中可以看出,1998—2003年我国房地产开发投资资金中,定金及预付款占45.72%,自筹资金占28.33%,银行贷款22.96%。3项合计占总资金的97.01%。据国家统计局统计,2004年房地产开发资金共筹措17 168.8亿元,其中第一大资金来源为"定金及预付款",达到7 395.3亿元,占房地产开发投资资金来源的43.1%;第二大资金来源是房地产开发企业自筹资金,为5 207.6亿元,占全部资金来源的30.3%;第三大资金来源是银行贷款,为3 158.4亿元,占资金来源的18.4%。3项合计占总资金的91.80%。因此,房地产开发投资资金主要来源为定金及预付款、自筹资金和银行贷款,这表明房地产开发资金主要筹集方式为资本金筹集、向金融机构贷款和商品房预售(或预租),次要筹集方式为债券融资。

表5-5　中国房地产开发投资资金来源(1998—2003年)　　　　　　　亿元

年份	1998年	1999年	2000年	2001年	2002年	2003年	1998—2003年 合计	所占比例/(%)
国家预算内资金	13.76	10.87	6.87	13.63	11.84	11.14	68.11	0.15
国内贷款	953.34	1 032.20	1 385.08	1 692.20	2 149.09	3 125.14	10 337.05	22.96
债券	7.89	10.37	3.48	0.34	2.40	0.34	24.82	0.06
利用外资	362.74	241.23	168.70	135.70	156.39	184.45	1 249.21	2.78
自筹资金	1 155.53	1 322.57	1 614.21	2 183.96	2 720.44	3 758.24	12 754.95	28.33
其他资金(定金及预付款)	1 650.69	1 891.27	2 819.29	3 670.56	4 501.47	6 048.91	20 582.19	45.72
资金来源总额	4 143.96	4 508.52	5 997.63	7 696.39	9 541.63	13 128.22	45 016.35	100.00

注:资料来源于国家统计局。

一、自有资金筹集

(一)资本金筹集

资本金作为项目投资中由投资者提供的资金,是获得债务资金的基础。为了保障和促进房地产业的持续健康发展,防止房地产开发项目盲目投资和低水平重复建设现象的出现,根据国务院《关于调整部分行业固定资产投资项目资本金比例的通知》(国发〔2004〕3号文)的相关精神,房地产开发项目(不含经济适用房项目)资本金比例由20%及以上提高到35%及以上。

这里所说的资本金是包含所有者权益在内的自有资金,包括注册资本金、资本公积、盈余公积和未分配利润四个部分。

资本金出资形态可以是现金,也可以是实物、土地使用权等,实物出资必须经过有资格的资产评估机构评估作价,并在资本金中不能超过一定比例。投资者投入的自有资金,可以全部作为资本金,也可以部分作为资本金。一般情况下,投资者投入的自有资金全部作为资本金。如果资金充裕,投资者投入的资金可以大于资本金。

(二) 股票融资

发行股票,是房地产公司有效融资的重要渠道之一。其发行主体限于房地产股份有限公司,包括已经成立的房地产股份有限公司和经批准拟成立的房地产股份有限公司。所谓的股票是指股份公司发给股东作为已投资入股的证书和索取股息的凭证。它是可作为买卖对象或抵押品的有价证券。

房地产股份有限公司可以通过增发新股,为特定的房地产开发投资项目筹措资本金。例如2007年7月,金地集团定向增发1.73亿A股,成功募集45亿元。2007年8月,万科A股增发募集资金100亿元,创下我国股市增发历史上单次募资的最高纪录。资本市场上地产股表现良好,给上市房地产公司通过资本市场融资创造了机会,据不完全统计,2007年以来上市房地产公司通过增发、配股等方式,已合计融资超过1 000亿元。

发行股票的优点主要有以下几点。

(1) 对于普通股筹资来说,没有固定的利息负担,公司可根据盈利状况、财务经营状况和公司发展的需要,灵活地分配股利。股利的支付既固定但又有一定的灵活性,对其固定股利的支付并不构成公司的法定义务。因此,股票筹资相对于债券筹资,具有更大的财务灵活性和较小的财务风险。

(2) 股本没有固定的到期日,无须偿还本金,是公司永久性资本,除非公司清算时才予以偿还。这对保证公司资金的需求,保证公司长期稳定经营具有重要意义。

(3) 股票筹资能增强公司的信用,为利用更多的债务筹资提供强有力的支持。

发行股票的缺点主要有以下几点。

(1) 筹资成本较高,一般高于债券筹资的成本。

(2) 当发售新股票,增加新股东时,一方面可能会分散公司的控制权,另一方面新股东对公司积累的盈余具有分享权,这会降低普通股的每股净收益。此外,发行新股票可能被投资者视为消极的信号,从而导致股票价格的下跌,影响公司的市场价值和发展潜力。

二、商品房预售

商品房预售就是指在商品房未建成前就将其预售出去,用获得的预售资金建设该房地产。通过预售商品房,可以获得后续开发建设所需要的资金,是开发商融资的重要途径。我国对商品房预售有严格的规定,具体如下。

(1) 已交付全部土地使用权出让金,取得土地使用权证书。

(2) 持有建设工程规划许可证和施工许可证。

(3) 按提供预售的商品房计算,投入开发建设的资金达到工程建设总投资的25%以上,并已经确定施工进度和竣工交付日期。

（4）开发商向城市、县人民政府房地产管理部门办理预售登记，取得《商品房预售许可证》。

2001年6月19日，中国人民银行发出了《关于规范住房金融业务的通知》，规定银行发放贷款时，多层建筑要求主体结构封顶、高层主体达到2/3时，才可以发放个人住房抵押贷款（即按揭），这对房地产公司的资金筹集有着较大的影响。这是因为，在项目预售阶段，购房者申请的个人住房抵押贷款是项目预售收入的重要组成部分，上述规定实质上推迟了开发商获得商品房全部预售收入的时间，在降低购房者风险的同时，也加大了开发商通过预售融资的难度。

三、债务资金筹集

（一）债券筹资

1. 企业债券

企业债券是指从事生产、贸易、运输等经济活动的企业发行的债券。在西方国家，由于只有股份公司才能发行企业债券，所以在西方国家，企业债券即公司债券。在中国，企业债券泛指各种所有制企业发行的债券。

企业债券是企业依照法定程序发行，约定在一定期限内还本付息的债券。债券票面应当载明：企业的名称、地址；债券的面额、利率；还本期限和方式；利息的支付方式；债券发行的日期和编号；企业的印记和企业法定代表人的签章；审批机关批准发行的文号和日期。

企业债券代表着发行债券企业和投资者之间的一种债权债务关系。债券持有人是企业的债权人，不是所有者，无权参与或干涉企业经营管理，但债券持有人有权按期收回本息。企业债券和股票一样，同属有价证券，可以自由转让。由于企业主要以本身的经营利润作为还本付息的保证，因此企业债券风险与企业本身的经营情况直接相关，是一种高风险的债券。所以，在企业发行债券时，一般要对发行债券企业进行严格的资格审查或要求发行企业有财产抵押，以保护投资者利益。也正是由于企业债券具有较大的风险，其利率通常也高于国债和地方政府债券。

房地产开发商一直试图通过各种形式的直接融资方式解决资金的问题，但是目前我国发行企业债券的限制条件多、审批程序严格，所以一般的房地产公司较难做到发行企业债券。目前，公司债券在我国已经启动，下面单独对其进行介绍。

2. 公司债券

公司债券我国资本市场尚属新鲜事物。2007年8月14日，中国证监会正式颁布实施《公司债券发行试点办法》（以下简称《试点办法》）。公司债券发行试点将从上市公司入手，初期，试点公司范围仅限于沪深证券交易所上市的公司及发行境外上市外资股的境内股份有限公司，这为我国的上市房地产公司提供了很好的融资渠道。

根据《试点办法》，申请发行债券的公司最近三个会计年度实现的年均可分配利润应不少于公司债券一年的利息，并且本次发行后累计公司债券余额不超过最近一期末净资产额的40%。《试点办法》还确立了若干市场化改革内容：不强制要求提供担保；募集资金用途不再与固定资产投资项目挂钩,包括可以用于偿还银行贷款、改善财务结构等股东大会核准的用途;公司债券发行价格由发行人与保荐人通过市场询价确定;允许上市公司一次核准,分次发行等。

公司债券的推出对上市房地产公司来说开辟了从资本市场筹措资金的新渠道,可以大大降低企业的融资成本。使得上市地产公司,尤其是大型地产公司的资金成本将降低。同时,企业的资产负债结构也更容易调整,从而形成更优的资产负债比率。目前,一些上市地产公司开始发行公司债券进行融资,例如,2007年9月30日,万科集团发布公告,将在中国境内发行本金额不超过59亿元的公司债券,万科也成为证监会2007年8月14日发布《公司债发行试点办法》以来第二家公告发债的房地产开发企业,而一周前金地集团刚刚获准发行公司债券。万科证券事务部有关人士认为"发行公司债程序简单,发行门槛低,降低了上市公司的融资成本和经营成本,可以很好地推动公司业绩发展"。

(二)信贷资金筹集

银行贷款是我国房地产企业主要的资金来源之一,贷款银行主要集中在商业银行和股份制银行。目前,国家开发银行也开始对具有社会保障性质的经济适用房和廉价租房进行贷款,但是贷款对象集中在政府性项目。使用信贷资金进行房地产开发时,金融机构为了防范风险,一般都会要求开发商提供抵押物,据此作为风险一旦发生时弥补损失的手段。

1. 房地产抵押贷款

房地产抵押贷款,是指借款人(抵押人)以其合法拥有的房地产,在不转移占有方式的前提下,向贷款人(抵押权人)提供债务履行担保,从而获得贷款的行为。债务人不履行债务时,债权人有权依法以抵押的房地产拍卖所得的价款优先受偿。目前,不允许针对单纯的土地购置发放贷款,土地开发贷款也很难实现,因此,房地产抵押贷款主要集中在商用房地产抵押贷款和在建工程抵押贷款上。

商用房地产抵押贷款,是指购买商用房地产的机构或个人,以所购买房地产作为抵押担保,向金融机构申请贷款,以其合法方式取得的土地使用权连同在建工程的投入资产,以不转移占有的方式抵押给贷款银行作为偿还贷款、履行担保的行为。

2. 房地产信用贷款

信用贷款是与抵押贷款平行存在的另一种贷款形式。信用贷款是借款人单凭自身信誉,无须提供物质保证而从银行取得的贷款。这种贷款方式对放款人(银行)而言风险较大,往往只对一些实力很强、信誉很好的大型房地产公司提供。目前,一些大型房地产公司特别是绩优上市公司,例如万科、保利地产等公司被银行授信就是这种融资方式。

四、房地产金融创新

随着房地产开发投资的不断扩大,房地产企业对于资金的需求也越来越多,目前国内房地产开发的资金来源主要还是以银行贷款为主,较少涉及金融产品的创新。而在西方发达国家,住房抵押贷款证券化、投资信托基金等方式早已直接或间接成为房地产开发资金的重要来源,很好地化解了金融风险。对于我国房地产开发过度依赖银行贷款的情况,急需通过住房抵押贷款证券化、房地产投资信托等金融创新工具,拓宽房地产融资渠道。

1. 住房抵押贷款证券化

1) 住房抵押贷款证券化的含义

住房抵押贷款证券化,就是把金融机构发放的住房抵押贷款转化为抵押贷款证券(主要是债券),然后通过在资本市场上出售这些证券给市场投资者,以融通资金,并使住房贷款风险分散为由众多投资者承担。

从本质上讲,发行住房抵押贷款证券是发放住房抵押贷款机构的一种债权转让行为,即贷款发放人把对住房贷款借款人的所有权利转让给证券投资者。住房抵押贷款证券是一种抵押担保证券(mortgage-backed security,MBS),借款人每月的还款现金流,是该证券的收益来源。

2) 住房抵押贷款证券化与房地产项目资金筹集之间的关系

住房抵押贷款证券化分散了金融机构发放住房抵押贷款的风险,扩大了金融机构向购房者发放住房抵押贷款的资金来源,也扩大了金融机构向房地产开发商发放抵押贷款的资金来源,间接为房地产开发项目的资金筹集提供了更为广阔的渠道。

2. 房地产投资信托

1) 房地产投资信托的概念

房地产投资信托(real estate investment trusts,REITs)应当被视为一种特殊的房地产产业投资基金,它是指信托公司与投资者(委托人)签订信托投资合同,通过发行信托受益凭证或股票等方式受托投资者的资金,用于房地产投资或房地产抵押贷款投资,委托或聘请专业机构和专业人员实施经营管理,并按照信托计划支付投资者收益的一种资金信托投资方式。

REITs主要投资于房地产存量市场,可以投资于不同的项目类型,如酒店、商业中心、写字楼、零售中心、工业物业以及抵押房地产资产等。它可以细分为权益型REITs、抵押型REITs和混合型REITs,目前市场中占主导地位的是权益型REITs。权益型REITs直接投资并拥有房地产,靠经营房地产项目来获得收入。

2) 房地产投资信托与房地产项目资金筹集之间的关系

在房地产投资信托中,投资者通过专家理财获得投资收益,同时信托机构集合大众资金对房地产项目进行投资,间接拓宽了房地产开发项目的融资渠道。

五、其他方式

在房地产开发活动中,也出现一些其他的融资方式,例如,承包商垫资或入股、内部认购行为等,这些方式在一定程度上解决了开发建设中的资金短缺问题,但是上述方式是不受法律保护的。

1. 内部认购

目前,很多开发商通过内部认购方式来筹集建设资金,通过内部认购往往可以获得部分预售收入,但是内部认购时一般没有申领到商品房预售许可证,其行为不受法律保护。

2. 承包商垫资

在建筑市场竞争比较激烈的情况下,房地产企业作为发包方,在招投标时有时会要求施工单位垫资部分或全部工程款,再按照工程进度付款,变相向建筑施工企业融资。

3. 通过联建和参建

联建和参建筹资实际上是一种合伙制融资,指合伙人按照彼此达成的协议共同出资投资于某一房地产项目。在实践中,联建一般是指各单位之间的共同投资行为。参建一般是指参与某一房地产项目的投资行为,而这一房地产项目是由一个或几个房地产企业为主开发经营的。开发商如果确实筹资困难,那么寻找一家或几家有经济实力的国际或国内公司联合开发,是一种分散和转移资金压力的较好办法。开发商可以组织合作成员发挥各自优势,并由各成员分别承担和筹集各自需要的资金。

4. 利用外资

利用外资是房地产融资的一种渠道和方式,具体形式有中外合资、合作开发、外商独资开发等。据有关部门资料显示,外商投资房地产呈逐年递增趋势,投资规模不断扩大。有条件的企业可以利用外资进行房地产投资,但所承受的政治风险较大,一旦出现意外,损失非常大。

六、房地产融资方案的选择

(一)衡量房地产开发资金筹措方案的标准

房地产开发企业在考虑运用各种筹资方式筹措资金时,应首先设计出筹措资金的多个不同方案,进而对这些方案进行计算和分析,从中选出最优方案。然后再考虑所选方案,改进该方案的资本结构,使之达最优。这个过程就是资本结构的优化与筹资决策。

1. 筹资方案的收益率大于综合资金成本率

考查筹资方案是否有利时,通常是用各种筹资方案的综合资金成本率与相应方案的投资收益率进行比较。如果投资收益率大于综合资金成本率,则表明此筹资方案是可行的。

2. 财务杠杆效应与财务风险之间达到最佳均衡

当某一筹资方案确定的资本结构中债务资本比例在某个范围内增加时,负债资金成本率并不会增大,总资本的平均资金成本率会因此下降,这时房地产开发企业可以在较小的财务风险条件下获得财务杠杆效应。但当资本结构中的债务比例超过某个范围时,财务风险迅速增大,负债资本资金成本率明显上升。这个范围,就是财务杠杆效应与财务风险之间的最佳均衡点。

3. 综合筹资成本率最低

在筹资方案中,不同的权益资本和不同的债务资本都各有其不同的筹资成本率和不同的具体筹资条件和要求。因此,筹资者对经过对上述两方面考虑后保留下来的筹资方案还要进一步优化,在诸多方案中选择一个综合筹资成本率最低的筹资方案。

(二)房地产开发资金筹措方案的决策程序

一般而言,房地产开发资金筹措方案的决策程序为:根据项目的实际情况,编制房地产开发资金使用计划表;根据投资资金使用计划表和公司的资金情况,编制若干个可能的筹资方案;计算各筹资方案的资本结构和资金成本率;选择资金成本率最低的筹资方案为待选方案;计算公司的财务杠杆效应,判断各方案资本结构的效益情况;计算各有关方案的财务比率等指标,判断各方案资本结构的风险程度;综合比较和分析,对候选方案的可行性进行判断;如果证明候选方案不可行,则可从余下的方案中选择一个,重复上述过程,直至找到一个资金成本率较低、又通过可行性研究的筹资方案,便是决策方案。

任务3 房地产开发贷款的风险管理

如前所述,房地产开发项目贷款一般数额大、期限长、风险高,同时我国房地产市场发展还尚不健全,个别开发商还存在违约风险和道德风险等,因此,银行等金融机构对项目贷款的审查比较严格。

在进行项目贷款管理时,银行一般从企业评价、项目评估、担保评价、贷款综合评价等四个方面开展贷前管理。另外开发商在贷款的使用上也存在一些不规范行为,需要加强资金运用的风险管理。本节主要从银行和开发商这两个角度介绍房地产开发贷款的风险管理。

一、银行对房地产开发贷款的风险管理

(一)贷前管理

1. 企业评价

(1)企业资信等级　银行等金融机构在向申请贷款的项目贷款前,首先要审查企业的资信等级。通常情况下,银行主要根据企业素质、资金实力、企业偿债能力、企业经营管理能力、企业获利能力、企业信誉、企业在贷款银行的资金流量和其他辅助指标,确定房地产开发企业的资信等级。企业资信等级评划分为 AAAA、AAA、BBB、BB 和 B 级。通常情况下,BBB 以上资信等级的企业才能获得银行贷款。

(2)房地产开发资质及开发经验　国家对房地产开发企业实行资质管理,房地产开发企业资质分为一、二、三、四级资质和暂定资质。一些资质等级高、具有丰富开发经验或其股东、母公司具有丰富开发经验,自有资金充裕,实力较强的开发商容易获得银行贷款的支持;另外一些背景较好,特别是具有央企背景的企业如石油、电力、石化等国有大型集团公司下属的房地产项目公司也较容易获得银行的青睐。

2. 项目评价

金融机构对项目的审查主要包括四个大的方面,即政策法律许可条件、项目基本情况、市场分析结果和财务评价指标。各方面的具体指标如表5-6所示。

表5-6 房地产开发项目贷款评价的指标体系

序号	指标名称	内容及计算公式
一	政策法律许可条件	
1	符合城市总体发展布局	符合城市规划总体发展方向,有效满足当地房地产市场的需求
2	执行国家有关房地产政策情况	例如,"国六条"、"十五条意见"等房地产政策
3	债权债务关系	债权债务关系清晰,无法律纠纷
二	项目基本情况指标	
1	四证落实情况	四证指国有土地使用权证、建设用地规划许可证、建设工程规划许可证和建设工程施工许可证
2	自有资金占总投资比例	自有资金(所有者权益)占总投资的比例达到35%以上
3	资金落实情况	自有资金和其他资金落实情况
4	地理与交通位置	项目所处位置的区域条件和交通条件
5	基础设施落实情况	指项目的上下水、电力、煤气、热力、通信、交通等配套条件的落实情况
6	项目品质	指项目自身的产品品质,包括规划和设计风格、容积率、小区环境、户型设计等是否合理,新材料、新技术、新设计、新理念的应用以及这些应用所带来的效益和风险
三	市场分析指标	
1	市场定位	项目是否有明确的市场定位,是否面向明确的细分市场及这种定位的合理性
2	供求形势分析	项目所在细分市场的供应与有效需求量之间的关系、市场吸纳率、市场交易的活跃程度等
3	竞争形势分析	项目所在地区人口聚集度、项目所处细分市场的饱和程度、项目与竞争楼盘的优势和比较次序等
4	市场营销能力	项目的营销推广计划是否合理有效、销售策划人员能力、是否有中介顾问公司的配合等
5	认购或预售/预租能力	项目是否已有认购或已经开始预售、预租及认购或预售/预租的比例如何
四	财务评价指标	
1	内部收益率	使项目在计算期内各年净现金流量现值累计之和等于零时的折现率
2	销售利润率	利润总额/销售收入
3	贷款偿还期	项目用规定的还款资金(利润及其他还款来源)偿还贷款本息所需要的时间
4	敏感性分析	分析和预测主要指标(如收益率、净现值、贷款偿还期等)对由于通货膨胀、市场竞争等客观原因所引起的成本、利润率等因素变化而发生变动的敏感程度

在项目的审查中,银行也关注开发项目是否符合城市规划的总体发展方向以及执行国家有关房地产政策的情况。例如,《关于调整住房供应结构稳定住房价格意见的通知》("国六条")颁布之后,对住宅项目的信贷要积极核实 90 m^2 以下中小套型住房比重是否达到开发建设总面积的 70% 以上;严格控制对别墅类房地产开发项目的信贷支持等。银行还关注项目自身的债权债务关系,不支持债权债务关系不清、有法律纠纷的项目。

3. 担保方式

为提高贷款偿还的可能性,降低银行资金损失的风险,银行在发放贷款时要求借款人或第三方对贷款本息的偿还提供担保,并对担保的落实程度作出评价。房地产贷款担保通常有保证、抵押和质押三种形式,其中最常见的是抵押方式。

(1) 保证 即由贷款银行、借款人与第三方签订一个保证协议,当借款人违约或无力归还贷款时,由第三方保证人按照约定履行债务或承担相应的责任。

(2) 抵押 是指借款人或第三人不转移财产占有权的情况下,将财产作为贷款的担保。当借款人不履行合同时,银行有权以该财产折价或以拍卖、变卖该财产的价款优先受偿。在房地产贷款中以土地房屋等设定贷款抵押,是最常见的担保形式。

(3) 质押 贷款质押是指借款人或第三人以其动产或权利(包括商标权、专利权等)移交银行占有,将该动产或权利作为债权的担保。当借款人不履行债务时,银行有权将该动产或权力折价出售收回贷款,或者以拍卖、变卖该动产或权利的价款优先受偿。

4. 贷款综合评价

银行等金融机构考察并落实开发企业的资信状况、开发资质与开发经验、项目的政策法律条件、项目基本面貌以及担保方式后,还要综合企业信用等级、项目风险等级、贷款担保方式、贷款期限等因素,对项目贷款进行综合评价。贷款综合评价的主要工作是计算贷款综合风险度。

(二) 贷后管理

贷后管理的主要工作是对该笔贷款进行资金监管。项目贷款中,银行一般根据项目的工程进度,分期发放贷款,并对该笔贷款的资金使用情况进行监控,以防止开发商将贷款挪用于其他项目开发或作其他用途;同时银行也对房地产开发企业的销售回款进行监控,确保贷款的及时偿还,一般是要求开发商在贷款银行设立专户,以方便资金监管。

二、房地产开发商对项目贷款的风险管理

开发商在获得金融机构贷款后,一方面应认真安排资金的使用计划,加强工程建设阶段的成本管理,降低开发项目成本,减少财务风险的发生,从而合理利用金融机构贷款,充分发挥贷款资金效益;另一方面,开发商获得的金融机构贷款,是根据开发项目估算的资金需求量和开发计划筹集的,只能用于指定的所贷款项目,不能挪用于其他项目或做其他用途,开发商在项目开发过程中,要加强贷款资金运用的严格监控和管理,保证开发项目的顺利实施。

 小结

(1) 房地产开发项目资金使用的特性：资金占用量大、资金占用时间长、资金使用的地域性、资金缺乏流动性、资金增值性较强、资金的高风险高收益性。

(2) 房地产开发项目融资的基本原则：安全性原则、经济性原则、可靠性原则。

(3) 房地产开发项目资金融资的分类：从融资主体看，分为房地产企业融资和房地产项目融资；从融资渠道上看，分为直接融资和间接融资；从资金偿还特性上看，分为权益融资和债务融资；其他分类方式。

(4) 房地产开发商的资金筹集渠道主要有自有资金、预收房款以及银行贷款等方式。

(5) 房地产开发贷款的风险管理：银行风险管理和开发商风险管理。其中，银行对房地产开发贷款的风险管理包括贷前管理和贷后管理；开发商对房地产开发贷款的风险管理包括认真安排资金的使用计划和强贷款资金运用的严格监控和管理。

(1) 房地产开发项目资金筹集的实质是什么？
(2) 房地产开发项目资金流动性的特性有哪些？
(3) 房地产开发项目直接筹资和间接筹资方式的主要区别是什么？
(4) 房地产开发项目权益筹资和债务筹资方式的区别是什么？
(5) 房地产开发项目自有资金筹集的主要渠道有哪些？
(6) 试述房地产开发债务资金的主要来源？
(7) 何谓房地产抵押贷款？主要有哪些类型？
(8) 房地产开发项目信贷资金的来源渠道有哪些？
(9) 房地产抵押贷款证券化的含义是什么？
(10) 房地产投资信托的含义是什么？有哪些种类和投资领域？
(11) 银行对房地产开发项目贷款的风险管理体现在哪些方面？
(12) 银行在对贷款进行项目评价时的指标体系中考虑哪些主要因素？
(13) 房地产开发项目贷款的担保方式有哪几种？各种方式的含义是什么？
(14) 房地产开发商对项目贷款是如何进行风险管理的？

学习情境 6 房地产开发用地的取得

学习目标

1. **知识目标**

   (1) 了解土地使用权出让的含义、特征、出让方式与程序。
   (2) 掌握土地使用权划拨的含义、特征、形式。
   (3) 掌握土地使用权转让的含义、条件、方式。
   (4) 掌握土地征用的含义、基本程序、费用。
   (5) 熟悉拆迁的基本程序及房屋拆迁补偿。
   (6) 了解城市土地收购储备制度的现状及存在的问题。

2. **能力目标**

   (1) 掌握招拍挂出让的基本程序。
   (2) 掌握土地征收(用)的拆迁安置补偿的有关内容。

房地产开发与经营

◆ 引例导入

杭州市国有土地公开出让公告:编号为2008G125的地块,坐落于西湖区学院路和文三路交汇处,总面积6 800 m^2,实际出让面积5 978 m^2,用地性质为商业、住宅。其容积率不大于40%,建筑高度不大于80 m。

看完以上引例,请同学们讨论:
(1) 房地产开发商应使用什么方式取得此地块?
(2) 最高举牌价格是多少?

任务 1　房地产开发用地取得的方式

没有土地,任何开发计划或开发项目的实施都只能是空谈。当完成市场分析和其他前期研究工作并进行了项目评估之后,就要进入实施过程,而实施过程的第一步就是获取土地使用权。根据开发项目的特点,开发商主要通过有偿出让方式获取土地使用权的,也可通过政府行政划拨方式,获得公益性或部分公益性项目的土地使用权。

一、土地所有权和土地使用权

(一) 土地所有权

土地所有权是指土地所有者依法占有、使用、处分土地,从土地上取得收益的物权。我国宪法规定了土地作为一种最重要的国民经济的生产资料,只能属国家和集体所有。《中华人民共和国土地管理法》第一章第二条也明确规定:"中华人民共和国实行土地的社会主义公有制,即全民所有制和劳动群众集体所有制。""任何单位和个人不得侵占、买卖或者以其他形式非法转让土地。"

土地所有权是一个概括的权利。其具体内容可分为占有权、使用权、收益权和处分权。占有权是指权利主体对其土地的实际控制。占有权既可以由所有权人行使,也可以通过某种形式转移给非所有人使用。例如,国家可将土地的使用权出让给非所有人行使占有权。使用权是指可对土地进行利用。例如,农民利用土地进行耕种,房地产商利用土地建筑物业等。收益权是指因持有土地的权利而取得的经济收入的权利。例如,国家将土地使用权出让收取出让金,或集体组织将土地使用权发包给别人收取承包费等。处分权是土地所有者依法对土地进行处分的权利。所有权的某些权利可以与所有人分离,但是所有人的所有权并不消失,所有人仍享有最终的处分权。

根据我国法律规定,我国土地所有权分为国有土地所有权和集体土地所有权两类。国有土地所有权是指国家对属于全民所有的土地享有占有、使用、收益和处分的权利。国有土地所有权由政府代表国家来行使,即由国家授权县级以上政府的土地管理部门作为国有土地所有人代表,代为国家行使所有权。集体土地所有权是指农村集体经济组织对属于集体组织所有的土地享有占有、使用、收益和处分的权利。集体土地主要是指农村和城市郊区的土地和农村宅基地、自留地和自留山等。

(二) 土地使用权

土地使用权是指土地使用者依法对其所使用的土地进行利用并获得利益的权利。《土地管理法》第九条规定:"国有土地和农民集体所有土地可以依法确定给单位或者个人使用。"土地使用权可以作为商品进入市场,可以依法转让,使得需要利用土地的人可以通过受让土地使用权,而进行土地开发和经营。土地使用权的确立,依照我国有关法律规定,主要有如下几种方式。

1. 以行政划拨方式

根据《土地管理法》第五章相关规定,国家建设用地单位可以持政府按照国家基本建设程序批准的设计任务书和有关文件,向县级以上人民政府申请划拨土地,经主管部门审查批准后划拨,用地单位取得土地使用权。这种划拨分为有偿和无偿两种。当国家为土地使用者征收集体所有土地或征用其他单位使用的国有土地时,土地使用者须缴纳土地补偿费、安置补助费、地上附着物及青苗补偿费。国家建设用地单位使用国有荒山、荒地时,土地使用者则可得到无偿划拨。

这种行政划拨方式的特征是:土地使用权的划拨是一种行政划拨手段,使用者仅取得使用权,而无处分权,划拨土地使用权无使用期限的限制,土地使用者只需付较少费用或无偿获得,这种划拨的目的是为了社会的公益事业,具有公益性。

2. 经国家批准使用,并用合同方式确立

这种方式是土地使用者在国家主管部门批准的基础上与国家签订土地使用合同,从而取得土地使用权。其特征是:土地使用者只能是中外合资的经营企业、中外合作的经营企业和外资企业;使用者须支付土地使用费,使用期限有限制,并且土地使用权不能转让。

3. 以土地使用权出让合同方式

这种方式是土地使用者与国家签订出让合同,并向国家支付出让金,从而取得一定年限内的土地使用权。其特征是:土地使用者须支付土地使用权出让金,土地使用权有期限限制,在使用期限内,土地使用权可以转让、交换、出租和抵押。

4. 以批准外商和港、澳、台商成片土地开发的方式

这种方式是指外商投资公司与中国政府签订土地出让合同,取得成片土地的使用权。其特征是:土地使用者是外商投资企业,外资企业和个人不能以自己的名义取得成片土地使用权;被出让使用权的土地是成片的,使用者须支付土地出让金,使用权有使用期限限制,土地须先经投资开发,方可分割转让土地使用权。

5. 以批准农业开发用地的方式

这种方式主要适用于农村集体经济组织。根据《土地管理法》相关规定,开发国有荒山、荒地、滩涂用于农、林、牧、渔业生产的,由县级以上人民政府批准,可以批准给开发单位使用。这种方式的特征是:取得开发用地不需要向国家缴付土地使用费,土地使用权没有限期规定,土地使用权不可以转让。

6. 以承认的方式

在《土地管理法》颁布之前,公民、外国组织和个人拥有合法产权的房屋占有的土地,国家承认物业主人对其房屋基地的使用权。其特征是:使用者不需要缴纳土地使用费,但需要缴纳土地使用税;使用期限不受限制,土地使用权不能单独转让,但可随房屋转让。

7. 以集体土地所有人同意,经政府批准的方式

这种方式主要适用于农、林、居民建住宅用地、乡(镇)村企业建设用地及回原籍落户的职工、退伍军人和离、退休干部,回家乡定居的华侨,港、澳、台同胞,使用集体所有的土地建住宅。用地者向乡(镇)或县级政府提出申请,经乡(镇)或县级政府批准可取得土地使用权。其特征是:不需要缴纳土地使用费,土地使用无期限,土地使用权不能单独转让,但可以随房屋在土地使用者的集体内转让。

8. 以签订承包经营合同方式

这种方式是指农民以签订承包经营合同的方式向集体经济组织取得土地使用权。其特征是:只有集体所在的土地才能实行承包经营,承包人须支付承包费用;土地使用有年限限制,承包经营权可依法转让。

(三)房地产开发用地的规定

依据我国法律的规定,房地产开发用地必须定位于城市规划区内的有偿有限期使用的国有土地。这就规定了房地产开发用地的几个含义。

1. 只有国家所有的土地才可以用于开发房地产

集体所有的土地不可直接用于开发房地产,只有依法由国家征收转为国有土地后,才可以用于房地产开发。在我国房地产业兴起初期,存在不少利用城市郊区农地或住宅用地开发房地产,然后以商品房的形式出售的情况,结果购房者购房后产权得不到国家承认。这种违法的房地产开发造成了不少经济纠纷。

2. 对于房地产开发用地,国家实行有偿、有限期使用的制度

房地产开发商必须与国家土地主管部门签订土地使用权出让合同,并支付土地使用权出让金,出让金的数额可根据土地评估,由出让双方议定或由招标、拍卖、挂牌出让确定。关于土地使用年限,1990年5月19日国务院颁布的有关《城镇国有土地使用权出让和转让暂行条例》中规定土地最高使用年限为:居民用地70年,工业用地50年,教育、卫生、科技文化、体育用地50

年,商业、旅游、娱乐用地 40 年,综合或其他用地 50 年。我国于 2007 年 10 月 1 日起施行的《中华人民共和国物权法》中规定:"住宅建设用地使用权期间届满的,自动续期。"但是,法律并没有对续期的土地使用费支付标准和办法做出明确规定。

3. 房地产开发用地,必须是城市规划区的土地

这里所指的城市是按国家行政建制设立的市、镇。城市规划区是指城市市区、近郊区和因城市建设和发展需要进行规划控制的区域。未纳入城市规划的土地,不得用于房地产的开发。

二、土地收购储备与土地一级开发

(一) 土地收购储备

土地收购储备,是指城市政府通过设立的专责机构,统一负责行政区域内土地整理、征用、收购、收回、置换、储备、一级开发以及土地交易等活动的一种工作制度。该制度的建立,旨在规范土地供应市场,提高政府调控土地市场和房地产市场的有效性,确保政府在土地开发利用过程中的所有者权益。

纳入政府土地收购储备范围的土地,在进行土地使用权出让前,需要按照土地一级开发的模式,对地块进行土地开发工作。当前纳入政府土地收购储备范围的土地类型主要包括:新增建设用地中用于经营性开发的土地;已列入危旧房改造计划的土地;因单位搬迁、解散、撤销、破产、兼并或其他原因调整出的原划拨国有土地,包括原有城市基础设施改造中调整出来的划拨用地;依法收回的闲置土地;政府依法收购和整理的国有土地;土地使用权期限已满、政府依法收回的土地;以出让方式取得土地使用权后无力继续履行出让合同、又不具备转让条件的土地;土地使用者要求政府收回的土地;市区范围内无合法使用权的国有土地;其他依据法律、法规可以收回的国有土地。

(二) 土地一级开发

土地一级开发,是指按照土地利用总体规划、城市总体规划及控制性详细规划和年度土地供应计划,对确定的存量国有土地、拟征用和农转用土地,统一组织征地、农转用、拆迁和市政道路等基础设施建设的行为。土地一级开发项目的操作模式,有纯政府模式、政府与企业合作模式和受政府授权委托的企业模式三种。

进行土地一级开发常用的操作程序是:制定城市近期、中期和长期的社会经济发展计划;对城市区域范围内的土地利用状况进行详细调查,掌握可开发土地资源现状的数量、质量和分布,制定开发区域发展的控制性规划和详细规划;按确定的优先顺序选择启动开发地块或区域;编制土地一级开发项目可行性研究报告并获有关部门批准;由土地管理部门协助办理土地出让(或划拨)手续;制定拆迁安置补偿方案,并获得政府主管部门批准;进行现场土地开发工作,达到相应的建设条件;核算土地开发成本、评估土地价格,按土地出让计划,通过政府土地交易市场,以招标、拍卖、挂牌或协议方式出让土地使用权。

土地收购储备制度的建立和土地一级开发模式的普遍实施,推动了公开、公平和透明的土地供应市场建设,改变了传统的开发商获取土地使用权的程序,对房地产开发商或投资者获取土地使用权的价格也产生了重大影响。此外,由于政府土地收购储备中心所实施的土地一级开发工作,通常将土地开发工程发包给私营开发商,因此也为房地产开发商参与土地开发创造了市场机会。

三、房地产开发项目获取土地使用权的途径

(一) 土地使用权出让

土地使用权出让又称"批租",属于房地产一级市场,是指国家将国有土地使用权在一定年限内让与土地使用者使用,由土地使用者向国家支付土地使用权出让金的行为。

土地使用权出让的主要有招标、拍卖、挂牌、协议等出让方式。2007年11月1日开始实行的《招标拍卖挂牌出让国有建设用地使用权规定》中规定:工业、商业、旅游、娱乐和商品住宅等经营性用地以及同一宗地有两个以上意向用地者的,应当以招标、拍卖或者挂牌方式出让。前面所述的工业用地包括仓储用地,但不包括采矿用地。

1. 招标出让

招标出让国有建设用地使用权,是指市、县人民政府国土资源行政主管部门发布招标公告,邀请特定或者不特定的自然人、法人和其他组织参加国有建设用地使用权投标,根据投标结果确定国有建设用地使用权人的行为。

2. 拍卖出让

拍卖出让国有建设用地使用权,是指市、县人民政府国土资源行政主管部门发布拍卖公告,由竞买人在指定时间、地点进行公开竞价,根据出价结果确定国有建设用地使用权人的行为。

3. 挂牌出让

挂牌出让国有建设用地使用权,是指市、县人民政府国土资源行政主管部门发布挂牌公告,按公告规定的期限将拟出让宗地的交易条件在指定的土地交易场所挂牌公布,接受竞买人的报价申请并更新挂牌价格,根据挂牌期限截止时的出价结果确定国有建设用地使用权人的行为。

4. 协议出让

协议出让国有土地使用权,是指国家以协议方式将国有土地使用权在一定年限内出让给土地使用者,由土地使用者向国家支付土地使用权出让金的行为。该方式仅当依照法律、法规和规章的规定不适合采用招标、拍卖或者挂牌方式出让时,方可采用。即"在公布的地段上,同一地块只有一个意向用地者的,方可采取协议方式出让",但工业(不包括采矿用地)、商业、旅游、娱乐和商品住宅等经营性用地除外。

(二) 土地使用权划拨

土地使用权划拨是指县级以上人民政府依法批准,在土地使用者缴纳补偿、安置费等费用

之后将该幅土地交付其使用,或者将土地的使用权无偿交付土地使用者使用的行为。取得划拨土地使用权实际上分为两种情况:一种是土地使用者先缴纳对原土地所有人或使用人的补偿、安置等费用后,国家将土地交付其使用;另一种情况是国家将国有土地使用权无偿交付给土地使用人。

根据《土地管理法》中的规定,划拨土地的范围包括:国家机关和军事用地,城市基础设施和公益事业用地,国家重点扶持的能源、交通、水利等项目用地,法律行政法规规定的其他用地。经济适用房和廉租房项目用地,目前也通过行政划拨方式供地。以行政划拨方式供应土地时,除使用协议方式外,也逐步开始采用公开招标等竞争性方式。

(三) 土地使用权转让

土地使用权转让是获得国有土地使用权的受让人,在投资开发经营的基础上将出让土地的再转移,土地使用权的转让是土地使用者之间的横向土地经营行为。目前,国有土地使用权转让主要有出售、交换和赠予三种方式。在实际经济生活中,土地使用权还存在其他转让方式,如土地入股、联建联营、企业兼并等经营性土地使用权转移方式,以及土地使用权用地单位合并或分离等非经营性土地使用权转移方式。

以出让方式取得的土地使用权转让,必须按照合同的约定已经全部支付土地使用权出让金,并取得土地使用权证书,按照合同约定进行投资开发。属于房屋建设的,完成投资总额的25%(不包括土地出让金)。属于成片开发的,形成工业用地或者其他建设用地条件。

以划拨方式取得的土地使用权转让,需向政府报批。在获得准予转让的基础上,土地的受让方办理土地使用权出让手续,并缴纳土地出让金或者转让方将土地收益上缴国家。这种方式多见于因企业改制或兼并收购行为而导致的土地使用权变更的情况。

(四) 土地合作

随着土地出让方式制度的改革,由于资金实力等原因,现在很多中小开发商在一级市场中"拿地"的成功性在逐年下降,从而转向其他的土地获取方式。其中,与拥有土地使用权的机构进行合作开发,可以省去一大笔土地费用,降低投资风险,这是一种目前常见的土地取得方式。土地合作的方式很多,可以土地作价入股成立项目公司,也可以进行公司之间的并购或资产重组。

(五) 原有划拨土地上存量房地产土地使用权

对于原有划拨土地上的存量房地产,如因企业改制或兼并收购等行为导致产权变更时,需办理土地使用权出让手续。在不改变土地利用条件的情况下,该类土地使用权可采用协议方式获得,即由土地管理部门代表政府与土地使用者以土地的公告市场价格为基准,经过协商确定土地价格,采用国有土地使用权出让、租赁、作价入股或授权经营等方式,对原划拨国有土地资产进行处置,土地使用者获得相应条件下的土地使用权。

❖ 案例分析

济南市国有土地使用权证的取得程序

开发商在项目立项通过后,须取得建设用地规划许可证,方可办理取得土地使用权的手续。在现阶段,根据《城市房地产管理法》中的有关规定,房地产开发用地的取得方式有三种:一是通过国家出让方式获得;二是通过转让方式获得;三是通过与当前的土地的使用者合作等方式获得。通过出让方式取得使用权的法律凭证是国有土地使用权证;通过划拨取得土地使用权的临时证件是建设用地批准书。各地土地使用权证取得具体流程各有不同,以下以济南市为例做进一步介绍。

一、济南市国有土地使用权划拨手续的办理

（1）承办部门:济南市国土资源局。

（2）申报资料:用地申请;发改委批复的当年投资计划;建设用地规划许可证;建设用地规划意见;用地范围图;土地权属证明;工程项目总平面图。

（3）申办程序:审核有关申报资料(2个工作日);现场勘测定界(10个工作日);制订一书三方案(建设用地项目呈报说明书、农用地转用方案、补充耕地方案、征用土地方案)(15个工作日);缴纳征地管理费、复垦费、新增建设用地使用费(2个工作日);依照规定办理土地登记,领取土地使用证书。

（4）收费标准:征地管理费、复垦费、新增建设用地使用费。

二、济南市国有土地使用权出让手续的办理

国土资源部第11号部令规定:凡各类经营性用地(含房地产开发建设),均必须以招标、拍卖或者挂牌方式出让。承办部门均为济南市土地收购储备中心。现分述如下。

国有土地使用权招标、拍卖或者挂牌出让活动,是有计划地进行的。济南市国土资源局根据社会经济发展计划、产业政策、土地利用总体规划、土地利用年度计划、城市规划和土地市场状况,编制国有土地使用权出让计划,报经济南市政府批准后,向社会公开发布。

济南市土地收购储备中心根据招标拍卖挂牌出让地块的情况,编制招标拍卖挂牌出让文件。招标拍卖挂牌出让文件应当包括招标拍卖挂牌出让公告、投标或者竞买须知、宗地图、土地使用条件、标书或者竞买申请书、报价单、成交确认书、国有土地使用权出让合同文本。济南市土地收购储备中心在投标、拍卖或者挂牌开始日前20日发布招标、拍卖或者挂牌公告,公布招标拍卖挂牌出让宗地的基本情况和招标拍卖挂牌的时间、地点。济南市土地收购储备中心对投标申请人、竞买申请人进行资格审查。对符合招标拍卖挂牌公告规定条件的,应当通知其参加招标拍卖挂牌活动。

（1）投标、开标依照下列程序进行。

① 投标人在投标截止时间前将标书投入标箱。招标公告允许邮寄标书的,投标人可以邮寄,但出让人在投标截止时间前收到的方为有效;标书投入标箱后,不可撤回。投标人应对标书和有关书面承诺承担责任。

② 由投标人或者其推选的代表检查标箱的密封情况,当众开启标箱,宣布投标人名称、投标价格和投标文件的主要内容。

③ 评标小组进行评标。评标小组由出让人代表、有关专家组成,成员人数为五人以上的单数。

④ 招标人根据评标结果,确定中标人。

（2）拍卖会依照下列程序进行。

① 主持人点算竞买人。

② 主持人介绍拍卖宗地的位置、面积、用途、使用年期、规划要求和其他有关事项。

③ 主持人宣布起叫价和增价规则及增价幅度,没有底价的,应当明确提示。

④ 主持人报出起叫价。
⑤ 竞买人举牌应价或者报价。
⑥ 主持人确认该应价后继续竞价。
⑦ 主持人连续三次宣布同一应价而没有再应价的，主持人落槌表示拍卖成交。
⑧ 主持人宣布最高应价者为竞得人。

竞买人不足三人，或者竞买人的最高应价未达到底价时，主持人应当终止拍卖。

(3) 挂牌依照以下程序进行。

① 在挂牌公告规定的挂牌起始日，出让人将挂牌宗地的位置、面积、用途、使用年期、规划要求、起始价、增价规则及增价幅度等，在挂牌公告规定的土地交易场所挂牌公布。
② 符合条件的竞买人填写报价单报价。
③ 出让人确认该报价后，更新显示挂牌价格。
④ 出让人继续接受新的报价。
⑤ 出让人在挂牌公告规定的挂牌截止时间确定竞得人。

挂牌时间不少于 10 个工作日。挂牌期间可根据竞买人竞价情况调整增价幅度。

(4) 签订成交确认书。

以招标、拍卖或者挂牌方式确定中标人、竞得人后，出让人应当与中标人、竞得人签订成交确认书。成交确认书应当包括出让人和中标人、竞得人的名称、地址，出让标的，成交时间、地点、价款，以及签订《国有土地使用权出让合同》的时间、地点等内容。成交确认书对出让人和中标人、竞得人具有合同效力。签订成交确认书后，出让人改变竞得结果，或者中标人、竞得人放弃中标宗地、竞得宗地的，应当依法承担责任。

中标人、竞得人应当按照成交确认书约定的时间，与出让人签订《国有土地使用权出让合同》。中标人、竞得人支付的投标、竞买保证金，抵作国有土地使用权出让金，其他投标人、竞买人支付的投标、竞买保证金，出让人必须在招标拍卖挂牌活动结束后 5 个工作日内予以退还，不计利息。

招标拍卖挂牌活动结束后，出让人应在 10 个工作日内将招标拍卖挂牌出让结果予以公布。出让人公布出让结果，不得向受让人收取费用。受让人依照《国有土地使用权出让合同》的约定付清全部国有土地使用权出让金后，应当依法申请办理土地登记，领取国有土地使用权证书。

(5) 收费标准。济南市城区国有土地基准地价及政府出让土地纯收益标准。

任务 2　国有土地使用权划拨

一、土地使用权划拨的含义

土地使用权划拨是指经县级以上人民政府依法批准，在土地使用者缴纳补偿、安置等费用后，将该土地交付其使用，或者将其土地使用权无偿交付给土地使用者使用的行为。

二、土地使用权划拨的特征

（1）没有明确的期限。
（2）无须支付土地使用权出让金。
（3）不能随意转让、出租和抵押。

三、土地使用权划拨的形式

土地使用权划拨主要有两种形式。第一种是经县级以上人民政府依法批准,在土地使用者缴纳补偿、安置等费用后,将该幅土地支付其使用的形式。第二种是经县级以上人民政府依法批准,将国有土地使用权无偿支付给土地使用者使用的形式。无论是哪一种,都无须支付土地使用权出让金。

土地使用者依法取得划拨土地使用权之后,便在法律规定的范围内对划拨的土地享有占有、使用和收益的权利。但同时也必须遵守国家法律法规的有关规定:土地使用权人不得擅自改变土地用途;如果遇到社会公众利益的需要,土地使用权人有义务服从人民政府收回土地使用权的决定。土地使用权的划拨一般适用于国家机关、军事用地、城市基础设施和公益事业用地,以及国家重点扶持的能源、交通、水利等项目用地。

四、土地使用权划拨的审批权限

根据土地地块的大小,征用土地的审批权由各级人民政府掌握,具体标准如下。

（1）基本农田以外的耕地超过35公顷（1公顷＝1 000 m^2）的,其他土地超过70公顷的,由国务院批准。
（2）征用省、自治区行政区域内的土地,由省、自治区人民政府批准。
（3）征用耕地3亩（1亩＝100 m^2）以下,其他土地10亩以下,由县级人民政府批准。

任务 3 国有土地使用权出让

一、土地使用权出让的含义

土地使用权出让是指国家以土地所有者的身份将土地使用权在一定年限内让与土地使用

者,并由土地使用者向国家支付土地使用权出让金的行为。土地使用权的出让,应该本着平等、自愿、有偿的原则,由当地政府土地管理部门与土地使用者签订合同。

二、土地使用权出让的特征

(1) 土地所有权与使用权分离。房地产开发用地仅指取得开发用地的使用权,而不是指取得开发用地的所有权,即土地使用权出让是以土地所有权与使用权的分离为基础的。

(2) 土地使用权出让是有偿的。获得土地使用权的受让者需要支付一定的出让金,这是土地使用权的出让与划拨的显著不同之处。

(3) 土地使用权的出让是有期限的。《中华人民共和国城镇国有土地使用权出让和转让暂行条例》第十二条规定了各类土地的最高出让年限:"居住用地为70年,工业用地为50年,教育、科技、文化、卫生、体育用地为50年,商业、旅游、娱乐用地为40年,综合或者其他用地为50年。"

三、土地使用权出让的方式与程序

国有土地使用权出让,是城市土地初级市场运行的重要环节。土地使用权出让是对行政划拨土地使用权的否定,是与市场经济要求相适应的市场配置土地资源的新方式,也是实现国有土地所有权的有效经济形式。在土地使用权有偿出让的法律关系中,土地使用权出让采取的方式将影响出让的过程,并会影响土地使用权出让方和受让方的利益。按照我国有关土地法规的规定,土地使用权出让可采取协议、招标、拍卖和挂牌等方式。

(一) 协议出让

国有土地使用权的协议出让方式,是指政府的土地管理部门与新选定的土地使用权受让人协商用地的条件和土地使用权出让金等有关事宜,达成协议后签订出让合同的出让方式。协议方式的特点是公开性和透明度低,整个协议过程由出让方和受让方进行一对一的谈判和协商,因而主观随意性较大,缺少公开竞争。它一般适用于工业高新技术项目用地、公益事业用地或需要重点扶持优先发展的产业用地。在我国土地使用制度改革和城市土地初级市场发育的初期,协议方式被普遍采用,随着土地商品化程度的提高,协议方式的比重将逐步降低,更多地采取招标、拍卖和挂牌方式。以协议方式取得土地使用权的程序如下。

(1) 由有意向的受让人向土地管理部门提交用地意向书,提出用地申请。土地管理部门如接受该申请,向申请者提供出让使用权地块的必要资料。

(2) 土地管理部门与有意受让方在约定的时间内就出让地块的用途、使用年限、地价及付款方式等事宜进行协商,达成一致意见。

(3) 经协商达成协议后,经领导批准,签订土地使用权出让合同,明确出让方与受让方的权利与义务。

(4) 受让者在交付地价款后,办理土地使用登记手续,领取土地使用证。

房地产开发与经营

（二）招标出让

国有土地使用权的招标出让是指出让方（招标人）根据出让使用权地块开发利用的条件和要求，发布招标公告或者发出投标邀请书，由符合条件的用地需求者在指定的期限内，以书面投标方式竞投某块土地的使用权，招标人按照规定程序从中择优确定中标人的出让方式。招标方式具有程序规范、透明度高、公开竞争等特点。招标、投标的全过程自始至终按照事先规定的程序和条件，本着公平竞争的原则进行，并完全置于公开的社会监督之下，可以防止不正当的交易行为，因而成为国际上一种比较广泛采用的交易方式，特别是政府分配公共资源的主要方式之一。以招标方式出让土地使用权的使用范围较广，一些大型开发项目和城市规划的重点发展项目，商业、旅游、娱乐和豪华住宅等经营性用地都可以采取招标方式。

招标出让国有土地使用权在程序上一般分为招标、投标、开标、评标和定标五个阶段。

1. 招标

由招标人通过新闻媒介或其他方式发出招标通告。招标可采取公开招标和邀请招标两种方式。公开招标是指招标人以招标公告的方式邀请不特定的法人或其他组织参加投标。招标公告应将招标人的名称和地址，招标项目的性质、数量、实施地点和时间要求等事宜通过报刊或其他媒介发布。邀请招标是指招标人以投标邀请书的方式邀请特定的法人或者其他组织参加投标。投标邀请书的内容与招标公告的内容相同。投标人在获取招标信息后，应在规定的时间内向招标人报送申请表，索取招标文件。招标人根据招标项目的要求，对申请者进行资格审查，并在规定的时间内将招标文件发给被选定的投标人。

2. 投标

被招标人确定的投标人应当按照招标文件的要求编制投标文件，并在规定的时间内将投标文件密封送达投标地点，缴纳投标保证金。招标人收到投标文件后，应当签收保存，不得开启。投标人可以在投标截止时间前，对投标文件进行补充、修改，并书面通知招标人。投标人不得相互串通投标报价，不得排挤其他投标人的公平竞争，损害招标人或者其他投标人的合法权益。不得与招标人串通投标，损害国家利益、社会公共利益或他人的合法权益。

3. 开标

开标应当在招标文件确定的提交投标文件截止时间的同一时间公开进行，并邀请所有投标人参加。开标时，由投标人或者其推选的代表检查投标文件的密封情况，也可以由招标人委托的公证机关检查并公证，然后当众拆封，宣读投标文件的各项内容。开标过程应当记录，并存档备查。

4. 评标与定标

评标应当根据招标文件的规定，由招标人依法组建的由招标人代表和有关技术、经济等方面专家组成的评标委员会负责。评标委员会按照招标文件确定的评标标准和方法，对有效标书进行评审和比较，设有标底的，应当参考标底。评标委员会在评标结束后，应向招标人提交书面评标报告,推荐合格的中标候选人。招标人根据评标委员会的评标报告和推荐的中标候选人确定中标人。招标人也可以授权评标委员会直接确定中标人。中标人确定之后,招标人应向中标人发出中标通知书,并将中标结果通知所有未中标的投标人。招标人和中标人应当自中标通知书发出之日起30日内,签订《土地使用权出让合同》,中标人应按照规定提交履约保证金,并在签订合同后的一定时间内,支付全部土地出让金,办理土地使用登记手续,领取土地使用证。

(三) 拍卖出让

国有土地使用权的拍卖方式,是指在指定的时间、地点和公开场合,由土地管理部门公布某块土地的位置、面积、用途、使用期限及底价,由符合条件的用地需求者公开叫价竞投,叫价最高者获得土地使用权的出让方式。拍卖方式较招标方式更为充分地引入了市场竞争机制,商品经济规律充分发挥作用,拍卖价格可以充分反映土地的真实价值和供求状况,可以使国有土地资产收益实现最大化。这种方式的采用有赖于土地市场发育较成熟、土地使用权商品化已达到较高的程度。它适用于竞争性较强的房地产业、金融业、商业、旅游业等用地。

拍卖出让国有土地使用权的一般程序如下。

(1) 由土地管理部门通过报纸或者其他新闻媒介,向社会公众发出土地使用权拍卖公告。公告的内容包括:拍卖土地的时间、地点和要出让地块的位置、面积、用途、使用年限以及其他有关事宜。

(2) 土地需求者的法定代表人在规定的期限内向土地管理部门提出竞买申请,并提交有关文件和履约保证金。拍卖人对竞买人提供的申请文件进行审查,对符合资格的竞买人发给编了号的竞买标志牌。

(3) 在规定的时间、地点,由拍卖主持人主持拍卖活动。先由主持人简介土地的位置、面积、用途、使用年限、规划要求和其他有关事项,宣布起价和第一次报价后叫价递增的幅度。然后由竞买人举牌应价竞争,经过一番竞投,主持人连续两次宣布最后应价而没有再应价的,主持人落槌,即与应价最高者当场成交。

(4) 拍卖成交后,竞得人应即时与拍卖人签订《土地使用权出让合同》,并交付履约保证金,然后在规定的时间内按照规定付款方式交付全部地价款,办理土地登记手续,领取土地使用证。

(四) 挂牌出让

国有土地使用权挂牌出让方式,是指土地管理部门发布挂牌公告,按照公告规定的期限将拟出让宗地的交易条件在指定的土地交易场所挂牌公布,接受竞买人的报价申请并更新挂牌价格,根据挂牌期限截止时的出价结果确定土地使用者的行为。挂牌交易方式是借鉴香港申请制度下的卖地程序而采取的一种公开竞价交易方式,它是国有土地使用权招标拍卖方式的一种补充。招标拍卖方式固然是市场化程度较高的土地使用权出让形式,但由于我国房地产业发展的时间不长,房地产市场、开发商还不成熟,单纯依靠招标拍卖可能出现过度竞争,一些开发商容易出现盲目决策、冲动报价行为,导致土地价格的非理性,高昂的土地成本难以被市场消化,从而产生一系列负面影响。采取挂牌交易方式既可以增强土地供应的计划性,又有利于促进开发商的理性决策,保持土地市场的有序发展。

挂牌出让国有土地使用权的一般程序如下。

(1) 挂牌交易宗地的供地审批。

(2) 由土地管理部门通过媒体向社会公众发出挂牌交易公告。公告内容包括：挂牌交易供地的批准文号，地块位置、现状、面积、使用年限、用途、规划设计条件；竞买人的资格要求及申请取得竞买资格的方法，挂牌交易的时间、地点、挂牌期限、竞价方法以及其他有关事项。

(3) 挂牌交易报名登记。

(4) 接受挂牌交易竞价。

(5) 挂牌人确定挂牌交易地块的受让者。

(6) 签订《土地使用权出让合同》。

任务 4 国有土地使用权转让

一、土地使用权转让的含义

土地使用权转让是指经出让方式获得土地使用权的土地使用者，通过买卖、赠予或其他合法方式将土地使用权再转移的行为。可见，土地使用权的转让经营是在土地使用权出让的基础上，使用权在土地使用者之间的横向流动，它体现了土地使用者之间的经济利益关系。

二、土地使用权转让的条件

世界各国为了防止"炒卖"地皮现象的发生和削弱土地投机的负面效应，都对土地的转让做了有附加条件的限制，这是国际上通行的对地产市场进行调节和控制的基本方法。《中华人民共和国城市房地产管理法》(以下简称《城市房地产管理法》)第三十八条规定，以出让方式取得土地使用权的，转让土地使用权时应当满足以下条件。

(1) 土地使用权转让只能在原土地使用权出让合同规定的权利义务范围内进行，权利人不得扩张其权利内容。按照出让合同约定，转让方必须已经交付全部土地使用权出让金并取得土地使用权证书。

(2) 按照出让合同约定对土地进行了投资开发，属于房屋建设工程的，要完成开发投资总额的 25% 以上，属于成片开发土地的，要形成工业用地或者其他建设用地条件。

三、土地使用权转让的方式

土地使用权转让的方式主要有买卖、交换和赠予三种。

（一）土地使用权的买卖

它是指土地使用人将土地使用权或地上建筑物的所有权出卖给他人而引起土地使用权转移的行为。土地使用权买卖与一般商品买卖的不同点表现为：①一般商品的买卖伴随着所有权的转移，而土地使用权的买卖只有土地使用权的转移，土地所有权仍然归国家（土地所有者）占有；②一般商品的买卖是财产所有权永久性转移，而土地使用权的买卖只是一种有限期权利的转移，转让土地使用权的年限受土地使用权出让合同规定的使用年限的限制，只能是出让合同规定的使用年限减去原土地使用者已使用年限后的剩余年限，期限届满后土地所有者将收回土地使用权与地上建筑物的所有权。

在土地使用权买卖关系中，转让方有义务按与受让人达成的书面协议办理土地使用权过户登记手续，并担保土地使用权的完整性和土地使用状况的良好性。受让方必须按时向转让人支付地价款，并承担土地使用出让合同所规定的义务。当受让人需要改变土地使用权出让合同规定的土地用途时，应当征得出让方同意并经土地管理部门和城市规划部门批准，按照规定重新签订土地使用权出让合同，调整土地使用权出让金，并办理登记。

（二）土地使用权的交换

它是指土地使用人相互交换各自享有的土地使用权的行为。交换的目的是土地使用者双方获得各自所需要的土地的占有和利用的权利，并以让渡各自对原土地的使用权为代价。如果交换的土地使用权价格相等，则交换双方不需要相互给付；若交换双方的土地使用权价格不相等，则地价低的一方以实物或货币作为补偿，支付给地价高的一方。对交换双方的当事人来说，在土地使用权交换关系中既是卖者，也是买者，只要双方达成交换土地使用权的义务，就可同时享有占有和利用对方土地的权利。土地使用权交换作为转让方式之一，与土地使用权买卖相比，属于次要地位，由于受交换主体和土地自身状况的限制，其适用范围较小，是一种辅助性的土地使用权流转方式。

（三）土地使用权的赠予

它是指土地使用者将土地使用权无偿让渡给他人的行为。土地使用权的赠予也必须在当事人间就赠予和取得的有关事项达成协议，在办理土地变更登记后，赠予关系成立，赠予人负责转移土地使用权。土地使用权的赠予属于转让方式之一，但它不是遵循等价有偿原则进行的土地使用权流转，其地位要比买卖和交换方式低得多。

土地使用权的转让是土地资源的再配置，它能有效提高土地使用权的商品化程度，促进土地资产增值，实现土地资源的优化配置。但土地使用权的自由转让，也容易出现"炒卖地皮"的市场投机行为，破坏地产市场的正常运行和国家土地政策的实现。因此，对土地使用权的转让必须加以限制，实现政府对土地转让的控制。依照《城市房地产管理法》第三十八条规定，以出让方式取得土地使用权的，转让房地产时，应符合下列条件：①按照合同约定已经支付全部土地使用权出让金，并取得土地使用权证书；②按照出让合同约定进行投资开发，属于房屋建设工程的，完成开发投资总额的25%，属于成片开发土地的，形成工业用地或其他建设用地条件。《城市房地产管理法》还同时规定下列房地产不得转让：①司法机关和行政机关依法裁定、决定查封或以其他形式限制房地产权利的；②依法收回土地使用权的；③共有房地产,未经其他共有人书面同意的;④权属有争议的;⑤未依法登记领取权属证书的;⑥法律、行政法规规定禁止转让的。

《城市房地产管理法》还规定,划拨土地使用权在下列两种情况下可以转让:一是经有批准权的人民政府审批,由受让方办理土地使用权出让手续,并依照国家有关规定缴纳土地使用权出让金;二是有批准权的人民政府按照国务院规定决定可以不办理土地使用权出让手续的,转让方应当按照国务院规定将转让房地产所获收益中的土地收益上缴国家或作其他处理。

任务 5　集体土地的征收

随着城市化进程的不断加快,原有城市规模已无法适应现有城市的发展需要,这必将导致城市规模的扩大,就要在原有城市的周围进行扩建。在农村集体土地上从事房地产项目的开发建设时,就涉及土地的征用,即通过征地,先将集体土地变为国有土地,建设单位再通过出让或划拨获得土地使用权。

一、土地征收的含义

征地是指政府按照法律规定的程序和条件,将农村集体所有土地转变为国家所有的行为。在征地过程中需要支付一定的补偿费,并对原集体所有土地上的人员进行妥善安排。

二、土地征收的基本程序

（一）申请选址

符合条件的用地单位必须持经过批准的有关文件(可行性研究报告、初步设计批复文件、设计图等),向征地所在地的县、市土地管理机关申请,由土地管理部门估算面积,经政府同意后,进行定点选址。

（二）商定补偿安置方案

建设用地选定后,由所在地的土地管理部门组织建设用地单位、被征地单位及有关部门共同拟定土地补偿方案,草签补偿安置协议,并报同级政府审批。禁止用地单位与被征地单位之间直接商定征地条件。《土地管理法》规定,国家建设征用土地,由用地单位支付土地补偿费和安置补偿费,同时还要通过土地管理部门向税务局或财政局缴纳有关税费。

（三）核定用地面积

初步设计经批准后,用地单位持有关批准文件和总平面布置图或建设用地图,向所在地土地管理部门正式申报建设用地面积,按照规定的权限经政府审批核定后,由土地管理部门主持,用地单位与被征地单位正式签订征用土地协议,同时填写《国家建设征用土地报批表》。

(四) 出让或划拨

土地征地申请和协议经批准后,土地管理部门向用地单位核发用地许可证,并根据建设进度计划一次或分期出让或划拨土地。

(五) 颁发土地使用证

工程项目建成后,建设项目的主管部门应立即组织有关部门验收,由土地管理部门核查实际用地,经认可后,办理土地登记手续,核发国有土地使用证,作为用地的法律凭证。

三、征地的费用

根据《土地管理法》和其他相关法规的规定,建设征地费用包括以下几个方面。

(一) 土地补偿费

土地补偿费是对农村集体经济组织因土地被征用而造成的经济损失的一种补偿,只能由被征地单位用于再生产投资,不得付给农民个人。

《土地管理法》第四十七条规定,征用土地的,按照被征用土地的原用途给予补偿。征用耕地的补偿费,为该耕地被征前3年平均年产值的6~10倍。征用其他土地的补偿费标准,由省、自治区、直辖市参照征用耕地的补偿费标准规定。

(二) 青苗补偿费

青苗补偿费是因征地时使正在生长的农作物受到损害而进行的一种赔偿,视开始协商征地方案前地上青苗的具体情况确定。只补一季,无青苗者则无该项补偿。在农村实行承包责任制后,农民自行承包土地的青苗补偿费应付给本人,属于集体种植的青苗补偿费可纳入当年集体收益。

已征用的土地上长有青苗的,在不影响工程正常进行的情况下,应等待农民收获,不得铲毁;不能收获的,应由用地单位按在田作物一季产量、产值计算,给予补偿,具体补偿标准由各省、自治区、直辖市规定。值得注意的是,在办理征用手续时,应明确移交土地的时间,使当地村组及早准备,以免造成过多的损失,凡在协商征地方案后抢种的农作物、树木等,一律不予补偿。

(三) 地上附着物补偿费

地上附着物是指房屋、水井、树木、涵洞、桥梁、公路、水利设施、林木等地面建筑物、构筑物、附着物等。地上附着物补偿费视协商征地方案前地上附着物价值与折旧情况确定。应根据"拆什么,补什么;拆多少,补多少,不低于原来水平"的原则确定。如附着物产权属个人,则该项补助费付给个人。地上附着物的补偿标准,由省、自治区、直辖市规定。

（四）安置补助费

该项费用发给安置被征地劳动力的单位。作为劳动力安置与培训的支出，以及作为不能就业人员的生活补助，该项费用应支付给被征地单位和安置劳动力的单位，不得挪作他用或私分。

根据《土地管理法》中的规定，每一个农业人口的安置补助标准，为该耕地被征用前三年平均年产值的4～6倍，但每公顷被征用耕地的安置补助费，最高不得超过被征用前三年平均年产值的15倍。个别特别情况还可适当增加，以能保证维持群众原有生产和生活水平为原则。但是，土地补偿费和安置补助费的总和，不得超过土地被征用前三年平均年产值的30倍。需要安置的农业人口数，按照被征地单位征地前农业人口（按农业户口计算，不包括开始协商征地方案后迁入的户口）和耕地面积的比例及征地数量计算。

（五）新菜地开发建设基金

新菜地开发建设基金是指征用城市郊区商品菜地时支付的费用。这项费用交给地方财政，作为开发建设新菜地的投资。

这里所指的菜地，是指城市郊区为供应城市居民蔬菜，连续三年以上常年种菜或养殖鱼、虾等的商品菜地和精养鱼塘。一年只种一茬安排种植蔬菜的，均不作为需要收取开发基金的菜地。征用尚未开发的规划菜地，不缴纳新菜地开发建设基金。在蔬菜产销放开后，能够满足供应，不再需要开发新菜地的城市，不收取新菜地开发基金。

（六）耕地占用税

这是对占用耕地建房或者从事其他非农业建设的单位和个人征收的一种税收，其目的是合理利用土地资源、节约用地、保护农用耕地。

耕地占用征收范围，不仅包括占用耕地，还包括占用鱼塘、园地、菜地及其农业用地建房或者从事其他非农业建设，均按照实际占用的面积和规定的税额一次性征收。其中，耕地是指用于种植农作物的土地。占用前三年曾用于种植农作物的土地也视为耕地。

任务 6　国有土地上房屋征收与补偿

国有土地上房屋征收是因房地产开发项目需要而对在开发区内属他人所有或使用的房地产权益，依照有关法律法规和规章的规定而实施的依法转移房地产权益的行为过程。由于征收过程要涉及多方面的权益，各方面矛盾相对突出，因此国有土地上房屋征收工作也是房地产开发项目的一项至关重要的工作。

一、基本程序

（1）申请规划用地许可证。拆迁人必须向县级以上人民政府的城市规划管理部门申请建设用地规划许可证,经核准后,由城市规划管理部门核发建设用地规划许可证,确定拆迁的地域范围。

(2) 编制拆迁计划与方案。领取建设用地规划许可证后,拆迁人要编制拆迁计划和方案。确定拆迁方式、拆迁进度等内容。

(3) 申请房屋拆迁许可证。拆迁人必须持下列文件和材料,向拆迁房屋所在地的房地产主管部门申请拆迁许可证:①建设项目的计划批准书;②建设用地的规划许可证;③省、市规定的相当级别人民政府的土地使用批准文件;④拆迁计划和拆迁方案。

(4) 核发房屋拆迁许可证。房地产行政主管部门接到房屋拆迁申请后,验证有关文件和材料,核发房屋拆迁许可证。

(5) 委托代办单位。当建设单位采用委托拆迁形式时,应按照房屋拆迁法规定办理委托手续,并向代办拆迁单位缴纳一定比例的代办费,由受托单位具体实施拆迁。

(6) 发布公告。房地产行政主管部门核发拆迁许可证后,应在房屋拆迁范围内,将拆迁人、拆迁范围、拆迁期限等以公告或其他形式公布,并及时做好宣传解释工作。

(7) 签订拆迁、安置补偿协议。拆迁人必须对被拆迁人进行安置、补偿,被拆迁人必须执行批准的拆迁决定。拆迁人与被拆迁人必须在拆迁管理部门规定的拆迁期限内就有关问题签订书面协议,以协议书的形式确定当事人双方的权利和义务。主要条款包括补偿形式、补偿金额、安置地点、安置面积、拆迁过渡方式、过渡期限、违约责任,以及当事人认为需要订立的其他条款。

(8) 动迁。建设单位在领取拆迁许可证后,即可动迁。拆迁人如需延长拆迁时间,应经房地产主管部门批准,并报上级房地产主管部门备案。在拆除由房地产管理部门代管的房屋和有产权纠纷或产权归属不明的房屋时,由拆迁人会同房屋拆迁行政主管部门及公证处,对被拆迁房屋拍摄照片、记录详情、进行估价,并将有关材料妥善保存,以便备查。

(9) 实施房屋拆迁。

二、房屋拆迁补偿

(一) 补偿对象

房屋拆迁将会对被拆除房屋的所有人造成一定的财产损失。因此,拆迁补偿对象应是被拆除房屋及其附属物的所有人,包括产权人、代管人和国家授权的国有房屋及其附属物的管理人。

(二) 补偿形式

房屋拆迁补偿主要有以下三种形式。

(1) 产权调换。产权调换是指拆迁人以原地或异地建设的房屋补偿给被拆迁房屋的所有人,继续保持其对房屋的所有权。产权调换的面积按照被拆迁房屋的建筑面积计算。

(2) 作价补偿。作价补偿是指拆迁人将拆除房屋的价值,以货币结算的方式补偿给被拆迁房屋的所有人。作价补偿金额的计算,按照被拆除房屋建筑面积的重置价格结合成新因素计算。

(3) 产权调换和作价补偿相结合。产权调换和作价补偿相结合是指拆迁人按照被拆除房屋的建筑面积数量,以其中一定面积的房屋补偿被拆迁房屋的所有人,其余面积按照作价补偿折合成货币支付给被拆迁房屋的所有人。

(三) 补偿标准

(1) 产权调换的补偿标准。按照被拆除房屋的建筑面积计算,即采取产权调换方式的补偿标准是被拆除房屋的原建筑面积。其中,偿还面积与原面积相等的部分,按照重置价格计算结构差价;偿还面积超过原面积部分,按商品房价格结算;偿还面积不足原面积部分,按重置价格结合成新因素结算。

(2) 作价补偿的补偿标准。按照被拆除房屋建筑面积的重置价格结合成新因素计算。实行作价补偿的,应由房屋所在地的房地产管理部门或法定的评估机构对被拆除房屋进行评估,以评估的价格作为计算的依据。作价补偿的标准不允许当事人协商。

(四) 补偿的几种特殊情况

(1) 拆除出租住宅房屋的,应当实行产权调换,原租赁关系继续保持,因拆迁而引起变动原租赁合同条款的,应当做相应的修改。

(2) 拆除有产权纠纷的房屋,在房屋拆迁主管部门公布的规定期限内纠纷未解决的,由拆迁人提出补偿安置方案,报县级以上人民政府房屋拆迁主管部门批准后实施拆迁。

(3) 拆除设有抵押权的房屋。对拆除设有抵押权的房屋实行产权调换的,抵押人在房屋拆迁主管部门公布的规定期限内达不成抵押协议的,由拆迁人参照有产权纠纷房屋的拆迁补偿规定实施拆迁。拆除设有抵押权的房屋实行作价补偿的,由抵押权人和抵押人重新设立抵押权或者由抵押人清偿债务后,再给予补偿。

三、房屋拆迁安置

(一) 安置对象

拆迁人在拆迁活动中除了对被拆迁房屋的所有人给予补偿外,还应对被拆除房屋的使用人给予安置,以切实保障被拆除房屋使用人的使用权。由此可见,安置的对象是被拆除房屋的使用人,而不是所有人。

(二) 安置形式

房屋拆迁的主要安置形式是过渡安置。过渡安置是指拆迁人不能一次解决安置用房,可以由拆迁人先对被拆迁安置对象进行临时安置,过一段时间后再迁入安置房。因此,临迁房的提供和过渡期的长短在过渡安置中是重点要解决的问题。

(三) 安置标准

拆迁安置的标准因被拆除房屋性质的不同而有所区别。

(1) 拆除非住宅房屋,按照原建筑面积安置。

(2) 拆除住宅房屋,由省、自治区、直辖市人民政府根据当地实际情况,按照原建筑面积,也可以按照原使用面积或原居住面积安置。

(3) 对按照原面积安置住房有困难的被拆除房屋使用人,可以适当增加安置面积。

(四)安置费用

安置费用包括搬家补助费、临时安置补助费和经济损失补偿费。

(1) 搬家补助费是被拆迁人因原居住房屋被拆除,需迁移他处居住,在搬家过程中发生的费用。此费用由拆迁人负担。

(2) 临时安置补助费是对被拆迁人因迁离原居住地而在生活上所增加的一些额外支出费用的补偿。临时安置补助费的补助对象主要是自行安排住处的被拆迁房屋使用人。

任务 7 土地储备制度

一、城市土地收购储备制度的现状分析

(一)我国城市土地收购储备制度建设的基本情况

1996年,上海建立了我国第一家土地收购储备机构——上海土地发展中心。随后,1997年,杭州、南通等一些地方也相继建立了城市土地收购储备机构,进入试行和完善城市土地收购储备制度的实践。1999年,武汉、青岛等一些地方成立了土地收购储备机构,并挂牌运行。很多地方将建立城市土地收购储备制度作为深化土地使用制度改革和土地管理革新的突破点。因此,这项制度建设在近两年的时间内得到突飞猛进的发展。目前,全国绝大部分市县都已经成立了土地收购储备机构。

(二)我国城市土地收购储备制度建立的实践效果

城市土地收购储备制度是一种全新的制度尝试,从杭州、绍兴等地的实践来看,城市土地储备制度的作用和效果主要有以下几个方面。

(1) 土地收购储备体系建立后,政府掌握了城市土地的"统一收购权"和"垄断供应权",这两大权力使政府能够把分散的土地重新集中起来,使城市土地的"批发权"牢牢掌握在政府手中。这样,不仅可以确保土地供应的合法性,减少违法用地,多头批地,越权批地等现象的发生,而且能够有效调控土地供应的规模和节奏,加大以招标拍卖方式出让土地的力度和范围,逐步建立一个公平、公开、公正、规范、高效的城市土地市场。

(2) 建立城市土地收购储备制度促进了房地产市场和城市社会经济的平稳发展。城市土地

市场是房地产市场的基础,对城市经济的整体运行和发展具有十分重要的影响。土地收购储备制度通过科学的土地供应计划保持城市地价的平稳性,防止地价的暴涨暴跌,提高城市政府调控土地市场的能力,促进房地产市场和城市社会经济的平稳发展。

(3) 城市土地收购储备制度通过盘活存量土地,规范土地市场运作,防止土地资产和土地收益流失,使土地资产和收益尽量显性化,增加政府土地收益,加快城市基础设施建设。灰色市场的存在和政府官员的"寻租"行为,使大量应归政府的土地收入流失到有关单位和个人的手中。建立城市土地收购储备制度以后,实行存量土地统一收购和垄断供应,可以有效杜绝土地隐性市场和灰色交易,提高以招标、拍卖方式出让土地的比例,防止国有土地资产流失。同时,净地出让政策还通过土地前期开发实现了土地增值,并且可以将土地增值收益悉数归入政府的"口袋",达到"以地聚财、以地生财"的目的。

(4) 近几年来,企业改制解困的压力很大。在这个过程中,迫切需要盘活企业存量土地资产。但随着企业改制范围的扩大,一批地段比较偏僻、土地区位条件不理想的企业盘活土地资产往往存在很大困难,一时难以实现,给企业改革造成很大困难。即使一些地段较好的企业,由于企业在自行招商过程中对有关政策了解不够,加之企业改制时间紧迫,往往在谈判中处于不利地位,使企业利益得不到保证。随着土地收购储备机制的建立,市区土地实行统一收购,土地收购补偿费由土地储备中心支付。这样,一方面可以根据城市发展和企业改革的需要做出统一计划和整体安排,在土地收购储备体系中进行土地和资金平衡,加快企业存量土地盘活的进度,解决部分企业改制的燃眉之急;另一方面,由土地收购储备中心统一进行规范操作和管理,可以有效减少土地补偿费不能及时到位的风险,维护企业的合法权益。

(5) 土地收购储备制度提高了城市土地资源配置效率。在企业自行招商和存量土地分散进入市场的情况下,城市土地开发的散、乱、差状况长期困扰着城市规划、建设和管理,旧城改造中也会造成许多盲点和难点,影响城市形象和面貌。在土地收购储备体系运作过程中,由于实行规划优先的政策,加上集中统一的前期开发和土地整理,城市规划的有关政策和要求可以得到切实的贯彻落实,有利于真正实现统一规划、统一配套、统一开发、统一建设、统一管理,提高城市土地资源配置效率。

(6) 土地收购储备制度缓解了城市建设对城市郊区农用地的需求。保护耕地是我国的基本国策之一。为此,必须严格控制城市用地外延扩张的趋势,积极开发和合理利用城市存量土地,提高土地利用效率。实施土地收购储备制度后,土地供应的计划性增强,可以促进闲置、利用率低、配置不合理的城市存量土地的开发利用,增加城市建设用地的有效供给,缓解城市建设对城市郊区农用地的需求。

二、我国城市土地收购储备制度运作过程中存在的问题

我国城市土地收购储备制度是我国城市土地使用制度改革的客观要求,也是一种制度创新,在管理体制、运作模式、政策制定等方面都是一种全新的探索过程。同时,城市土地收购储备制度的顺利运作也要依靠其他相关部门,如财税、规划、房管及水、电等部门的协调配合。另外,人们对这种新制度的认识也有一个逐步深化和细化的过程。所以,在各地土地储备制度运作过程中已经出现了各种问题和困难。

（一）城市一级土地市场未有效垄断

目前许多城市虽然建立了土地收购储备制度，但是土地收购储备中心尚未完全垄断一级土地市场，没有做到"一个口子进，一个口子出"。通常，除了土地收购储备中心外，能够对市区国有存量土地进行回收、整理开发和制定供应计划的部门主要还有旧城改造办公室、建委等部门。由于城市建设飞速发展，基础设施、公共设施和景观设施的需求量非常大，相应需要投入巨额资金进行建设和改造。于是市政府采用以土地换资金的政策，给相关部门一部分土地，由其先自筹资金进行建设，待可出让土地拍卖后再回收资金。这种土地供应程序与土地管理体制虽有一定的合理性和客观性，但也会产生许多弊端。例如，难以实现土地集中连片整理开发；城市开发建设的资金浪费严重；容易造成国有土地资产流失；各部门以自己利益为出发点，没有考虑全局利益，不利于政府调控城市土地市场等。

（二）土地收购补偿标准不尽合理

土地收购储备中心在征购、回收土地时，需要对土地、地上建筑物等进行一定的补偿。土地补偿金额的高低具有很强的政策性和技术性，涉及的利益关系十分复杂，目前理论研究也十分薄弱。现在一般城市的操作方法是只制定几个标准进行补偿，而且补偿标准偏低。这种补偿办法简单、方便，易于操作，但是由于一部分土地使用者认为土地征购、回收补偿标准不合理、不科学，于是在心理和行为上对土地回收有所抵触，使得土地收购储备中心的谈判难度增加，土地回收时间延长，增加了储备的成本。

（三）城市规划工作有待改善

城市规划是城市土地利用的基本依据，是土地收购储备制度运作的基础。虽然许多城市都已经制定了城市整体规划，但一般还没有较为详尽的市区分区规划，这给土地收购储备工作带来较大的难度。在土地收购储备过程中，需要在地块征购和回收前先征求规划部门的意见，但由于没有现成的分区规划，必须临时按宗地进行规划。结果，一是规划缺乏整体性，与周围环境的协调性差，不利于集中连片开发；二是影响了土地征购、回收、拆迁安置、整理开发等的进度，加大了土地收购储备成本，特别是利息负担加重。

（四）收购储备资金筹集困难

缺乏收购储备资金是每个城市在建立土地收购储备制度初期都会遇到的困难。城市所在地的政府不可能投入大量的储备启动资金，而在储备开始阶段，土地收购储备中心只有进入储备的土地，没有出让的土地，因而没有积累资金，储备初期缺乏资金是难免的。资金匮乏，使土地收购储备制度建立初期，土地收购储备中心不敢也没有能力去储备大量的土地，储备成本也会因为利息负担而提高。另外，在国民经济发展困难时期，由于大量企业开工不足，甚至停产，资金需求量小，存款量大，一般银行愿意提供贷款，而且利率比较低。然而，随着国民经济的复苏和快速发展，企业生产和销售逐步上升，对资金的需求量迅速加大，这时银行就会严格审查贷款条件，央行也会提高贷款利率，贷款就变得非常困难，而且成本较高。目前，我国国民经济逐步进入快速发展时期，可以预计土地收购储备中心（特别是在中小城市）贷款的难度将会加大，而且利率负担将会提高，这方面隐藏的金融风险必须给予高度重视。

（五）土地收购储备制度的功能定位和运作模式有待完善

由于没有现成的经验可以借鉴,我国的城市土地收购储备制度处于边运作边探索的阶段。在部分城市的土地收购储备机制运作过程中,存在单纯追求土地收益的倾向,土地供应不能满足房地产市场发展的需要,住宅价格上涨压力加大,引起有关利益群体的不满。在土地储备政策的制订、土地补偿标准的确定、合理的储备规模与储备周期、土地供应计划的制定、扩大资金筹集的范围和方式、合理控制财务风险、城市土地需求的调查预测等方面都有待进一步研究和探索。

 本章小结

(1) 土地使用权划拨主要有两种形式。第一种是经县级以上人民政府依法批准,在土地使用者缴纳补偿、安置等费用后,将该幅土地支付其使用的形式。第二种是经县级以上人民政府依法批准,将国有土地使用权无偿支付给土地使用者使用的形式。

(2) 土地使用权出让可采取协议、招标、拍卖和挂牌等方式。

(3) 土地使用权转让的方式主要有三种:买卖、交换和赠予。

(4) 土地征收的基本程序:申请选址、商定补偿安置方案、核定用地面积、出让或划拨、颁发土地使用证。

(5) 征地的费用:土地补偿费、青苗补偿费、地上附着物补偿费、安置补助费、新菜地开发建设基金、耕地占用税。

(6) 房屋拆迁补偿主要有以下三种形式:产权调换、作价补偿、产权调换和作价补偿相结合。

(1) 土地使用权出让有哪几种形式?
(2) 各种土地使用权出让方式的程序有哪些?
(3) 土地的征地费用具体包括哪些内容?
(4) 城市土地收购储备制度主要存在哪些问题?

学习情境 7

房地产开发项目产品设计

学习目标

1. 知识目标

(1) 掌握居住区规划设计的基本任务和内容。
(2) 了解建筑风格的类型。
(3) 掌握户型设计的注意要点。
(4) 了解居住小区智能化的内涵。

2. 能力目标

(1) 居住区规划设计的基本内容。
(2) 户型设计的注意要点。

引例导入

美的海岸花园项目推介

广东省佛山市顺德区"美的海岸花园"项目,是由广东美的集团及其直属的房地产有限公司开发的一个大型房地产项目。该项目按照较高的居住生活档次进行规划、设计、营造,是为社会各界成功人士、讲究居住质量和想提升生活品位的群体提供的一个居家环境怡人、建筑品质优良、配套完善、生活和休闲便利的成熟社区。它是继碧桂园、君兰国际高尔夫生活村之后,推出的第三个闪亮楼盘。

下面主要就"美的海岸花园"小区总体规划与建筑设计,进行简要分析阐述。

一、项目概况与开发构想

"美的海岸花园"项目,位于广东省佛山市顺德区北滘镇南部,小区东、北方向分别紧靠广珠公路(105 国道)和三乐路两条重要的交通干道,西邻三洪奇社区,南接北江顺德水道,乘车去"君兰国际高尔夫生活村"仅需 5 分钟,交通便利,地理位置优越,待开发的自然景观丰富。同时,政府和规划部门大力支持本项目开发的低密度高品位商住区,使其成为当地重要的"绿色窗口"和"形象工程"。

开发商力求项目在"环境靓、建筑好、配套全、规模大"上做足功夫。小区根据市场的发展与项目定位,按照"规模开发"的营造理念和整体上"可持续发展"的规划思想,进行分区、分期成片启动,流动式递进,在特定的时间周期内,完成一个成熟社区的人居环境和住宅功能,以及服务社群、回报社会的开发全过程,由此而成为业主安居乐业的永久家园和投资升值的宝地。

二、规划设计

(一) 地块特点

小区地块呈东、西走势,长 750 m,南北进深宽约 400 m,位于三乐路与北江之间,地势舒展,江面宽阔,广珠快速干线 105 国道与小区东面相邻,西侧与自来水厂和三洪奇社区相邻,小区在南北宽度内又分为北侧的 250 m 宽和南侧堤外约 150 m 宽的两个条形区块,并均朝向南边海岸,从东、西方向伸展开去。小区内有条小河流过,由东向南弯曲流入北江。

(二) 用地及经济指标

规划总用地为 50.72 公顷(1 公顷=10 000 m^2);小区建筑规划总用地为 23.4 公顷,其中别墅用地为 7.65 公顷,洋房为 10.46 公顷,分别各占 32.61%、44.58%、0.85%;各种绿化及路网总用地则达到 5.2 公顷,其中绿地率为 50.6%;人均绿化面积为 9.14 平方米/人;小区总户数为 2 233 户;人口规模为 7 900 人;容积率为 1.22;建筑密度为 23.2%。

(三) 规划布局

小区的设计创意基于对项目的市场定位:服务收入为中高层以上的人士,故其属于较高级别的住宅小区。小区整体的设计布局采用以全围式、双围合式为主调,以排列式、集中式为点缀的群体组合理念与处理手法。整个小区分为三个功能区块,共计 12 个小组团。各组团之间,既相互独立、自成一体,通过空间轮廓、建筑外观造型的围合,营造出亲切和谐的生活气氛;又相互联系、相互映衬,成为相互借景的有机整体。

各组团之间,采用了大环形交通路网进行连接,一改常用的平直、十字形路网。小区内的道路,除了满足交通外,还充分进行了软化、舒展。路网不再只是为交通而服务,而是与小区的环境建立了有机联系,达到了相互融合的目的。在各个围合式组团环境里,既有欧陆风格的休闲广场,又有结合小区项目形象标志设计的主题水景、园林绿化与环艺小品,以及几处进行主题设计的、通向住客会所、公共文体活动区的"树林绿色步行街",同时还有一条长度近千米、专门种植了树木、草坪及布置了石椅、雕塑小品等的起伏达1米的"地中海风情大道",可小供区内望江、漫步、休闲之用。小区中的三个功能区块具体介绍如下。

(1) 临沙滩的堤外,布置有会所及室内外公共文体活动设施,托儿所、小学以及临江主题公园(如"儿童世界"、"花卉林艺园"、"情侣迷你公园")等,它们均布置在东、西近500多米的临岸区,总建筑面积约10 000 m²。同时开辟天然沙滩泳场,垂钓和游船区均在这里。

(2) 堤内中心地带。面向江河布置独立式低层住宅群,即花园别墅区,共计188幢,总建筑面积约60 000 m²。

(3) 最北临三乐路一块,长度约110 m,以及接临西侧的一段,可布置多层单元式住宅群,以六层为主,即洋房区。该区的局部地方,可设计少量的小高层住宅(12层为主),此项按空中花园住宅的概念进行设计。洋房区户数为2 045户,总建筑面积约为228 000 m²。

在小区竖向设计中,结合其三个功能区,形成了垂直方向的三个空间层次,即会所公建及别墅群层、六层洋房及12层的小高层。其空间轮廓线鲜明而丰富,并将其景观朝向南边的北江水道和东边105国道的三洪奇大桥,以及星火科技城。

而临三乐路一侧的建筑街景,主要可通过建筑造型和建筑立面上的虚实、凹凸伸缩、光影、色泽及材料质感的对比和空间的组合,以及天际线的局部变化来产生同样丰富的建筑效果。在技术上,对临北靠三乐路的一排建筑,其向街的门窗均采用具有隔音功能的铝塑门窗,并多用固定式窗扇,窗门可以隔音防尘,由此较好地解决了临街不利因素的干扰,而只留下美丽的景观。

小区内为使人车彻底分流,并且为了给洋房住户提供足够多的车位,采用了半地下室半地面架空的停车方式。这样既可以使停车更为方便,又能使组团围合内,尤其是附近住宅首层的环境小气候得到改善。

本项目在建筑设计与环境规划中,均采取的是"新古典主义"的创作思路,采用欧陆古典风格,既不失经典美感,又具有时代气息,形成了现代感鲜明的"地中海小城"风貌。

三、建筑设计

(一) 洋房单体

1. 户型的分析设计

洋房平面面积从每户80～120 m²不等,有六种不同面积指标,以及四种基本户型类别,分别是两房两厅、三房两厅(两种)、四房两厅。可按住户的不同需求,提供多样选择。

小区的洋房平面布置,力求设计详细、周到,精雕细琢,既把握大体,又考虑到平面细部。设计时以面积足够大的厅为中心,合理组织室内空间秩序,分区明确,使得厅门最少,房间尺度大小合适,每户具有良好的自然通风和采光。室内功能中,居住功能与日常功能互不干扰,动静分离、相对独立。在技术上,采用框架结构,户内可灵活分隔,让业主参与创作,进行二次设计,而框架中均用异型柱,不见结构柱梁。设计布局中处处反映出设计师、开发商对住户的细心关怀。

2. 立面塑造

立面按欧陆式建筑风格，依经典原则塑造。垂直方向用"三段式"处理，由首层高度的基座部分，到中段的墙身体，至顶部的三段式设计；水平方向按"五列式"划分，向左右两侧延展成为有节奏、有韵律变化，可非对称但需均衡的五条块构图。同时注重光影处理、色彩搭配，以及材料质感肌理的对比。将欧陆建筑中简练的经典坡面处理、精致的细部线脚处理等设计手法，拿来为我所用，使设计出的建筑立面既有古典风韵，又展现时代特征。

开发商、建筑师需深入研究把握业主对户型、房间、面积及其分配、环境、设备等的需求，努力探索居家心理、居住文化与习惯，以及可能的装修潮流及其表现手法，寻求住宅设计新概念。

（二）别墅单体

1. 平面布局与造型创意

别墅与洋房不同，它更讲究平面功能的周全、舒适、配套，以及内外环境的相互呼应。项目对别墅区从群体规划布局，到单体平、立面的组织设计，均经过反复推敲研究，并力求创新，确保户型不落后、外观耐看，成为市场持久的热点。

小区的理念是：越是经典的，越具生命力，就越将流传久远。小区的别墅根据不同的面积指标及精品意识，精心推出46种基本户型款式与多种不同立面效果，并在此基础上产生多种变化，供住户多样选择，使别墅群置于环境整体中，既能有丰富个性，又在对比中取得统一协调。别墅层数以局部三层为基本，每幢别墅建筑面积从最小为 250 m²，至标准主力户型的 350 m² 左右，直到少量超豪华型的 500 m²，别墅均有前庭后院和室内停车位。

洋房和别墅的外墙饰面材料，均用外墙涂料，使其立面具有丰富细腻的表现力，使用偏暖的温和色做基本调，配以线脚等的局部点缀和坡面西式琉璃瓦盖顶，从而更具生活祥和的氛围。

项目作为高尚住宅区，同时在生活配套服务实施上给予了全面、深入的考虑，并有完善的物业管理。在硬件上，有功能集中的花园会所，其建筑特色包括会所内部空间渲染，同样采用欧陆建筑风格。小区可提供休闲购物、中西泳池，更配有海滨广场和临江公园等公共娱乐服务设施，建筑面积约 6 000 m²。小区内幼儿园、托儿所、小学等的建筑面积约 4 000 m²。同时，还有邮政、银行服务配套，并在小区内设置肉菜市场，在各区洋房首层设有便利店。

"美的海岸花园"不仅在环境上结合其独有的地形地貌特点，并且变约束限制的因素为特色规划的因素，从一草一木、一窗一柱开始，精心营造；也在建筑单元的构筑设计上，反映出其强烈的精品意识，进行精雕细琢。它是极富人性化的设计，是现代建筑技术及现代材料与古典建筑艺术完美结合的产物，是居住理念与现代生活需求的和谐统一，点点滴滴既凝聚着美的人的探求奉献精神，也必将满足业主的生活需求。

美的集团不仅在工业产品中，创立家电名牌；遵循着"开放、和谐、务实、创新"的企业精神，美的人也必将在人居产品的生产中，再创完美，再立"美的新概念"。

看完以上引例，请同学们讨论：

（1）房地产开发项目的规划设计包含哪些方面？

（2）如何向社会与业主提供一个安全便利、健全优美的居家环境？

任务 1 城市规划与房地产开发

一、城市规划

城市规划是研究城市的未来发展、城市的合理布局和综合安排城市各项工程建设的综合部署,是一定时期内城市发展的蓝图,是城市管理的重要组成部分,也是城市建设和管理的依据。

在现有城市管理体制条件下,城市规划的编制、实施和管理,一般由规划设计院和规划管理局来完成。而它们是政府的职能部门,归根结底规划的权力集中在政府手中。所以就其性质而言,城市规划是一种政府行为。这一行为结果要求反映城市全体公众的意志,维护公共利益,保障公民的合法权利,创造优美的城市环境。

二、城市规划与房地产开发的联系

规划与开发是建设环境的两个方面,城市规划与房地产开发的本质决定了二者是相互交叉的过程,它们共同创造了影响每个人生活的城市社会环境。但是,两种活动的明显区别是,前者表现出更加正式的、正确的、社会的、谨慎的和向公众负责的特点,后者则显示出更加个体化的、企业化的、动态的、投机性的和以获利为动机的特点。

从某种程度上来说,这两者是城市建设过程中的不同阶段,其共同目的是为城市服务、创造良好的生活和生产环境,以满足人们的需要。城市规划是一个城市房地产开发的"龙头",它指导和制约着城市的房地产开发,而城市规划所绘制的城市发展蓝图则部分要依靠房地产开发来实现,并针对开发过程中出现的新情况及时进行调整和补充,二者关系密不可分。

从实现方法来看,城市规划确定城市发展的目标和方向,是一种目的行为;而房地产开发则是实现城市规划的手段之一,也是最经济、最快速的一种手段。因此,可以说二者之间的关系是宏观与微观、整体与局部、长期与短期、目的与手段、指导与被指导的关系。一般来说,宏观、全局、长远的利益应摆在首要位置,但局部、微观、短期的利益也要兼顾。没有局部也就没有整体,没有短期行为无以达到长期目标;没有微观的分析、集合,也就不可能有正确的、宏观的判断发展。只有当前者兼顾后者、后者服从前者,二者实现共同的目标时,才有可能使政府获得最佳政绩,开发商获得最佳业绩。如果二者充满矛盾,缺乏同一性,就会给城市建设与发展带来麻烦,最终遭受损失的不仅仅是政府和开发商,还有可能是全体社会。

城市规划是城市建设的"龙头",可以指导房地产业的发展。城市规划又是房地产开发的基础,没有城市规划,房地产开发就没有方向和依据,只有在详尽的城市规划指导下,房地产开发才能具有前瞻性,才能可持续发展,从而在得到可观的经济效益的同时,带动相关产业的发展。

任务 2 居住区规划设计

居住区规划，简单来说就是为居民创造一个满足日常物质和文化生活需要的舒适、卫生、安全、宁静和优美的环境。住宅区的合理规划，能有效提升房地产产品的品质和价值，实现产品的经济价值和房地产开发的良性循环。

一、居住区规划设计的任务和内容

（一）居住区规划设计的任务

1. 居住区、居住小区、居住组团的划分

居住区泛指不同规模的人居住生活的聚居地，特指被城市干道或自然分界所围合的，配有一整套较完善的、能满足该区居民物质和文化生活所需的公共服务设施的，居住人口为 30 000~50 000 人的生活聚居地，按平均每户 3.5 人计算有 8 577~14 280 户。

居住小区一般指被居住小区级道路或自然分界所围合的，配有一套能满足该区居民基本物质和文化生活所需的公共服务设施的，居住人口为 7 000~15 000 人的生活聚居地，按平均每户 3.5 人计算有 2 000~4 280 户。

居住组团一般指被居住小区级道路分隔的，配建有居民所需的基层公共服务设施的，居住人口为 1 000~3 000 人的生活聚居地，按平均每户 3.5 人计算为 280~850 户。

2. 居住区规划设计的任务

居住区规划设计的任务是为居民经济合理地设计建造一个满足日常物质和文化生活的，方便舒适和安全卫生的居住生活环境。

（二）居住区规划设计的内容

居住区规划设计包括以下内容。

(1) 选择确定用地位置、范围，包括确定改建、拆迁范围。

(2) 确定居住区规模，即确定居住人口数量和用地大小。
- 依据人口数量确定用地大小，如新建厂矿的居住区。
- 依据用地大小确定合理居住人口数量，如发展中的城市的新居住区开发或旧城改造。

(3) 拟定住宅类型、层数、数量和布置方式。

(4) 拟定公共服务设施（包括一定数量的允许建造的生产性建筑）的内容、规模、数量、分布和布置方式，包括其占地面积和建筑面积。

(5) 拟定道路的宽度、断面形式和布置方式。

(6) 拟定公共绿地和体育、休息、游憩等室外场地的数量、分布和布置方式。

(7) 拟定有关公共配套设施的供给数量、方式、等级和管网布置方案等。其中，公共配套设施是指：给排水、电气、通讯、煤气、环卫、集中供热等。

(8) 拟定各项技术经济指标，并进行造价估算。

二、居住区规划主要的技术经济指标

(一) 用地平衡表

用地平衡表主要包括以下内容。

(1) 居住区用地包括住宅用地、公建用地、道路用地和公共绿地等。

- 住宅用地(R01)：住宅建筑基地占地及其四周合理的间距内的用地(含宅间绿地和宅间小路等)的总称。
- 公建用地(R02)：与居住人口规模相对应的、为居民服务和使用的各类设施的用地，包括建筑基地占地及其所属场院、绿地和停车场用地。例如，幼托、中小学、粮杂店、副食品商场、储蓄所、邮电局、居委会、派出所等的用地。
- 道路用地(R03)：指居住区道路、小区道路、组团路和非公建配建的居民停车场用地、单位通勤车停放场地等。
- 公共绿地(R04)：满足规定的日照要求、适合于安排游憩活动设施的、供居民共享的游憩绿地，应包括居住区公园、小游园和组团绿地、带状绿地等。

(2) 其他用地：即非居住区用地。工程中常见的有城市道路代征地、自然河流地等。

居住区用地平衡表见表7-1。

表7-1 居住区用地平衡表

用　　地	面积/公顷	所占比例/(%)	人均面积/(m²/人)
1. 居住区用地	▲	100	▲
(1) 住宅用地	▲	▲	▲
(2) 公建用地	▲	▲	▲
(3) 道路用地	▲	▲	▲
(4) 公共绿地	▲	▲	▲
2. 其他用地	△		
3. 居住区规划总用地	△		

注：① ▲为必要指标；△为选用指标。
② 1公顷=10 000 m²。

(二) 其他技术经济指标

其他技术经济指标见表7-2。

表 7-2 其他技术经济指标

项　目	计量单位	数值	所占比重/(%)	人均面积/(平方米/人)
总建筑面积	万平方米	▲	100	▲
1. 居住区用地内建筑总面积	万平方米	▲	▲	▲
（1）住宅建筑面积	万平方米	▲	▲	▲
（2）公共建筑面积	万平方米	▲		
2. 其他建筑面积	万平方米	△		
住宅平均层数	层	▲		
高层住宅比例	%	▲		
中高层住宅比例	%	▲		
居住户(套)数	户(套)	▲		
居住人数	人	▲		
户均人口	人/户	△		
人口毛密度	人/公顷	▲		
人口净密度	人/公顷	△		
住宅建筑套密度（毛）	套/公顷	△		
住宅建筑套密度（净）	套/公顷	△		
住宅面积毛密度	万平方米/公顷	▲		
住宅面积净密度	万平方米/公顷	▲		
（住宅容积率）	（用比值表示）	▲		
居住区建筑面积(毛)密度	万平方米/公顷	△		
（容积率）		▲		
住宅建筑净密度	%	▲	▲	
总建筑密度	%	△	△	
绿地率	%	▲	▲	
拆建比		△	△	
土地开发费	万元/公顷	△		
住宅单方综合造价	元/平方米	△		

注：①▲为必要指标；△为选用指标。
②1 公顷＝10 000 m²。

表中相关项目的解释如下。
（1）居住户数＝住宅套数。
（2）居住人数＝居住户数×户均人口，其中户均人口一般按 3.5～4 人/户计算。
（3）人口毛密度：每公顷居住用地上容纳的规划人口数量。

(4) 人口净密度：每公顷住宅用地上容纳的规划人口数量。

(5) 住宅建筑套密度（毛）：每公顷居住区用地上拥有的住宅套数。

(6) 住宅建筑套密度（净）：每公顷住宅用地上拥有的住宅套数。

(7) 住宅面积毛密度：每公顷居住区用地上拥有的住宅建筑面积，其单位为万平方米/公顷。

(8) 住宅面积净密度：也称为住宅容积率，表示每公顷住宅用地上拥有的住宅建筑面积，其单位为万平方米/公顷；如果采用面积之比值表示，即为住宅容积率。

(9) 居住区建筑面积（毛）密度（即容积率）：表示每公顷居住区用地上拥有的所有建筑面积，其单位为万平方米/公顷；如果采用面积之比值表示，即为住宅容积率。

(10) 住宅建筑净密度：住宅建筑基地面积与住宅用地面积之比率。

(11) 建筑密度（毛）：所有建筑基地面积与居住区用地面积之比率。

(12) 绿地率：各类绿地面积的总和与居住区用地面积之比率。

任务 3 建筑风格选择

一、建筑风格分类

1. 按国家（民族）和地区分类

按国家分类，如中国风格、日本风格、英国风格、法国风格、美国风格等。

按地区分类，可用一个地区概括，如欧陆风格、欧美风格、地中海风格、澳洲风格、非洲风格、拉丁美洲风格等。

2. 按建筑物的类型分类

按建筑物的类型分类，可将建筑风格分为住宅建筑风格、别墅建筑风格、写字楼建筑风格、商业建筑风格、宗教建筑风格、其他公共建筑（如学校、博物馆、政府办公大楼）风格等。

3. 按照历史发展流派分类

按照历史发展流派分类，可将建筑风格分为以下几类。

(1) 古希腊（约前 800 年—300 年）建筑风格。

(2) 古罗马（约前 300 年—365 年）建筑风格，古罗马建筑风格是欧洲建筑艺术的重要渊源。

(3) 欧洲中世纪（约 426 年—1453 年）建筑风格，封建领主经济占统治地位，城堡式建筑盛行。

(4) 文艺复兴（14 世纪中叶—17 世纪初）建筑风格，建筑设计从经验走向科学化，不断冲破学院式、城堡式的封闭。

以上四类可称为古典主义建筑风格。

(5) 新古典主义建筑风格。这一风格曾三度出现，最早一次是1750—1880年，它是欧洲古典主义的最后一个阶段，其特点是体量宏伟，柱式运用严谨，而且很少用装饰；另一次出现在1900—1920年，带有一定的复古特征；第三次出现在1982年，其主要特征是把古典主义和现代主义结合起来，并加入新风格，这一风格在当今世界各国颇为流行。

(6) 现代主义风格(1960—1975年)。缘自西方60年代兴起的"现代艺术运动"。它是通过运用新材料、新技术来建造适应现代生活的建筑，其外观宏伟壮观，很少使用装饰。

(7) 后现代主义风格，亦称"后现代派"，于1980年开始出现。这一风格的建筑在建筑设计中重新引进了装饰花纹和色彩，以折中的方式来借鉴使用不同的时期具有历史意义的局部特点，但不复古。

4. 按建筑方式分类

1) 哥特式建筑风格

该建筑风格盛行于12—15世纪，是于1140年左右产生于法国的欧洲建筑风格，多为宗教建筑。其最主要的特点是高耸的尖塔，通过超乎寻常的尺度和繁缛的装饰，来形成一种统一向上的旋律。其整体风格为高耸消瘦，通过卓越的建筑技艺表现出神秘、哀婉、崇高的强烈情感，对后世其他艺术均有重大影响。

2) 巴洛克式建筑风格

该建筑风格于17世纪起源于意大利的罗马，后传至德国、奥地利、法国、英国、西班牙、葡萄牙，及其在拉丁美洲的殖民地。它是17—18世纪在意大利文艺复兴建筑基础上发展起来的一种建筑和装饰风格。其特点是外形自由，追求动态，喜好富丽的装饰和雕刻和强烈的色彩，常使用穿插的曲面和椭圆形空间。巴洛克一词的原意是畸形的珍珠，古典主义者用它来称呼这种被认为是离经叛道的建筑风格，这种风格在反对僵化的古典形式，追求自由奔放的格调和表达世俗情趣等方面起了重要的作用，对城市广场、园林艺术乃至文学艺术部门都产生了重要的影响，一度在欧洲广泛流行。

3) 洛可可式建筑风格

洛可可式建筑风格，于18世纪20年代产生于法国，其后流行于欧洲，它是在巴洛克式建筑的基础上发展起来的，是巴洛克风格的晚期，即巴洛克风格的瓦解和颓废阶段。它主要表现在室内装饰上，其基本特点是纤弱娇媚、华丽精巧、甜腻温柔、纷繁琐细。

4) 木条式建筑风格

木条式建筑风格是一种纯美洲民居风格，主要特点是水平式、木架骨的结构。

5) 园林风格

园林风格从20世纪70年代开始流行，其特点是采用环境规划和景观设计，通过栽植花草树木来提高绿化，并围绕建筑营造园林景观。

6) 概念式风格

概念式风格从20世纪90年代开始在国际上流行，它其实是一种模型建筑，更多的来自于人的想象，力求摆脱对建筑本身限制和约束，从而创造出一种个性化色彩很强的建筑风格。

5. 当今我国建筑风格分类

1) 欧陆风格

"粉红色外墙,白色线条,通花栏杆,外飘窗台,绿色玻璃窗",这种现在国内较常见的欧陆风格的建筑类型,主要以复制古希腊及古罗马艺术符号为特征,反映在建筑外形上,则是较多地使用山花尖顶、饰花柱式、宝瓶或通花栏杆、石膏线脚饰窗等,具有强烈的装饰效果,在色彩上多以沉闷的暗粉色及灰色线脚相结合。另外,这一类建筑继承了标准古典主义三段式的特征,结合裙楼、标准层及顶层、女儿墙加以不同的装饰处理。

2) 新古典主义风格

新古典主义风格的建筑的外观吸取了类似"欧陆风格"的一些设计元素及处理手法,但加以简化或局部修改,配以大面积墙及玻璃或简单线脚构架,在色彩上以大面积线色为主,装饰则相对简化,追求一种轻松、清新、典雅的气氛。目前国内的建筑中这种建筑风格较多,属于主导型的建筑风格。

3) 现代主义风格

现代主义风格的作品大都以体现时代特征为主,没有过分的装饰,一切从功能出发,讲究造型比例适度及空间结构图明确美观,强调外观的明快、简洁,体现了现代生活的快节奏,不仅简约和实用,而且还具有充满朝气的生活气息。

4) 异域风格

这类风格的建筑大多是由境外设计师所设计,其特点是将国外的建筑风格"原版移植"过来,在植入现代生活理念的同时,又带有其异域情调的空间。

5) 普通风格

这类风格的建筑很难就其建筑外观在风格上下定义,其出现与商品房开发所处的经济发展阶段、环境或开发商的认识水平、审美能力和开发实力有关。其建筑形象平淡,建筑外立面朴素,无过多的装饰,外墙面的材料亦无细致考虑,显得普通化。

6) 主题风格

主题风格型建筑是房地产策划的产物。这种建筑以房地产策划为主导,通过房地产策划构造楼盘的开发主题和营销主题,然后规划设计按照主题展开。

二、建筑风格对开发项目价值的意义和影响

1. 意义

从建筑本身来说,建筑风格可以取得两种效果:一是美观,二是识别度。

从市场的角度来说,良好的建筑风格对楼盘促销是有积极意义的,也是楼盘推广的卖点之一。

从消费者的角度来说,有风格的建筑能获得他们的认同,不同的建筑风格会影响消费者的选择。

2. 影响

建筑外立面视觉效果的美观性可以提升项目的档次和知名度。外立面的建筑材料的选择条件,包括材料的耐损能力、光洁度、坚实度、保温隔热性能等。它对项目的保值有很大的帮助,不仅使业主得到了实惠,而且楼盘价值也得到了提升。

任务 4　住宅户型设计

住宅的户型设计是指住宅建筑的平面布置,包括房间的功能安排、空间组合、面积配比和流线组织等。一个常规的户型要具备六大功能空间客厅、餐厅、卫生间、主卧、储藏室和学习区。这些功能空间的取舍与组合就组成了满足不同需要的平面户型。

户型的设计是小区设计中一个非常重要的环节,但是在商品房销售市场,近几年户型设计的重要性似乎渐渐被人们忽略了。在有些从业者看来,小区规划、建筑立面或景观设计,这些都是摆在人们面前可以看到的,在这些方面花力气可以树立形象并增加声誉,进而促进销售。而户型则不易被人们看到。因此,除了少数几家有远见的房地产公司之外,大多数的公司对户型设计都没有给予太多的重视。

一、户型设计的重要性

1. 户型设计对消费者购买的影响

1) 销售总价影响户型的选择

房地产销售过程中经常出现消费者看上了却买不起的情况,比如重庆的"龙湖花园",从小区规划到建筑立面,以及景观都设计得非常漂亮,但是其总价太高,普通的消费者无法购买。房屋的销售总价会影响决策,而销售总价决定于单价和房屋面积(即建筑面积或使用面积)。房屋的单价是由地价、建造成本、管理成本及区位等多方面因素共同决定的。在房地产市场中,同一区段、相同品质的房屋的单价往往也会保持一致,这时房屋的销售总价就由户型面积决定了。对于价位相对较低的楼盘来说,消费者对销售总价是非常关心的,同样是三房,房屋面积为 90 m^2 的户型比房屋面积为 120 m^2 的户型要便宜 30%,这就会极大的影响消费者的购房决策。

2) 户型平面是销售期间最真实的承诺

现在绝大多数楼房销售的都是期房,虽然大型公司会要求做示范区和样板房,将小区的生活方式和居住体验通过直观的方式展示出来,但是能实实在在看见的还是户型。户型在购房合同中也会出现,其误差不会超过 3%,这是真正的承诺。所以消费者会非常关心户型的情况。

3) 户型平面是消费者最关心的问题

户型在很大程度上决定了住户的生活方式,如家里人口多少、是否和老人同住、有没有小孩、需不需要书房等,这都是非常实在且消费者最关心的问题。

2. 户型对房地产开发项目价值的影响

1) 户型影响去化速度

去化速度是房地产行业的一个专业术语,指的是房屋销售的速度,不仅是指在一定时间内销售了多少套,还包括销售了多大比例的房子。去化速度带来的时间成本是每个开发商都会认真考虑的。综合条件好的户型、符合目标消费者需要的户型,自然就销售得快,反之就慢。很多楼盘会出现这种现象,有30%或80%的户型销售得非常好,但是总有一批户型很难销售,这种情况就给开发商带来了时间成本。例如,南京市的"东郊小镇",每一次开盘,都会对前面50组消费者进行分析,包括他们最喜欢的楼层、户型等,这些数据会影响后期的配价和销售,进而影响到开发商利润的实现。

2) 户型影响利润空间

一些具有高创新价值的产品,经过营销的引导,会获得更高的价值。例如,万科的"情景花园洋房"就是一种非常好的创新户型,同样是多层住宅,只是楼层较低,但是经过良好的设计和宣传,最后按照接近别墅的价格销售,而且还得到了市场的追捧。又如武汉万科的四季花城,在2005年多层的售价为 2 300 元/m^2,情景花园洋房的售价为 3 100 元/m^2,这样通过户型的创新就获得了一部分新的利润空间,这是所有的开发商都乐意去追求的,在成本投入不多的情况下,利润空间巨大。

3) 户型影响产品的市场竞争力

产品的市场竞争力也是开发商非常关心的事情,在同样的市场环境下,有的楼盘销售火爆,而有的楼盘相对冷清。就楼盘的市场竞争力而言,决定因素有很多,其中户型也起着很重要的作用。如果楼盘设计得好,营销推广也做得不错,户型设计又满足目标消费者群的需求,自然产品也就具有了相应的市场竞争力,其销售自然就优于其他的楼盘。

二、住宅户型设计要点

住宅户型设计一般注意的几个问题。

1. 户型需求

户型需求的多样化主要由以下几个因素造成。

(1) 市场消费层次的多样化。例如,作为移民城市的深圳,人口来自全国各地,也带来了不同的地域文化。不同地域、不同文化层次的消费构者成了不同的需求层次,其消费心理难以准确把握,销售难度往往集中于如何将不同需求导向某一个需求目标;而在湖北省黄石市,购房群体主要是在本城区,并且文化层次较集中,其消费习惯易于把握。

(2) 购买群体年轻化。现在购房者年龄大都在25～45岁之间,消费者群体的年轻化使需求呈现复杂的个性化。

(3) 潜在的购房者绝大部分为非常住人口。有限的收入使其难以实现近期购房,其置业计划必然是远期的,并且是理性谨慎的,从而增加了其购房的不确定性。

2. 户型适用

适用性是住宅建设的基本要求,户型设计的首要选择因素就是使用方便,舒适度较高,满足不了适用性的要求就更别说户型设计的先进性和前瞻性了。适用性的具体表现如下。

(1) 面积适当的厅,满足会客、聚会、视听、休闲的公共性活动功能。其中,厅内要有良好的光照、通风和视野;厅内不要有太多的墙洞和门,以方便家具的摆设和隐私的保护。

(2) 厨房最好靠近门口,以方便放置购买的菜蔬与处理垃圾,避免污染。厨房和餐厅最好相邻,以便用餐和摆放餐具。

(3) 卫生间与卧室最好相邻,方便夜间使用和老人小孩使用。

集中归纳起来,适用性主要是要满足动静分区、干湿分区、公私(公用区和私密区)分区的要求。

3. 平面形式

平面形式上的变化主要表现在以下两个方面。

(1) 每一层的户数在减少,尤其是小高层和高层住宅。以前多为平均一梯8户甚至10户,现在减少为平均一梯4~6户,最少一梯1~2户。密集的户型在以后将不受欢迎。

(2) 平面形式增多,以前那种简单的十字形也在变化。井字形、米字形已经很少使用,现在使用的有蝶形、品字形以及单排式、错层式等。现在较多采用的是品字形(或工字形)结构和蝶形结构。这种形式的最大优点是在于采光通风良好,户与户之间无遮挡,住户的观景效果良好。

4. 内部间隔

以往户型间隔布局杂乱,功能分区不明。其主要表现在:餐厅和客厅不分,开门即厅,厅当走道;卫生间对着房门,而且与卧室相邻,由于隔音效果不好,卫生间的水龙头一打开,相邻的房间深受噪音之苦等。为此,户型间隔上应注意以下几点。

(1) 开门是厅或玄关,饭厅与厨房相邻。

(2) 卧室置于一侧,卫生间、浴室等置于一侧,中间形成一道走廊。

(3) 走廊尽头是主卧室。

(4) 一般都采用工字、T字或者蝶形设计,景观互不遮挡。

5. 户型大小和构成

户型大小与产品形态有着很大联系,而一般住宅户型面积的分配如下。

- 厅(起居室):20~45 m²。
- 主卧室:15~25 m²。
- 次卧室:8~12 m²。
- 保姆间:4~6 m²。
- 卫生间:4~10 m²。
- 厨房:8~12 m²。
- 洗衣机间:4 m²(附污水盆)。
- 储藏室:6 m²。

- 阳台：4～12 m²。
- 生活阳台：4～6 m²。
- 走入式储藏室：6 m²。

上述面积中，保姆间、走入室储藏室根据商品房的目标消费者而选择配置。

6. 功能分区

住宅的使用功能虽然简单，但却是不能随意混淆的，简而言之一般有如下几个分区。

(1) 公共活动分区：供起居、交谊用，如客厅、餐厅、家庭厅、门厅等。

(2) 私密休息厅：供处理私人事务、睡眠休息用，如卧室、书房、保姆房等。

(3) 辅助区：供以上两个部分的辅助支持用，如厨房、卫生间、储藏间、阳台等。

这些分区各有明确的专门使用功能，有动、静的区别，有小环境的要求。绝大多数的平面设计都注意到了正确处理这个三个功能区的关系，使之使用合理而又不互相干扰。

7. 户型布局

根据调查，一般消费者认为评价户型最重要的因素依次是：布局、朝向、楼层和使用率，由此可见户型布局的重要性。在具体的户型布局上，消费者认为各功能区的重要程度依次为：起居室、主卧、次卧。有专家认为目前在130～140 m² 总面积的户型中设计30 m² 的卧室比较合适，从趋势上看，厅的面积将下调，主卧室面积从15～18 m² 调至25 m²。其中的原因包括：①住户年轻化，很少在家度过，回家时卧室是其常用的空间，需要组合柜、电视、看书的位置，厅内的一部分功能转移到卧室中；②社区中设置会所，会所改变了交友一定要在家的概念；③整个社会文明程度提高，人对隐私权的要求增加。

在设计中通常安排餐厅和起居厅结合，但高标准的住宅内，可以考虑分开设置。但如果分开后，餐厅的光线、通风及视野等条件均没有得到改善，或者餐厅分离后反而更像扩大的通道，那么不如不分开。特别是中小型住宅，一个大起居室给人的空间感、尺度感和生活氛围，便优于两个厅的分离设计。

任务 5 环境景观设计

一、小区景观设计原则

进入21世纪以后，住宅建设发展的一个亮点，就是"生态住宅"、"绿色住宅"、"健康住宅"理念的兴起。如何提供给消费者一个健康、舒适、美丽的生态家园，成为开发商和消费者共同关注的热门话题。

小区的建设必须以人为本,即围绕"人"这个主体,其一切实施举措都要为人的健康、舒适着想,以及为丰富人们的物质生活和精神生活着想。

人们现在已不再单纯地把居住环境作为一种生存资料,同时也要求其成为一种赏心悦目、怡情养性、益寿延年的享受资料,这其中就包括了提供美的享受。因此,解决好住区环境的景观设计问题是相当重要的。

小区景观的营造,应当符合三大原则,即生态原则、经济原则和文化艺术原则。

1. 生态原则

人居环境最根本的要求是生态结构健全,适宜于人类的生存和可持续发展。小区景观的规划设计,应首先着眼于满足生态平衡的要求,为营造良好的小区生态系统服务。

2. 经济原则

小区景观的经济性,既要顾及造园工程近期的建造成本,它关系到售价和开发利润;更要顾及长期的养护成本,它关系到物业管理费用。坚持经济原则是非常重要的,国外住宅小区的景观设计大都崇尚朴素,经济实惠,很少有不必要的铺张设施,这一点很值得我们借鉴。

3. 文化艺术原则

小区景观绝非是草树花石、亭台楼阁的简单堆砌。虽无定式,但有其特定的艺术法则。

二、景观设计的艺术要素

景观的基本成分可分为两大类:一类是硬质景观,通常是人造的物体,如铺地、墙体、栏杆、景观构筑等;另一类是软质景观,通常是自然的物体,如树木、水体、和风、细雨、阳光、天空等。

1. 硬质景观的艺术设计

1) 铺地

铺地是园林景观设计的重点,尤其是在广场设计中。世界上许多著名的广场都因精美的铺地设计而给人留下深刻的印象,如米开朗琪罗设计的罗马市政广场等。但是现在的设计对于铺地的研究,没有深入研究如何发挥铺地对景观空间构成所起的作用,而是片面追求材料的档次,以为材料档次越高就越好,其实不然,并不是所有的地方都要用高档的材料。在国外,在这方面研究开展得比较深入,如巴黎埃菲尔铁塔的广场铺地与坐凳小品都是混凝土制品,而没有选用高档次的花岗岩板,并无不协调或不够档次的感觉。铺地设计中也可利用铺地的质地、色彩等来划分不同空间,使其产生不同的使用效果。例如,在一些健身场所可以选用一些鹅卵石铺地,这样不仅美观而且具有按摩足底的功效。

2) 墙体

过去,墙体多采用砖墙、石墙,虽然简单实用,但与现代的城市建筑不协调,如今蘑菇石贴面墙现正被广泛使用。现在不但墙体材料已有很大改观,其种类也丰富多彩,如有用于机场的隔音墙,用于护坡的挡土墙,用于分隔空间的浮雕墙等。另外,现代玻璃墙的出现可谓一大创新,因为玻璃的透明度比较高,可以很方便地用于景观设计。随着时代的发展,墙体已不单是起到一种防护的作用,它更多的是用于表达一种艺术感受。

3) 小品

园林小品的种类很多,如坐凳、花架、雕塑、健身器材等。坐凳是景观中最基本的设施,布置坐凳要仔细推敲。一般来说,在空间亲切宜人,具有良好的视野条件,并且具有一定的安全和防护性的地段设置坐凳,要比设在大庭广众之下设置坐凳更受欢迎。例如,北京的西单文化广场由于不可能在广场上摆满坐凳,只好在狭窄的道路旁摆了一排座椅,因为广场中没有其他可以坐人的设施,游人只好坐在座椅上面,常常人满为患,故这种设计是不合理的。其实,设计时可以设计一些辅助座位,如台阶、花池、矮墙等,往往会收到很好的效果。

4) 景观构筑

景观构筑包括雨水井、检查井、灯柱、垃圾筒等必要设施。过去,人们在设计时只是一味注重大环境的景观效果,而忽视了对一些小的景观构筑的设计,从而使一些设计项目总有美中不足之处。如今,人们逐渐加强了景观细节的设计,从而取得了很好的视觉效果。在这一点上国外表现得尤为明显。例如,检查井井盖的处理:在国内,一般对井盖不进行修饰,虽然已出现了一些预制的褐色井盖,但其视觉效果一般;而国外的设计师则对井盖进行细部研究,他们将井盖的颜色加以修饰,五颜六色的图案被恰当地运用到井盖的设计中,与景观进行有机结合,形成了别具一格的设计风格。

2. 软质景观的艺术设计

1) 园林植物

植物造景在软质景观的艺术设计中有很大的作用。植物造景即利用乔木、灌木、藤木、草本植物来创造景观,并发挥植物的形体、线条、色彩等自然美,配置成一幅美丽动人的画面,供人们观赏。植物造景区别于其他要素的根本特征是其具有生命特征,这也是其魅力所在。所以植物能否达到预期的体量,对季节变化、生长速度等因素都要进行深入细致的考虑,同时还要结合植物栽植地的情况。从而在成活率达标的基础上,利用植物造景艺术原理,构造疏林与密林、天际线与林缘线及植物群落相搭配的园林植物景观。随着生态园林建设的深入发展及景观生态学、全球生态学等多学科的引入,植物造景包含的含义将更为广泛和深入。

2) 水体

水体有动水和静水之分。动水包括喷泉、瀑布、溪涧等;静水则包括潭、湖等。喷泉在现代景观中的应用中十分普遍。喷泉可利用光、声、形、色等效果产生视觉、听觉、触觉等艺术感受,使生活在城市中的人们感受到大自然中水的气息。

3) 其他

其他软质景观还包括风、雨、阳光、天空等。这些自然景观在软质景观设计时可以多多加以利用,能够取得很好的效果。

任务 6 住宅小区智能化

近年来,随着我国社会经济的飞速发展,人民的物质和精神生活水平得到了很大的提高,对于与日常生活息息相关的各种生活要素也提出了更高的要求。对于住宅小区的选择也已经从以往对地理位置、居住面积、水电气配套等这样低层面的要求逐渐地上升到了对居住环境的安全性、便捷性、舒适性及功能性等方面的要求了。越来越多的人在选择住宅小区时开始关注具有"家居智能化"和"居住小区智能化"这样一些具有全新理念的新型住宅小区了。

就具体的住宅小区而言,如何才能算作是达到智能化了呢?在目前的情况下,一般住宅小区具备了以下三个系统的主要功能,就可以认为其在不同的程度上具备了智能化的基本要求了。

一、安全防范系统

1. 住宅小区周围边界的防范功能

该项功能要求在封闭式管理的住宅小区周围边界设置主动红外线报警探测器、电脉冲栅拦等报警探测装置,并与住宅小区管理中心的主机相连接,用于及时发现非法越界者。住宅小区管理中心也能实时显示报警路段和报警时间,并且自动记录与保存报警信息。

2. 住宅小区闭路电视监控功能

为了满足该功能,在小区的各个进出口、停车场、电梯厢等处设置摄像机,每天 24 小时对进出小区的人员、车辆及电梯的运行情况实施监控,必要时可以进行实时录像,供事后查询。

3. 小区内住户安全报警功能

小区内部每户均安装有智能安全报警子系统,该系统能够识别来自烟雾、煤气泄漏、应急求救按钮、红外线探头、门磁开关等报警探测器的信号。当意外发生时,智能系统自动按照内部程序设定的警情等级通过现场总线通信的方式把各种报警信号传输到远端的物业管理部门的监控中心。例如,煤气泄漏时,系统可以自动关闭住户的煤气阀和电闸,以保证楼内居民的安全。

4. 楼宇对讲及小区内部通话功能

小区内部楼宇每个单元都安装有楼宇安全门对讲系统,每户都可以安装可控制楼宇安全门的对讲机,来访客人可以通过对讲系统实现与被访住户的对话,并由被访住户遥控开门。联网的对讲系统功能还可以实现来访客人在小区的入口处就能与被访住户对话,如果被访者不在家,访客就没有进入小区的必要了。在高级住宅楼区,还可以采用可视化楼宇安全门对讲系统,使住户足不出户便可对来访者一目了然了。

5. 电子巡更管理功能

对于采用封闭式管理的住宅小区,采用电子巡更管理技术可以杜绝保安人员的漏岗、失职等现象的发生。

二、信息管理系统

1. 水、电、煤气、热能等远传自动计量收费管理功能

该功能可以从根本上解决传统进户验表扰民的难题。改人工进户验表方式为集中式计算机自动验表方式既节省了大量的人力和降低了劳动强度,又增加了用户的方便性及安全性。计量仪表数据采集机通过计算机网络系统将水、电、气三表的数据快速、准确、及时地传输至物业管理中心,或者通过城域网络系统传输至其他相应的收费部门的计算机收费系统。对欠费不交的住户,则可以通过计算机管理系统远程关闭该住户的水、电、煤气阀,停止为其提供服务。

2. 配电系统监测功能

物业管理中心可以监测小区内各单元的供配电情况,一旦发生跳闸、缺相、停电等故障,物业管理中心的计算机系统能够监测到出故障线路的位置,物业管理人员可根据情况及时、准确地采取相应的处理措施。

3. 暖通系统监测功能

在有集中供暖、通风系统设计的小区内,对每栋住宅楼进行温度监测。一方面可以确保居民住宅的室内温度保持在令人舒适的范围内,另一方面可以控制能源合理地进行分配,以达到节能的目的。

4. 给排水系统监测功能

对住宅小区内部各个给排水系统进行监测。当给排水系统出现故障时,物业管理中心的计算机系统能够给出信息显示,为维修人员及时、准确检修提供了方便。

5. 照明设备的监控功能

对公共区域的照明包括街道、景观、泛光等设备进行控制管理,根据环境的照度和预定的时序实现照明的智能化控制,达到安全节能的目的。

6. 电梯运行状态监控功能

对小区内各单元电梯工作状态显示、故障报警信息等集中管理,以确保电梯的安全运行,出现故障时可及时发现并处理。

7. 停车场的管理功能

采用计算机管理的全自动化停车场,安装汽车防盗识别系统,并采用无接触感应式智能卡控制进出车辆,使得停车场的管理形成方便、安全、高效的控制体系。

8. 自动喷灌节水功能

如今绿地覆盖面积已经成了衡量住宅小区环境建设的一项重要标志,对小区园林绿化的浇灌实行智能化管理也成了必要措施。自动喷灌系统可以根据气候、土壤的温度和湿度状况自动喷水浇灌,达到科学浇灌和节约用水的目的。

9. 背景音乐与紧急广播功能

在小区广场、中心绿地、道路交汇等处设置草地音箱,通过管理中心集中控制。在节假日、每日早晚及特定的时间段播放舒缓的音乐,可以营造小区内和谐、愉悦的氛围,也可以播放公共通知、科普知识、娱乐节目等,增加住户的精神文化生活。在发生火灾、地震等紧急情况时,还可以作为紧急广播,强制介入使用。

10. 电子公告显示功能

在住宅小区内设立电子公告牌,显示有关的公共信息和小区物业管理信息,还可以开展发布各种广告信息服务业务。

11. 监控中心与物业管理计算机网络功能

监控中心包括闭路电视监控设备、计算机和计算机局域网络、数据库服务器、网络管理设备及后备电源设备等。

通过闭路电视监控设备,保安人员足不出户便可以随时随地观察到所辖小区内各处的情况,大大地减少巡防人员的数量,也提高了巡防工作的效率。

物业管理计算机网络系统通常还建有小区住户居民档案库。档案库中包含了居民入户登记、变更登记、住户概况、房屋楼层平面图、家庭成员健康情况等详细资料。当出现紧急报警情况时,计算机管理系统可以根据前端智能采集器发出的报警信息,立即查找出发生紧急报警住户的相关资料,以便为有关部门采取相应、必要的处理措施时提供详细的信息。

三、信息网络系统

1. 宽带网接入与网络服务功能

建立通达每户的小区宽带数据接入网络,以便为住户提供网上综合信息服务。可与本地区城域网络建设相结合,实现在家中即可进行网上购物、网上教育、网上医疗、网上股票交易和网上娱乐等。小区的物业管理部门也可以建立自己的信息服务平台,发布小区内部各种信息,从而极大地方便住户生活、学习和休闲的需要。

2. 家用电器自动控制功能

住户可以通过安装家用电器远程控制装置,从而通过打电话、上网等方式控制家中的空调、照明、电暖器、电热水器、录像机等家用电器的打开和关闭。

3. VOD 点播功能

VOD(video on demand)即视频点播技术的简称,也称为交互式电视点播系统。VOD 出现的最初原因是人们对广播电视节目的不满,在现行的广播电视体系中收看者完全是被动的,节目提供者播放什么节目,观众就只能看什么节目,而且节目时间也是固定不变的。而 VOD 技术则可以实现按照收看者个人的意愿进行节目的播放,节目内容除了一般传统节目外,还包括提供查询、浏览、指南、交易、广告、教学等各类节目。世界上许多国家都在试验和发展 VOD,它的出现使得电视机变成了一种可以随机获取信息的媒体,更像是一本书或是一张报纸。它可以浏览、可以自行调整,不再局限于某一时间或日期的限制。

4. "一卡通"服务功能

在小区内部开设安全、便捷的智能卡服务系统,可以方便地实现出入楼宇的门禁控制、停车、娱乐、购物、转账、付费等一系列活动的管理功能。

但智能化住宅小区内有千家万户,各人的职业、文化爱好、习惯也各不相同,各家的经济情况也不尽相同。因此,小区智能化系统服务对象差别很大,比单纯的智能大厦更为复杂。在这众口难调的情况下,必须对小区住户进行统计分析和归类,据此考虑智能化系统的具体功能、系统的实施。一般而言,小区智能化系统的实施情况可分成如下三类。

(1) 属于智能化系统的基本要求、技术条件成熟且性能价格比合适的,列入普遍实施的项目。一般包括防盗报警、紧急求助、消防报警、出入口控制、煤气防泄漏、语音通信、有线电视、三表出户、公共场所监控、边界防范、巡更等。

(2) 技术条件成熟,但费用较贵,操作也较复杂的,作为可选项目。一般包括对家电的远程控制、网上炒股、VOD、国际互联网上网、一卡通等。

(3) 技术条件复杂或不成熟者,或者外界环境尚不完备者,又或者投资成本太高者,则暂不实施。例如,远程急救诊疗,因在我国涉及法律责任和社会环境条件的制约,目前尚不具备实施的条件。又如集中空调系统,涉及投资太高、冷量分摊计费复杂和住户的观念等问题。

但不论哪一层次,都必须满足六个共同的特点,即高度的安全性;舒适健康的生活环境;便利的交通、通信;综合的信息服务;完善的社区、物业服务;相当程度的家庭智能化。脱离了这六个条件也就不能称之为智能化住宅小区了。

与此同时,当今世界建筑领域中又提出了将建筑智能化与环境保护、节能技术的紧密结合了口程之上。国际建筑界的有识之士普遍认为智能建筑将朝着绿色建筑、生态建筑与可持续发展的方向进行。也就是说将来的公共建筑或住宅小区都将朝着智能化、生态化的方向发展。这种发展趋势也正是人类社会的文明程度和居住水准在一定历史时期的体现,它反映了人类征服自然、改造自然,向大自然索取的同时又要控制和减少人类对自然界破坏的生态平衡意识,实现人类索取与回报之间的平衡。因此具有现代设计意识的住宅小区除了具有智能化以外,还应以"可持续发展"的观点为指导,综合处理人类、资源、自然与居住建筑主体之间的关系。

小结

(1) 城市规划研究城市的未来发展、城市的合理布局和综合安排城市各项工程建设的综合部署,是一定时期内城市发展的蓝图,是城市管理的重要组成部分,是城市建设和管理的依据,也是城市规划、城市建设、城市运行三个阶段管理的龙头。

(2) 居住区规划,简单来说就是为居民经济合理的创造一个满足日常物质和文化生活需要的舒适、卫生、安全、宁静和优美的环境。住宅区的合理及创新规划,能有效地提升房地产产品的品质和价值,实现产品的经济价值和房地产开发的良性循环。

(3) 住宅的户型设计就是指住宅建筑的平面布置,包括房间的功能安排、空间组合、面积配比、流线组织等。一个常规的户型要具备6大功能空间:客厅、餐厅、卫生间、主卧、储藏室、学习区。这些功能空间的取舍与组合就组成了满足不同需要的平面户型。

(4) 居住小区智能化是近年来在我国城市商品住宅建设中大力推广的一项高新技术,是建筑技术与现代电子技术、信息与网络技术、计算机技术和自动化技术等多学科研究成果相结合的产物。

(1) 城市规划与房地产开发的关系如何?
(2) 居住区规划设计的任务和内容是什么?
(3) 建筑风格有哪些类型?
(4) 户型设计的注意要点有哪些?
(5) 如何理解"住宅小区智能化"?

学习情境 8 房地产开发项目建设过程

学习目标

1. 知识目标

(1) 了解工程建设项目报建管理的概念、程序、内容,了解申请办理施工许可证的程序,了解项目竣工验收的要求、条件、依据、程序、备案,以及竣工结算和竣工档案。
(2) 掌握工程项目的招标范围。
(3) 熟悉工程建设项目招标各阶段的工作,以及必须实行监理的建设工程范围。

2. 能力目标

(1) 掌握招标方式的选择。
(2) 熟悉公开招标的基本程序,熟悉申请领取施工许可证应具备的条件。
(3) 熟悉工程项目管理中"三控、两管、一协调"的内容,以及安全控制的内容。

房地产开发与经营

◆ 引例导入

招标邀请通知书

_____厂(公司)：

根据我公司_____工程施工的需要,我公司计划购买一批工程物资,现决定采取向社会公开招标的方式对该批物资进行购买。

经过对贵厂(公司)初步了解,贵厂(公司)具备我公司招标办公室确定的候选供应商资格,特向贵厂(公司)发出该批物资的招标邀请通知书,若贵厂(公司)愿意参与投标,请于____年___月___日之前复函我公司招标办公室,届时我方会通知贵厂(公司)按要求参加投标。

        招标号：(某公司物招号)。
        物资名称及数量：1…；2…；3…。
        规格型号：   质量要求：
        交货日期：   交货地点：
        招标地点：
        招标时间： 年 月 日
        报送标书时间： 年 月 日
        开标时间： 年 月 日
        招标单位：某公司 项目部
        联系地址：   联系人：
        联系电话：

(招标单位盖章)
物资招标采购办公室
年 月 日

看完以上引例,请同学们讨论：

(1) 建设项目的招标工作是不是仅仅包括建筑施工阶段的招标？它还包括哪些招标工作呢？

(2) 从这份《招标邀请通知书》中能看出有多少单位会参加这次招标吗？能看出招标单位采取的是哪种招标方式吗？招标邀请通知书中出现的三个时间点之间是什么关系？

任务 1　工程建设项目报建管理

一、工程建设项目报建管理的概念

根据住建部颁布的《工程建设项目报建管理办法》中的规定：

凡在我国境内投资兴建的房地产开发项目,包括外国独资、合资、合作的开发项目都必须实行报建制度,接受当地建设行政主管部门或其授权机构的监督管理。未报建的开发项目不得办理招投标和发放施工许可证,设计、施工单位不得承接该项工程的设计和施工。

二、工程建设项目报建的程序

开发项目立项批准列入年度投资计划后,须向当地建设行政主管部门或其授权机构进行报建,交验有关批准文件,领取《工程建设项目报建表》,认真填写后报送,并按要求进行招标准备。具体程序如下。

(1) 建设单位到建设行政主管部门领取《工程建设项目报建表》。
(2) 填写《工程建设项目报建表》,并加盖公章。
(3) 向建设行政主管部门报送《工程建设项目报建表》。
(4) 领取工程建设项目报建证。
(5) 建设单位凭工程建设项目报建证办理建设工程规划许可证、招投标许可证、施工许可证等。

三、工程建设项目报建的内容

工程建设项目报建内容包括以下九项:①工程名称;②建设地点;③投资规模;④资金来源;⑤当年投资额;⑥工程规模;⑦开工、竣工日期;⑧发包方式;⑨工程筹建情况。

任务 2 房地产开发项目施工招标与投标

一、招标的范围

根据《中华人民共和国招标投标法》中的相关规定,在中华人民共和国境内进行下列工程建设项目包括项目的勘察、设计、施工、监理及与工程建设有关的重要设备、材料等的采购时,必须进行招标。

(1) 大型基础设施、公用事业等关系社会公共利益、公众安全的项目。
(2) 全部或部分使用国有资金投资或者国家融资的项目。
(3) 使用国际组织或者外国政府贷款、援助资金的项目。

根据《工程建设项目招标范围和规模标准规定》中的规定,各类工程建设项目,包括项目的勘察、设计、施工、监理及与工程建设有关的重要设备、材料等的采购,达到下列标准之一的,必须进行招标。

(1) 施工单项合同估算价在 200 万元以上的。

(2) 重要设备、材料等货物的采购,单项合同估算价在 100 万元以上的。
(3) 勘察设计监理的咨询等,单项合同估算在 50 万元以上的。
(4) 未满足以上三个条件,但是项目总投资在 3 000 万元以上的。

二、招标的方式

招标方式分为公开招标和邀请招标两种。
(1) 公开招标是指招标人在公开媒介上以招标公告的方式邀请不特定的法人或其他组织参与投标,并向符合条件的投标人中择优选择中标人的一种招标方式。由于投标人数量众多,增加了招标人前期筛选工作的负担,但优秀的施工单位也容易从中产生。
(2) 邀请招标是只向特定的几个施工单位发出招标邀请书,在这几个施工单位中选出合适于该项目的施工单位。这种方式效率很高,不会在前期浪费时间于筛选工作上,但这种范围有限性的招标很容易漏掉优秀的施工单位。

三、公开招标的基本程序

公开招标的基本程序如下。
(1) 建设项目报建。
(2) 招标申请。
(3) 组织招标小组并报请主管部门批准。
(4) 编著资格预审文件和招标文件。
(5) 对报名的投标人进行资格预审。
(6) 对预审合格的投标人发放招标文件。
(7) 组织评标小组编制标底并送审。
(8) 组织招标单位现场踏勘。
(9) 召开标前会议并对招标文件澄清答疑。
(10) 招标人办好投标保函手续。
(11) 投标人投送投标书(连同投标保函)。
(12) 公开开标。
(13) 评标。
(14) 决定中标单位。
(15) 发出中标通知书,并送还未中标的投标人的投标保函。
(16) 与中标单位商签工程施工承包合同。

四、工程建设项目招标各阶段工作

(一) 招标实施阶段的前期准备工作

(1) 申请招标。招标人提出招标申请时,应提交有关文件复印件,包括年度基建计划、固定资产投资许可证、规划建设许可证、资信证明等。

(2) 设计文件。应有满足施工及编制标底的技术资料,包括施工图纸、设计说明、地质报告、总平面布置图等。

(3) 编制招标文件并报送招标管理部门审定。

(4) 编制工程标底。

(5) 发布招标公告。

(二) 考察队伍,确定入选单位

(1) 投标单位申报资料。投标人报名参加投标时,应向招标人提供有关投标资料,包括企业简况(投标申请书、信誉调查表、在建工程及劳力、设备情况)、资格预审表等。

(2) 招标人根据报名者的情况实地了解在建工程情况或查阅投标人近年来业绩等资料。

(3) 走访其有关承包工程项目交工后的建设单位。

(4) 了解拟投入本工程的施工项目经理、管理机构情况。

(5) 目前剩余劳动力、机械设备情况是否满足招标工程需要。

(6) 向审查合格投标人发出招标通知书。

(三) 召开发标会议(标前会)

发标会议由招标人主持,向合格投标人介绍招标工程条件及有关情况,分发招标文件及其他技术资料,包括以下内容。

(1) 招标标书、图纸、设计说明、工程量清单、地质报告、总平面布置图。

(2) 技术规范(目录)、合同文本条件、协议条款、协议书。

(3) 做好会议纪要,与会人员做好签到记录。

(四) 勘查现场,会审图纸,答疑

这个阶段工作是为投标人提供一个了解施工现场、解答有关疑点、统一投标做法的机会,勘查现场、答疑、会审图纸由招标人组织,主要内容如下。

(1) 组织投标人勘察施工现场。

(2) 设计部门技术交底。

(3) 投标人将有疑点的问题以书面形式递交招标人。

(4) 招标人做好会议纪要,将答疑内容以书面形式分发各投标人。

(五) 投标文件的编制与递交

投标人一旦决定投标,应积极、认真地做好投标书的编制工作,详细阅读和研究招标文件。

(1) 投标人应严格按招标文件及答疑纪要编制投标文件,如有疑问应在投标截止日期内以书面形式向招标人提出,取得招标人书面答复后方可生效。

(2) 投标文件编制完毕经校对无误后,分正本(一份)副本(若干份),密封,盖章,准时递交招标人或指定地点,同时索取回执。

(3) 招标人收到投标书应妥善保管,并做好接收签字。

（六）召开开标会议

开标会议由招标人或招标人委托的代理机构主持,开标前应做好如下准备工作。
(1) 制订评标办法。
(2) 确定评委组成人员。
(3) 拟定开标议程、开标纪律、评标计分表、评标报告和唱标记录。
(4) 做好会议签到及会议记录。
(5) 做好会场布置。
(6) 评委资料装袋。

（七）评标,定标

评标由招标人依法组建的评标委员会负责。评标委员会组织由招标人的代表和有关技术、经济等方面的专家组成,成员人数一般小型工程5人,大中型工程由7人或7人以上单数组成,其中技术、经济等方面的专家不得少于成员总数的2/3。评委应在开标前从专家库中随机抽取。

评标应根据招标文件确定的评标方式进行。评标方式可分为综合因素(百分制)评标法、无记名投票法和合理低价中标法。

评标期限,一般工程不超过7天,大中型工程为14天左右,但最长不超过28天。评标委员会依据招标文件、投标标书、评标办法及有关规定,对有效标书进行认真评审,按得分高低和得票多少,排列出相应名次,提出评标报告或评标结论。招标人根据评标委员会的意见,择优确定中标单位,签发中标及未中标通知书。中标通知书应经招标管理部门审查后,方可发放。

（八）签订合同

签订合同必须使用统一的合同文本。双方根据招投标文件草拟合同,报招标管理部门审查。正式合同签订后,副本报招标管理部门备案。

（九）其他

招标结束后7日内投标人应做好以下工作。
(1) 投标落标者退还图纸资料、收回押金。
(2) 凭收据领取补偿金,一般为1 000~3 000元。
(3) 定标后28日内,招投标双方交纳招投标管理费。

五、房地产开发项目监理招标

根据《建设工程质量管理条例》中第十二条的规定,下列建设工程必须实行监理:①国家重点建设工程;②大中型公用事业工程;③成片开发建设的住宅小区工程;④利用外国政府或者国际组织贷款、援助资金的工程;⑤国家规定必须实行监理的其他工程。

房地产开发项目的监理招标，其标的是"监理服务"，所以监理招标的宗旨是对监理人的能力的选择。对于中小型工程项目，可以将全部监理工作委托给一个单位；若是大型或技术复杂的项目，则可按设计、施工等流程分段，分别委托监理。

任务 3 办理建设工程施工许可证

建设工程招标工作结束后，开发商就可以继续申请开工许可证。为了加强对建筑活动的监督管理，维护建筑市场秩序，保证建筑工程的质量和安全，根据《中华人民共和国建筑法》，住建部颁布了《建筑工程施工许可管理办法》。根据该办法的有关规定，在中华人民共和国境内从事各类房屋建筑及其附属设施的建造、装修装饰和与其配套的线路、管道、设备的安装，以及城镇市政基础设施工程的施工，其建设单位在开工前，应向工程所在地的县级以上人民政府建设行政主管部门（以下简称发证机关）申请领取施工许可证。

一、申请领取施工许可证应具备的条件

申请领取施工许可证应具备如下条件。

（1）已经办理该建筑工程用地批准手续，获得了《国有土地使用权证》和《建设用地规划许可证》。

（2）在城市规划区的建筑工程，已经取得了《建筑工程规划许可证》。

（3）施工场地已经基本具备施工条件，需要拆迁的已经获得了《拆迁许可证》，并且拆迁进度符合施工要求。

（4）已经通过招投标确定了施工企业，签署了施工合同。按照规定应该招标的工程没有招标，应该公开招标的工程没有公开招标，或者肢解发包工程，以及将工程发包给不具备相应资质条件的，所确定的施工企业无效。

（5）有满足施工需要的施工图纸及技术资料，施工图设计文件已按规定进行了审查。

（6）有保证工程质量和安全的具体措施。施工企业编制的施工组织设计中有根据建筑工程特点制订的相应质量、安全技术措施；专业性较强的工程项目编制了专项质量、安全施工组织设计，并按照规定办理了工程质量、安全监督手续。

（7）按照规定应该委托监理的工程已委托监理，并签署了委托监理合同。

（8）建设资金已经落实。建设工期不足一年的，到位资金原则上不得少于工程合同价的50%，建设工期超过一年的，到位资金原则上不得少于工程合同价的30%。建设单位应当提供银行出具的到位资金证明，有条件的可以实行银行付款保函或其他第三方担保。

（9）持有人防部门出具的人防施工图备案回执，缴纳了按法律有关规定需要缴纳的费用。

（10）法律、行政法规规定的其他条件。

二、申请办理施工许可证的程序

申请办理施工许可证的程序如下。

(1) 建设单位向发证机关领取《建筑工程施工许可证申请表》。

(2) 建设单位持加盖单位及法定代表人印鉴的《建筑工程施工许可证申请表》,并附《建筑工程施工许可管理办法》中第四条规定的证明文件,向发证机关提出申请。

(3) 发证机关在收到建设单位报送的《建筑工程施工许可证申请表》和所附证明文件后,对于符合条件的,应当自收到申请之日起十五日内颁发施工许可证;对于证明文件不齐全或失效的,应当限期要求建设单位补正,审批时间可以自证明文件补正齐全后作相应顺延;对于不符合条件的,应当自收到申请之日起十五日内书面通知建设单位,并说明理由。

(4) 建筑工程在施工过程中,建设单位或施工单位发生变更的,应当重新申请领取施工许可证。

任务 4　工程项目管理

工程项目管理的核心是"三控两管一协调"。其中,"三控"是指质量控制、进度控制、成本控制;"两管"是指合同管理和信息管理;"一协调"即为综合协调,分为内部协调和外部协调。下面就围绕这几个方面的内容展开介绍,而在工程施工中,安全控制也是不可忽略的问题,所以在下面也会进行介绍。

一、质量控制

质量控制是指项目管理机构以合同中规定的质量目标或以国家标准、规范为目标所进行的监督与管理活动,包括决策阶段的质量控制、设计阶段的质量控制和施工阶段的质量控制等。在工程项目施工阶段,质量控制的任务主要是在施工过程中及时发现施工工艺流程是否满足设计要求和合同规定,对所选用的材料和设备进行质量评价,对整个施工过程中的工程质量进行评估,将取得的质量数据和承包商履行职责的程序,与国家有关规范、技术标准、规定进行比较,并做出评判。

房地产开发项目施工质量管理应严格遵照《建设工程质量管理条例》、《建设工程项目管理规范》(GB/T 50326—2006)进行。

(一) 项目质量控制的一般规定

(1) 项目质量控制应按《质量管理体系　基础和术语》(GB/T 19000—2008)系列标准和企业质量管理体系的要求进行。

(2) 项目质量控制应坚持"质量第一,预防为主"的方针和"计划、执行、检查、处理"的循环工作方法,不断改进过程控制。

(3) 项目质量控制应满足工程施工技术标准和发包人的要求。

(4) 项目质量控制因素应包括人、材料、机械、方法和环境等。

(5) 项目质量控制必须实行样板制。施工过程均应按要求进行自检、互检和交接检验。隐蔽工程、指定部位和分项工程未经检验或已经检验确定为不合格的,严禁转入下一道工序。

(6) 项目经理应建立项目质量责任制和考核评价办法。项目经理应对项目质量控制负责。过程质量控制应由每一道工序和岗位的责任人负责。

(7) 分项工程完成后,必须经监理工程师的检验和认可。

(8) 承包人应对项目质量和质量保修工作向发包人负责。分包工程的质量应由分包人向承包人负责。承包人应对分包人的工程质量向发包人承担连带责任。

(9) 分包人应接受承包人的质量管理。

(10) 质量控制应按下列程序实施。

① 确定项目质量目标。

② 编制项目质量计划。

③ 实施项目质量控制计划,包括勘察设计阶段质量控制,施工准备阶段质量控制,施工阶段质量控制及竣工验收阶段质量控制。

(二) 原材料的检验

原材料质量的好坏直接影响工程的质量,为了保证原材料质量,应当在订货阶段就向供货商提供检验的技术标准,并将这些标准列入订购合同中。有些重要的原材料应当在签订购货合同前取得样品或样本,材料到货后再与样品进行对照检查,或者进行入场复验。未经检验或检验不合格的材料切忌使用,并且不得与合格的材料混装入库。

(三) 配套设备检验

在各种设备安装之前均应进行检验和测试,不合格者严禁使用。工程施工中应建立设备检查和试验的标准、手段、程序、记录、检验报告等制度。对于主要设备的试验与检查,可到制造厂家进行监督和检查。

(四) 施工质量控制措施

施工质量控制的具体措施主要包括以下方面。

(1) 对各项施工设备、仪器进行检查,特别是校准各种仪器、仪表。保证测量、计量结果不超出允许范围。

(2) 控制混凝土质量。混凝土质量对建筑工程的安全有着极其重要的影响,必须确保混凝土的浇筑质量。应当有控制混凝土中水泥、砂、石和水灰比的严格计量手段,制定混凝土试块制作、养护和试压等管理制度,并有专人监督执行。试块应妥善保存,以便将来进行强度检验。在浇灌混凝土之前,应当有专职人员检查挖方、定位、支模和钢筋绑扎等工序的正确性,并办理好隐蔽验收手续。

(3) 对砌体工程、装饰工程和水电安装工程等,应制订具体有效的质量检查办法,并严格按照《建筑工程施工质量验收统一标准》(GB/T 50300—2013)进行质量评定，以保证符合合同中规定的技术要求。

二、进度控制

工程项目的进度控制是施工现场管理最重要的工作。工程进度控制包括：对项目施工总周期目标进行具体的论证与分析；编制项目施工的进度计划；编制其他配套进度计划，监督项目施工进度计划的执行；施工现场的调研与分析。

建设项目施工总周期的论证与分析，就是对整个项目进行通盘考虑，全面规划，从而指导人力、物力的运用和时间、空间的安排，最终确定经济、合理的施工方案。

（一）项目进度控制的一般规定

(1) 项目进度控制应以实现施工合同约定的竣工日期为最终目标。

(2) 项目进度控制总目标应进行分解：可按单位工程分解为交工分目标；可按承包的专业或施工阶段分解为完工分目标；亦可按年、季、月计划期分解为时间目标。

(3) 项目进度控制应建立以项目经理为责任主体，由项目负责人、计划人员、调度人员作业队长及班组长参加的项目进度控制体系。

(4) 项目经理部应按下列程序进行项目进度控制。

① 根据施工合同确定的开工日期、总工期和竣工日期确定施工进度目标，明确计划开工日期、计划总工期和计划竣工日期，并确定项目分期分批的开工、竣工日期。

② 编制施工进度计划。施工进度计划应根据工艺关系、组织关系、搭接关系、起止时间、劳动力计划、机械计划及其他保证性计划等因素综合确定。

③ 向监理工程师提出开工申请报告，并应按监理工程师下达的开工令指定的日期开工。

④ 实施施工进度计划。当出现进度偏差（不必要的提前或延误）时，应及时进行调整，并应不断预测未来的进度状况。

⑤ 全部任务完成后应进行进度控制总结并编写进度控制报告。

（二）工程进度计划的编制

在工程实施之前应认真编制进度计划，编制的过程如下。

(1) 应将全部工程内容分解和归纳为单项或工序。其分解的细致程度，可以根据工程规模的大小和复杂程度确定。一个施工项目首先可分为房屋建设工程、室外道路、各种室外管道工程等较大的子项工程，而后每一子项工程又分可为土方工程、基础工程、主体结构工程、屋面工程、砌体工程、地面工程、其他建筑工程、设备安装工程等。

(2) 统计计算每项工程内容的实物量，一般情况下用工程量表中的计量单位来表示实物量。例如，土方工程和混凝土用立方米表示，管道工程用延长米表示，钢筋加工用吨表示。另外，工程进度亦可用完成的投资额占总投资额的比例来表示。

(3) 计算完成每个单项工程工作量所需的时间，可用天数表示。此处的工作时间是指按正常程序和施工总方案中所选用的施工设备的水平，以熟练工人的正常工效计算。

(4) 按正常施工的各个单项内容的逻辑顺序和制约关系,排列施工的先后次序。从每项施工工序的可能最早开工日期推算,可以得出全部工程竣工所需要的周期;再反过来,从上述竣工日期向前推算,可以求出每一施工工序的最迟开始日期。如果最早可能开工日期早于最晚开工日期,则说明该项工序有可供调节的机动时间。该项工序只要在最早开工日期和最迟开工日期之间的任何时候开工,均不会影响项目的竣工日期。

(三) 进度管理及计划调整

进度计划的制订有两种方法:一种是传统的水平进度计划(横道图法);另一种是网络进度计划(网络图法)。

1. 横道图法

横道图法是一种用直线线条在时间坐标上标示出单项工程进度的方法。由于横道图制作简便、明了易懂,因而在我国各行各业进度管理中被普遍采用,对于一些并不十分复杂的建筑工程,采用这种图表是比较合适的。

采用横道图进度计划时,在工程实际进行中,可以把实际进度用虚线表示在图中,与计划进度做一对比,以便调整工程进度。如图8-1所示。

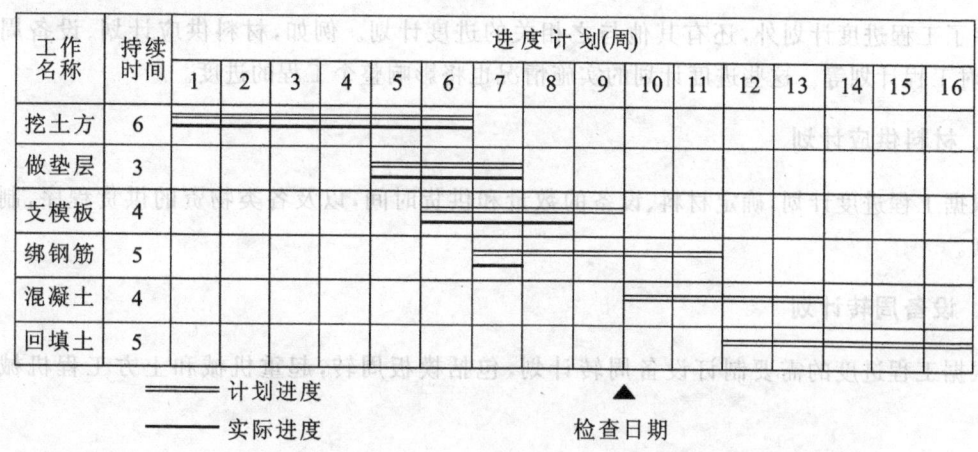

图 8-1 某基础工程实际进度与计划进度比较图

横道图的缺点是:①从图中看不出各项工作之间的相互依赖和相互制约关系;②看不出一项工作的提前或落后对整个工期的影响程度;③看不出哪些工序是关键工序。

2. 网络图法

网络图法是采用网络图来表示工程进度的方法,其优点是:①在网络图中可确切地表明各项工作之间的相互联系和制约关系;②可以计算出工程中各项工作的最早和最迟开始日期,从而可以找出关键工作和关键线路。所谓关键线路,是指在该工程中,直接影响工程总工期的那一部分连贯的工作。通过不断改善网络进度计划,就可以得出各种优化方案。例如,工期最短的网络进度计划;各种资源最均衡,在某种资源有限制的条件下,各种资源配置最优的网络计划;在不同工期的情况下,选择工程成本最低的网络进度计划等。具体如图8-2所示。

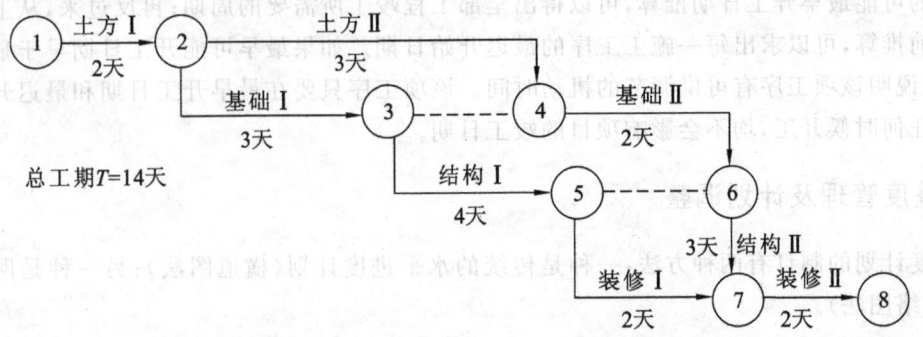

图 8-2　某小型建设项目施工进度计划网络图

说明:①该工程分为两段施工,即Ⅰ段和Ⅱ段;②施工过程包括四个工序,即土方工程、基础工程、结构工程和装修工程。

此外,在工程实施过程中,根据工程实际情况和客观条件的变化,可随时调整网络进度计划,使得进度计划永远处于最切合实际的最佳状态,保证该项工程以最小的消耗,取得最大的经济效益。网络图有单代号网络图、双代号网络图和时间坐标网络图三种表现形式。

(四)其他配套进度计划

除了工程进度计划外,还有其他与之相关的进度计划。例如,材料供应计划、设备周转设计、临时工程计划等。这些进度计划的实施情况也将影响整个工程的进度。

1. 材料供应计划

根据工程进度计划,确定材料、设备的数量和供货时间,以及各类物资的供货程序,制订供应计划。

2. 设备周转计划

根据工程进度的需要制订设备周转计划,包括模板周转,起重机械和土方工程机械的使用等。

3. 临时工程计划

临时工程包括工地临时居住房屋、现场供电、给排水等。在制订了工程进度计划后亦应制订相应的临时工程计划。

(五)进度控制中应关注的因素

影响工程进度的因素很多,需要特别重视的有以下几个方面。

1. 材料、设备的供应情况

材料、设备的供应情况包括:各项设备的采购是否完成,计划运到日期;各种材料的供货厂商是否落实、何时交货检验及验收办法等。

2. 设计变更

设计的修改往往会增加工作量,延缓工程进度。

3. 劳动力的安排情况

工人过少会导致无法完成进度计划中规定的任务,而工人过多则会由于现场工作不够而造成窝工,因而也无法按计划完成任务,所以要适当安排劳动力。

4. 气象条件

应时刻注意气象条件,例如,天气不好(如下雨、下雪等)时,可安排室内施工(如装修等);天气好时,应加快室外施工进度。

三、成本控制

除项目投资决策、设计和工程发包阶段的成本控制外,项目施工阶段的工程成本控制主要包括如下几个方面的工作。

(一)编制成本计划,确定成本控制的目标

工程成本费用是随着工程进度逐期发生的,根据工程进度计划可以编制成本计划。为了便于管理,成本计划可分解为以下五个方面:①材料设备成本计划;②施工机械费用计划;③人工费成本计划;④临时工程成本计划;⑤管理费成本计划。

根据上述成本计划的总和,即可得出成本控制总计划。在工程施工中,应严格按照成本计划实施。计划外的一切开支,应严格控制。如果某部分项目有突破成本计划的可能,则应及时提出警告,并采取措施控制该项成本。

(二)审查施工组织设计和施工方案

施工组织设计和施工方案对工程成本支出影响很大,编制科学合理的施工组织设计和施工方案能有效地降低工程建设成本。

(三)控制工程款的动态结算

建筑安装工程项目工程款的支付方式包括按月结算、竣工后一次结算、分段结算和其他双方约定的结算方式等。工程款的结算方式不同,对开发商工程成本支出数额也有较大影响。从开发商的角度来说,工程款的支付越向后拖越有利,但承包商也有可能因为自身垫资或融资能力有限而影响工程质量和进度。

(四)控制工程变更

在开发项目的实施过程中,由于多方面情况的变更(如客户对房型布置提出了与原设计方案不同的要求),经常出现工程量变化、施工进度变化,以及开发商与承包商在执行合同中产生

房地产开发与经营

争执等问题。工程变更所引起的工程量的变化和承包商的索赔等,都有可能使项目建设成本支出超出原来的预算成本。因此,要尽可能减少和控制工程变更的数量。

四、合同管理

(一) 房地产开发项目的主要合同关系

1. 开发商的主要合同关系

开发商为了顺利地组织实施其所承担的开发项目,需要在开发过程中签署一系列的合同,这些合同通常包括:土地使用权出让或转让合同、勘察设计合同、融资合同、咨询合同、工程施工合同、采购合同、销售合同、联合开发或房地产转让合同等。

2. 承包商的主要合同关系

承包商是工程施工的具体实施者,是工程承包(或施工)合同的执行者。由于承包商不可能、也不需要必备履行工程承包合同的所有能力,因此通常将许多专业工作委托出去,从而形成了以承包商为核心的复杂合同关系。承包商的主要合同关系包括:工程承包合同、分包合同、供应(采购)合同、运输合同、加工合同、租赁合同、劳务供应合同、保险合同、融资合同及联合承包合同等。

(二) 合同管理的主要工作内容

建设工程合同管理工作,包括建设工程合同的总体策划、投标招标阶段的合同管理、合同分析与解释及合同实施过程中的控制。

(1) 建设工程合同总体策划阶段,开发商和承包商要慎重研究确定影响整个工程、整个合同实施的根本性、方向性的重大问题,确定工程范围、承包方式、合同种类、合同形式与条件、合同重要条款、合同签订与实施过程中可能遇到的重大问题,以及相关合同在内容、时间、组织及技术等方面的协调等。

(2) 由于投标招标是合同的形成阶段,对合同的整个生命周期有根本性的影响,通过对招标文件、合同风险、投标文件等的分析和合同审查,明确合同签订前应注意的问题,就成为投标招标阶段合同管理的主要任务。

(3) 合同分析是合同执行的计划,要通过合同分析具体落实合同的执行战略,同时还要通过合同的分析与解释,使每一个项目管理的参与者都要明确自己在整个合同实施过程中的位置、角色及相关内外部人员的关系,客观、准确、全面地念好"合同经"。

(4) 合同实施过程中的控制是立足于现场的合同管理,其主要工作包括合同实施监督、合同跟踪、合同诊断和合同措施的决策等。建立合同实施保证体系、完善合同变更管理和合同资料的文档管理,是做好合同实施控制的关键。

五、信息管理

信息管理是以计算机为辅助手段对有关信息进行收集、储存、处理等操作。信息管理的内容包括:信息流程结构图(反映各参加单位间的信息关系);信息目录表(包括信息名称、信息提供者、提供时间、信息接受者和信息的形式等);会议制度(包括会议的名称、主持人、参加人和会议举行的时间等);信息的编码系统;信息的收集、整理及保存制度。

六、综合协调

综合协调的范围可分为内部协调和外部协调。内部的协调主要是工程项目系统内部人员、组织关系、各种需求关系的协调。外部的协调包括与开发商有合同关系的城建单位、设计单位的协调,以及与开发商没有合同关系的政府有关部门、社会团体及人员的协调。

七、安全控制

安全问题是影响工程建设进度、质量和成本的重要方面。加强安全管理,对提高开发项目的总体经济效益和社会效益有着重要的意义。工程建设中安全管理的原则是安全第一、预防为主。在规划设计阶段要求工程设计符合国家制定的建筑安全规程和技术规范保证工程的安全性能。在施工阶段,要求承包商编制施工组织设计时,应根据建设工程的特点制定相应的安全技术措施;对专业性较强的工程项目,应当编制专项安全施工组织设计,并采取相应的安全措施。

(一)项目安全管理的一般规定

(1)项目安全控制必须坚持"安全第一、预防为主"的方针。项目经理部应建立安全管理体系和安全生产责任制。安全员应持证上岗,保证项目安全目标的实现。项目经理应担任安全生产的总负责人。

(2)项目经理部应根据项目特点,制定安全施工组织设计或安全技术措施。

(3)项目经理部应根据施工中人的不安全行为、物的不安全状态、作业环境的不安全因素和管理缺陷进行相应的安全控制。

(4)实行分包的项目,安全控制应由承包人全面负责,同时分包人向承包人负责,并服从承包人对施工现场的安全管理。

(5)项目经理和分包人在施工中必须保护环境。

(6)在进行施工平面图设计时,应充分考虑安全、防火、防爆、防污染等因素,做到分工明确、定位合理。

(7)项目经理部必须建立施工安全生产教育制度,未经施工安全生产教育的人员不能上岗作业。

(8)项目经理部必须为从事危险作业的人员办理人身意外伤害保险。

(9)施工作业过程中对危及生命安全和人身健康的行为,作业人员有权抵制、检举和控告。

(10)项目安全控制应遵循下列程序:①确定施工安全目标;②编制项目安全保证计划;③项目安全计划实施;④项目安全保证计划验证;⑤持续改进;⑥兑现合同承诺。

(二) 项目安全管理的措施要求

(1) 为了达到安全生产的目的,要求承包商在施工现场应采取维护安全、防范危险、预防火灾等措施;有条件的,应当对施工现场实行封闭管理。施工现场对毗邻的建筑物、构建物和特殊作业环境可能造成损害时,建筑施工企业应当采取安全防护措施。

(2) 承包商还应当遵守有关环境保护和安全生产的法律法规的规定,应采取措施控制和处理施工现场的各种粉尘、废气、废水、固体废物及噪声、振动对环境的污染和危害。需要处理好可能出现的情况,如当临时占用规划批准范围以外场地,而可能损坏道路、管线、电力、邮电、通信等公共设施,需要临时停水、停电、中断道路交通,以及需要爆破作业等时,开发商应按照国家有关规定办理申请批准手续。

(3) 施工现场的安全应由建筑施工企业负责,实行施工总承包的,由总承包单位负责。分包单位向总承包单位负责,服从总承包单位对施工现场的安全生产管理。开发商或其委托的监理工程师应监督承包商建立安全教育培训制度,对危及生命安全和人身健康的行为有权提出批评、检举和控告。开发商与承包商还要认真协调安排工程安全保险事宜,按双方约定承担支付保险费的义务。

任务 5 工程项目竣工验收

竣工验收是建设工程施工和施工管理的最后环节,是把好工程质量的最后一关,意义十分重大。任何建设工程竣工后,都必须进行竣工验收。单项工程完工,进行单项工程验收;分期建设的工程,进行分期验收;全面工程竣工,进行竣工综合验收。凡未经验收或验收不合格的建设工程和开发项目,不准交付使用。

房地产开发商对于确已符合竣工验收条件的开发项目,都应按《房屋建筑工程和市政基础设施工程竣工验收暂行规定》等有关法规和《建筑工程施工质量验收统一标准》(GB/T 50300—2013)等国家标准,及时进行竣工验收。对竣工的开发项目和单项工程,应尽量做到建成一个验收一个,并抓紧投入经营和交付使用,使之尽快产生经济效益。

一、竣工验收的要求

当开发项目完工并具备竣工验收条件后,由承包商按国家工程竣工验收的有关规定向开发商提供完整的竣工资料及竣工验收报告,并提出竣工验收申请。之后,开发商负责组织设计、施工、工程监理等单位进行竣工验收,并在验收后给予认可或提出修改意见。承包商按要求进行修改,并承担由自身原因造成修改的费用。

在正式办理竣工验收之前,开发商应做好充分准备,并需要进行初步检查。初步检查是指在单项工程或整个开发项目即将竣工或完全竣工之后,由开发商自己组织检查工程的质量情况、隐蔽工程验收资料、关键部位施工记录、按图施工情况及有无漏项等。根据初步检查情况，由工程项目的监理工程师列出需要修补的质量缺陷"清单"，这时承包商应切实落实修复这些缺陷，以便通过最终的正式验收。进行初步检查对加快扫尾，提高工程质量和配套水平，对加强工程技术管理，促进竣工和完善验收都有好处。

二、竣工验收的条件

竣工验收的条件包括以下几点。

（1）完成工程设计和合同约定的各项内容。

（2）施工单位在工程完工后对工程质量进行了检查，确认工程质量符合有关法律法规和工程建设强制性标准，符合设计条件及合同要求，并提出工程竣工报告。工程竣工报告应经项目经理和施工单位有关负责人审核签字。

（3）对于委托监理的工程项目，监理单位对工程进行了质量评估，具有完整的监理资料，并提出工程质量评估报告。工程质量评估报告应经总监理工程师和监理单位有关负责人签字。

（4）勘察、设计单位对勘察、设计文件及施工过程中由设计单位签署的设计变更通知书进行了检查，并提出质量检查报告。质量检查报告应经该项目勘察、设计负责人和勘察、设计单位有关负责人审核签字。

（5）有完整的技术档案和施工管理资料。

（6）有工程使用的主要建筑材料、建筑构配件和设备的进场试验报告。

（7）建设单位已按合同约定支付工程款。

（8）有施工单位签署的工程质量保修书。

（9）城乡规划行政主管部门对工程是否符合规划设计要求进行检查，并出具认可文件。

（10）有公安消防、环保等部门出具的认可文件或准许使用文件。

（11）建设行政主管部门及其委托的工程质量监督机构等有关部门责令整改的问题全部整改完毕。

三、竣工验收的依据

开发项目或单体工程，其竣工验收的依据是经过审批的项目建议书、年度开工计划、施工图纸和设计说明文件，施工过程中的设计变更文件，现行法律法规规定的施工技术规程、施工验收规范、质量检验评定标准，以及合同中有关竣工验收的条款等。工程建设规模、工程建筑面积、结构形式、建筑装饰、设备安装等应与各种批准文件、施工图纸及标准保持一致。

四、竣工验收的工作程序

开发项目竣工验收的工作程序一般分为两个阶段。

（一）单项工程竣工验收

根据《建筑工程施工质量验收统一标准》（GB/T 50300—2013）中的规定，单位（子单位）工程质量验收合格应符合下列规定。

(1) 单位（子单位）工程所含分部（子分部）工程的质量均应验收合格。
(2) 质量控制资料应完整。
(3) 单位（子单位）工程所含分部工程有关安全和功能的检测资料应完整。
(4) 主要功能项目的抽查结果应符合相关专业质量验收规范的规定。
(5) 观感质量验收应符合要求。

在开发小区总体建设项目中，一个单项工程完工后，根据承包商的竣工报告，开发商首先进行检查，并组织施工单位（承包商）和设计单位整理有关施工技术资料（如隐蔽工程验收单、分部分项工程施工验收资料和质量评定结果、设计变更通知单、施工记录、标高、定位、沉陷测量资料等）和竣工图纸。然后，由房地产开发商组织设计、施工、工程监理等单位，正式进行竣工验收，开具竣工证书。

（二）综合验收

综合验收是指开发项目按规划、设计要求全部建设完成，并符合施工验收标准后，按规定要求组织的综合验收。验收准备工作，以开发商为主，组织设计、施工、工程监理等单位进行初验，然后邀请有关城市建设管理部门，如公安、消防、环保、规划等部门，参加正式综合验收，签发验收报告。

对于已验收的单项工程，可以不再办理验收手续，但在综合验收时应将单项工程的验收单作为全部工程的附件并加以说明。在组织竣工验收时，应对工程质量的好坏进行全面鉴定。工程主要部分或关键部位若不符合质量要求会直接影响使用和工程寿命，应进行返修和加固，然后再进行质量评定。工程未经竣工验收或竣工验收未通过的，开发商不得使用及不得办理客户入住手续。

五、工程竣工验收备案

开发商应当自建设工程竣工验收合格之日起 15 日内，将建设工程竣工验收报告和规划，以及由公安、消防、环保等部门出具的认可文件或准许使用文件，报建设行政主管部门或其他有关部门备案。

办理工程竣工验收备案应提交的文件主要有以下几种。

(1) 工程竣工验收备案表。
(2) 工程竣工验收报告。竣工验收报告应当包括：工程报建日期，施工许可证号，施工图设计文件审查意见，勘察、设计、施工、工程监理等单位分别签署的质量合格文件及验收人员签署的竣工验收原始文件，市政基础的有关质量检测和功能性试验资料，以及备案机关认为须要提供的有关资料等。
(3) 法律、行政法规规定的应当由规划、公安、消防、环保等部门出具的认可文件或准许使用文件。

　　(4) 施工单位签署的工程质量保修书。

　　(5) 法规、规章规定必须提供的其他文件。例如,商品住宅还应当提交住宅质量保证书和住宅使用说明书。

六、竣工结算

　　竣工验收报告是反映项目实际造价的技术经济文件,是开发商经济核算的重要依据。工程竣工验收报告经开发商认可后,承包商应向开发商递交竣工结算报告及完整的结算资料,双方按照协议书约定的合同价款及专用条款约定的合同价款调整内容,进行工程竣工结算。开发商收到承包商递交的竣工结算报告及结算资料后通常要在1个月内予以核实,给予确认或提出修改意见。

　　开发商确认竣工结算报告后,应及时通知经办银行向承包商支付工程竣工结算价款。承包商收到竣工结算价款后,通常应在半个月内将竣工工程交付开发商。

七、编制竣工档案

　　技术资料和竣工图是开发建设项目的重要技术管理成果,是使用者正常使用、管理和进一步改造、扩建的依据。因此,开发项目竣工后,要认真整理各种技术文件材料,绘制竣工图纸,编制完整的竣工档案,并按规定移交给建设单位和项目当地档案管理机构。

　　竣工档案中技术资料的内容主要包括前期工作资料、土地资料及安装方面的资料。竣工图是真实记录各种地下、地上建筑物、构筑物等详细情况的技术文件,是对工程进行验收、维护、改造、拆建的依据。技术资料齐全,竣工图准确、完整、符合归档条件,可为工程竣工验收提供有效的保证。

小结

　　(1) 未报建的开发项目不得办理招投标和发放施工许可证,设计、施工单位不得承接该项工程的设计和施工。

　　(2) 在开工前,建设项目到位资金情况是:建设工期不足一年的,到位资金原则上不得少于工程合同价的50%,建设工期超过一年的,到位资金原则上不得少于工程合同价的30%。

　　(3) 工程建设项目报建内容包括:工程名称、建设地点、投资规模、资金来源、当年投资额、工程规模、开工和竣工日期、发包方式、工程筹建等情况。

　　(4) 建设工程项目必须要招标的包括:大型基础设施、公用事业等关系社会公共利益、公众安全的项目;全部或部分使用国有资金投资或者国家融资的项目;使用国际组织或者外国政府贷款、援助资金的项目。

　　(5) 进度控制的方法包括横道图法和网络图法。

　　(6) 招标方式分为公开招标和邀请招标。

　　(7) 工程项目管理当中的"三控、两管、一协调"是指质量控制、进度控制、成本控制、信息管理、合同管理、综合协调。

(8) 建设工程项目必须实行监理的包括：国家重点建设工程；大中型公用事业工程；成片开发建设的住宅小区工程；利用外国政府或者国际组织贷款、援助资金的工程；国家规定必须实行监理的其他工程。

(1) 工程建设项目在什么情况下必须进行招标？
(2) 房地产开发项目施工公开招标的基本程序是什么？
(3) 申请办理建设工程施工许可证需要满足哪些条件？
(4) 房地产开发项目施工质量控制的措施是什么？
(5) 房地产开发项目进度控制的方法有哪些？
(6) 建设项目招标方式有哪些？各自的优缺点如何？
(7) 房地产开发项目竣工验收的工作程序有哪些？
(8) 哪些建设工程必须实行监理？

学习情境 9 房地产销售

学习目标

1. **知识目标**
   (1) 了解房地产营销的基本概念及营销观念的发展。
   (2) 掌握房地产定价的方法;掌握房地产开发项目推广的方式。
   (3) 理解房地产销售管理的基本要点。

2. **能力目标**
   (1) 了解房地产定价的基本程序。
   (2) 熟悉日常房地产销售管理的操作流程和要点。

◆ 引例导入

2005年房地产五大楼盘营销案例

一、奥林匹克花园样板房"零底价拍卖"

【事件回顾】为了吸引客户眼球,房地产开发商再出营销新招。上海奥林匹克花园于2005年11月26日举行了"零底价拍卖样板房"活动。据此间媒体报道,该消息经媒体披露后引起全城瞩目,在不到一天的时间,大约500多位购房者来电咨询。专家表示,开发商此举一方面表现出对产品的自信,另一方面也是在寻找市场"兴奋点",只要引起客户关注就达到了开发商的目的。

【开发商态度】据开发商介绍,本次之所以将样板房"零底价"拍卖,是源于对目前理性市场的信心,相信"好的产品自然会说话",对于能够拍到什么价格,市场是检验一切的唯一标准。本次拍卖更大的意义在于能够将奥林匹克花园所倡导的健康、时尚生活方式真实地呈现在社会公众面前。

二、万里雅筑"率先降价"

【事件回顾】2005年6月27日,上海市普陀区上海万里城中心区域的万里雅筑二期开盘前几天,高调向媒体发布了最新价格:最低7 350元/m²,均价8 500元/m²。相较今年上半年区域一手房价一度达到13 000元/m²的高位来说有了大幅调整,万里雅筑一跃成为万里板块最低价新盘。市场反应表明,购房者对开发商主动调整非常欢迎。万里雅筑二期7月2日开盘,售楼处出现罕见的购房者爆满的场面。从网上房地产公布的数字来看,启用新价后,一周内成交近120套,降价行动见效显著。

【开发商态度】虽然根据自住需求定价会损失一些利润,但同时也是一种"双赢":老百姓能买到实惠的房子,企业也能避免长期僵持所蕴含的风险,从而全力投入新的开发项目。而密切关注市场需求变化,快速做出反应,才是打算在房地产行业持续发展的企业应有的明智之举。

三、"一成首付"计划

【事件回顾】2005年9月份,上海某一开发商推出了"一成首付"的营销方式,凡买其楼盘的客户,只需支付房款的10%,其余20%首付款到交房时再支付。而首付款的20%则先由专业投资公司承担,只要购房者向投资公司提交贷款申请,获准后,投资公司将为购房者提供贷款。但是,伴随着楼市调价风潮兴起,不少开发商已经真刀实枪开始了价格调整,动辄下调价格数千元的楼盘也不乏其例。这样的形势下,"一成首付"这种暂时缩减首付压力的促销方法已难以刺激消费者的购买欲,最终以流产告终。

【开发商态度】我们当时确实希望以奇招来促进资金回笼,一段时间内总体效果还不错,但是楼市变化太快了,我们也要适应市场的发展。

四、四季御庭买房送宝马

【事件回顾】晶苑四季御庭2005年4月10日开盘,价格为13 000元/m²。该案为独栋别墅,一期开盘时推出了震惊上海的买房送宝马轿车的促销手段。该案承诺前三位购房者可获赠宝马530一辆,价值50万元。

【开发商态度】晶苑·四季御庭位于知名的松江莘闵别墅区,该别墅区今后将主要规划联排别墅产品,因而晶苑·四季御庭的独立别墅产品更显得弥足珍贵。而与一般独立别墅社区又有所区别的是晶苑·四季御庭的环境规划,即开发商提出的"沙滩别墅"理念。推出"买别墅送宝马"体现出开发商对客户们的热情答谢。

五、锦绣满堂假日楼市统一价

【事件回顾】 2005年国庆黄金周期间，锦绣满堂首推"统一价"这一非常大众化却很经典的促销方式应对"假日楼市"。不分楼层（1~18楼）全部实行11 000元/m²的价格，10月1日至7日，在秋交会上及在锦绣满堂售楼处，前来询问的市民络绎不绝，纷纷想利用开发商提供的这一难得的让利机会购买一套自己心仪的住房。据当时得到的数据显示，"统一价"期间，锦绣满堂共销售商品房近30套。

【开发商态度】 开发商用"统一价"这种方式来回馈信赖他们的客户，不仅让利于客户，而且打造自身的品牌形象。其实只要楼盘本身的品质好，就可以经得起市场的考验。

讨论与思考：
(1) 你认为上述五个楼盘营销成功的因素是什么？
(2) 请你对开发上述五个楼盘的企业市场观念进行分析评价。

任务1 房地产销售形式

中国房地产营销业的兴起和发展，为加速房地产的循环创造了条件。从当初的"一无所有"到现在的"无处不在"，可以说，营销观念的树立及各种营销方式的使用，是房地产业蓬勃发展的一个见证。房地产营销与房地产开发有着密切关系，房地产业的蓬勃发展使营销业空前兴旺，不少不具备营销能力的机构也挂牌从事房地产营销，想在市场中分一杯羹。虽然总体上房地产营销尚处于"春秋时期"，相安无事。但随着房地产开发微利时代的趋近，以及对营销策划探索的深入，可以预言，竞争激烈的"战国时代"的到来已为期不远。

一、营销的含义和本质

（一）营销的定义

营销是一种导向行为，是一条基于市场需求之上的"纲"，贯穿于房地产定位、开发、销售及物业管理等各个环节。换言之，营销是一种主动行为，它采用市场调研、分析、营销策略、销售技巧和控制措施来保证引导、开拓、扩大有效市场。

营销要求不仅以消费者为起点，而且还要以消费者为终点。如图9-1所示。

从市场来看，房地产业已进入一种"质"的发展阶段，这里所说的"质"并不是指一种单纯的建筑质量、设计质量等，而是一种创意组合后的质量。这个质量主要的是指的一个总体概念，是透过小区、建筑单体表象化背后的人文和文化内涵，这也是不动产个性化发展的体现。正所谓客户需要的是能够安居享受的家，而不是简单的房子。

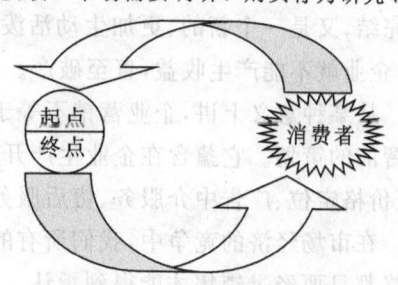

图9-1 营销的本质

(二)营销本质——为什么要营销？

1. 市场、竞争、客户

在理解和把握为什么要营销这个理念之前,首先要深刻认识和理解市场、竞争、客户这三个概念。

(1) 市场,也可以称之为需求,或者称为有效需求。随着金融机构的介入,有效需求的规模呈几倍甚至十几倍的速度提升和延伸。市场是由客户的现实需求和潜在需求组成的。这种需求的满足可以由多种方式,以及多个营销主体去实现。这里就存在市场机会和市场风险。由于存在多种方式的可选择性,以及多个主体的供应,那么对于本企业及其楼盘来说,就带有很大的不确定性。这种对房地产市场需求的绝对性与本企业房地产产品的相对性(不确定性),是营销工作中最大的难点。克服这个难点寻找出路,只能是开发商去全面迎合且适应市场和客户。这种适应,不是始于建筑成品或半成品,而是从征地、立项时就要着手开始了。

(2) 竞争。营销工作的目标,是把上面所说的这种相对的、普遍的、不确定的需求,转变为绝对的、具体的(特定的)需求。可以概括为:营销就是开发商全方位、全过程地去适合并适应市场需求的自觉行为。这种促使转变的策划与运作,不可避免地导致了激烈的竞争。

(3) 客户从理论上讲,既是顾客,也是未来的业主。营销运作的结果,就是主客易位的过程,也就是从购买者变成所有者。这种转变,使开发商实现了收益,实现了资本的回收与增值,同时也创出了品牌,占领了市场。从这个意义上讲,客户就是上帝,客户就是一切。

2. 营销是市场经济的衍生物

房地产营销在计划经济中表现出来的只是制度上的福利分配。计划经济从某种意义上来说,是统制经济、短缺经济,或者称为仓库经济,采购员满天飞。而市场经济是自由经济、过剩经济或推销经济、推销员经济。

在市场经济条件下,如何生产已经是一个让人头痛的事情了,最让人捉摸不定的、令人惊心动魄且一筹莫展的,就是如何完成从商品到货币的转变。这里面,营销是企业最本质的经营活动。

研究一般的商品到货币的过程,已经不是一个轻松的话题了,研究巨大的、不可移动的、十分耐用的房屋这个特殊的商品就会难上加难了。从商品到货币的过程,既是一个生产经营过程的完结,又是一个新的、更加生动活泼的、带来增值的另一个生产经营过程的开始。没有这个过程,企业就不能产生收益,直至破产。

从某种意义上讲,企业营销不等于销售和推销,它首先是在对市场的深刻理解的基础上的高智能的策划。它蕴含在企业生产开发经营的全过程中,由市场调查、方案制订和建筑总体设计、价格定位、广告中介服务、售后服务及信息反馈等组成。

在市场经济的竞争中,我们所有的劳动和一切付出,都要受到市场的最后检验,其自身价值最终都是要经过销售才能得到承认。

所以,营销是市场经济下永恒的主题,是社会生产目的决定的,也是企业生存和发展的客观要求所决定的。

二、营销的观念

自19世纪以来,随着市场供求关系和竞争格局的变化,西方发达市场经济国家企业所遵循的营销观念大体经历了7个阶段性的重大转变,即生产观念、产品观念、推销观念、市场营销观念和社会市场营销观念、生态学营销观念和大营销观念等。

(一)生产观念

(1) 指导思想:物以稀为贵,"皇帝的女儿不愁嫁";我能生产什么就销售什么,我销售什么客户就购买什么。

(2) 核心任务:集中资源,提高生产能力,扩大生产规模,降低产品成本。这是因为,这种观念认为客户可以接受任何买得到和买得起的产品,而并不计较产品的具体特色或特性,只要企业能生产出来,就一定能卖出去。

(3) 适应条件:这种经营观念赖以生存的前提是卖方市场,即产品在市场上处于供不应求的状态,在此情况下,企业只需提供大批量、少品种、低价位的产品就能够适应市场的需求。

(4) 显著特点:厂商自我中心论,以产定销,以量取胜。

这种观念产生于20世纪20年代以前。企业主要以提高劳动生产率、扩大生产规模,并以此降低产品价格来吸引客户,从而获得自己的市场地位,很少关注除此之外的其他市场因素,甚至不注意对产品的更新和改良。例如,美国汽车大王亨利·福特曾傲慢地宣称:"不管顾客需要什么颜色的汽车,我只有一种黑色的。"就是其典型表现。

显然,生产观念是一种重生产、轻市场营销的商业哲学。

(二)产品观念

(1) 指导思想:物以优为贵,"酒香不怕巷子深";我能生产什么就销售什么,我销售什么客户就买什么。

(2) 核心任务:企业应持续的改进产品质量。这是因为,这种观念认为消费者总是喜欢那些质量高、性能好、有特色和价格合理的产品,生产者只要注意提高产品质量,只要做到物美价廉,就一定会产生良好的市场反应,客户就会主动前来求购,因而无须大力开展销售活动。

(3) 适应条件:在产品供给不太紧缺或稍有宽裕的情况下,这种观念常常成为一些企业的经营指导思想。

(4) 显著特点:厂商自我中心论,以产定销,以量取胜。

这种观念的指导思想本质上还是"厂商自我中心论",即"我能生产什么就销售什么"。但与生产观念相比,它多了一层竞争的色彩,因为考虑到了消费者对产品质量、性能、特色和价格方面的愿望,特别是考虑到消费者在"货比三家"的过程中会有另选卖主的可能性。

产品观念的局限性就在于其对产品的设计与开发只是从企业的角度出发,以企业为中心进行,认为"酒香不怕巷子深",只要企业生产出优质产品,客户自然会找上门来,而没有认识到客户所购买的实际上是对于某种需要的满足。

例如,美国×××钟表公司自1869年创立到20世纪50年代,一直被公认为是美国最好的钟表制造商之一。该公司在市场营销管理中强调生产优质产品,并通过由著名珠宝商店、大百货公司等构成的市场营销网络分销产品。1958年之前,公司销售额始终呈上升趋势。但此后其销售额和市场占有率开始下降。造成这种状况的主要原因是市场形势发生了变化:这一时期的许多消费者对名贵手表已经不感兴趣,而趋于购买那些经济、方便、新颖的手表;而且,许多制造商为迎合消费者需要,已经开始生产低档产品,并通过廉价商店、超级市场等大众分销渠道积极推销,从而夺得了×××钟表公司的大部分市场份额。×××钟表公司竟没有注意到市场形势的变化,依然专注于生产精美的传统样式手表,仍旧借助传统渠道销售,认为自己的产品质量好,客户必然会找上门。结果,致使企业经营遭受重大挫折。

(三)推销观念

(1)指导思想:只要有足够的推销力度,就没有卖不出去的产品;我能生产什么就销售什么,我销售什么客户就买什么。

(2)核心任务:对已经生产出来的产品进行大力推销。这是因为,这种观念认为即使企业有足够的产品,而且质量和价格已经达到了消费者可接受的水平,消费者也不会主动求购企业的产品,但只要对已经生产出来的产品进行大力推销,就能增加销量,获得利润。因而,企业必须面对现实客户和潜在客户进行有力的刺激,诱导他们采取购买行动。唯有如此,企业才有望在竞争中取胜,提高市场占有率,并最终获得较为丰厚的利润。

(3)适应条件:在产品供给稍有宽裕并向买方市场(即产品在市场上处于供过于求的状态)转化的过程中,许多企业往往奉行推销观念。

(4)显著特点:厂商自我中心论,以产定销,注重推销。

推销观念同生产观念和产品观念相比具有明显的进步,主要表现为企业经营者开始将眼光从生产领域转向了流通领域,不仅在产品的设计和开发,并且在产品的销售促进上投入精力和资本。在推销导向观念的指导下,企业特别关注产品的推销和广告,重视运用推销术或广告术刺激或诱导消费者购买产品。但是推销观念仍然是以企业为中心,认为"我卖什么,你就买什么",而并没有将消费者放在企业经营的中心地位。这一点与前面的生产导向和产品导向观念没有本质的区别,都是先有产品后有客户,归根结底,就是"我生产什么,我就卖给你什么,你就买什么",至于对产品的售后服务和客户的满意程度则并不重视。都是以企业自身为出发点,都属于"以产定销"的范畴。

事实上,再好的推销手段也不能使消费者真正接受他所不需要或不喜欢的产品,特别是在市场竞争变得日益激烈的时候,推销的效用就会逐渐递减。奉行推销观念,着力于推销和广告,对企业的销售工作具有积极的促进作用。但如果生产出来的产品需求已饱和或是不能满足人们多变的需求,那么即使大力推销也无济于事。

(四)市场营销观念

(1)指导思想:只要能满足客户的需要,就没有卖不出去的产品;市场需要什么我就销售什么,市场能销售什么企业就生产什么。

(2)核心任务:营销观念与上述经营思想截然不同,它坚持企业的一切活动都应围绕市场需求展开,只能在满足客户需求的基础上实现利润。

在这种营销观念的指导下,企业重视市场调研,在不断变化的市场上捕捉那些尚未得到满足的市场需求,集中企业的一切资源和力量,去适应和满足这种需求,从而在客户的满意中扩大市场,以期长久获利。

(3) 适应条件:一般来说,在产品处于供过于求的买方市场状态下,企业应该奉行营销观念。

(4) 显著特点:营销观念的产生代表着企业经营思想的一次根本性变革。它要求企业从"以产定销"转变为"以销定产"或"以需定产",即生产经营市场需要的产品,并在此基础上实现利润。

(5) 基本要求:正确贯彻营销观念,必须满足以下三个基本要求:①以顾客需求为中心;②进行整体营销活动,即综合运用产品、价格、渠道、促销等营销因素,同时使企业的营销、生产、财务、人事等部门协调一致,共同满足客户的需求;③通过满足客户需求实现企业利润。

市场营销观念是作为对上述诸观念的挑战而出现的一种新型的企业经营哲学。市场营销观念的出现,使企业经营观念发生了根本性变化,也使市场营销学发生了一次革命。市场营销观念与推销观念相比具有重大的差别。

西奥多·莱维特曾对推销观念和市场营销观念进行过深刻的比较,他指出:推销观念注重卖方需要;市场营销观念则注重买方需要。推销观念以卖主需要为出发点,考虑如何把产品变成现金;而市场营销观念则考虑如何通过制造、传送产品及与最终消费产品有关的所有事物,来满足客户的需要。可见,市场营销观念的四个支柱是:市场中心、顾客导向、协调的市场营销和利润。推销观念的四个支柱是:工厂、产品导向、推销、盈利。从本质上说,市场营销观念是一种以客户需要和欲望为导向的营销哲学,是消费者主权论在企业市场营销管理中的体现。

许多优秀的企业都是奉行市场营销观念的。例如,美国的迪士尼乐园,欢乐如同空气一般无所不在。它使得每一位来自世界各地的儿童美梦得以实现,使各种肤色的成年人产生亲近感。因为迪士尼乐园在成立之时便明确了它的目标:它的产品不是米老鼠、唐老鸭等,而是快乐。人们来到这里是享受欢乐的,公园提供的全是欢乐,公司的每一个人要成为欢乐的灵魂。游人无论向谁提出问题,谁都必须用"迪士尼礼节"回答,决不能说"不知道"。因此游人们一次又一次地重返这里,享受欢乐,并愿意为之付出金钱。反观我国的一些娱乐城、民俗村、世界风光城等,那些单调的节目,毫无表情的解说,爱理不理的面孔,只能使人感到寒意,哪有欢乐可言?由此可见我国企业树立市场营销观念的迫切性。

(五) 社会市场营销观念

社会市场营销观念是对市场营销观念的修改和补充。它产生于 20 世纪 70 年代西方资本主义出现能源短缺、通货膨胀、失业增加、环境污染严重、消费者保护运动盛行的新形势下。因为市场营销观念回避了消费者需要、消费者利益和长期社会福利之间隐含着冲突的现实。

(1) 指导思想:社会营销观念是营销观念的进一步发展,也是对营销观念的重要补充和完善。营销观念认为,只要满足客户需要就能获得成功,但社会营销观念认为,只满足客户需求是不够的,因为不少企业在满足客户当前需求的同时,损害了整个社会中其他公众和团体的利益,如造成了环境污染、资源浪费、生态恶化等恶果,结果引起整个社会的不满和谴责,败坏了企业的声誉和形象,最终导致经营失败。所以,按照社会营销观念,企业要想获得长期的成功,除满足客户需求外,还应该兼顾整个社会的利益。

社会营销观念认为,企业不是孤立存在的,其生产和销售活动不仅会对客户产生影响,而且必然对社会产生一定的影响。因此,企业在从事生产和销售活动时,必须对包括其客户在内的社会采取负责任的态度。它要求企业生产和销售的产品不仅要满足目标客户的需要和欲望,而且要符合客户和社会的长远利益。

(2) 核心任务:在社会营销观念的指导下,在生产过程中,企业要注重节约资源,保护环境,关心职工的健康和福利;在销售过程中,企业要增进社会福利,营销要有利于并促进可持续发展。

(3) 适应条件:在市场经济发展比较成熟、市场竞争异常激烈的买方市场状态下,企业一般主动或被动的奉行社会营销观念。

(4) 显著特点:企业的一切活动必须将企业利润、消费者需要和社会利益三者有机地统一起来。企业应在满足客户需求的同时,兼顾整个社会的利益。只有这样,才能获得经营的成功。

(六) 生态学营销观念

(1) 指导思想:强调企业营销要把市场需求和自身优势有机结合起来,就像生物生长要与自然环境相适应一样,企业既不能只考虑自身条件而忽略市场需求,也不能只考虑市场需求而忽略自身条件,要开发经营既符合市场需求又能发挥企业优势的产品。

(2) 核心任务:根据市生态营销学观念,企业在制订营销策略时,不能只片面追求满足客户需求,而应扬长避短,创造优势。

(3) 显著特点:此观念认为,企业如同生物有机体一样,要依赖于周围的环境才能获得生存。所以企业必须充分利用自己的优势,生产既符合客户需要又能发挥自身特长的产品。

(七) 大营销观念

(1) 指导思想:大营销观念是由美国营销学家菲利普·科特勒在20世纪80年代初提出的一种新型营销观念。这种观念认为:在贸易保护主义思潮日益增长的情况下,从事国际市场营销的企业,其营销活动的重点不是单纯适应和满足市场需要,而是突破目标市场所在国政府和特殊利益集团所设置的市场环境障碍。

(2) 核心任务:突破目标市场的环境障碍进入市场,主要依靠两个手段,即权力(political power)和公共关系(public relations)。

权力是指企业由自己或其代表——国家,采用政治或其他策略与技巧,从目标市场所在国政府、立法机构和企业那里取得进入该目标市场的特权,以及取得这种特权所采取的强制性手段。

公共关系是指企业通过各种途径和方法,增强有利于企业的舆论力量,影响公众的态度,争取公众的理解与支持,建立并保持企业及其产品的良好形象。

(3) 适应条件:在国际贸易保护主义思潮增长的情况下,大营销观念的提出具有十分现实的意义。对从事国际市场营销的企业来说,重视和恰当地运用大营销观念的重要性是显而易见的。

三、房地产市场营销

(一) 房地产市场营销的概念

房地产营销在中国的历史,可以追溯到近代中国上海。1872年上海《申报》已见房地产租售广告,有"厅式楼房一所,在石库门内,计十幢四厢房,后连平屋五间,坐落石路待租"等语句,此时中国房地产市场交易已初见端倪。19世纪末20世纪初,上海以及沿海城市房地产业得到了相当的发展,房地产商经营手段五花八门,不乏那个时代的特色。中华人民共和国成立后,由于实行高度集中的计划经济体制,房地产市场基本处于一种"休眠"状态。1979年以后,中国开始了以市场为取向的改革,房地产市场重新复苏。1992年是中国房地产行业的一个转折点,在这一年中,房地产业全面发展,房地产市场蓬勃兴起,交易活跃。之后经过若干年的变化发展,中国房地产市场已从卖方市场转化为买方市场,众多的楼盘崛起于相近的时间和相邻的空间,市场竞争异常激烈。中国房地产业继开发热后,在相当长的阶段内其热点和难点均在销售,越来越多的房地产企业认识到,企业生存和发展的关键不仅在于投资造楼,更在于营销售楼。因此,与房地产商利益息息相关的房地产营销实务越来越受到业内外人士的关注。

房地产市场是社会主义市场体系的重要组成部分,房地产市场营销是市场营销的一个重要分支。房地产市场营销是通过房地产市场交换,满足现实的或潜在的房地产需求的综合性的经营销售活动过程。其概念主要包括以下几点。

(1) 房地产市场营销的目的是满足消费者对房地产商品和劳务的需求。
(2) 作为市场营销目的的需求,既包括现实需求也包括潜在需求。
(3) 房地产市场营销的中心是实现商品的交换,完成销售活动。

(二) 房地产市场营销的特点

房地产市场营销的特点包括以下几点。
(1) 房地产市场营销是市场营销一般原理及其策略在房地产领域的具体运用。
(2) 房地产商品的独特性。
(3) 大营销观念。
(4) 房地产市场营销与法律制度密切联系。
(5) 房地产市场营销独特的经济运作方式。
(6) 房地产市场上政府的政策作用明显。

(三) 房地产市场营销在房地产市场中的作用

房地产营销在房地产市场中的作用有如下几点。
(1) 有助于提高房地产企业的营销素质和竞争力。
(2) 有利于房地产市场的发展和完善。
(3) 有利于消费者需求的满足。
(4) 有利于房地产业作为新经济增长点的培育。

(四) 房地产销售的形式

1. 品牌营销

随着市场经济发展的日渐成熟,商品的品牌形象已成为消费者认知的第一要素,房地产产品也不例外。当前业界普遍存在的一个误解是将房地产的品牌效应简单地等同于案名效应,片面注重楼盘的案名设计,而忽视了对房地产这种复杂商品在质量、服务、功能等方面进行全方位的品质提升。

同时，由于市场竞争的激烈，以及资金周转等方面的原因，不少开发商不愿进行较长时间的品牌营造，过多借助于新闻炒作和广告轰炸，希望通过宣传造势来快速树立公司品牌，殊不知这种本末倒置的做法已阻碍了房地产业的健康发展。开发商们如果能静下心来，脚踏实地地进行一流的规划设计、提供一流的配套服务和物业管理，对于品牌形象进行良好构建，营造名牌企业和名牌产品，必然会成为未来房地产市场的赢家。

2. 关系营销

当前业界流行的整合营销理论，实际上就是关系营销思想的体现。其营销理论主张重视消费者导向，强调通过企业与消费者的双向沟通，建立长久的、稳定的对应关系，在市场上树立企业和品牌的竞争优势。在营销组合中，产品、定价、通路等营销变数都可能被竞争者效仿甚至超越，唯独商品和品牌的价值难以替代，而这与消费者的认可程度紧密相关。因此，开发商必须完全从消费者的角度安排经营策略，必须充分研究消费者需求，努力加强与消费者的沟通，注重关系营造。

3. 竞争营销

开发商能否在当前激烈的市场竞争中站稳脚跟，对竞争对手的深入分析和准确应对，以及培育自身独特的竞争优势很重要。为此，开发商必须树立竞争营销理念，练好内功，不断提高自身素质，加强培养企业的核心竞争力。开发商要在各区域市场上取得竞争优势必须构建完善的企业治理机构，创造一种持久的发展动力和动力支持系统，以独特而优越的品牌、质量、技术、营销网络等区别于竞争对手的策略来占领市场。

4. 合作营销

开发商在市场运作中既要讲求竞争，又要求寻合作；既要注意与地方政府、金融机构和其他社会组织的合作，更要注意开发商之间的合作，特别是后者的合作尤为重要。开发商为了获得更大的市场份额而开展各种竞争，当各种竞争压力使之难以支撑时，应多方寻求释放压力的途径，而寻求合作就是一种有效途径。开发商之间通常采用松散性的结盟方式，使合作各方避免直接冲突或共同打造区域品牌，以达到合作各方都有所收益的理想效果。

5. 诚信营销

目前，虚假宣传已使购房者不太轻易相信楼盘广告。冲动型购房永远也不可能成为楼市特征，而对物业这一支出巨大的消费品，购房者关心的不是概念新奇，而是房屋质量过硬、产品物有所值、合同信守兑现、物业管理到家。在房地产业进入全面的整体素质竞争的今天，开发商如果仅仅局限于推出一个新奇的概念，依靠某一简单要素去争取客户，一旦概念失真，反而让购房者困惑和反感，让开发商失去口碑市场；另一方面，当开发商在售房价格上"玩猫腻"、在销售面积上"短斤少两"、在位置表述上闪烁其词及配套承诺遥遥无期时，不可设想其还能有效地吸引消费者。为此，开发商必须树立诚信营销的经营理念，塑造出开发商的良好社会形象。

6. 文化营销

现代生活给人们的外在压力越来越大，人们需要的不是"钢筋水泥的丛林"，他们更渴望居家生活的文化内涵。开发商如果发现了这一点,并加以演绎,就能出奇制胜。开发商必须把创造一种和谐的邻里关系、温馨的居住文化作为经营理念,采取各种有效的措施加强业主之间的沟通、交流。另一方面,为了给孩子创造一个良好的成长环境,购房者对居住小区文化设施的要求越来越高,不仅关心周围文教单位的配置、距离,而且越来越重视小区文化设施的数量、品位,以及小区内大部分住户的文化层次。为此,开发商不仅要注意在建筑风格上尽量体现文化内涵,通过富有特色的主题创意,提升住宅小区的文化价值,给人展现一种高品位的美好生活蓝图,而且要注意通过高品位会所、藏书丰富的图书馆、温馨祥和的邻里中心、设施齐全的幼儿园与中小学来营造小区的文化气息。

7. 特色营销

消费者特别是新成长起来的年轻一代,往往把个性能否得以发挥和张扬,作为衡量和选择商品的一个重要标准。房地产营销不仅要在外形、色彩、楼层、阳台、内部结构等产品策略方面力求突破雷同,突出居住者个性,而且还应在广告宣传、价格确定、促销方式等方面也要独具风格,努力成为市场亮点。

8. 环保营销

随着环保意识的逐渐兴起,消费者已越来越关心自己的居住环境,更加关注拟购房屋的环境设计。他们不仅希望小区内绿草如茵,花团锦簇,有充足的阳光和清新的空气,而且要求住宅小区远离工厂,附近没有污染源。开发商应该以环境保护为经营理念,改变过去寸土寸金、见缝插针的开发模式,充分考虑小区的住宅空间、阳光照射、绿化间隔等,为消费者营造人与自然和谐共生的理想家园。现在不少开发商提出的"搞房地产要先搞环境"、"卖房子也是卖环境"等观念,不能不说已涵盖了环保营销的经营理念。

9. 网络营销

随着信息时代的到来和电子商务的发展,房地产市场营销将出现渠道创新,其一便是利用Internet网络资源,进行网络营销。现在不少开发商都在互联网上注册了自己的网站,为企业和产品进行宣传和推广。通过互联网双向式交流,可以打破地域限制,进行远程信息传播,不仅面广量大,其营销内容翔实生动、图文并茂,可以全方位地展示房地产品的外形和内部结构,同时还可以进行室内装饰和家具布置的模拟,为潜在购房者提供了诸多方便。可以预见,随着电子商务的进一步发展,网络营销将成为房地产市场上一种具有相当潜力和发展空间的营销策略。

10. 知识营销

悄然临近的知识经济时代使企业经营法则开始发生变化,企业营销活动不再只关注物质分配,更强调为消费者提供更多的应用支持,以此确立新的产品概念和市场秩序,引导消费者产生对新产品的现实需求。在这一背景下,以知识普及为前导、以知识推动市场的营销新思想,应该为精明的开发商所注意和接收。开发商通过开展大规模的住房知识普及活动,向广大消费者介绍房屋建筑选择标准、住宅装修知识、住房贷款方法和程序及商品房购置手续和政府相关税费,在增加消费者房地产知识的同时,也增加消费者对开发商的认同感。这必然会在引起社会极大反响的同时,也使开发商的销售业绩不断上升。

任务 2　房地产开发项目定价

二十多年前，中国房地产市场还沉醉在"肥皂泡"梦幻般的美梦中，而后大量的空置房和烂尾工程使其不得不面对残酷的现实，中国房地产市场于是走向了最低谷。直到 1998 年才逐渐开始"解冻"，进入了恢复阶段。进入新千年之后，中国房地产市场犹如梦醒之后的"猛狮"，一发不可收拾。各地各类型的物业纷纷呈现出供销两旺的大好形势，再加上政府宏观政策的推波助澜，房地产市场得到了飞速发展。目前房地产市场已经从卖方市场转向买方市场，在市场发展的同时，竞争也愈演愈烈。俗话说"没有卖不出去的物业，只有卖不出去的价格"。随着短缺经济结束、集团购买力消失和房地产市场成熟化进程的推进，理性的价格策划在市场搏击要素中的地位日益凸现。策划人员必须牢牢把握项目自身特点，结合公司经营优势，顺应房地产市场行情，通盘策划，理性抉择，才能取得好的营销效果。房地产开发项目价格策划是指在企业内外环境研究的基础上，制订房地产采取何种策略的活动，主要包括选择定价目标、确定定价方法、制订整体策略三个环节。

一、房地产价格的内涵

（一）房地产价格的内涵

房地产作为商品与任何商品一样，是使用价值和价值的统一体。根据马克思主义经济学的劳动价值理论和价格理论，从总体上看，房地产价格的基础仍然是价值，基本上也是房地产价值的货币表现，但又有其特殊性。

在这里之所以说是"基本上"，是因为房地产价格的形成与其他一般商品的价格形成相比，有着不同的特点。

房地产价格是一个复杂的经济范畴，既包括土地的价格，又包括房屋建筑物的价格，房与地是不可分割的统一体，房地产价格是这个统一体的价格。房屋建筑物是人类劳动的结晶，具有价值，这与一般商品价值的形成是相同的。但是土地是一种特殊商品，却不完全是劳动产品，一方面，原始土地是自然界的产物，并不包含人类劳动在里面，其所以具有的价格是因为土地垄断引起的地租的资本化，所谓地租实质上就是土地使用者为使用土地而向土地所有人支付的费用，反映了土地的自然资源价值。从这个角度看原始土地的价格并不是劳动价值的货币表现。但另一方面，现实生活中的土地已经过了劳动加工，又凝结了大量的人类劳动。

为了使土地符合人类经济性的运用，人们在开发利用土地过程中，对原始土地进行改造，又投入了大量的物化劳动和活劳动，特别是作为建筑地块的土地投入的基础设施等费用更多，而且越往后去投入的劳动积累越多，这些投入的劳动凝结而成的价值与一般商品一样具有同等性质的劳动价值，从这个角度看土地价格绝大部分又是劳动价值的货币表现，它的价值量是由投入的劳动量来衡量的。

所以,房地产价值是房屋建筑物价值和土地自然资源价值及土地中投入劳动所形成的价值的统一,房地产价格就是这种综合性特殊价值的货币表现,由于房屋建筑物价值和土地中投入的劳动形成的价值占了主要部分,因此可以说房地产价格基本上是房地产价值的货币表现。

(二) 房地产价格的特征

房地产价格与一般物价既有共同之处,也有其自身特有的属性。

1. 房地产价格具有明显的权利价格特征

由于房地产本身空间的固定性和不可移动性,不像其他商品一样通过买卖可以转移到任何地点使用,而是一种权利关系的转移,因而房地产价格实质上是权利价格。

房地产权利包括房地产所有权和他项权利,这种权利体系称为"权利束",即房地产权利是由一束权利组成的,房地产所有权是最完全、最充分的权利,并由此派生出租赁权、抵押权和典当权。同时,又由于房地产使用价值的多样性,对于同一种房地产不同的人所需要的用途是不一样的,相应所需要的权利也就不一定相同,因而可以分享同一房地产的不同权利,这就形成不同的权利价格,如所有权价格、租赁权价格等。

2. 作为房地产价格基础的价值具有特殊性

一般商品都是人类劳动的产品,商品的价值量是由生产该商品的社会必要劳动时间来决定的。而房地产的物质构成中包含有土地在内,原始土地本身是非劳动产品,其价格是地租的资本化,只有加工在土地上的劳动才能以社会必要劳动时间来计量,因此,房地产不完全是劳动产品,房地产价格也不完全是社会必要劳动时间决定的。如前所述,房地产价格只能说基本上是房地产价值的货币表现。

由于土地是稀缺资源,不能再生,因而土地价格受供求关系的影响特别大,市场需求的无限性和土地供给的有限性,必然拉动地价上涨,由此影响到房地产价格也呈现出长期上升的趋势。

3. 房地产价格具有特殊的形成机制

房地产价格受到房地产需求量变动的影响特别大。

一方面是房地产的个别性使每一宗房地产都是唯一的,不可能因某宗房地产价格上升就大量生产一模一样的房地产商品,因而任何一宗房地产的供给都是缺乏弹性的;另一方面,房地产建设周期长和地区性的特点,也使供给有明显的滞后性,在一定时期供求关系不可能随时调整,一旦供过于求或供不应求,都要经过相当长时间(短则一二年,长则三四年)才能调整过来,房地产商品的供给弹性小,因而房地产均衡价格(指市场供给和市场需求相平衡时的价格)的形成主要是由需求量的变动所决定的。当需求量增加,供给量不能相应增加时,房地产价格便呈现出上升趋势。

同时,房地产价格受到房地产效用及其长期发展趋势的影响也特别明显。不仅不同的房地产有不同的效用,而且即使同宗房地产,由于所处地段、房型、楼层、朝向等的区别,也具有不同的使用价值,这就直接决定了它们之间的价格差异。再者房地产又是超耐用商品,使用时间特别长,未来的供求变动对价格变动趋势会产生相当大的影响。购房者投资置业,总是希望所购置的房地产能保值增值,因此,在购房时不只是考虑当前,而是更多地考虑未来的房地产发展趋势,因而价格预期的心理因素,就成为影响房地产价格长期走势的一个不可忽视的因素。

4. 房地产价格具有显著的个别性

这里所说的个别性是指每宗房地产都有其不同于其他房地产的价格。其原因主要是由房地产物质实体的个别性所造成的,由于房地产空间的固定性、不可移动性,房地产实际的价值和使用价值是各不相同的,因而其价格也具有个别性。

例如,一个按同一建筑设计方案所建的住宅小区,其中每一幢楼都有不同的具体位置,因而在出入方便程度、景观条件、受噪音影响程度等方面都互不相同,房价也必然有所差别;再如,同一幢楼中还有不同楼层、不同朝向和位置的区别,房价也会有差别。正是由于每一套住宅都有自身独特的内在价值,因而表现出不同的市场价格。认识到这一特性,对于房地产开发企业的定价决策和具体操作有着十分重要的指导意义。

5. 房地产价格具有多种表现方式

一般商品的交易方式主要是买卖,售价比较单一。而房地产是价值量大的超耐用品,交易方式多种多样。其中,房地产买卖和租赁在交易量和市场范围方面占主要地位,此外还有抵押、典当、作价入股等。在这些不同的交易方式中,房地产价格也有不同的表现方式,如售卖价、租赁价、抵押价、典当价等。

6. 房地产价格总水平具有上升趋势

一般商品的价格随供求关系的变动而上下浮动,总趋势是随着劳动生产率的提高,单位产品成本的降低而趋于下降。而一个城市或地区的房地产价格总水平,虽然受供求关系的影响会出现周期性上下起伏,但从一个较长时期来看却呈现出上升趋势。这主要是因为土地的稀缺性和供应量的有限性,由于需求增加而拉动地价上升,同时,城市基础设施建设的展开,加工在土地上的劳动积累也使土地不断增值,地价的上涨必然引起房地产不断升值。

此外,一个城市或地区房价还与经济发展水平密切相关,随着经济发展和收入水平的提高,房屋的内在品质和外部环境不断改善,也使房价相应上升。综合上述因素,从长期发展的趋势来看,房地产价格总水平趋于上升,这是与其一般商品价格所不同之处。

(三)房地产价格的构成

1. 开发成本费用

开发成本费用主要包括以下内容。

(1) 土地使用权取得费。

(2) 前期工程费。

(3) 建筑安装工程费。

(4) 基础设施建设费。

(5) 公共配套设施建设费。

(6) 开发间接费。

2. 期间费用

商品住宅开发的期间费用,包括管理费用、财务费用、销售费用等与住宅开发项目有关的支出。

3. 房地产开发企业的利润和税金

房地产开发企业的利润,其计算公式如下。

房地产企业利润＝房地产企业销售收入－销售成本－销售税金及附加－管理费用
　　　　　　　－销售费用－财务费用

其中,销售税金及附加,包括营业税、印花税、城建税、教育费附加、土地增值税及其他视同税金处理的地方政府规定的按销售收入或面积计算的各种费用。

房地产开发企业主要涉及的税种有营业税、城建税、教育费附加、土地增值税、房产税、印花税及契税等。具体征收方式可参考国家税务总局的相关文件规定。

(四) 房地产价格的影响因素

房地产价格受各种因素的影响而发生变动,要掌握房地产价格的运动规律,必须弄清影响房地产价格的因素。

根据各种影响房地产价格因素自身的性质,可以将其分为经济因素、社会因素、行政政治因素、房地产的内在因素和环境因素等。

1. 经济因素

影响房地产价格的经济因素主要包括国家、地区或城市的经济发展水平、经济增长状况、产业结构、就业情况、居民收入水平、投资水平、财政收支和金融状况等。

这些因素会影响房地产市场的总体供求,特别是影响需求。通常来讲,一个地区的经济发展水平越高、经济增长越快、产业结构越合理、就业率、收入水平和投资水平越高,财政收入越多、金融形势越好,房地产市场需求就越大,房地产价格总体水平也越高。反之,则房地产价格总体水平越低。

从中国的情况来看,改革开放30多年后的今天与改革开放初期相比,房地产价格有了巨幅增长,就是源于全国的经济发展水平、居民收入水平等一系列经济因素方面的迅猛发展。而从目前来看,沿海地区与内地之间,北京、上海、广州、深圳等大城市与一般城市之间,房地产价格水平有较为显著的差异,这也主要是由于这些城市之间,在以上经济因素方面存在的明显差异所造成的。

2. 社会因素

影响房地产价格的社会因素包括人口、家庭、城市形成历史、城市化状况、社会治安、文化与时尚等。其中,人口因素包括人口的数量、密度、结构(如文化结构、职业结构、收入水平结构等);家庭因素指家庭数量、家庭构成状况等;文化与时尚主要指文化氛围、风俗习惯、大众心理趋势等。

社会因素对房地产价格的影响作用是相当复杂的,它的作用方式不如经济因素那样直接,其作用过程也比较长,是一种渗透性的影响。例如,城市的形成历史,对一个地区房地产价格水平的影响,虽然不如经济因素的影响那样明显,但却常常是非常深远并具根本性的。在中国许多城市中,某一个特定的区域,由于其独特的发展历史,而始终成为房地产价格水平的高值区,如上海的外滩和徐家汇、厦门的鼓浪屿、青岛的八大关等。有些社会因素对房地产价格的影响在不同的阶段,其作用结果是不同的。例如,人口密度的提高,一开始会造成房地产需求的增加,引起房地产价格上升,但发展到一定程度,则会造成生活环境恶化,有可能引起需求量减少,房地产价格下降。

3. 行政与政治因素

行政因素主要是国家或地方政府在财政、税收、金融、土地、住房、城市规划与建设、交通治安、社会保障等方面的一些制度、法规、政策和行政措施。政治因素主要是指政局安定程度、国与国之间的政治、军事关系等。行政和政治因素都是由国家机器来体现的,因此它们对房地产价格的影响作用也比较突出。例如,城市规划对一块土地用途的确定,决定了这一地块的价格的基本水平。

与经济和社会因素不同,行政和政治因素对房地产价格影响作用的速度相对较快,如果说经济、社会因素的作用是渐变式的,那么行政和政治因素的作用可以说是突变式的。例如,加强宏观调控,紧缩固定资产投资规模,收紧银根政策,会使所在地的房地产需求减少,房地产价格在较短的时间内迅速下跌。

4. 房地产内在因素和周边环境因素

这个因素主要是指房地产自身及其周边环境状态,如土地的位置、面积、形状、建筑物的外观、朝向、结构、内部格局、设备配置状况、施工质量,以及所处环境的地质、地貌、气象、水文、环境污染情况等。首先,房地产自身的内在因素对房地产的生产成本和效用起着重大的制约作用,从而影响着房地产的价格。例如,地价和建筑材料价格的上涨,会带来成本推进型房价上升。

商品房内在品质的提高,效用增大也会造成内在品质提高型房价上涨。再如,房屋的朝向也会影响房价。在中纬度地区,朝南的住宅,就比朝北的住宅舒适,因而价格也高。

由于房地产的个别性,房地产价格受自身因素(特别是一些与自然有关的因素)制约的现象是非常明显的。这是房地产与一般商品不同的一个重要表现。其次,房地产的使用离不开其周围的环境,因此房地产周边环境的因素,也影响房地产的价格。例如,位于公园、绿地旁边的住宅,由于其安静、空气清新及风景怡人的环境,其价格往往也较高;而如果住宅紧临高速公路、机场等噪声源或垃圾处理场、臭河浜等空气污染源,则价格就低。

二、房地产定价的目标、程序和方法

(一)房地产定价的目标

定价目标是指企业通过确定一定水平的价格,所要达到的预期目的。定价目标是整个价格策划的灵魂。一方面,它要服务于房地产项目营销目标和企业经营战略;另一方面,它还是定价方法和定价策略的依据。房地产定价目标一般有利润目标、市场占有率目标、树立企业形象目标等几种不同的形式。

1. 利润目标

利润目标是企业定价目标的重要组成部分,获取利润是企业生存和发展的必要条件,是企业经营的直接动力和最终目的。因此,利润目标为大多数企业所采用。利润是一个综合性很强的指标,尤其对于房地产项目而言,从预售开始到销售告罄往往需要很长时间。所以,利润最大化不是短期定价目标,而是企业长期奋斗的方向。由于房地产定价受经济环境的影响,繁多的变量会增加定价的难度,因此,需要动态地分析企业的内部条件和外部环境。不能单纯定位于项目利润,忽视市场相关因素和公司经营战略,否则会欲速而不达。如果该宗物业的独特性较强,不易被其他产品替代时,可在边际利润与边际成本一致的点位定价。一方面靠促销激发需求,另一方面有节度地供给,就可以获得最大限度的利润。

2. 市场占有率目标

市场占有率又称市场份额,是指企业的销售额占整个行业销售额的百分比,或者是指某企业的某产品在某市场上的销量占同类产品在该市场销售总量的比重。市场占有率是企业经营状况和企业产品竞争力的直接反映。作为定价目标,市场占有率与利润的相关性很强,从长期来看,较高的市场占有率必然带来较高的利润。市场占有率目标在运用时存在着保持和扩大两个互相递进的层次。保持市场占有率的定价目标的特征是根据竞争对手的价格水平不断调整价格,以保证有足够的竞争优势,防止竞争对手占有自己的市场份额。扩大市场占有率的定价目标就是从竞争对手那里夺取市场份额,以达到扩大企业销售市场乃至控制整个市场的目的。

以市场占有率为定价目标也不失为一种志存高远的选择方式。市场占有率是指一定时期内某企业房地产的销售量占当地细分市场销售总量的份额。市场占有率高意味着公司的竞争能力较强、说明公司对消费信息把握得较准确、充分。房地产开发业资金占用量极大,规模经济现象表现明显。资料表明,企业利润与市场占有率呈正向相关性。提高市场占有率是增加企业利润的有效途径。事实证明,进行超大规模的综合开发,可摊薄基础设施、公共配套等成本,降低单位开发成本,扩大市场占有率,从而增加企业利润。一般来说,成长型的公司适宜采用市场占有率目标,通过薄利多销的经营方式,达到以量换利、提高市场地位的目的。

3. 树立企业形象目标

以稳定的价格赢得企业形象,有利于在行业中树立长期优势。房地产市场需求价格弹性不大,但受其他因素的影响,其需求量波动很大。稳定的价格给人以产品信誉高、公司经营稳健的印象。良好的形象是企业无形的资产,只有精心维护,才能源源不断地创造产品附加值。例如,福州融侨集团执着锻造品牌,他们第一批参加并严格按照"销售放心房承诺宣言"要求履行承诺,融侨建造的住宅大厦秉持"为居者着想,为后代留鉴"的理念,因此长期以来,融侨地产在福州市场上采取的就是稳定高价策略,其优质高档物业的定位也逐渐为市场所认同。品牌竞争是高层次的竞争,增强企业形象的定价目标应该与企业的长期战略相一致。拥有较高市场占有率的行业领导型企业适宜选用稳定的产品定位和稳定的价格策略。

当然,在某些特殊时期,企业也需要制订临时性定价目标。例如,当市场行情急转直下时,企业就要以保本销售或尽快脱手变现为定价目标;为了应对竞争者的挑战,企业也可能以牺牲局部利益遏止对手为定价目标。但是一旦出现转机,过渡性目标就应被其他长远定位的目标所取代。

(二) 房地产定价的程序

1. 收集整理市场信息及定价标的物楼盘资料

这个步骤主要搜集开发楼盘的所在城市、区域,尤其是标的物附近同档次楼盘的资料,其中包括楼盘位置、区域与个别因素、房屋装修、均价、单元价等内容。同时,在企业内部整理楼盘开发过程中的各种费用数据。

2. 估计成本和需求

在进行价格定位之前必须掌握楼盘的成本结构,准确估计楼盘的各项建造成本、销售费用、管理费用及筹资费用等。就房地产市场而言,期房的定价比现房的定价更为复杂。因为相对于现房而言,期房在定价时有许多成本核算及费用尚未发生,必须依赖预测和判断。估计项目的需求是对项目在不同价格水平下,消费者可能产生的需求变动。通过对消费者需求量变动的估计可以大致确定楼盘的价格水平,确保楼盘得到最大限度的利润。

3. 分析竞争对手

这一步骤的作用在于分析自己和竞争者之间项目差异程度。了解不同项目的不同特征对价格的影响,并进行初步的量化分析,找出本楼盘在产品性质、特征上的优势,根据竞争者的价格确定适合自己的价格水平。这一步骤对开发商选择竞争导向定价方法极为重要。

4. 选择房地产定价的目标与基本方法

在进行项目定价之前,必须对楼盘的营销目标进行深入研究,考虑竞争环境,权衡地产营销中的各种关系,依据楼盘的定位、开发商自身的经济实力,确定合理的定价目标。例如,如果定位于高档豪华商品房,则可选择最大利润定价目标;中小规模发展商可采取应付与避免竞争之目标,然后根据定价目标确定应采用的基本方法。

5. 决定楼盘的平均单价

任何一个楼盘首先须决定其整体价格水准,也就是一般所俗称的"平均单价"。虽然开发商在开发土地时,通常会预估一个单价水准,但到了真正公开销售之前常常由于市场竞争、时机差异、产品规划及开盘目标等因素之影响,有必要再确定"平均单价"水准,以作为细部价格制定的依据。分析"平均单价"对全楼盘销售金额及利润的影响,也是开发商和代理公司最"计较"的一环。

6. 决定各期、各栋的平均单价

一旦决定了平均单价,若为大规模楼盘,预计分期销售,则可就各期单独制定平均单价;若个案规划为数栋建筑,则可评价各栋差异因素及程度,如栋距、楼层数、景观等,从而决定各栋之平均单价。除了评估差异条件之外,还须检视各期或各栋的可销售面积,使各期或各栋平均单价乘以各自之可销售面积的总和,等于楼盘之平均单价乘以全部可销售面积的总和。

7. 决定楼层垂直价差

垂直价差,顾名思义主要是指楼层高度之不同所产生的价格上的差异。一般在制定垂直价差时,常会先决定一个基准楼层,使基准楼层的单价等于该栋建筑的平均单价,然后再评估其他楼层与该基准楼层之间价格差异的程度,从而确定其相对价格,并使各楼层相对价格的总和等于零。

8. 决定水平价差

决定了垂直价差后,接下来要着手订定"水平价差"。水平价差是指同一楼层各户之间的价格差异。通常是依据各楼层的平均垂直价格,评估同一楼层之间朝向、采光、私密性、格局等因素之优劣程度,写出同层平面中各户的单价,但同一楼层各户单价之平均值应与原定平均单价相符。若为直筒式建筑,由于每层的平面规划均相同,因此仅确定一个水平差价,即可适用于各层;若平面格局复杂,如高度退缩式建筑,或者每层的户数不相同,则可就每种不同的平面格局确定水准价差。

9. 调整价格偏差

经过了上面所述的各个步骤,我们已可逐步制定出各户型的平均单价,但还需检核整体的平均单价是否与原先预定的相符。这时,我们可将各户的面积乘以各户的单价,得出楼盘全部的可销售金额,将此可销售金额除以全部可销售面积(即各户可销售面积之和),即得出所确定的平均单价。由于各户的面积大小不一,因此所得出的平均单价可能不等于原先所预定的平均单价,此时即可将差异金额等比例调整至相同。

10. 确定付款方式

付款方式包括一次性付款、建筑分期付款、银行和优惠措施等,在优惠措施中常包括折扣、先租后买、零首期、免息付款、送家具、无理由退房和搭配送房等内容。

(三) 房地产定价的方法

1. 成本加成定价法

将产品的成本(含税金)加上预期利润即为房地产价格的定价方法,是一种最基本的定价法,是根据测算或核算的成本加上一定比例的利润率确定的。例如,某一项目的总成本为1 500万元,预期利润10%,则总售价为1 650万元,再将此1 650万元分配至每一单位的房地产商品,即得到单位面积平均售价,再根据每一单元房地产的楼层、朝向、室内装饰情况确定房地产售价。

成本是开发项目的全部成本,包括开发成本及经营过程中的支出和税收,基本上可分为可直接计入的成本和分配计入的成本。

利润率应当考虑房地产投资的风险情况和整个行业的平均利润来综合测算确定。

成本加成定价法虽较简单、理论依据充分,但这种方法本身考虑市场对价格的接受能力不够,实际定价时,在此基础上仍必须考虑市场行情及竞争激烈与否,才能定出合理的价格,在市场竞争激烈的情况下,这种定价方法所做的定价可能缺乏竞争力。

2. 竞争价格定价法

竞争价格定价法从市场竞争的角度来定价,市场竞争是一种综合实力的竞争,但其中价格的竞争始终是市场竞争的重要因素,特别是房地产商品这样高价格的产品,即使你的定价比竞争者的价格高出不多,但作为客户来说是特别关心的,由于房地产商品的不可移动性,竞争主要考虑相近产品或附近区域的竞争情况,因此所谓的竞争价格定价法主要依据相近产品或附近区域竞争状况而确定经营房地产的价格。在竞争激烈时,条件相当的两宗房地产,定价较高的,一般难以为客户所接受。要推出比竞争者价格更高的房地产,通常应具有公司信誉良好、用材较高级、具有独特的设计等优势。

竞争价格定价法通常是在市场竞争较为激烈时应当考虑的一种方法,在此种方法下,开发经营者获取较高利润的途径就是必须着眼于降低开发经营成本。

3. 客户感受定价法

这种方法的理论基础实际上是效用理论。对购房者而言,他实际上并不清楚也不十分关心市场上房地产商品的成本、造价等问题。他在选购房地产时,影响其作出决定的因素主要有两方面:一是其他同类房地产商品的价格如何;二是以一定的价位购买该项房地产是不是值得。当购房者对某开发公司的品牌有信心时,纵然定价较高,购房者基于享受良好的售后服务和今后物业管理的考虑或是为了体现自己的实力、身份等,仍会欣然前往,而当购房者对推出房地产商品的开发公司不具信心时,一旦定价太低,购房者反而会怀疑其品质而不予信任。为什么在同一个城市里,物质条件(如交通、绿化、生活服务设施等硬条件)相当的一些小区,有的定价较高却仍然卖得火爆,有的价位虽然较低,销售却冷冷清清,其中一个重要的原因就是客户的感受。客户的感受与推出该项房地产商品的开发商的社会信誉有关,也与该项房地产从策划阶段到营销过程中的宣传定位有很大的关系。

依客户感受来定价是需要一定胆量的,因为难以确定定量的理论依据并进行定量计算,所以尽管房地产和其他商品一样,品牌信誉确实能影响甚至主导消费者的消费意愿,但房地产的定价亦不能太离谱,若超过客户所能忍受的价位,对于销售来说反而不利了。

4. 加权点数定价法

预售房屋的定价,通常采用市价比较法,即前述的竞争价格定价法,分析拟推出经营房地产每平方米单价的合理行情,再根据面积、朝向、视野、楼层差别等而确定不同的定价增减比例,并据以对不同房屋进行定价,称为加权点数定价法。

楼层、朝向及面积等因素对价格的影响受消费习惯、心理经济条件、社会风俗等多种因素制约,很难有一个统一的标准,因此运用该方法时,应当根据调查研究的情况而确定。不过一般遵循下列规律。

(1) 朝向差价:一般南北向较贵,东西向较便宜。

(2) 楼层差价：楼层价位高低,受建筑物高度的影响。一般而言,高层建筑中,一、二、三楼及越高越贵,中间较便宜；而多层建筑则中间楼层较贵,越往上或往下则价位越低。

(3) 选间差价：选间因三面采光,因而较其他单位为贵。

(4) 视野差价：临公园、湖边、海滩或视野较佳、景观较佳为贵,面临巷弄或采光较暗者,即使同一栋楼,同一楼层,也较便宜。

(5) 面积差价：一般情况下,办公经营面积集中且达到一定规模或是住宅单元面积较大时价格可适当提高。

(6) 设计差价：屋内布局、大小公共设施的配置都会影响房屋价格,布局合理的单元住宅价格可适当提高,一宗房地产项目内某些特别差的单元,可能需要降价销售。

5. 旧房定价方法

旧房因受到损耗的影响或是设计、布局等方面已经过时,在定价时,应考虑房屋的具体情况,可以根据附近新建房屋的交易价格,再根据拟交易房屋的房龄或是成新程度定出价格。旧房如果因为修建年代的影响或其他因素的制约,存在设计及布局过时的情况,则应调低价格。旧房交易前,通常需要经过粉刷、整修,给人以耳目一新的感觉,可以适当提高价格。

（四）房地产价格的调整

1. 房地产价格调整类型

在房地产营销过程中,基于市场情况的变化及企业自身目标的调整,需要对房地产价格进行调整,其类型无非是降低价格或提高价格。

1) 降低价格

当卖方面临销售停滞不前、同业竞争极为激烈时,经常需要做降价的考虑。降价终将引起同业间的摩擦与价格战,但却是不得已而为之的。

降低价格的另一个原因是生产能力过剩,产量过多,资金占用严重,而增加销售力量、改进产品或其他营销手段都无法达到销售目标,从而造成资金周转不灵,企业无法进一步扩大业务。于是一些房地产企业放弃"追随领导者的定价"的做法,而采用"攻击性定价"的方法,以便提高销售量。

有时企业为了获取市场占有率,会主动降价,随着市场占有率的提高,生产成本又会因销售量的增长而下降。

2) 提高价格

提价会引起消费者及中间商的不满,但有时在外部环境剧烈变化时,房地产企业为了生存也不得不提价。例如,由于通货膨胀,成本高涨,但生产率无法提高,许多企业不得不以提高价格的方式来确保利润。提价虽然会招来客户的抱怨,引起公司销售人员的困扰,但如果运用得当,成功的提价会给公司增加利润。

2. 房地产价格调整的方法

1) 直接的价格调整

直接的价格调整就是房屋价格的直接上升或下降。它给客户的信息是最直观明了的。

一般来说,价格上调,是说明物有所值,人气旺盛。对于这样的正面消息,开发商是最希望客户尽快了解的,所以往往是进行大张旗鼓的宣传,并由此暗示今后价格上升的趋势,以吸引更多的买家尽快入场。与此相反,价格下调,则说明产品有这样或那样的缺陷,不为买家所看好,或者是由于经济低迷,整个市场不景气。应该说,除非万不得已,房地产开发商通常是不会直接宣布其楼盘价格下调的,而是通过其他方式间接让客户感受价格下降的优惠,以维护其正面形象。

直接的价格调整有以下两种方式。

(1)调整基价。基价的调整就是对一栋楼的计算价格进行上调或下降,因为基价是制定所有单元价格的计算基础,所以基价的调整便意味着所有单元的价格都一起参与调整。这样的调整,每套单元的调整方向和调整幅度都是一致的,这是产品对市场总体趋势的统一应对。

(2)差价系数的调整。房地产实务中,通常是在基价的基础上通过制定不同的差价系数来确定不同套、单元的价格,各套、单元的价格则是由房屋基价加权所制定的差价系数而计算的。但每套、单元因为产品的差异性而为市场所接纳的程度并不会与我们原先的预估相一致。在实际销售中,有的原先预估不错的套或单元实际上并不好卖,有的套或单元原先预估不好卖实际上却销售火爆。

差价系数的调整就是根据实际销售的具体情况,对原先所设定的差价体系进行修正,将好卖单元的差价系数再调高一点,不好卖单元的差价系数再调低一点,以均匀各种类型单元的销售比例,适应市场对不同产品需求的强弱反应。

2)调整付款方式

付款方式本来就是房价在时间上的一种折让,它对价格的调整是较为隐蔽的。分析付款方式的构成要件,可以发现,付款方式的付款时段的确定和划分、每个付款时段的款项比例的分配、各种期限的贷款利息高低的影响是付款方式的三大要件,而付款方式对价格的调整也就是通过这三大要件的调整来实现的。

(1)付款时间的调整:是指总的付款期限的减少或拉长,各个阶段付款时间设定向前移或向后靠。

(2)付款比例的调整:是指各个阶段的付款比例是前期高、后期低,还是付款比例的各个阶段均衡分布,或者是各个阶段付款比例的前期低、后期高。

(3)付款利息的调整:如"免息供楼"、"首期零付款"等策略实际上是利息调整的例子。

三、房地产价格策略

(一)价格折扣与折让策略

1. 现金折扣

购买者如能及时付现或提早付现,公司则给予现金折扣。房地产销售中,一次性付款可以给予优惠就是这种策略的具体表现。这种策略可增加买方在付款方式上选择的灵活性,同时卖方可降低发生呆账的风险。

2. 数量折扣

客户大量购买时，则予以价格上的优待。这是公司薄利多销原则的体现，可以缩短销售周期，降低投资利息和经营成本，及早收回投资。但由于房屋价格高，金额巨大，而且每人所需有限，公司不可能以鼓励大量购买然后给予折扣的形式来销售，因此，这里的"数量"则需要慎重确定。更多数量甚至整幢大楼的购买虽然不多见(有时会出现机构购买的情况)，但一旦如此，通常可以通过谈判获得更高的折扣。

(二) 单一价格与变动价格策略

单一价格即不二价，无论谁来购买都是同样价格。若有折扣、优惠、赠品，则对每一位客户皆一视同仁。

变动价格则对每一客户的成交价皆有所差异。这主要来自买卖双方的讨价还价，或者买方与卖方的特殊关系造成。房屋价格能达到不二价的公司很少，一般几乎都是"变动价格"，尽管有时这种变动从单位价格来看可能并不高，但从总价来看，情况就不一样了。

(三) "特价品"定价策略

使少数产品以非常廉价的姿态出现，来吸引消费者购买。所谓"特价品"在房屋营销中往往只有一户或少数几户，即所谓的"广告户"，如广告中常见的所谓"起价"××元。

(四) 心理定价策略

传统的心理定价策略亦称奇数定价。根据心理学家对消费者购买心理之研究调查，同一件产品当标价 49 元时，不但销量远大于标价 50 元的产品，甚至还比标价 48 元的销路还要好。这种策略也可能用于房地产定价。现代心理定价还有其他一些新的表现，如吉祥数字、吉祥门牌号定价策略，像 1 998 元/m² 这类定价。

(五) 非价格竞争策略

价格竞争是市场竞争的基本策略，但在房地产营销中，也有在竞争中突破价格竞争而自主定价的策略。例如，在相邻同档次的项目中，常有一方不通过价格调整，而通过提供比竞争者更优惠的其他条件来竞争的情况，如提供良好的后期物业管理、较低的物业管理费等来吸引客户。

(六) 房地产组合定价策略

楼盘也可以像一般商品那样，运用产品组合的观念来定价，但是在实际操作中，由于楼盘的各部分产品之间的关系并不明显，也非既定，因此在定价之前，须先辨别各种产品之间的组合关系，再制定组合价格，不求个体利润均好，而力求楼盘整体的利润最大化。

当房地产销售出现不同类型产品同时销售时便涉及房地产的组合销售定价。不同类的产品之间几乎没有任何关系。例如，某一楼盘，其规划为地上 13 层，地下 1 层的建筑。其中一至三层为商场，四至十三层为住宅，地下层为车库，那么就住宅和商场而言，属于无关联产品，也就是说两者的功能、规划均不相同，他们各自的目标客户也很少会做价格比较，这时候就需要把商场和住宅作为两个独立无关的产品，分别定价。

但是,在进行车库定价时,我们需要判断车库与其他产品之间的关系。如果楼盘位于黄金地段,楼上住宅是豪宅,那么车位对于豪宅的业主而言是不可或缺的一个部分,此时车位与住宅可以形成"互补"关系,车位的价格可以与住宅的价格合并考虑,用总价表现出二者合并所能提供的整体价值。这样定价的方法,就是组合定价的策略。

任务 3　房地产开发项目市场推广

◆ 引例导入

北京万和世家的悲喜剧

东富、西贵、南贫、北贱,南城在北京一向是落后破旧的代名词。万和世家楼盘地处北京右安门内大街,正是典型的南城楼盘,北京"南城无高档住宅"的传统思想严重束缚着购房人的购房心理,使万和世家在进入市场的初期,销售工作曾处于停滞状态。特别是上跃、下跃等具有特殊结构的大面积户型面临巨大的销售阻力。经由世联地产介入操盘,在2004年4月达到90%的销售率,根本扭转了前期的销售困境。

万和世家项目位于北京市旧城区——南城宣武的白纸坊,隐逸在二环内65 000 m^2 复式园林绿荫里,以罕见的15.5 m薄体室内进深,使室内更为通透、明亮,最大限度地减少了室内灰度空间。最为称奇的是,这里的主人可以一只脚站在社区里,另一只脚踏在公园中,公园同小区是零距离。以7 500元/m^2 的均价在南城足以步入豪宅的队列,独特的三跃层全景"楼王"更以12 000元/m^2 的高价傲视群雄。但恰恰是楼盘的高品质与所处的南城背景形成了冲突,导致万和世家在推出市场初期遭遇困局。

世联地产在介入销售后,对客源进行了引导消费。他们因势利导,不卖花巧,没有采用东施效颦去采用不切实际的新颖概念手法,而是采用脚踏实地的寻找适合客源的平实促销手法,挖掘满足客户的潜在需求。为了给项目创业绩,他们实践中克服抗性、突出甚至创造卖点,演出了一幕又一幕的好戏。

从2005年4月以来开始的一段时期,我国房地产市场宏观调控力度不断加强,面对一系列房地产调控政策的出台,房地产市场面临的销售压力增大,市场处于观望气氛。在当时那种情况下,拓宽营销渠道,通过全方位、多样化的营销渠道建设突破销售瓶颈,快速实现产品销售和资金回笼已成为房地产企业最重要的决策之一。

作为21世纪的黄金产业,房地产业已成为了投资者心中的重要的投资目标。随着市场从"卖方市场"向"买方市场"的转变及企业从"以产品为中心"到"以消费者为中心"的转变,销售渠道作为企业了解消费者、沟通消费者和掌握消费者的核心手段,已成为企业的重要资源,构建高效、稳定的销售网络,对增强企业竞争能力也愈发重要。

一、房地产开发项目市场推广的渠道

房地产营销渠道是指商品房从生产者向终端使用者转移过程中所经过的,由各中间环节连接而成的路径。根据房地产的特点和单个楼盘的特性,有针对性地建立自己灵活的营销渠道,不仅有利于开发商在目标市场上实现销售数量最大化,获取尽可能多的利润,另一方面也能减少竞争对手的销售空间,保护和控制自己的既定市场。因此,营销渠道策略是房地产开发企业面临的一项重要决策,对房地产商品从设计开发到实现销售全过程的各个环节都有着重要的影响和作用。

(一)我国房地产市场传统营销渠道策略

我国房地产市场的营销渠道建设起步较晚,从我国房地产市场的特点及发展轨迹来看,目前我国的房地产营销渠道策略主要有三种:房地产企业直销策略、委托代理策略和网络营销策略。

1. 房地产企业直接销售策略

直接销售策略是指房地产企业利用自己的销售部门对房地产商品进行直接销售。这种策略关系到企业能否将产品及时、顺畅地销售出去,也关系到企业的销售成本和盈利水平,而选择直接销售策略对于房地产开发商收集房地产市场信息,树立企业信誉等有着特殊的作用。

目前我国绝大部分房地产开发商都采用了以直接销售为主的营销渠道模式。最常见的形式是派出房地产销售人员,在一个固定的场所(主要是现场售房处),来为需要买房的客户和准客户提供服务。这种销售模式的优点在于场所固定,客户有明确的目的地,有目的地去询问和购买,并且专业度、权威度、可信度、服务的全方位程度都很高。这种销售模式,渠道最短、反应最迅速、控制最有效。

2. 委托代理渠道策略

委托代理渠道策略一般是指开发商委托房地产代理商寻找顾客,顾客再经过代理商中间介绍而购买物业的营销渠道方式。随着消费者消费行为的理性和成熟,房地产开发企业一方面要扩大规模追求规模经济,另一方面又要走专业化道路,细分产业市场。企业为了发挥专业开发优势,经常将销售工作委托给更具专业优势的销售代理商来完成。

相对于直销模式,委托代理分散了企业开发房地产的风险。而且中介机构由于工作的范围、特性,以及对于市场趋势的了解,对于目标市场的掌握及对于消费者心理的研究较开发商更有经验且深入得多,因此通过代理渠道更容易把握市场机会,能够更快地实现房地产的销售。

3. 网络营销渠道

网络的出现,在改变人们生活、工作方式的同时,也在深刻改变着房地产产品的销售、服务模式和理念。随着客户对解决方案需求的不断加大,传统的房地产营销渠道构架正在受到冲击。市场的这种变化要求房地产商的经营管理模式必须由原来的以产品为中心转向以客户为中心,并且也迫使渠道必须提供新的服务形式来适应这种新需求的出现。

网络中介代理市场开放自由,信息传播广泛迅速,供需双方可以选择多种方式交流,节省了场地和大量的人力物力。客户坐在计算机前就能够收集所需信息的服务形式可以适应新的消费群体的需求。房地产属于耐用消费品,它具有厚、重、贵、大的特点,消费者在做出购买决策之前往往要经历提出需求、信息收集、方案比较、购买决策、购买行为等几个阶段,每个阶段都需要足够多的信息,而房地产网站是一个信息发布、开展宣传、拓展业务的窗口,具有强大的消费市场。

(二)房地产营销渠道选择的考虑要素

以上三种房地产营销渠道都具有各自的优势和劣势,那么房地产开发商又怎样进行具体的销售渠道的选择呢?在实际操作中,房地产开发商们可以根据以下三个标准来进行房地产营销渠道的选择和评估,即经济性标准、可控性标准和适应性标准。

1. 经济性标准

经济性标准是房地产企业在进行渠道选择时的首要原则。在进行渠道决策时,房地产开发商可以从财务的角度对不同的营销渠道进行预期的投入产出评估,即对渠道的经济性进行考核。首先要确定选择不同渠道的成本,评估不同渠道的预期收益,还要对选定的销售渠道的结构进行优化。

2. 可控性标准

除了成本问题,企业还必须考虑到渠道的可控性及由此产生的控制成本问题。比较三种传统的营销渠道,直销可以使企业直接面向消费者,随时对销售团队进行调整以适应市场需求的变化,可控性较强,但直销渠道的建设要求较大的投资。相应地,委托代理方式在商品房销售时利用了专业代理商现成的营销经验,能使产品能很快推向市场;但在销售过程中,由于开发商和代理商的经济利益不同,双方间的冲突可能就很难避免,销售渠道的控制难度相对较大。

3. 适应性标准

由于销售渠道的建设涉及较大的固定成本投资,因此存在行业进入和退出壁垒,尤其针对委托代理形式,开发商和委托代理商之间可能还有合同等的限制,一旦采用了某种渠道模式,就需要双方保持相对的稳定性,可能导致在相当长时期内缺乏弹性。因此,房地产开发商必须充分考虑外部市场环境的变化,使销售渠道具备一定的灵活性以应对市场变化。

(三)房地产市场营销渠道策略创新

伴随着房地产行业的发展,市场竞争已达到白热化的程度,房地产营销渠道的发展趋向多元化,多种利益群体同时介入房地产,在保持既有的模式下,一些新的渠道开始出现,我国的房地产营销渠道也呈现出全方位、多样化的局面。

1. 连锁营销渠道

连锁式营销渠道是近年来出现在深圳、上海等地的新型房地产营销模式。这种模式实际是由实力雄厚的代理商提供专业化系统服务的新形式。目前,一个省会级城市房地产市场每年接纳新楼盘的数量是 200 个左右,而且大多数开发商采用直销渠道,掌握了 70% 以上的市场份额,剩下约 30% 的份额由区域内的三、四百家代理商竞争,竞争的结果一般是由少数几个发展相对成熟的代理机构占有。因此,几年无盘可做的小代理商的生存空间会越来越狭小,面临的只能是被无情地踢出市场。

房地产代理市场的发展趋势是规模化、专业化,因此有实力的代理商在兼并小机构的同时,也引进了麦当劳式的连锁经营方式,以其规模化经营、低成本运作、专业化服务来改进经营模式,拓展服务范围,形成强大的市场竞争力,是市场的一支生力军。而连锁经营专业系统的服务给客户带来的安全感和便捷感,也是其他房地产营销渠道无法比拟的。

2. 全程代理式营销渠道

全程代理是指代理商介入房地产项目开发经营的全过程,即从项目可行性研究开始,提供市场调查、项目定位、提出建筑规划及设计要求、物业管理及经营规划、销售策划、推广执行策划、全面推广销售等一条龙服务。

由于有精于市场营销的代理机构参与房地产项目的每一个环节中,使各项定位落到实处,准确地瞄准市场变化的节奏,带有较大超前性,不仅能提高开发商的开发水平,而且能帮助开发商降低营销风险,提高获利水平。而且,全程代理方式有助于使项目的开发更贴近目标市场,这对扭转长期以来房地产市场一直存在的盲目开发、恶性竞争的状况将会起到一定的积极作用。

3. 内地异地营销推广

由于销售压力增大,不少地区的房地产开发商开始突破地域局限,实施异地营销推广。这说明外地潜在的巨大购买力逐渐得到房地产开发商的重视,而开发商们通过拓宽异地销售渠道,又可以缩短项目销售时间,实现利润最大化。例如,不少北京的楼盘就从温州、宁波转战山西、沈阳等地进行推广。据统计,目前京城楼盘有 50% 左右被外地人买走,说明了外地购买潜力巨大。

目前在实施异地营销过程中房地产开发商们多是与当地公司合作进行推广,这样一方面可以缩减销售成本,实现快速销售的目的,另一方面异地营销也成为房地产公司进行品牌扩张的又一种方式。通过房地产的外地销售,可以取得该地区消费者的认可,既可以抓住最新的市场机遇,实现销售的目的,又可以借助优质的产品扩大企业的品牌效应,寻求在当地的合作机会。尤其对于有销售压力的项目来说,到外地营销无疑是一种理想的选择。

4. 境外营销渠道的拓展

由于目前国家对房地产行业宏观调控力度的加大,面对疲软的国内市场,北京和上海等地的房地产开发商们把目光投向国外,选择了项目境外营销。例如,仅北京就有多个房地产中高端项目纷纷通过各种国际代理模式对项目进行境外直销,包括凤凰城、瀛海名居在内的 10 多个京城中高档楼盘都选择了境外营销渠道,获得了不错的市场反响。

5. 关系营销渠道

关系营销渠道是以消费者为导向,强调通过企业与消费者的双向沟通,建立长久的稳定的对应关系,在市场上树立企业和品牌的竞争优势。事实上,任何营销方式的目的都是为了更好、更大限度地争取消费者。服务是制胜的法宝,从某一角度而言,消费者买的不是产品,而是服务。不少楼盘在一期工程时营造了良好的居住氛围,并提供优质的服务,使业主在入住后感受到小区物业管理带来的优秀服务,在二期及后续楼盘的销售中就在很大程度上获益于业主推介或口碑相传。例如,万科就是通过"万客会"的人脉关系来推动房地产的销售的。

6. 隐性营销

隐性营销是营销理论的创新。所谓隐性营销是指企业通过采用树立企业形象、进行公关宣传和质量认证、传递与产品相关的科普知识、实施品牌战略等手段,扩大企业和产品的知名度、信誉度和美誉度,让客户信任企业和产品,促进服务产品的交换的一种营销策略。

隐性营销从提升产品的知名度、信誉度、美誉度入手,注重产品的品牌管理,旨在建立客户导向型文化和树立企业的良好形象。随着市场经济发展的日渐成熟,商品的品牌形象已成为消费者认知的第一要素,房地产产品也不例外。

7. 与超市等消费品渠道的融合

此渠道是指房地产开发商在超市等大卖场设立展柜,设置专门的售楼员与消费者沟通并销售楼盘。这种销售渠道最大的优点在于可以利用大超市和卖场的客流量,达到很好的宣传和推广效果。

现阶段我国的许多大超市和大卖场都已经逐步走向了规模化、专业化,消费者几乎可以在里面买到任何自己需要的日用商品。同时,随着生活脚步的加快,消费者大多也更愿意在同一家超市或卖场采购自己所需的所有东西,了解自己想了解的商品信息,而不愿在不同的超市间奔波。虽然这种渠道对房地产开发商来说目标群体的针对性不强,但一方面可以广泛传播房地产信息,另一方面也通过在超市门前配套的免费现场看房车刺激潜在客户的购房欲望,为有针对性的促销锁定客户群体。例如,深圳万科就曾在华强北开设展厅,对万科城、第五园和东海岸三个产品进行宣传,形成了楼盘与其他商品一起销售的有趣场面。对于大部分房地产开发商来说,将房地产营销与日用消费品为主的超市和卖场渠道相互融合不失为一个有潜力的营销渠道。

二、房地产开发项目市场推广的方式

随着购房者的理性决策意识不断加强和推广竞争激烈程度的持续加剧,楼盘的推广销售在很大程度上难度增加,一个楼盘销售周期长达2~3年,在许多房地产商的眼中已经习以为常。但是,对于一个新开楼盘而言,由于销售周期过长,在后续的2~3年时间中,其所面对的营销风险就不断加大。因此,房地产策划人必须拿出翔实可行的销售进程控制计划,其中影响销售进程的重要因素之一就是销售促进。

销售促进(sales promotion,SP),是企业行销活动的一种促销艺术与科学,是西方营销手段中运用最为广泛的,用于争夺市场和提升销售量的利剑。狭义而言,是指支援销售的各种活动。广义而言,企业所从事的凡是以创造消费者需要或欲望为目的所有活动,均属促销的范畴。

学习情境 9
房地产销售

销售促进作为促销组合的四大工具之一，在营销管理中相当重要。在以前楼市处于卖方市场时，许多房地产商都忽略了销售促进，那时房地产商最注重的莫过于公共关系；随着市场从卖方市场转向买方市场，房地产商在市场竞争的要求下，才开始注重并研究有关市场推广策略。在楼市，当我们遇到市场销售不畅或竞争加剧的时候，就应该适当地引入并运用已经在营销市场中久经考验的推广工具——销售促进。

房地产业竞争越来越激烈的今天，房地产促销的形式也五花八门，呈现出多种多样的形式，大有百花齐放的势头。在房地产营销过程中，房地产促销方法的正确运用关系到房地产项目的成败关键。但是"万变不离其宗"，方法再多，也离不开其最基本的形式。那么，房地产促销有几种基本方法，它们的具体内容和作用又是什么？

下面总结出房地产促销的17种基本形式，便于读者在实际工作中灵活地借鉴和运用。

（一）"无风险投资"促销法

"无风险投资"促销法是以降低风险为目的的促销法，目前已受到人们的普遍欢迎，它常常表现为如下四种形式。

1. 自由退房法

购房者只要一次性付清房款，那么，在房子交付使用时，购房者如果要求退房，可以不说明任何理由退房，"立马"一次性退还房款，而且给予20%的风险补偿金。这样做，对于开发商来说，可以很早就收回投资，有利于资金周转。尽管在房子造好后，对于那些退房者要付给比银行利息高的补偿金，但是总的来说，还是划算的。因为许多高档商品房一直到建成，还卖不出一半，大量空置的商品房，会使开发商的资金陷于泥潭。

2. 试住促销法

该法让欲购房者可以先试住一小段时间后再买房。这种方法把握消费者心态的是：因为只有想买房的人，才会去"试住"。如果一旦住进去了，买房的可能性会变得很大。

3. 换房促销法

该法的特征是客户入住后仍可以自由换房。买了这家房地产公司的商品房，住进去以后，觉得不如意，可以随便换住别的商品房——先决条件是这些商品房必须是由这家公司建造，而且还空着。换住时，原来买房的钱，可以折算，多退少补。对于房地产公司来说，换来换去，都是他们公司的商品房，没有换出"如来佛"的手掌心，所以于他们无损。但此法容易造成销售失控，不便于对成交客户的管理，建议少用。

4. 以新换旧促销法

该法的特征是以旧房换新房。由于将旧房出卖后的资金可以作为购新房的"资本"，一下子使付出的房款大为减少，购房者只需负担其中的差价。这样使得普通百姓在经济上能够承受。除此之外，房地产营销还可以采取下面两种方法，一是"以地段换面积"，就是说，想换大一点的房子，就用好地段的小房子，换差一点地段的大房子；二是"以面积换地段"，就是说，想换好一点的地段，就以差一点地段的大房子换好一点地段的小房子。

（二）购房俱乐部法

长期以来，许多购房者由于对房地产业比较陌生，对楼市行情不了解及缺乏必要的购房知识，对怎样才能买到称心如意的房子感到困惑。成立购房俱乐部，目的就是为消费者营造一个良好的购房环境，以确保消费者的合法权益。复地集团的"复地会"、万科集团的"万科会"均属于购房俱乐部这一类。这种购房俱乐部的目的是为人们提供购买的选择，事实上组织购房俱乐部的房地产商常常以此为契机先获得大量购房订单。

据了解，目前房地产市场上的购房俱乐部大多是由开发商牵头组织，其规模属于中小型的较多。而由房地产交易中心牵头组织，由消协、房地产主营部门、开发商、消费者及房地产专家等多方面参与介入、规模庞大的购房组织，在国内尚不多见。

（三）"购房安全卡"促销法

商品房是一种特殊商品，其价值较高，购房对一个普通消费者来说，是一笔巨额开支，所以购房者的购房行为慎之又慎。但由于房屋的购买不同于其他商品房的买卖，购房的过程涉及到国家各种法律、法规、政策以及有关房地产、建筑、金融等方面的知识，专业性和政策性较强，再加上我国存在着有关法律、法规不够健全，房地产商的开发方式各不相同，物业产权形式多种多样，交易合同及手续不规范等情况，消费者的购房行为承担着较大的风险，购房者稍有不慎，就有可能陷入不法房地产商设置的"陷阱"，产生大量纠纷和争议，给消费者带来极大的经济损失和时间的浪费。目前，有关购房投诉已成为消费投诉的热点，法院受理的购房纠纷案件急剧上升。

为了保护消费者权益，使消费者的购房风险降到最低点，个别房地产商推出了"购房安全卡"这一服务项目，以帮助购房者安全购房。"购房安全卡"这一服务项目，由全面了解有关房地产各项政策、法规、熟悉房地产开发交易市场的各方面情况的房地产评估事务所的专家来主持，可以帮助购房者对选中的物业情况进行综合的鉴定评判，在购房者发生交易之前就杜绝各种可能对购房者合法权益的损害，这种方法应该说是保护购房者合法权益的有效途径之一。但此种"购房安全卡"也常常是由相关的房地产商赞助的，他们与律师事务所一起合作，在提供消费者一定保障的同时，也促进了该项目房地产的销售。

（四）精装修房促销法

精装修房，顾名思义，就是经过装修、装饰，甚至配有基础家电、家具的住宅商品房。快节奏的现代社会，使人们无暇顾及装修过程的每一个环节，即使这样，一场装修下来，使人身心俱疲。这种精装修的商品房的推出，交房时即可入住，省去了客户因购买毛坯房后还要花大量人力、物力进行装修的麻烦而受到欢迎。

在房地产开发市场逐步由卖方市场向买方市场转变过程中，实施精装修房建设，其意义在于：能够加快实现商品住宅的价值和使用价值。毛坯房交房后还要经过一段时间的装修、装饰，并购置家具家电，这就需要购房者投入大量时间和精力。通过实施精装修房建设，减少了消费者购房后投入的精力，交房时即可直接投入使用，避免了购房者陷入装修的陷阱。并非每个购房者都懂得专业装修知识，也就是说，在装修过程中，购房者难免会因为缺乏专修知识和经验而掉入装修公司的陷阱，造成不必要的损失。精装修房一般会有开发商与装修公司的质量承诺书,保障了购房者的房屋质量。当然,精装修房也存在着一定的缺陷。同样的居住空间,由于使用者的社会地位、工作性质、文化程度及个人喜好等因素的不同,对室内设计的要求和表现出来的个性也不尽相同。购房者常按照自己的喜好和习惯,选择适合于自己风格、体现个人审美观念的个性化居室装饰。无法满足购房客户对装饰、装修的个性追求,就是精装修房所存在的缺陷。不过,现在许多房地产商提供的"菜单式装修"这一方法弥补了这个缺陷。因此,精装修房在市场上已经越来越受欢迎了。

(五) 周末购房直通车促销法

为方便市民购房,一些房地产销售营销公司与房地产管理机构和新闻媒体联合起来推出了一种"周末购房直通车"项目,目的也是为了促进房地产销售。

随着市民购房日趋理性,到介绍或效果图后马上下手购房的人已越来越少,也越来越重视对楼盘的现场考察,也不再只听信广告,更相信亲眼所见,常常为了解售楼情况到处奔波。"周末购房直通车"的推出,极大方便了市民,免除了购房者四处奔波的劳累。同时又为项目挖掘了潜在的购房户,开拓了市场。

这项活动是让想要购房的市民利用双休或节假日,免费乘坐购房直通车,到各处的售楼现场去考察和挑选所需的房屋。购房直通车分成几条路线,从不同的地方登车出发,沿不同的线路到不同的目的地。参与活动的消费者可享受一系列的优惠条件和服务。为了使活动能收到更理想的效果,新闻媒体着力宣传,大造声势,扩大影响;加盟的开发商不但推出了自己的精品楼盘,还邀请了一批政府部门的管理人员、房地产顾问进行义务咨询、释难答疑和进行购房指导。

例如在上海,由《解放日报》和各加盟开发商联合推出的周末看房直通车十分受欢迎,此举既方便了想要购房的市民,也使加盟的开发商积累了潜在客源,同时也扩大了报社的社会影响,达到了三赢的结果。

(六) 优惠价格促销法

随着房地产销售市场的变化,供求形式发生了巨大转变,在这种情况下,为了进一步扩大营销业绩,迫使开发商不得不利用价格和品质的变动调整,使自己在市场中立于不败之地。优惠促销法是促销之最有效手段之一。

(七) 名人效应完美形象促销法

该法主要是指房地产商应用一些名人效应来迅速培植项目的知名度和美誉度,塑造一些形象完美的房地产项目,通过名人代言项目来打开市场通路,以达到促销的目的。

例如,上海浦东"世茂滨江花园"就是借著名影星梁××作为其形象代言人来进行楼盘促销,以梁××的身价和气质衬托出楼盘的高档。名人效应完美形象促销法多见于大型的或者是高档的项目。

(八) 环保卖点促销法

随着天气预报中每日空气质量指数的公布,购房者也越来越关心所购住房上空空气的质量。这是购房者思想成熟的一种表现,也对开发商提出了更高的要求。于是,房地产市场新推出的项目力求在社区环境及配套设施上挖卖点。

传统的建筑有一个重要特点，就是完全依赖采暖制冷设备维持室内的舒适温度。这样的建筑不仅严重污染环境，导致城市"热岛效应"，而且危害人体健康。这些年空调病的日益盛行便是例证。而北京"锋尚国际公寓"的概念就是"高舒适度低能耗"，将其进行通俗化的创意表现，其广告口号就是"告别空调暖气时代"。"锋尚国际公寓"主要依靠先进的、不受外界恶劣气候影响的建筑"外部护系统"，辅以"混凝土低温辐射系统"调控室温，并配合24小时的"健康新风系统"使得整幢建筑物的各个角落保持四季如春的效果，同时建筑总能耗仅相当于北京节能标准建筑的1/5。这个卖点使得"锋尚国际公寓"一上市就受到消费者的关注。

还有些房地产商推出了"绿色住宅"的概念，大力提倡纯净水入户、保暖供冷系统的新工艺、垃圾分类处理等环保卖点。

（九）保健卖点促销法

对于一个现代人来说，他可以不知道某某歌星或影星，但他不可以不知道绿色、环保所代表的意义。换句话说，对自身生存环境的关注、对健康生活观念的崇尚，已经成为新派现代人的一个重要标识。因此，当房地产界一些住宅项目尝试把绿色、健康、环保的概念引入居住领域时，很快便得到消费群体中一些年轻人的热烈响应。

（十）展销会促销法

通过房地产展销会促进房地产项目的销售是销售商的一贯做法。房地产展销会免去了消费者来回奔波的劳累，集中了大量的房地产项目，扩大了消费者购房的选择余地。因此，它还是很受购房者欢迎的。

一般情况下，为了向社会及时报道展会的情况，展会主办单位会定时了解各参展商当日的销售情况，加以统计后向媒体发布，由于这种统计一般都采取参展商"自报家门"的形式，当事者出于自身形象的考虑，其成交量、销售面积、成交金额中不时带着某种"水分"。另外，也有的发展商会在现场签约以营造一种热销气氛。

值得指出的是，参加房展需要有卖点，好的项目创意、切实的区位、环境、价位、户型的优势可以通过房展会引起房地产消费者的关注，从而取得成功。

（十一）赠奖促销法

赠奖活动是以赠品或奖金作为促销诱因所进行的活动，这种活动一般以消费者为对象，通过赠品来刺激消费者采取购买行为。有的房地产商会采用赠送购房者基本家具和家电的促销方法。对消费者而言，如果购买房地产的同时还有家具或家电赠送，那么无疑让他省掉了亲自去购买的麻烦，当然是乐意接受的。对房地产商而言，能够以此吸引更多购房者并刺激他们进行购买活动，使资金早日回笼，何乐而不为呢？

北京房地产界就出现了买房送厨卫装修或买房送汽车等促销法，此促销法的实施也确实对楼盘的销售起到了一定的推动作用。

房地产界的赠奖范围从赠送厨卫精装修、家用电器到家具，现在又上升了到汽车，相比价格明降，这种温和的暗降方式既达到了促销的目的，使楼盘销售进退自如，又不伤害已购业主的忠诚度。

（十二）抽奖促销法

抽奖活动是以高额的奖品或赠品，一人或数人独占形式的附奖销售。例如，采取"购买某楼盘，可或免费欧洲旅游"等活动，都属于这种形式的促销活动。这种促销方法具有一定的投机性，虽然对有些消费者而言，它不如送装修、送家电等实在，但因为此法兼顾了人们的博弈心理，反而会使消费者产生刺激的感受，因而还是有一定的诱惑力的。

（十三）先租后卖法

所谓先出租后卖楼，是指房地产商在正式销售之前，将具体房屋单元先出租给固定客户，然后以此作为卖点，进行房屋销售推广。此种促销策略的核心是，充分考虑客户购买不动产后存在的变现风险，使客户在买楼之后即可享受到即时、现实的现金回报。由于客户在决定买楼时，能通过具体的考察知晓其决定购买的房屋所存在的投资价值与发展潜力，并且由于具有现实可行的资金回报，从一定程度上讲，能在很大程度上刺激客户的购买行为，最终产生很好的促销效果。

这种策略运用时需注意的是，只有部分楼盘适用，并非适合所有类型的房屋，这种策略的应用范围较侧重于商业铺面、办公写字楼类物业，只要策略计划得当的情况下，完全可以作为一种主要的营销策略。这种策略在住宅类房屋的运用，可以采取局部、小范围地试用，若运用得当，会对整个楼盘的销售起到很好的促进作用。之所以需要局部、小范围地试用，是因为许多住宅由于购买者为自用，并且由于其用途价值的影响，往往买房者会喜新厌旧，因此，本策略用于住宅时需谨慎行事。

（十四）联合推广楼盘法

在信息大爆炸、广告满天飞、楼盘团团转的楼市推广市场中，许多项目的推广努力往往付诸东流，对于楼盘的销售促进作用不大。但不说楼盘的策划推广能力如何，随便翻开一张本地的报纸，房地产广告或信息总是充斥其中。面对竞争激烈的眼球争夺战，房地产商开始琢磨起新鲜的促销样式，比如热热闹闹地在当地几家主要商场举办大型的巡展活动，这种把房展办进商场的做法不但吸引了众多市民的眼光，更为有关传媒增添了报道的材料，而且，这种集欣赏、娱乐、参与和利益于一体的巡展项目组合，对于活跃现场气氛、传播楼盘印象并增加销售机会是十分有益的。

把房展办进商场，房地产商需要事先提出一整套的翔实可行的推广计划，为自己的楼盘进入商场定位。例如，是举办独家房展还是进行联合促销，或是两者兼而有之；是短期的促销推广行为还是伴随着销售周期的长期推广……同时，房地产商还需要就具体情况对促销资源与促销利益的合理利用有充分的描述，以利于在计划实行时控制。

通过以上分析，把房展办进商场的做法有以下优点：①观念上的主动性有助于增加销售机会；②项目推广的单一性有助于减少竞争威胁，提高效益；③推广费用较低，有助于节省企业营销资源；④楼盘推广对象与商场客户对象的有机结合能使房地产商的推广定位更加明确；⑤选择公众所经常面对的商场，对于刺激客户的信心极为有利。

但是，在把房展办进商场时也存在一些需要考虑的问题：比如在商场内部举行房展，往往会由于空间的限制而使展示效果不能发挥到极致，而且在与商场合作时，可能会受到商场方面出于客户安全与购物舒适的角度而所做的或多或少的限制;商场购物人流的影响;目标群体更为细致划分的影响;在现场如何促成交易,以及如何让目标客户到售楼现场的控制手段等。

从更精确的意义上讲,把房展办进商场,如果从促进售楼交易的角度出发,适合于短期的促销推广;如果从沟通楼盘及企业与市场关系的角度出发,较适合于中长期的展示推广。普通住宅、公寓别墅、办公楼、商场商铺等都适合运用这种方法,关键在于楼盘定位与商场定位的吻合程度等因素。

(十五)公益赞助促销法

该方法主要是通过一些有社会效应的公益行为来提升和扩大项目和企业知名度。这种方法适用条件是必须是有政府行为而使大众感觉功利性不强的行为。例如,希望工程、体育大赛、夏令营等,可能都可以作为房地产策划寻找的契机。

(十六)节庆、典礼促销法

该方法是充分利用节假日、双休日或庆典的机会进行促销,当然策划人也可以建议开发商创造一些节庆或是庆典的事宜进行促销,如社区文化节、艺术节、开盘典礼、开工典礼等,这些都是属于节庆或是典礼促销法的应用。

(十七)新闻、公关促销法

为了让自己的项目产生媒体或公众效应,造成人们常说的耳语效应,策划人可以建议开发商去制造一些新闻事件或是政府公关行为来引起媒体或是公众的注意,从而达到促销的目的。这种方法是典型的事件行销的方法。

例如,上海的"徐汇37°2"就是抓住了后非典时期,人们对于温度的敏感度比任何时候都敏锐这一特点,直接把温度作为楼盘的推广名,来吸引新闻媒体和公众的注意,从而达到促销的目的。

所谓"成也萧何,败也萧何",策划人在运用此促销法进行事件行销时,一定要想清楚自己所制造的新闻话题是否会不利于楼盘行销。要知道有些话题是不利于楼盘行销的,相反还有可能使项目销售陷入僵局。

销售促进与广告一样,需要销售的大力支持,需要有规范、系统、科学的设计。它的切入点是消费者的心理,它的设计重点是目标群体的参与性,它的基础是客观市场具有相应的消费能力。同时,尽管它能在短期内产生较好的经济收益,但不能指望销售促进来建立品牌的忠诚度和挽回溃败的销售形势。策划人在运用销售促进策略时,应注意把握销售促进的适用房地产商品的特征,具体如下。

(1)销售促进一般在限定的时间和范围内进行,通常时间较短。

(2)销售促进活动设计时要充分地考虑购房者的消费心理,要着力设计能吸引购房者和其他市场关系人员参与的活动方案。

(3)注意掌握销售促进工具的灵活运用,目前在许多行业适用的促销工具在房地产行业并非适用。

(4)销售促进必须提供给买房者一个购房的激励,如现金、折扣、赠礼,或者心理上的高额消费附加服务等,这种激励必须适应于房地产商品高额消费的特性。

(5) 销售促进要求开发商注重自身销售能力的训练与培养,策划人可根据项目的自身气质和实际情况,举一反三,灵活地借鉴和运用这些促销基本形式,从而制定出符合房地产项目实际情况的促销策略。

以上这些促销基本形式可以为房地产策划人制定正确的促销战略提供基本指导。作为一个合格的房地产策划人在制定促销战略的同时考虑到因地制宜、因时制宜的对销售促进进行适当的控制与监测,策划人在运用销售促进策略时,需要从整体设计和适应房地产特性的角度出发,将销售促进与广告、公关、人员推销有机地结合起来,制订完美的策略。

任务 4　房地产开发项目销售管理

房地产营销管理,从广义上说是对全程策划运作的管理,从行业的约定上说是对房地产销售的管理。

房地产销售通常指售楼人员工作,包括与客户接洽促成楼盘成交,以及接待客户从事房屋租赁或进行房屋置换。

房地产营销管理的本质是围绕营销战略制订营销计划,在营销计划的指导下进行资源的优化利用,对反馈的问题进行分析改正,使其始终朝着既定的目标发展。房地产的营销管理主要有下面几个方面的内容:房地产营销战略管理、房地产营销计划的制订与执行、房地产营销组织的规划与管理和房地产营销控制。一般房地产商只注重营销技巧的运用与管理,这里包括售楼处的布置、样板房的设计、促销手段的计划与使用,以及营销计划的制订、执行、检查、修正。

下面主要介绍房地产开发项目销售管理中售楼现场管理和售后服务管理。

一、销售现场管理

(一) 销售人员管理

在房地产的售楼现场,其人员可以分为两类:一类是一般售楼人员,如销售代表;另一类是售楼人员兼管理人员,主要有销售专案、经理。管理人员通常的定义为"在组织的任何层次中,领导其他人员努力工作的人"。售楼现场中,销售专案、经理等领导一般售楼人员工作,并使自己的售楼工作纳入售楼人员管理的范围之中。售楼人员管理有以下多种方式。

1. 建立管理人员规章制度

售楼人员规章制度,其功能是使售楼人员在一定的规范内工作,属于硬性管理。也就是说,售楼人员工作必须遵守有关的规章制度,否则将进行违纪、违章处理,严重的要受到相应的处罚。

售楼人员规章制度的内容包括售楼人员的工作准则、职责范围、专业要求、劳动纪律、注意事项、绩效考核等。

2. 引导售楼人员自我管理

售楼人员在建立相应的规章制度形成群体行为尺度的前提下,引导售楼人员的自我管理尤为重要,这样有利于培养调动售楼人员工作的自觉性、积极性和创造性。

售楼人员自我管理可以引进管理学的"个人行动管理",其有效做法之一是填写销售人员的工作日志。把个人在工作中的"行动"以时间、地点、事项、进度、结果等记录在案,便于销售人员的自我检查和总结提高。

售楼人员工作日志的内容包括接听电话、留有电话、电话跟踪次数和情况,接待客户组数和情况,回访客户组数和情况,售楼成交情况等。

3. 编制售楼人员销售手册

售楼人员销售手册是销售文件的汇编。编制并向售楼人员提供销售文件,是使售楼人员能够通过手册全面掌握所需的销售文件,便于检索,以及便于客户查阅,增强专业形象。编制成册的销售文件还可以防止有些售楼人员对于销售文件保管不当,丢三落四。

售楼人员销售手册内容有公司营业执照、预售许可证、价目表、付款方式说明、楼盘各种说明和图片、客户购房程序、办理产证程序、税费明细表、公积金和按揭贷款利率明细表等。

4. 制订售楼人员统一说辞

售楼人员统一说辞又称为标准答客问,售楼人员以统一说辞为标准,对客户购房提出的种种问题和疑点进行统一标准的回答,可以防止不同的售楼人员之间回答的自相矛盾,树立良好的信誉。售楼人员统一说辞的操作,首先是做出书面标准文本,随后要求售楼人员熟记掌握。统一说辞的撰写,是预先列出客户购房可能提出的各种问题,然后进行分析和归纳,提纲挈领、分门别类,以清晰明了的语言回答客户提出的问题;特别是客户购房的疑点更需重点把握,做出针对性的解答,化解客户的疑虑。统一说辞要求售楼人员背诵理解,融会贯通,对客户的问题疑点解答明确,应付自如。

5. 召开销售人员工作例会

销售人员工作例会指售楼人员定期参加的有关销售工作的会议。工作例会可以是每天接待客户之前的晨会,可以是每天接待客户之后的晚会,也可以是每周一次的周会。一般来说,楼盘开盘发售、媒体广告发布、SP 促销推出等期间时工作例会应每天一次,平时工作例会可每周一次或两次。

工作例会宜紧凑简短,会议主要包括以下内容。

(1) 认定工作成绩,表扬工作认真负责特别是售楼成交成绩的领先者,激发售楼人员的自我成就感。

(2) 疑难问题诊断,针对售楼过程中的疑难问题进行营销诊断,克服阻碍提高销售业绩的问题。

(3) 楼市信息介绍,介绍房地产市场特别是相关楼盘的销售动态,使售楼人员了解宏观市场和竞争对手情况。

6. 进行售楼人员工作考核

售楼人员应按照相应的岗位制定考核方案,以督促其认真工作,努力实现公司的销售目标。

(二)售楼处的管理

售楼处通常也称为"卖场"。卖场从字面上来理解,就是卖商品的场所,也就是商场。房地产的卖场也是商场,其功能主要是销售和展示。

售楼处是一个楼盘销售的主要场所,售楼处的形象在某种程度上代表了楼盘的品质,所以在售楼处管理的问题上,开发商和代理商都十分审慎。

首先是选址,售楼处的选址应把握以下两个原则。

(1)离项目工地近,以方便客户现场看楼。有很多售楼处以项目本身的会所或一楼底商为基础,在此基础上进行装修,作为售楼处办公场所,这是十分明智的选项择,既离项目工地近,同时又就地取材,节省了重新建造临时售楼处的建筑成本。

(2)选择人流集中,最醒目的位置做售楼处。宣传会带来客户,售楼处的自然人流也是客户的重要来源之一,并且醒目漂亮的售楼处本身也是一种推广。有些售楼处位置太偏僻,本身就没有什么自然人流,有意向的客户又找不到,这样又流失了诚意客户。所以有很多位置偏僻的楼盘,多会选择在人流较大的地方设置一个长期展厅,作为第二售楼处。另外,售楼处一定要醒目,让人远远的一眼就能看到,便于识别和寻找,这是十分重要的。如果不具备这样的先天条件,一定要另辟蹊径,通过其他的方式让售楼处的标志显现出来。例如,在售楼处楼顶做大型广告牌或广告字,或者沿路用灯杆旗做提示,或者在路口处做大型指示牌等,总之就是要让客户方便地找到售楼处的地址。

其次,售楼处的布置也是十分重要的。售楼处的布置需要有一定的品味,它是楼盘档次与品质的象征。一般来说,售楼处的光线一定要好,如果自然采光不够好,一定要用柔和的灯光来补充,但不能刺眼。阴暗的售楼处让客户没有信心,采光好的售楼处能营造美好温馨的氛围,给客户以良好的第一印象,再加上优质的服务,让客户能够以一种放松、平和的心情和一种配合的姿态来接受销售人员提供的信息。这是有利于销售的重要举措。

售楼处一般要承担展示、接待的功能,所以售楼处都应有明确的功能分区,如展示区、接待区、洽谈区、签约区、交款区等,而且要注重各功能区之间人流动向的连贯性。例如,客户进入售楼处,销售人员首先是带客户进入展示区,向客户介绍沙盘、分户模型或展板等,下一步才是进入洽谈区进行细节的洽谈,给客户做置业计划,回答客户的一些质疑等,客户决定购房后,再带客户到签约区签约,到财务部付款。这个过程应该是非常有序的,不能漫无目的地带着客户四处参观,而应让客户感到销售人员的规范和专业化。

以上主要是从功能角度来阐述售楼处的,如果从审美的角度来讨论售楼处话,那就应要求售楼处的装修应简洁明快、清新怡人,给人以温馨和美的享受。

二、售后服务管理

房屋成功出售后,售后服务相当重要,房地产项目开发的售后服务主要是物业管理。关键是其提供的服务,以及巧妙处理客户的各类投诉可安排富有经验的专、兼职投诉接待员,为客户创造安全、清洁、舒适的生活环境。对于小区的物业管理,开发商可以自己成立物业管理公司,负责管理康乐设施及配套商场、车库的出租。当然也可以委托有经验的物业管理公司承包管理或与之合作管理。不管以何种方式进行管理,其最终目的都是为了提供一种良好的售后服务。到位的物业管理,一定会为后期开发和销售树立好口碑,为后期项目的销售工作带来促进作用。物业管理主要体现在收费标准与所提供的服务水平是否相当,如果不相当,必然会造成不良的后果。

对于大型房地产开发公司来说,建立自己的物业管理公司比较有利。这样可以形成规模效应、集团效应。对于小型房地产开发公司来说,出售率未达70%之前宜自行管理,在这段时间特别要注意业主投诉的处理。待住房入住率达到60%以上时可委托专业物业管理公司代为管理,在楼盘全部出售后宜采取社会公开投标竞标的方式由业主大会选择物业管理公司。物业管理的专业化、社会化是物业管理的最终趋势。

小结

本学习情境主要阐述了营销及房地产市场营销的基本概念、房地产市场营销的特点和作用,并介绍了房地产开发项目市场定价的方法和策略,以及在房地产开发项目市场推广中可以用到的方法和策略,并重点介绍了在房地产销售管理中对销售人员的管理和销售卖场的管理。本学习情境的重点是掌握房地产开发项目定价的方法和策略,以及房地产开发项目市场推广的基本方式。

(1) 什么是房地产市场营销?房地产市场营销与房地产开发之间的关系如何?

(2) 房地产开发项目定价的方法和策略有哪些?

(3) 房地产开发项目市场推广的方式有哪些?

(4) 案例分析:下面案例采用的是哪种销售渠道?谈一谈你对代理公司强强合作的看法。

代理公司的合作促进市场发展

一直分散经营、各自为政的上海房地产代理界最近出现了合作经营的大动作。在上海中天行房地产顾问有限公司的牵头下,该市近50家知名中介、代理公司将合作分销代理外滩唯一可自由分割的纯办公物业——金延大厦。这一举措对规范上海市房地产中介代理市场,促进中介、代理公司的合作交流将起积极的作用。据悉,上海市近年来房地产中介代理获得了飞速的发展,全市已拥有1 500多家中介、代理公司,在房地产二、三级市场流通越来越大。但是,上海房地产界的中介代理公司一直处于各自为政的混乱局面,1 500多家的公司将市场分割得很小,行业竞争日趋激烈也造成了代理物业与客户接触面狭窄的矛盾。在这种情况下,由中天总代理的金延大厦采用分销代理的办法,联合全市近50家知名中介、代理公司共同经营,开创了上海市代理公司网络化,实现中介、代理公司强强合作的先河。

学习情境 10 物业管理

学习目标

1. 知识目标

(1) 了解物业管理的基本概念、物业管理的起源和发展的历程。
(2) 掌握物业管理的内容与程序。
(3) 理解写字楼和零售商业物业管理的基本要点。

2. 能力目标

(1) 了解物业管理的基本内容。
(2) 熟悉日常物业管理的操作流程,熟悉写字楼和零售物业管理的要点。

◆ 引例导入

王女士经过多方咨询、筛选,最终选中了一处位置、价格、质量都较为理想的房屋。就在她准备签购房合同时,朋友告诉她,还应看看开发商是否重视物业管理,王女士不清楚其中的原委,认为在目前,房地产开发与物业管理分别由两个不同的企业承担,其间有什么必要的联系呢?

请问:如果你是她的朋友,你该怎样向她解释?

任务 1　物业管理概述

一、物业

(一) 物业的含义

"物业"一词是由英语"estate"或"property"引译而来的,其含义为财产、资产、拥有物和房地产等,是一个较为广义的范畴。而现实生活中,我们所称的"物业"则是指一种狭义的范畴。有的人认为,物业是指单元房地产。一个住宅单位、一座商业大厦、一座工业厂房、一个农庄都可以是一物业。所以,物业可大可小,大物业可分为小物业;同一宗物业,往往分属一个或多个产权者所有。

从物业管理的角度来说,物业是指已建成投入使用的各类建筑物及其相关的设备、设施和场地。各类建筑物可以是一个建筑群、一幢单体建筑,或者单体建筑中的一个单元;相关的设备、设施和场地是指与上述建筑物配套或为建筑物的使用者服务的室内外各类设备、市政公用设施和与之相邻的场地、庭院、道路等。

(二) 物业的分类

根据使用功能的不同,物业可分为以下四类。
(1) 居住物业,包括住宅小区、单体住宅楼、公寓、别墅、度假村等。
(2) 商业物业,包括综合楼、写字楼、商业中心、酒店、商业场所等。
(3) 工业物业,包括工业厂房、仓库等。
(4) 其他用途物业,如车站、机场、医院、学校等。

另外,再分出一部分为特殊物业,意即这些物业要经过政府特许经营。

不同使用功能的物业,其物业管理有着不同的内容和要求。

(三) 物业与房地产、不动产的联系和区别

1. 联系

《房地产业基本术语标准(附条文说明)》(JGJ/T 30—2003)对房地产、不动产、物业的定义

如下。

（1）房地产　是指可开发的土地及其地上定着物、建筑物，包括物质实体和依托于物质实体上的权益。

（2）不动产　是指自然性质或法律规定不可移动的土地、土地定着物、与土地尚未脱离的土地生成物、因自然或者人力添附于土地并且不能分离的他物，包括物质实体和依托于物质实体上的权益。

（3）物业　主要是指以土地和土地上的建筑物、构筑物形式存在的具有使用功能的不动产和相关财产。物业是单元性的、具体的房地产或不动产。

从以上概念可以看出，这三个词在实物形态上紧密相连，具有共同特征。

2. 区别

（1）内涵不同　房地产一般是指一个国家、一个地区或一个城市所拥有的房产和地产的总和；而物业一般是指单元性的房地产，即一个单项的、具体的房地产。

（2）称谓领域不同　房地产一般是广义上对房屋开发、建设、销售等方面的统称，是对房屋建筑物进行描述时最常用的概念；不动产一般在界定法律财产关系时使用，其着眼点是该项财产实物形态的不可移动性；物业一般在描述房地产项目时使用，是针对具体房屋建筑及其附着物的使用、管理、服务而言的概念。

（3）适用范围不同　房地产一般在经济学范畴使用，用于研究房屋及其连带的土地的生产、流通、消费和随之产生的分配关系；不动产一般在法律范畴使用，用于研究该类型财产的权益特性和连带的经济法律关系；物业一般在房屋消费领域使用，而且特指在房地产交易、售后服务这一阶段针对使用功能而言的房地产，一般是指具体的房地产。

二、物业管理

（一）物业管理的含义

修订后的《物业管理条例》中对物业管理这样定义：物业管理，是指业主通过选聘物业服务企业，由业主和物业服务企业按照物业服务合同约定，对房屋及配套的设施设备和相关场地进行维修、养护、管理，维护物业管理区域内的环境卫生和相关秩序的活动。

一般来讲，物业管理有下面几层含义。

（1）物业管理的管理对象是物业实体。

（2）物业管理的服务对象是人。

（3）实施物业管理，必须是具有法人资格的，并经政府有关部门注册认可的专业化的管理组织——物业服务企业或专业服务公司。

（4）物业管理的宗旨和目标是以现代化的技术和经营管理手段为广大业主服务，创造安全、方便、整洁、舒适的居住和工作环境，实现经济效益、社会效益和环境效益的协调统一和同步提高。

（5）就法律属性而言，物业管理是具有中介性质的管理，接受业主委托，通过《物业服务合同》来规定相关各方的权利和义务。

物业管理管理的客体是物业,服务的对象是业主和使用人,是集管理、服务、经营于一体的有偿劳动。所以,按行业划分,属于社会服务性行业范畴;依产业划分,属于第三产业。可见,物业管理的性质就是"服务性",寓管理于服务之中,在管理中服务,在服务中管理。

(二) 物业管理的基本特征

1. 社会化

物业管理的社会化是指将分散的社会分工集中起来统一管理,诸如房屋管理、水电供给、清洁卫生、保安巡逻、园林绿化等过去都是由多个部门多头、多家管理,如今改为物业管理企业统一管理。充分发挥住宅小区与各类房屋的综合效益和整体功能,使之实现社会效益、经济效益和环境效益的统一。

物业管理社会化有两个基本含义:一是物业的所有权人要到社会上去选聘物业管理企业;二是物业管理企业要到社会上去寻找可以代管的物业。

物业的所有权、使用权与物业的经营管理的分离是物业管理社会化的必要前提;现代化大生产的社会专业分工则是实现物业管理社会化的必要条件。

2. 专业化

物业管理的专业化,是指由专门的物业管理企业通过委托合同的签订,按照产权人和使用人的意志与要求去实施专业化管理。物业管理企业有专业的人员配备,有专门的组织机构,有专门的管理工具和设备,有科学、规范的管理措施和工作程序、运用现代管理科学和先进的维修、养护技术实施专业化的管理。

【小思考】

社会上出现的清洁公司之类的专业公司就是物业管理专业化吗?

李强与朋友聊天,谈到物业管理专业化的问题,一些朋友认为,现在社会上出现的清洁公司、保安公司、设备修理公司及一些房屋维修专业公司,就是物业管理的专业化。李强觉得很有道理,可又拿不准。请问,这些专业公司的出现到底算不算物业管理专业化呢?

物业管理的专业化包含三层含义:一是指有专门的组织机构,表明这一行业从分散的劳动型转向了专业型;二是指有专业的人员配备,如机电维修、治安、消防、清洁、绿化等均有相应的专业人员负责;三是指有专门的管理工具和设备。除此之外,物业管理的保安、清洁、绿化等工作交由保安公司、清洁公司、绿化公司去做,也是物业管理专业性的一种体现。专业分工越细,物业管理的社会化程度就越高,这是物业管理的发展方向。

3. 企业化

物业管理企业化的核心是按照现代企业制度组建物业管理企业,使其真正成为相对独立的经济实体,成为自主经营、自负盈亏的社会主义商品的生产者和经营者,是具有一定权利和义务的法人。

4. 经营型

我国以前的房屋管理主要是政府行为,是福利性的,不可能以业养业。而现在从事物业管理的是独立核算、自负盈亏、自我生存、自我发展的经营服务性企业,其从事的一切活动必然要考虑经济收益,否则便无法生存发展。其从事的基本业务是有偿的,另外,其管理服务内容大量涉及房屋的出售、出租、代售、代租及围绕业主和使用人的各种需求开展的针对性经营服务项目,所以经营是物业管理的属性之一。各种有偿经营业务的开展,解决了物业管理的经费来源,为物业管理企业的生存发展和物业管理的良性循环起到了保障作用。

5. 统一性和综合性

物业设施系统化,物业产权多元化,多头管理易生的弊端等,都强烈要求有一个统一的机构对物业的各种管理项目进行统一严格的管理。企业化、社会化、专业化的物业管理模式将有关物业的各种管理服务工作(如清洁、绿化、保安、维修等)汇集起来统一办理,正好响应了这一需求。在这种情况下,各产权使用人只需面对一家物业管理企业,就可办理所有围绕物业服务需求的日常事宜,而不必分别面对各个不同的部门。因此,物业管理的服务性质具有明显的综合性。随着社会分工的进一步深化,物业管理的各专项工作如清洁、绿化、机电维修等也开始分包给专业的清洁公司、园林绿化公司和机电维修公司了,在这种情况下,物业管理公司充当的是"总承包"和"大管家"的角色,工作重点是对专业公司进行监督检查。在物业公司这个"大管家"的统一管理下,产权人和使用人只需按时缴付适当的管理费或租金,就可以获得便捷周到的管理服务。"大管家"的综合管理职能与专业公司的专业技术操作职能相结合,既有利于提高物业管理水平,又可以降低物业管理成本。

6. 规范性

物业管理的规范性主要有三层含义:一是物业管理企业要根据国家的有关政策法规,到工商行政管理部门正式登记注册,接受审核,依法经营;二是物业管理公司应通过规范的程序接管物业,即通过契约形式获得业主大会或开发商的正式聘用;三是物业管理企业须依照专业法规、条例、标准和一定的规范、规程进行专业管理,并需接受业主组织和政府主管部门的监督检查。总之,规范有序是物业管理高效运作发展的重要前提,也是服务业发展的共性。

7. 中介性

物业管理的宗旨就是提供尽善尽美的各种服务,满足业主和使用人的生活、工作等的需要。但是,物业管理公司自身能提供的服务不可能也不必要包罗万象,因此其代与社会联系、寻求社会的支持、服务与交换便成了物业公司的一项经常性的工作,如代聘专业公司、代租房屋、代理求职、代请家教、代找钟点工等,都体现了物业管理中介性的一面。

8. 受聘、受托性

物业管理权来自于物业的财产权。由于现代物业建造档次高、体系完整、产权分散,使得产权人各自高效的管理自己的物业变得不可能,所以一般是将所有权与管理权分离,由开发商或业主团体以合同或协议方式聘用或委托专业物业管理企业行使管理权,对其提出明确的要求,给以相应的报酬,也进行一定的监督。

(三)物业管理的两个支撑点

1. 业主自治自律

业主自治自律有两个关键环节。首先要有一个全体业主共同遵守的业主公约,以此来指导、规范、约束所有业主和使用人的行为,使之共同自觉地维护公众利益和公共环境。业主公约是所有业主和使用人自律的保证,也是实行业主自治的前提。其次要成立业主委员会,代表广大业主的利益来管理整个物业,负责选聘物业管理企业,对物业的管理提出具体要求,以合同的形式委托物业管理企业实施物业管理,承担管理责任,协调和监督物业管理企业的具体工作。业主委员会对物业管理企业具有选聘权和解聘权是业主自治的关键。

2. 物业管理企业的统一专业化管理

物业管理涉及方方面面,有各种各样的矛盾和关系需要协调处理、各项管理工作专业性、技术性强,要提高物业管理的整体水平,降低物业管理的成本费用,就必须对物业实行统一专业化的管理,由物业管理企业全面负责和承担管理责任,当好物业的"总管家"。

三、物业管理的产生与发展

(一)早期的物业管理

物业管理起源19世纪60年代的英国,当时英国工业正处于一个高速发展的阶段,对劳动力的需求很大,城市住房的空前紧张成为一大社会问题。一些开发商相继修建一批简易住宅以低廉租金租给贫民和工人家庭居住。由于住宅设施极为简陋,环境条件又脏又差,不仅承租人拖欠租金严重,而且人为破坏房屋设施的情况时有发生,严重影响了业主的经济收益。于是,在英国的伯明翰,一位名叫奥克维娅·希尔的女物业主迫不得已为其出租的物业制定了一套规范,即用于约束租户行为管理办法,要求承租者严格遵守。同时,女房东希尔女士本人也及时对损坏的设备、设施进行了修缮,维持了基本的居住环境。此举收到了意想不到的良好效果,使得当地人士纷纷效仿,并逐渐被政府有关部门重视,而后推广到其他西方国家,因而被视为最早的物业管理。

(二)现代物业管理

物业管理虽然起源于英国,但真正意义上的现代物业管理却是在20世纪初期在美国形成并发展的。

公寓大厦、摩天办公大楼是现代物业管理的催生剂。19世纪末至20世纪初,美国进入垄断资本主义经济阶段,垄断资本在积累巨额财富的同时,也带来大规模的国内民工潮、国际移民潮和求学潮,这样就加速了美国的城市化进程。而美国政府出于环境保护和长远的考虑,对城市土地的使用面积进行了严格的控制,加上建筑新材料、新结构、新技术的出现和不断进步,于是,一幢幢高楼大厦迅速拔地而起,组成蔚为壮观摩天大楼群体景观。然而,高层建筑附属设备多,结构复杂,防火、保安任务繁重,特别是一些标志性建筑的美容保洁工作的技术要求很高。尤其棘手的是,摩天大厦的业主常常不是一个或几个,而是数十个或数百个,面临着不知由谁来管理的难题。结果,一种适应这种客观需要的专业性物业管理机构应运而生,该机构应业主的要求,对楼宇提供统一的管理和系列的服务,开启了现代物业管理的大门。

现代物业管理的另一标志是物业管理行业组织的诞生。随着物业管理机构的增加,为协调规模众多机构的运作,物业管理行业组织也逐渐建立。

芝加哥摩天大楼的所有者和管理者乔治·霍尔特在管理工作中发现,与同行们经常一起交谈,既能相互学习,又能交流信息,解决了不少管理工作中的疑难问题。在他的策划下,1908年芝加哥建筑管理人员组织(Chicago building managers organization,CBMO)举行了第一次全国性会议,有来自美国各地的75名代表参加,宣告了世界上专门的物业管理行会诞生。

CBMO的诞生和运作,又推动了另外两个重要的全国性物业管理组织,即建筑物业主组织(BOO)和建筑物业主和管理人员协会(BOMA)的诞生。CBMO和BOO的成立,对美国物业管理的发展起了积极的推动作用。

在美国物业管理模式的影响下,欧洲很多国家在第二次世界大战前后都实现了这种管理行为与组织体制的有机结合。政府对物业管理行为的影响,一般不采取直接干预方式,而是通过法律与制度进行规范的引导,促使物业管理行业的健康发展。

(三) 中国物业管理的发展

1. 香港特别行政区的物业管理

在香港回归之前,当时的香港政府自20世纪50年代开始,为解决住房紧张的问题,开始兴建公共住房,称为"公屋",主要出租给低收入阶层。第一个拥有大量楼宇的屋村于1958年落成。另外,政府部门工务局也兴建了设备齐全的屋村,并由屋宇建设委员会负责管理。为筹划和管理好一批批公共楼宇和屋村,当时的香港政府特别从英国聘请了房屋经理。从此,专业性房屋管理的概念正式引入香港。

由于对住房的需求量很大,单靠政府的财力还难以解决问题,于是开发商也积极投资大型屋村的建设。当第一个大型私人屋村向政府申请规划许可证时,政府担心人口如此密集的大型屋村,如果缺乏良好的管理,一旦出现问题时后果难以预料。所以在批准其发展计划时,要求开发商承诺在批地契约后的全部年期内要妥善管理该屋村。这样,就出现了由开发商为私人屋村提供专业化物业管理的服务。

随着建筑物高度的增加和屋村规模的扩大,以及人们对居住环境的要求日益提高,单靠政府或开发商提供管理服务还难以适应。于是,发挥住户的自我管理、民主管理的作用就愈显得必要。为此,前香港政府于1970年制定了《多层大厦(业主立案法团)管理条例》,1993年修改后简称为《建筑物管理条例》,确定业主可以"参与管理者"的身份,组织业主立案法团。业主立案法团由半数以上的自住(用)业主组成,是合法的管理组织。它可以收取管理费,可以雇用员工,也可以聘请专业管理公司,为大厦提供多方面的服务。

业主立案法团是通过召开业主会议,由业主会议委任管理委员会,再由管理委员会在获委托后28天内,向土地注册处处长申请将各业主注册成为法团,是具有法人资格的社团。

当时的香港政府主要是通过立法对物业管理进行引导,并分别由建筑事务监督员、消防专员、卫生专员按照法律规定进行有关的检查和监督,以确保物业管理的各项工作和内容能符合有关条例的要求。

2. 中国内地的物业管理

中国内地对物业管理的探索和尝试始于20世纪80年代初期。当时,被列为沿海开放城市的广州和深圳经济特区,在借鉴国外先进经验的基础上,结合中国的实际,大胆探索,在一些涉外商品房屋管理中,首先推行专业化的物业管理方式。

广州市试点实行新型住宅区管理是1982年在东湖新村开始的。该小区于1981年建成,建筑面积为6万多米^2,住户达3 000多人,是东华实业公司和港商合作经营的商品房住宅区。为了管理这个小区,东华实业公司参考香港屋村管理经验,在新村内组建管理处,并在几个方面实施了具体管理措施:维护小区规划布局和楼房外观,制止乱搭乱建;楼内和楼外公共道路、空地等统一实行清洁卫生管理,实现美化、绿化环境,统一种植和管理花木;实行统一治安管理;向住户提供多层次服务,如代购大米、瓶装石油气、家具等物品,以及代管房屋、车辆等,尽管初期的管理水平较低,但颇受好评,引起社会和有关部门的重视。

深圳市的物业管理也是从20世纪80年代初起步的。1981年3月,深圳市第一家涉外商品房管理的专业公司——深圳市物业管理公司正式成立,开始对深圳经济特区的涉外商品房实施统一的物业管理。

1985年年底,深圳市住宅局成立后,对全市住宅区进行了调查研究,肯定了物业管理公司专业化、社会化、企业化的管理经验,并在全市推广,组织专业管理人员培训。到1988年,深圳市由企业实施管理,由住宅局实施业务指导和监督的住宅区管理体制已基本形成。

1994年3月,在沿海开放城市几年来物业管理试点经验的基础上,住建部颁布了《城市新建住宅小区管理办法》,其中明确指出:"住宅小区应当逐步推行社会化、专业化的管理模式,由物业管理公司统一实施专业化管理。"从而正式确立了我国物业管理的新体制,为房屋管理体制的改革指明了方向和提供了法规依据。自住建部颁布该法规以后,全国新建住宅小区,特别是沿海和经济发达地区的大中城市的新建住宅小区普遍实行了专业化、企业化、社会化的物业管理模式,不少城市的老住宅区也在尝试走物业管理之路,商业、办公楼宇及工业大厦实行物业管理越来越广泛。

与此同时,物业管理行业也在迅速发展。至今,全国物业管理企业总数已超过6万家,从业人员已突破600万人,形成了包括房屋及相关设备维修养护、小区保安、环境保洁、绿化养护、居民服务、物业中介等系列的配套服务,物业管理已在房地产业与其他服务业相结合的基础上,发展成为与我国经济、社会协调发展,与广大人民生活、工作息息相关的一个相对独立的新兴行业。

与此同时,立法工作受到重视,物业管理法制环境得到改善,1994年以后,住建部会同财政部等有关部门先后制定了《物业管理企业财务管理规定》及《住宅共用部位共用设施设备维修基金管理办法》等部门规章,上海、广东、江苏、河南、广西、江西等20多个省市、自治区相继出台了物业管理条例。

2003年,国务院颁布了《物业管理条例》,2007年随着《物权法》的出台,又对《物业管理条例》进行了修改。

在多数省、市成立了物业管理协会的基础上,2000年10月15日,中国物业管理协会在北京成立,它是以物业管理企业为主体的行业性、全国性的自律组织。协会的主要职责是"为企业服务"、"为政府服务"和"为行业服务";协会的主要工作是参与物业管理立法,开展行业调查和专题研究,制定行规行约、提高服务质量、规范收费行为,积极稳妥地推进企业改组改制及调整优化行业组织结构,开展新技术、新产品的推广应用工作并推动行业技术进步,开展信息交流、经验交流、对外交流和培训工作,协助政府评定物业管理企业资质等级并认真开展物业管理示范项目的考评验收等。中国物业管理协会将以其规范的组织形式,积极开展活动,在推进我国物业管理行业的健康发展中发挥其应有作用。

注重开展小区的社区文化建设,是中国物业管理的重要特色之一。许多物业管理企业组织丰富多彩的小区文化、文艺、体育活动和公益活动,组建小区社团、兴趣活动小组,酿造小区亲善、团结、邻里友好、自如往来的大家庭氛围,培养小区居民的归属感、自豪感,增强了大家对物业管理企业的信任和认同。这样,小区居民就会更自觉配合,遵守小区的各项管理规章,参与各种活动,收到小区管理的民主化和良性互动效果。

四、物业管理与传统房屋管理、社区管理的比较

(一) 物业管理与传统房屋管理的比较

◇ **案例 10-1**

某高校宿舍楼原来一直由本单位的房管处管理,房管处找一些临时工负责打扫公共区域的卫生,如果住户家里水管出了问题或下水管堵塞时,给房管处打个电话,就会有工人师傅帮助修理。可从今年开始,学校实施后勤社会化改革,并聘请了市内某知名物业管理公司开始对全校的学生及教师宿舍进行管理与服务,同时成立了业主委员会,按业主委员会与物业管理公司签订的合同规定,每户按每月 0.35 元$/m^2$ 的价格支付物业管理费。个别业主对此颇有微词,认为原来学校的房屋管理也不错,随叫随到,还不用掏钱,为什么要节外生枝聘请物业管理公司来管呢?

请分析:业主的疑问对吗?为什么?物业管理与传统的房屋管理的区别在哪?

传统房屋管理是计划经济管理模式下的行政型福利性的管理。实施管理的实体是政府的一个职能部门,即房管部门。由于房屋是国家财产(产权单一化),房管部门代表国家行使行政手段管理房屋,房管部门处于一种主导地位,住户则处于被管理的地位,房管部门与住户之间是管理与被管理的关系。在管理内容上,房管部门主要是对房屋及设备进行维修和养护,管理内容单一。房管部门提供的劳务是无偿的,执行的是"以租养房"的方针。由于实行的是低租金制度,因此只能靠大量的财政补贴来填补管理经费的短缺。结果是政府建设的房屋越多,国家财政负担越重。而物业管理是市场经济管理模式下的经营型服务性的管理。实施管理的实体是具有法人资格的专业企业。由于房屋产权属于个人所有(产权多元化),物业管理企业通过合同或契约,接受业主委托(雇用),代表业主并运用经济手段来经营管理物业。业主处于主导地位,而物业管理企业则扮演了"大管家"的角色,物业管理企业与业主之间是服务与被服务的关系,其管理行为属于企业行为。在管理内容上,物业管理企业除了对物业进行维修养护外,还提供专项服务和特约服务,即多功能全方位统一管理。物业管理企业提供的服务是有偿的,执行的是"以业养房"的方针,其管理经费来自于从业主收取的管理费、服务费。

物业管理作为城市管理体制的重大改革,与传统的房地产管理相比,从观念、管理模式上,以及在管理的内容、广度和深度上都有着本质的区别,主要体现在以下几个方面。其具体区别可参见表10-1。

表10-1 现代物业管理同传统房屋管理的比较表

项目及比较内容	现代物业管理	传统房屋管理
物业权属	多元产权(私有、公有)	单一产权(国有、公有)
管理单位	物业管理企业	政府、单位房管部门
管理单位性质	企业	事业或企业性事业单位
管理手段	经济和法律手段	行政手段
管理行为	企业经营服务行为	非企业行为
管理性质	有偿服务	无偿、抵偿服务
管理观念	为业主、住户服务	管理住户
管理费用	自筹、管理费、服务费等	低租金和大量补贴
管理形式	社会化、专业化的统一管理	多头分散管理
管理内容	全方位多层次的管理服务	管房和养房
管理关系	代表业主,业主主导型	国家或单位主导型
管理模式	市场经济管理模式	计划经济管理模式

1. 管理体制不同

传统的房地产管理是在计划经济体制下由政府或各部门、企事业单位采用行政手段直接进行福利型的封闭式管理,管理单位是终身制。物业管理则是专业化的企业通过市场由业主进行选择,并且通过合同方式实行在规定期限内的聘用制,用经济手段进行社会化管理的有偿服务。即传统的房地产管理是计划经济体制下的政府行政行为,是福利型的、无偿的;物业管理是市场经济体制下的企业行为,是经营型的、有偿的。

2. 管理内容不同

传统的房地产管理多年来一直以单一的收租养房为主要内容,管理内容单一。实际上由于是福利型的低租金,收了租也养不了房,需要政府的大量财政补贴,盖的房越多,管的房越多,包袱就越重,形成恶性循环。物业管理则是对房屋设备、设施等实行多功能、全方位、综合性经营管理与服务,既管物又服务于人,以对物业有形的"物质"(房屋主体、设备、设施等)的管理为基础,以该物业的业主和使用人为核心展开与此相关联的各项服务与管理工作,以人为核心提供精神和物质两方面的服务。物业管理企业通过自身的经营渠道,形成正常的造血功能,以业养业。政府不给补贴,实现资金的良性循环。

3. 所管房屋的产权结构不同

传统的房地产管理,不论是政府还是单位管理的房屋绝大多数是国家或单位所有,是公产,其产权关系单一,使用人仅是承租者而不是产权人。随着住房制度改革的深入和房屋商品化的进程,其产权结构发生了根本性变化,国家或单位所占的比重越来越少,已形成国家、单位、个人,包括港、澳、台及外国人拥有产权的产权多元化格局。

4. 管理机制不同

传统的房地产管理是管理者按自身的意志去管理用户,与用户是管理与被管理的关系。用户无法选择管理者,很少有监督权,更谈不上决策权,处于被动地位。物业管理则是产权人和使用人有权通过市场选聘物业管理企业,物业管理企业也有权接受或不接受选聘,双方在完全平等的原则下,通过市场竞争双向选择。双方签订物业管理委托合同,明确各自的权利、义务、产权人和使用人参与重大事项的决策。物业管理企业与产权人和使用人是委托与被委、服务与被服务的关系。

(二)物业管理与社区管理的关系

社区是指聚居在一定地域范围内的人所组成的社会生活共同体。社区管理也可以称为社区行政,主要是指一定的社区内部的各种组织,为了维护社区的正常秩序,满足社区居民物质生活、精神生活等特定需要而进行的一系列的自我管理或行政管理的活动。

物业管理与社区管理,是近年来为适应城市体制改革和加强城市基础管理所出现的新生事物。由于二者的管理区域重合,管理内容交叉,管理形式相似,硬件设施共享,以人为本的宗旨相同,提高生活质量的目标一致,因此会发生管理职能的碰撞,目前亟待理顺物业管理与社区管理之间错综复杂的关系。

1. 物业管理与社区管理的联系

(1)指导思想一致,二者都以物质文明建设和精神文明建设为主要内容,以加强城市管理为重点,以物业管理区域和社区为载体,按照一定的规范,通过管理和服务,开展丰富多彩的活动,推动社会的发展与进步。

(2)目标一致,二者都以人为中心,开展多种多样的活动,为人们的生活、工作、学习提供良好的空间。物业管理以完善物业及其周边环境为人们创造良好的生活环境,社区管理则侧重调解人际关系,为人们提供和谐的空间。

(3)社区管理是一个系统,是由相互作用着的若干要素,按一定方式组成的统一整体。在这个统一体中包含政府组织、企事业单位、社团组织、居民委员会等。物业管理作为社区管理的子系统,二者之间是部分与整体之间的关系。因此,物业管理离不开社区管理,必须服从社区管理,才能在社区管理中确定自己的地位。

2. 物业管理与社区管理的区别

(1)管理主体不同 物业管理是以物业管理企业为主的企业行为,一般都要通过有偿服务的形式实现。而社区管理的主体是以地方政府街道办事处出面组织的政府行为,一般不向群众收取任何费用。

(2)性质手段不同 物业管理是管家管理社会生活、群众管理社会生活和社会管理社会生活相交融的基础性的社会管理。社区管理是在街道办事处领导下的行政性管理,以及在街道办事处组织领导下,社区内有关单位和居民共同参与的围绕"人的社会生活"而实施的管理。

(3) 管理功能不同　物业管理以完善物业及其配套的设备、设施的质量使人们得到满足;而社区注重调解人际关系,塑造社区文化氛围,使人们得到满足。

(4) 管理手段不同　物业管理强调业主至上,服务第一,突出为业主和使用人服务;而社区管理则主要靠行政手段以协调为重点,对社区实施管理。

3. 物业管理与社区管理的关系

物业管理与社区管理,二者是互相依赖、互相支持、互相促进、共同发展的关系。

(1) 社区建设依赖于物业小区建设。因为物业管理是社区管理的基础,没有物业管理也就谈不上社区管理。

(2) 物业管理需要社区指导。物业管理的区域是社区管理的重要组成部分,必须要由社区进行统一规划、统一协调,才能得到各方面的支持与配合。否则,物业管理也就难以得到发展。

(3) 社区管理应当尊重物业管理的自主权。

(4) 物业管理要配合社区管理。

【讨论】

这样理解物业管理,对吗?

有人认为物业管理就是房地产管理,只不过房地产管理和物业管理所处的体制不一样,只是名称换了一下,其根本区别就是收不收费的问题;也有人说物业管理就是在原来的房地产管理上增加点内容,比如扫扫地、浇浇花、看看门;还有人认为物业管理就是为有钱人服务的;更有甚者,认为是国家为了解决就业问题而推行的措施。这些看法对吗?

任务 2　物业管理的内容与程序

一、物业管理的形式

伴随着物业管理行业的发展,物业管理的管理形式也从单一的委托管理发展成以委托管理为主,顾问管理为辅,多种管理形式并存的市场格局。开发商一般会根据开发项目的特点,选择适当的管理形式。以下是目前物业管理市场较多采用的几种物业管理形式。

(一) 物业管理委托服务

开发商聘请专业化的品牌物业管理公司对项目进行全面管理,而专业公司将从管理中心的组建、管理人员的招聘、项目前期介入、中期验收、客户入住及投入使用后的日常管理的全过程实施专业化的物业管理。

此形式优点为:①开发商可以将全部精力投入到项目的开发建设及销售上,不必为管理中心的建立及运行花费大量的精力;②可以充分发挥专业化品牌物业管理公司的品牌效应,促进楼盘的销售;③可以得到专业公司对项目建设过程中针对日后的物业使用与管理提出的专业建议,完善物业功能;④能够充分体现物业管理"公正、公平、公开"的原则;⑤可以直接引进专业化物业管理公司成熟的物业管理体系和经验,减少物业管理工作中的失误,并可直接使用专业公司的专业人力资源,使物业管理达到高起点、高水平,以促进项目整体品牌的形成。其不足之处是开发商失去了物业管理方面的收入。此类型最适合销售型物业的管理。

(二)物业管理顾问服务

由开发商自行组建管理机构,建立项目物业管理中心,招聘管理人员,而专业化的品牌物业管理公司则派出顾问服务人员,提供专业咨询意见,协助建立管理体系,协助编制各种管理文件,协助处理疑难问题。

此形式优点在于物业管理中心作为开发商的一个部门,有利于协调管理,有利于解决工程遗留问题,在一定程度上借助顾问公司的品牌效应,同时也可以产生一定利润。其不足之处是物业管理中心作为开发商的一个部门容易在物业管理过程中,偏重开发商的利益,使物业管理基本原则之一的公平原则受到一定程度的影响,造成业主的不满,进而影响管理费的收缴,增加经营风险;同时物业管理的品牌效应亦不显著。此类型最适合租赁型物业的管理。

(三)物业管理委托顾问服务

专业化的品牌物业管理公司派出管理班子及骨干人员,开发商招聘其他工作人员组建物业管理中心,共同对项目实施物业管理。

此形式优点在于开发商可以在与专业化品牌物业管理公司的合作过程中逐步培养出一支专业化的物业管理队伍,有利于开发商今后开发其他项目的物业管理工作的开展,同时可以产生一定的利润。其不足之处是物业管理的品牌效应不够突出,同时增加了开发商的经营管理工作。此类型最适合租赁型物业的管理,同时开发商具有持续开发项目的能力。

(四)物业管理单项承包

由开发商自行组建管理机构,建立项目物业管理中心,招聘管理人员,同时对物业管理中的诸如保洁、工程、安保等专项服务聘请专业公司进行承包,此形式的优缺点与第二种形式相同。

二、物业管理的内容

(一)物业管理服务

物业管理服务,是指业主与物业管理企业通过物业服务合同约定的公共性服务。概括地说,包括以下两方面的内容:①对房屋及配套的设施、设备和相关场地进行维修、养护、管理;②维护相关区域内的环境卫生和秩序。

具体地说,物业管理服务主要包括以下内容:①房屋共用部位的维修、养护与管理;②房屋共用设施、设备的维修、养护与管理;③物业管理区域内共用设施、设备的维修、养护与管理;

④物业管理区域内的环境卫生与绿化管理服务;⑤物业区域内公共秩序、消防、交通等协管事项服务;⑥物业装饰装修管理服务;⑦物业档案资料的管理;⑧专项维修资金的代管服务。

(二)物业服务合同约定以外的服务

物业服务合同的标的是物业管理企业提供的公共性物业服务,物业服务的对象是物业管理区域内的全体业主。对每一个业主而言,依据物业服务合同享受的服务应是统一的。然而,由于每个业主都是独立的民事主体,除了全体业主共同需求之外,单个业主自然会有不同于其他人的特殊需求。例如,业主张先生夫妇均在外企工作,没有时间接送上小学的儿子,于是张先生自然产生了请人接送小孩的需求。由于这一需求无法通过业主大会与物业管理企业订立的物业服务合同解决,如果张先生需要物业管理企业提供接送其小孩的服务,则可以与物业管理企业就该事项另行订立协议,物业管理企业为其提供物业服务合同之外的特约服务项目,通常为有偿服务,接受服务的张先生需要支付一定的服务报酬。

《物业管理条例》中第四十四条规定:物业管理企业可以根据业主委托提供物业服务合同约定以外的服务,服务报酬由双方约定。理解这条规定,需注意以下几点。

(1) 提供物业服务合同约定以外的服务,并不是物业管理企业的法定义务。《物业管理条例》规定物业管理企业"可以"而不是"应当"提供相关服务,这是因为物业管理企业是按照物业服务合同的约定来为物业管理区域内的全体业主提供公共性物业服务的专业化机构。合同约定之外的服务事项,由于当事人未作约定,按照契约自由原则,业主不能强行要求物业管理企业提供。当然,提供物业服务合同以外的服务,对业主而言,可以满足自身需求,提高生活质量;对物业管理企业而言,可以增强业主的亲和力和认同感,同时获得一定的经济利益。因此,虽然提供相关服务不是物业管理企业的合同义务,但对于业主提出的特殊服务要求,有条件的物业管理企业应当尽可能地满足;无法满足的,尽量予以说明,以获得业主的理解。

(2) 合同以外的服务事项需由特定的业主和物业管理企业另行约定。需要此项服务的业主,需与物业管理企业另行协商,签订委托合同,约定双方的权利和义务。该委托合同与物业服务合同在主体、内容等方面并不一致,不能混为一谈。

(3) 物业服务合同约定以外的服务是一种有偿服务。有偿服务意味着接受服务者须为服务提供者支付对价,即服务报酬。服务报酬的数额、支付方式、支付时间等由双方当事人自主约定。当然,一些物业管理企业出于经营策略考虑,也可能无偿地为业主提供某些服务。但一般情况下,该类服务协议与物业服务合同一样,属于双务合同的范畴,以有偿为原则。

三、物业管理的程序

物业管理是房地产开发的延续和完善,是一个复杂的、完整的系统工程。根据物业管理在房地产开发、建设和使用过程中不同时期的地位、作用、特点及工作内容,物业管理主要有四个环节:物业管理的准备阶段、前期物业管理阶段、物业管理的日常运作阶段和物业管理的撤管阶段。

(一)物业管理的准备阶段

这一阶段的工作包括物业管理的早期介入、制订物业管理方案、制订业主临时公约及有关制度、选聘物业服务企业四个基本环节。

1. 物业管理的早期介入

所谓物业管理的早期介入,是指物业服务企业在接管物业以前的各个阶段(即项目决策、可行性研究、规划设计、施工建设等阶段)就参与介入,从物业管理运作的角度对物业的环境布局、功能规划、配套设施、管线布置、施工质量、竣工验收等多方面提供有益的建设性意见,协助开发商把好规划设计关、建设配套关、工程质量关和使用功能关,以确保物业的设计和建造质量,为物业投入使用后的物业管理创造条件,这是物业管理顺利实施的前提与基础。

2. 制订物业管理方案

房地产开发项目确定后,开发建设单位就应尽早制订物业管理方案,也可聘请物业服务企业代为制订。制订物业管理方案,首先是根据物业类型、功能,规划物业管理消费水平,确定物业管理的档次。其次,确定相应的管理服务标准。然后进行年度物业管理费用收支预算,确定各项管理服务的收费标准和成本支出,并进行有关费用的分摊。

3. 制订业主临时公约及有关制度

建设单位应当在销售物业之前,制订业主临时公约,对有关物业的使用、维护、管理,业主的共同利益,业主应当履行的义务,违反公约应当承担的责任等事项依法做出约定。建设单位制订的业主临时公约,不得侵害物业买受人的合法权益。

建设单位应当在物业销售前将业主临时公约向物业买受人明示,并予以说明。建设单位还应制订物业共用部位和共用设施设备的使用、公共秩序和环境卫生的维护等方面的规章制度。

4. 选聘物业服务企业

在物业管理方案制订之后,即应根据方案确定的物业管理档次着手进行物业服务企业的选聘工作。达到一定规模的住宅物业的建设单位,应当通过招投标的方式选聘具有相应资质的物业服务企业,物业服务企业不得超越资质承接物业管理项目。建设单位应与选聘的物业服务企业签订《前期物业服务合同》。建设单位通过招投标方式选聘物业服务企业,新建现售商品房项目应当在现售前 30 日完成;预售商品房项目应当在取得《商品房预售许可证》之前完成;非出售的新建物业项目应当在交付使用前 90 日完成。

上述四个环节均由开发建设单位来主持。这四个环节是物业管理全面启动和运作的必要先决条件,建设单位对此应给予足够的重视。

(二) 前期物业管理阶段

前期物业管理的全面正式启动以物业的接管验收为标志,从物业的接管验收开始到业主大会选聘新的物业服务企业并签订物业服务合同为止,共包括物业的接管验收、业主入住、档案资料的建立、日常的前期物业管理服务、首次业主大会召开等五个基本环节。

1. 物业的接管验收

物业的接管验收包括新建物业的接管验收和原有物业的接管验收。新建物业的接管验收是在项目竣工验收的基础上进行的再验收。接管验收一旦完成,即由建设单位向物业服务企业办理物业管理的交接手续后,就标志着正式进入前期物业管理阶段。原有物业的接管验收通常发生在产权人将原有物业委托给物业服务企业之间;或者发生在原有物业改聘物业服务企业,在新老物业服务企业之间。针对上述两种情况,由开发建设单位选聘物业服务企业,原有物业接管验收的完成标志着进入前期物业管理阶段;由业主大会选聘物业服务企业,原有物业接管验收的完成标志着进入物业管理的日常运作阶段。

2. 业主入住

业主入住是指住宅小区的居民入住,或者商贸楼宇中业主和租户的迁入,这是物业服务企业与服务对象的首次接触,是物业管理十分重要的环节。业主入住时,物业服务企业向业主发放《业主临时公约》等材料,将房屋装饰装修中的禁止行为和注意事项告知业主,还要通过各种宣传手段和方法,使业主了解物业管理的有关规定,主动配合物业服务企业日后的管理服务工作。

3. 档案资料的建立

档案资料包括业主或租住户的资料和物业的资料等。业主或租住户入住以后,应及时建立他们的档案资料。档案资料要尽可能完整地归集从规划设计到工程竣工,从地下到楼顶,从主体到配套,从建筑物到环境的全部工程技术维修资料,尤其是隐蔽工程的技术资料。经整理后按照资料本身的内在规律和联系进行科学的分类与归档。

4. 日常的前期物业管理服务

日常的前期物业管理服务与物业管理的日常运作阶段的工作内容相似,只是物业服务合同的委托方不同。前者的委托方一般为建设单位或产权单位,而后者的委托方一般为全体业主。

5. 首次业主大会召开

当物业销售和业主入住达到一定年限或一定比例时,业主应在物业所在地政府主管部门和街道办事处(乡镇人民政府)的指导下,组织召开首次业主大会,审议和通过业主公约和业主大会议事规则、选举产生业主委员会、选聘物业服务企业,决定有关业主共同利益的事项。业主委员会与选聘的物业服务企业签订物业服务合同后,则物业管理工作就从前期物业管理转向日常运作阶段。

(三)物业管理的日常运作阶段

物业管理的日常运作是物业管理最主要的工作内容,包括日常的综合服务与管理、系统的协调两个基本环节。

1. 日常综合服务与管理

日常综合服务与管理是指业主大会选聘新的物业服务企业并签订《物业服务合同》后,物业服务企业在实施物业管理中所做的各项工作。

2. 系统的协调

物业管理社会化、专业化、市场化的特征,决定了其具有特定的复杂的系统内、外部环境条件。系统内部环境条件主要是指物业服务企业与业主、业主大会、业主委员会的相互关系的协调;系统外部环境条件是指物业服务企业与相关部门及单位相互关系的协调。

(四) 物业管理的撤管阶段

物业管理的撤管阶段是指物业服务合同期满不再续签,或者提前结束物业服务合同时,物业管理企业应做好的撤管工作,其包括整理全部档案资料、清理账目、做好物业移交前的各项准备工作。

案例 10-2

武汉某小区的物业管理公司是开发商的全资子公司,理所当然地承接了开发商物业进行管理。业主入住之后,对物业公司的物业管理费收费标准和服务标准多次提出质疑,而该物业公司也多次向业主大会提出该项目严重亏损,意图提高物业管理费,双方僵持不下。业主与物业管理公司的矛盾愈演愈烈,业主终于解聘原物业公司。

【分析】 从本案例介绍的事实可以看出,造成最后业主与物业公司相互不理解以致最后解除合同的直接原因是物业公司与业主之间始终缺乏双方认同的物业收费标准和服务标准。分析其原因的产生,开发商和物业公司在这一过程中有如下问题。

(1) 虽然物业公司"理所当然"接管了该物业,也应与开发商签订书面的前期物业管理服务协议,明确物业管理事项、服务质量、服务费用、双方及小业主的权利和义务等内容。

(2) 本案例中业主入住后对物业公司的收费和服务提出质疑,设定物业公司服务未达到合同规定标准,由此可见在买房前期业主没有清楚地了解前期物业管理服务的相关内容,而造成与物业公司的矛盾。开发商应在与物业买受人签订买卖合同中包含前期物业并管理服务相关服务约定,业主应依法接受物业管理合同内容。

(3) 本案例中显示业主大会已经成立。既然物业公司与小业主之间对物业费和服务标准之间存在很多纠纷,业主大会成立后签订物业管理委托合的同时,物业公司应利用这一时机与业主大会沟通相关事宜。物业公司可以根据业主大会要求的服务标准给出相应的服务和相应收费。如双方分歧确实很大,也可以通过招投标的方式重新选聘物业公司。

【启示与思考】 (1) 前期物业管理,建设单位应通过招投标的方式选聘物业公司,并与物业公司签订前期物业管理服务合同,相关条款应在销售合同中与买房人明确约定。这是《物业管理条例》第三章中明确规定的内容。从事前期物业管理的物业服务企业应认真学习并严格按照相关条款操作。

(2) 销售合同中明确的物业管理条款,应包括服务内容、标准、收费、违约责任等主要部分。避免因业主买房时物业管理相关内容不清晰,以及业主入住后对物业公司的服务收费等事宜产生质疑,产生不必要的矛盾。

(3) 首次业主大会,签订物业管理合同时物业公司应与业主大会做好充分的沟通,明确物业管理合同的条款。

（4）物业公司要根据服务内容、服务标准来确定服务收费。《物业管理条例》颁布以后，建管分开，开发商与物业公司各自独立经营是市场化的必然，物业公司必须靠自身实力才能赢得市场。

【阅读知识】

物业管理行业急需澄清的十大问题

中国物业管理行业的兴起，虽然经历了30多个春夏秋冬，而且涌现出了一百多家国家一级物业服务企业，营造出一个又一个让广大业主安居乐业的生活环境，但是，由于多方面因素的制约，物业管理行业一直"没长大"。物业管理行业发展的当务之急，需要从以下十个方面给物业管理行业正本清源。

1. 业主与物业服务企业不是"主仆"关系

不少人对物业管理存在认识上的误区：有的人认为物业服务企业与业主之间是管理者与被管理者的关系；有的人则认为业主与物业服务企业之间是"主人"与"仆人"之间的关系。这些误解导致物业管理工作难以开展。

其实，在物业管理工作中，物业服务企业受托对物业实施管理，给业主和使用人提供服务。物业管理服务合同一签订，双方就是平等的合同约定关系，没有主次之分。

2. 业主委员会与物业管理公司不是"冤家"

当前出现的一些现象，使人产生业主委员会与物业管理公司是一对"冤家"的错觉。其实，业主委员会与物业管理公司应是良友，在日常工作中出现矛盾，应本着"互谅互助，双方受益"的原则进行解决。业主委员会不要轻易解聘物业管理公司，物业管理公司也应更好地改进服务。

3. 物业服务企业不能"包打天下"

物业服务企业为最大限度地方便广大业主和使用人的生活，把牵涉到居家生活的多项工作进行统一管理。这样做使业主和使用人产生错觉，以为缴纳了物业管理服务费，不论家庭、邻里、周边的关系等，都是物业服务企业的职责，要物业服务企业"包打天下"。实际上，物业服务企业终归是企业，职责是以合同的形式约定的。物业管理公司与业主务必明确这一点。

4. 对物业管理的咨询不是对物业管理的投诉

有关部门把消费者对物业管理的咨询也当做"投诉"，导致物业管理误被列为当前消费投诉的热点之一。从广州市物业管理协会接受有关咨询投诉的情况来看，每年接受信（电）访逾千起，其中配套不齐全、规划不到位、质量问题等所占比例较大，实属对物业服务企业不作为的有效投诉寥寥无几。不少信访、来访者由于对物业管理工作不了解，怒气冲冲地"投诉"，经工作人员解释物业管理的法律法规和有关政策后，方才理解。接受和记录投诉的人员，应增强对物业管理工作的了解，才能区分是咨询还是投诉，投诉的内容是物业服务企业的不作为还是其他原因。这样，才能引导行业的健康发展。

5. 享受物业管理服务不是"免费的午餐"

不少人习惯于过去住房的福利性政策，对物业管理"谁受益，谁付款"原则不理解，甚至持抵触态度，拒交管理服务费。

世界上没有免费的午餐，业主在享受物业管理提供服务的同时，负有支付物业管理服务费、维护物业完好的义务。个别业主、使用人不交管理费，会侵害其他业主、使用人的利益，影响物业管理的服务质量。

6. 物业管理服务费不是越低越好

在物业管理招投标活动中，招标单位往往是越便宜越好，招标的宗旨是"价低者赢"，而一些物业管理公司为了增大楼盘的面积，盲目地迎合这种心理，更加深了这种误导。物业管理公司作为企业，给物业实施专业化管理，为业主和使用人提供服务，需要成本的投入，并且物业管理与其他商品不一样，它是"量入为出"。很多物业管理服务费低廉的物业区域，因费用入不敷出而使物业管理工作不能尽如人意。相反地，优质优价物业区域的舒适环境，总是让人觉得物有所值。

7. 物业管理治安防范服务不是"保镖"服务

在物业管理实践中，人们总误以为：交了物业管理的治安防范费，物业管理公司就要提供保镖服务，在小区内发生的治安问题总是一概要由物业管理公司负责。其实，物业管理公司给住户和使用人提供的是安全防范服务，向住户和使用人收取的只是相应的安全防范服务费，而不是保镖服务费。因此，若在小区内发生财物被盗等治安案件时，应当分清物业管理公司的责任：如果物业管理公司已经按照服务承诺，落实相应的防范措施，责任不在物业管理公司；如果物业管理公司没有按照服务承诺落实相应的防范措施的话，那么，就应当承担相应的责任。但无论是哪种情况，物业管理公司都有协助公安部门捉拿罪犯的义务。因此，住户和使用人并不能认为交了安全防范服务的费用，就可以高枕无忧而放松安全的警惕性。相反，应以积极的态度做好个人和家庭的安全措施，防患于未然。

8. 物业服务企业不是水电供应商

由于历史的原因，物业服务企业一直为水电等公用事业部门代收费用，无偿向业主和使用人代收水、电费用，甚至承担因业主和使用人拒交水电费而带来的经济风险，导致物业服务企业"赔了夫人又折兵"。水电等公用事业部门，往往拿着委托收缴费用的合同要求物业服务企业签署。毫不夸张地说，合同签署之时，就是该物业服务企业经济开始损失之日。因为，这些合同中，只有物业服务企业代水电部门收费的职责和义务，却找不到物业服务企业从中应有的权利与权益。

9. 物业服务企业不是任人宰割的"羔羊"

一些部门往往把物业服务企业看成是待宰的"羔羊"，人为导致物业服务企业负担重。例如，某新小区建筑面积23 000 m²，每月每平方米管理服务费为0.4元，就算100%入住，每月可收服务费为9 200元，可当地派出所派驻保安9人，人均每月费用1 350元，这样的话，物业管理公司得每月垫支保安费用2 950元。还有的街道要物业管理公司筹划人口普查费用等，物业管理服务费难以达到"以区养区"的目的。

10. 物业管理区域不是物业管理公司的"自留地"

物业服务企业中，有个别物业服务企业因缺乏有效学习而沉醉在理所当然的"管理者"角色里，误以为物业管理区域是自己的"自留地"，没有从广大业主、使用人的利益出发，自己想怎么干就怎么干，成为物业管理行业规范化发展的"害群之马"。物业管理公司在物业区域内，应依法依合同办事。

任务 3　物业管理经费来源及服务费用测算

一、物业服务费的概念

物业服务费是指物业服务企业按照物业服务合同的约定,对房屋及配套设施、设备和相关场地进行维修、养护、管理,以及维护相关区域内的环境卫生和秩序,向业主收取的费用。

二、物业服务费的构成

依据 2004 年 1 月 1 日起施行的《物业服务收费管理办法》中的规定,物业服务成本或者物业服务支出构成一般包括以下九个方面。

(一)管理、服务人员的工资、社会保险和按规定提取的福利费

管理、服务人员的工资、社会保险和按规定提取的福利费是指物业服务企业向所聘用的管理、服务人员按月发放的工资和按工资的 14% 提取的职工福利费。具体包括基本工资、津贴、福利基金、保险金、服装费及其他补贴等,不含奖金。

(二)物业共用部位、共用设施设备的日常运行、维护保养费

物业共用部位、共用设施设备的日常运行、维护保养费主要是指门厅、楼梯间、电梯间、走廊通道、室外墙面、屋面、供水管道、排水管道、照明灯具、电梯、邮政信箱、避雷装置、消防器具、道路、绿地、停车场库、化粪池、垃圾箱等的维修养护费用及公共照明费等。

(三)物业管理区域清洁卫生费

物业管理区域清洁卫生费 是指物业管理区域内公共区域的清洁卫生费,包括清洁用具、垃圾清理、水池清洁、消毒灭虫等费用,有时还包括单项对外承包费,如化粪池清淘等。

(四)物业管理区域绿化养护费用

物业管理区域绿化养护费用是指物业管理区域绿化的养护费用及开展此类工作所购置的绿化工具及绿化用水、农药、化肥、杂草清运、补苗等费用。

(五)物业管理区域秩序维护费用

物业管理区域秩序维护费用是指物业管理公共区域的秩序维护费。包括安全监控系统、设

备、器材的日常养护费等。

（六）办公费用

办公费用是指物业服务企业开展正常服务工作所需的有关费用，如交通费、通信费、低值易耗办公用品费、节日装饰费、公共关系费及宣传广告费。

（七）物业服务企业固定资产折旧费

物业服务企业固定资产折旧费是物业服务企业拥有的各类固定资产如交通工具、通信设备、办公设备、工程维修设备等按其总额每月分摊提取的折旧费用。

（八）物业共用部位、共用设施设备及公众责任保险费用

为从经济上保障物业管理区域内水电、电梯等设施遭受灾害事故后能及时进行修复和对伤员进行经济补偿，物业服务企业必须对这些建筑物及设备设施投财产保险和相关责任保险，对于险种的选择是由所管物业的类型、性质来决定的，但必须考虑业主的意愿和承受能力。

（九）经业主同意的其他费用

经业主同意的其他费用是指经与业主协商，其同意包括在物业服务费中的其他内容。

应当注意的是，物业共用部位、共用设施设备的大修、中修和更新改造费用，应当通过专项维修资金予以列支，不得计入物业服务支出或物业服务成本。

三、物业服务费的测算

（一）注意事项

1. 确定管理费成本构成的注意事项

物业管理费的构成并不是一成不变的，具体到核算某个特定物业的管理费时，由于各个物业的具体情况不同，要根据该物业和实际情况，在上述构成内容中进行必要的增减，同时要注意以下几点。

（1）要尽量详细，把具体消耗或支出费用分解得越具体、越详细，才越真实。

（2）尽量全面，不要漏项。例如，测算大型固定资产更新储备金时，往往容易忽视外墙面更新和电缆更新项目；在消耗材料测算时，往往容易忽视水泵连接管道的法兰盘和软接头等隐蔽性强的项目。

（3）测算依据尽量准确。例如，固定资产和大型设备的折旧年限，有些项目费用的市场单价标准等尽量准确，不用或少用估计值，对于有些无法或不易确定具体数据的，须运用模糊数学原理确定时，其随机采集资料的点、面布局要合理，要有充分代表性。

2. 收集原始数据

管理费的核算要做到合理、准确，对原始数据和资料的收集至关重要。在测算各系统大型设备更新储备金时，要收集包括原始价格、运输、安装、调试费在内的设备原值、设备功率参数和设备使用寿命等资料；在测算低值易耗材料时，要计算出各类材料的详细数量和对市场价格进行详细调查。例如，计算公共照明系统时，要查清所有公共部分的灯泡、灯头、灯管、继电器、灯箱、灯罩、开关、闸盒、电表等的数量及它们各自的平均使用寿命和市场售价；其他关于工资水平、社会保险、专业公司单项承包、一般设备固定资产折旧率、折旧时间等等，均应严格按政府和有关部门的规定和实际支出标准及有效依据来测算。

（二）物业管理费的测算

物业管理企业在物业管理过程中发生的各项支出，称为物业管理费用。对物业管理费用的核算，是物业管理企业财务管理工作的一项重要内容。一项物业投入管理运行之前，必须核算管理费用；运行一年后，还要根据上年运行情况进行调整。费用标准预算方案要经物业管理企业审阅并提交业主管理委员会讨论审核通过后，方可执行。

物业管理费用标准的测算可用下列简单公式表示：

$$V = \sum V_i \quad (i = 1, 2, 3, \cdots, 12)$$

式中：V——物业服务费标准，元/（月·平方米）或元/（年·平方米）；

V_i——各分项收费标准，元/（月·平方米）或元/（年·平方米）；

费用项目一般分为：管理服务人员的工资、社会保险和按规定提取的福利费；物业共用部位、共用设施、设备的日常运行、维护费用；物业管理公共区域清洁卫生费用；物业管理公共区域绿化养护费用；物业管理公共区域安全和公共秩序维护费用；办公费用；物业管理企业固定资产折旧；物业共用部位、共用设施、设备及公众责任保险费用；经业主同意的其他费用。

1. 管理服务人员的工资、社会保险和按规定提取的福利费 V_1

$$V_1 = \sum F_i / S \quad (i = 1, 2, 3, 4)$$

式中：V_1——物理管理企业的人员费用，元/（月·平方米）；

F_1——基本工资，元/月，各类管理、服务人员的基本工资标准根据企业性质、参考当地平均工资水平确定；

F_2——按规定提取的福利费，元/月，包括福利基金、工会经费、教育经费、社会保险、住房公积金等；

F_3——加班费，元/月；

F_4——服装费，元/月；

S——可分摊费用的建筑面积之和，m^2。

该项费用是用于物业管理企业的人员费用，包括基本工资，按规定提取的福利费、加班费和服装费，但是不包括管理、服务人员的奖金。奖金应根据企业经营管理的经济效益，从盈利中提取。

2. 物业共用部位、共用设施设备的日常运行、维护费用 V_2

$$V_2 = \sum F_i/S \quad (i=1,2,3,4,5)$$

其中，F_1、F_2、F_3、F_4 的具体含义如下。

(1) F_1——公共照明系统的电费和维修费。

① 电费 $=(W_1 \times T_1 + W_2 \times T_2 \cdots + W_n \times T_n) \times 30 \times PE$

式中：W_1——每日开启时间为 T_1 的照明电器总功率，千瓦·小时；

T_1——每日开启时间，小时；

30——每月测算的天数；

PE——电费单价，元/千瓦。

② 维修费：这是一个估算的经验值，一般按照当地的工资水平费用和使用的零配件、进货的价格来测算。

(2) F_2——给排水设施的费用，此项费用测算时又可分为以下几项。

① 给水泵的电机费（可包括生活水泵、消防蓄水池泵）有：

$$电费 = W \times 24 \times I \times 30 \times PE$$

其中，$I=$ 平均每天开启小时数/24，代表使用系数。

② 消防泵的电费（包括喷淋泵、消防栓泵），电费 $= W \times 24 \times I \times 30 \times PE$。

③ 排污泵的电费（包括集水井排水泵、污水处理排水泵）：

$$电费 = W \times 24 \times I \times 30 \times PE$$

④ 维修费，单位为元/月。

(3) F_3——配供电系统设备维修费、检测费，单位为元/月。

(4) F_4——建筑、道路维修费，单位为元/月。

(5) F_5——电梯费用的核算。

① 电费 $= n \times W \times 24 \times I \times 30 \times PE$

式中：n——电梯台数；

W——电梯功率；

I——电梯使用系数，由于不同类型物业的电梯使用时间和频率不同，会产生差异，一般可通过统计的方法进行估算，居住类物业电梯使用系数大致在 0.4。

② 维修费，单位为元/月。可分包给电梯专业的维修公司，也可自行维修（包括人工费、材料费等）。

③ 年检费，单位为元/月。

其中，费用项 $F_1 \sim F_5$ 并非固定项目，不同物业的项目也不同，不能机械套用。以下各项也是如此。

3. 物业管理区域清洁卫生费用 V_3

$$V_3 = \sum F_i/S \quad (i=1,2,3,4,5,6)$$

式中：F_1——人工费，元/月；

F_2——清洁机械、工具、材料、服装费,按价值和使用年限折算出每月的值,元/月;

F_3——消杀费,元/月;

F_4——化粪池清理费,元/月;

F_5——垃圾清运费,元/月;

F_6——水池(箱)清洁费,元/月。

4. 物业管理区域绿化养护费用 V_4

$$V_4 = \sum F_i / S \ (i = 1,2,3,4,5)$$

式中:F_1——人工费,元/月;

F_2——绿化工具费,元/月;

F_3——化肥除草剂等材料费,元/月;

F_4——绿化用水费,元/月;

F_5——园林景观再造费,元/月。

5. 物业管理公共区域秩序维护费用 V_5

$$V_5 = \sum F_i / S \ (i = 1,2,3,4,5)$$

式中:F_1——人工费,元/月;

F_2——服装费,元/月;

F_3——维修费(元/月)。

F_4——日常保卫器材费(元/月),包括对讲机、多功能警棍、110报警联网等。

F_5——保安用房及保安人员住房租金,元/月。

6. 办公费用 V_6

$$V_6 = \sum F_i / S \ (i = 1,2,3,4,5,6,7)$$

办公费用常用全年的费用预算来折算出每月费用,即全年费用除以12个月。

式中:F_1——交通、通信费用,元/月;

F_2——文具、办公用品等低值易耗品费,元/月;

F_3——车辆使用费(元/月)。

F_4——节日装饰费(元/月)。

F_5——公共关系费及宣传广告费,元/月;

F_6——办公水电费,元/月;

F_7——书报费,元/月。

7. 物业管理企业固定资产折旧费 V_7

该项费用指物业管理企业拥有各类固定资产按其总额每月分摊提取的折旧费用,包括交通工具、通信设备、办公设备、工程维修设备等。按实际拥有的上述各项固定资产总额除以平均折旧年限,再分摊到每月和每平方米建筑面积。值得注意的是,这里的固定资产应主要是指直接用于该项目服务的固定资产。

8. 物业共用部位、共用设施设备及公众责任保险费用 V_8

$$V_8 = (投保总金额 \times 保险费率) / 保险受惠物业的总面积$$

物业管理企业必须对住宅物业区内水、电、电梯等设施设备投财产保险、相关责任保险(如电梯责任保险等)、公众责任险。保费按保险受惠物业总建筑面积分摊。

9. 经业主同意的其他费用 V_9

该项是指业主大会同意的全体业主均能受惠的必要的服务费用。

10. 不可预见费用 V_{10}

不可预见费用(一般按上述费用总和的 3%～10% 计)。不可预见费应单独设账,严格控制其支出。

11. 利润或管理酬金 V_{11}

物业管理协议不同,管理酬金的确定方式不同。

(1) 按照租金收入确定,管理酬金＝业主租金收入×酬金比率。

(2) 按物业价值的约定使用年限计算,当物业是业主自己使用的情况下:管理酬金＝(物业价值/物业约定使用年限)×酬金比率。

(3) 按定额利润/酬金或行业利润率/酬金率确定。

定额酬金或利润是指双方协商在管理企业完成合同规定的服务任务情况下给服务者以固定数额的酬金或利润。不过,现行最通常的利润酬金的确定方式是以上述 1～10 项的支出之和为基数乘以行业利润率/酬金率付给管理企业利润/酬金,即管理利润/酬金＝服务费×行业利润率/酬金率。物业管理行业利润率/酬金率一般在 8%～15%,具体的比率可由双方根据物业服务的标准等因素协商确定。

12. 法定税费 V_{12}

按现行税法,物业管理企业属于服务业,上缴的税金包括以下几项。

(1) 须按营业额缴纳营业税,税率为 5%。

(2) 城市建设维护税,按营业税的 7% 计征。

(3) 教育费附加,按营业税税额的 3% 计征,合计总营业额的 5.5%。

不过依照最新的《物业服务收费管理办法》,实行酬金制计费方式的物业服务费用不含税金。

四、物业管理费的使用

(一) 物业管理费的性质

物业的价值是通过物业的交换和在对物业的管理服务过程中体现出来的,物业的属性决定了其管理作为服务产品的商品属性。而物业管理费作为服务产品价值的货币表现,主要是用来进行对物业服务的市场交换,所以它首先具有商品交换的属性;同时,由于物业所有人花钱购买的是服务产品,物业管理企业提供的是对其物业和配套设备、设施的管理,以及对物业所有人和使用人的服务,所以物业管理费又具有所有权和监督权归物业所有人,使用管理权归物业管理企业的权属分离性质;再者,由于物业管理费具有取之于民、用之于民的特点,就必然要求其单独核算,专款专用,使其形成了物业管理费用途单一的性质。

(二)物业管理费的使用原则

物业管理费既然是取之于民,应是全体业主共有的,物业管理人员只具有保管、储存这项经费的权利,因此为了使物业管理费能够充分、合理、节约地使用,应坚持以下使用原则。

(1)取之于民、用之于民的原则。在保证物业管理企业合法利润后,均应全部用之于民。

(2)为业主和非业主使用人服务的原则。为业主和非业主使用人服务是物业管理的根本目的。

(3)实行分类储存、专款专用的原则。各项不同的物业管理费筹集以后,还需要妥善管理,实行分类储存,专款专用。房屋本体维修基金、公用设施专用基金的使用还须与业主委员会或建设单位商量,并得到他们的同意。

(4)坚持合理、节约使用的原则。物业管理企业要本着对业主和非业主使用人负责的精神,合理、节俭地使用各项资金,使每一分钱都发挥效益。

(5)坚持高度透明化原则。物业管理费的使用账目应高度透明化,坚持定期张榜公布各项资金的使用情况及盈亏状况。

(三)物业管理费的使用范围

物业管理费应全部用于物业管理的各个方面,具体包括:①物业管理企业员工的工资、奖金、福利及社会保险金;②物业管理企业办公费用;③机电设备、消防系统的维修保养;④公共设施维修保养;⑤园庭绿化管理;⑥环境保洁;⑦治安保卫;⑧社区文化;⑨公共服务;⑩公共水、电费;⑪节日庆典;⑫其他为管理物业而发生的合理支出。

◈ 案例 10-3

清境明湖小区位于朝阳公园西路5号,是一个高档的涉外小区。最初管理小区的是由开发商南湖花园公寓有限公司指定的伟辰物业管理公司。2001年9月,伟辰物业管理公司改名为港力伟辰物业管理公司,它随后与小区新成立的物业管理委员会签订了《物业管理委托合同》。合同规定,委托管理期限为3年,物业管理费的标准是12元/(月·m^2),港力伟辰物业管理公司则按所收物业管理费总额的9%的标准来获得酬金。

对于港力伟辰物业管理公司随后的管理,业主们的意见越来越大。业主们多次要求物业管理费降价,但被拒绝。很快,另一个消息的在业主中传播开来,即港力伟辰物业管理公司对大业主——开发商的房子只收取半价物业管理费,则更加激化了双方的矛盾。

矛盾激化的结果是,2004年5月17日,港力伟辰物业管理公司被小区新成立的业主委员会解聘。2004年10月,建国物业管理公司进驻清境明湖小区,临时托管。但新接手的物业管理公司很快发现,他们所接管小区却是一个烂摊子。他们在接管后的普查中发现,小区监控、消防、配电、电梯等设施因为长期不维护存在重大安全隐患,需要大笔资金尽快维修更换,但小区却没有维修基金。按照有关规定,清境明湖小区的开发商南湖花园公寓有限公司应提供的维修基金为240万元左右,但这笔钱没到位。

在这种情况下,清境明湖小区业主委员会(下简称业主委员会)于2006年4月,向北京市仲裁委员会申请仲裁,业主委员会提出港力伟辰物业管理公司应退还该小区管理者酬金等要求。业主委员会的主要理由是,港力伟辰物业管理公司在其对清境明湖小区管理期间,背着业主委员会实行两种收费标准:对普通小业主全额收取物业管理费,对大业主开发商却是半额收取物业管理费。业主委员会提供了作为证据材料之一的港力伟辰物业管理公司内部文件,其《2002年董事会决议》第3条规定:南湖花园公寓有限公司(开发商)房屋的管理费可以在缴费单上按全额计费,实际收费可按半价收取。

业主委员会认为,港力伟辰物业管理公司的做法严重损害了全体业主的公共利益,据此要求港力伟辰物业管理公司退回其在小区管理期间实际收取的小区管理者酬金42万元。此外,业主委员会还称港力伟辰物业管理公司对小区管理不善,存在服务质量低劣等问题。

2006年7月22日,港力伟辰物业管理公司副总经理苗卫平接受记者采访时称,他不知道半价收费的事。至于业主们所反映的问题,都是开发商所留下的,港力伟辰物业管理公司无能为力。

【分析】 从本案例案情发生的实际情况看,北京仲裁委员会的裁决书所作出的港力伟辰物业管理公司赔偿业主委员会经济损失421 160元的裁决是合情合理合法的。这首先表现在物业管理费的标准目前一般是采取政府指导价和市场调节价两种方式,但无论采取哪种方式,物业管理企业都应遵守与业主在物业管理服务合同中的约定,不能擅自更改物业管理费的收费标准。港力伟辰物业管理公司对大业主和小业主采取双重标准收取物业管理费,是对全体小业主的侵权,也是合同违约行为。其次,港力伟辰物业管理公司在履行物业管理服务合同期间,没有做到严格履行物业管理服务合同,为业主提供质价相符的服务。这从新接手的物业管理公司跟在接管后的普查中发现的问题即可归纳得出该结论。最后,港力伟辰物业管理公司对大业主和小业主采取双重标准收取物业管理费,这实际上已经造成了大业主对全体小业主的侵权,业主委员会对此具有要求赔偿的权利。这是因为大业主仅交纳半价物业管理费,但却享受着与全体小业主相同的服务,这是建立在侵犯全体小业主利益的基础上的,主要是侵犯了已交纳物业管理费业主的利益。

另外,案例中所涉及的开发商维修基金一事,根据1998年下发的《国务院关于进一步深化城镇住房制度改革加快住房建设的通知》,以及1998年12月,住建部和财政部联合印发的《住宅共用部位共用设施设备维修基金管理办法》中没有明确具体的规定,全国性专项维修资金的收取、使用、管理的办法,虽讨论多年,但至今尚未出台,这里就不加以分析了。

【解决方法】 物业管理企业如果在接受开发商选聘或签约时,遇到本案例中物业管理公司所碰到的问题时,首先应考虑的是企业所要提供的物业管理服务的主要接受者是谁,也就是说,一定要弄清企业所要接管项目的长期合作伙伴是谁。按照《物业管理条例》中第二十六条的规定"前期物业服务合同可以约定期限;但是,期限未满、业主委员会与物业管理企业签订的物业服务合同生效的,前期物业服务合同终止。"这也就是说,一旦业主委员会成立,并选聘了新的物业管理企业,那么,物业管理企业与开发商签订的前期物业服务合同即告终止。因此,物业管理企业的管理服务中心,应该围绕的是广大业主,而不是开发商。

其次,物业管理企业在履行物业管理服务合同,并开展物业管理服务时,要把"业主至上,诚信为本"的管理理念落实在管理服务的行动上,要依照法律法规约束企业的经营行为,一切要以合同为依据,按照合同开展物业管理服务活动,否则,就会违反国家法律法规,提供质价不符的管理服务,损害了业主的利益,使自身的企业形象和信誉遭受更大的损失。

最后,物业管理企业还要注意企业的保密制度建设。尽管在本案例中的物业管理公司是一个反面的典型,但是,我们可以看到,由于该公司《2002年董事会决议》的外流,被业主委员会掌握,成为本案例中的置该物业管理公司于不利地位的重要证据。

案例 10-4

政府部门插手"家务事" 小区物业收费谁说了算

广州市番禺区丽江花园是一个拥有一万多名业主的小区,从1998年起经广州市物价局批准,成为"一费统缴"(即物业费、公摊费、代收代缴费等合并收取)的物业收费试点小区,物业费按2.7元/(月·m²)收费。2005年1月1日起,广东省开始在物业收费中实行政府指导价,建议普通住宅的物业管理费不超过1.96元/(月·m²)。丽江花园业主委员会与物业管理公司经过约定,该小区2005—2006年度的物业收费依然沿用以往的收费方式。但是,该小区16名业主不同意,从2005年1月1日起开始拒交物业管理费。

物业管理公司起诉了几户拖欠物业费的业主,但就在此案审理期间,番禺区物价局于2006年5月下发了一纸整改通知,称丽江花园的"一费统缴"违反了政府指导价,要求整改。此举一出,丽江花园的物业纠纷陡然升级,1 000多户业主都加入了拒交行列。

【分析】作为政府,在物业管理市场发挥着重要的宏观指导作用,而这种宏观指导主要是靠制定法规政策来实现的,这是毋庸置疑的。但随着和谐社会建设的需要,政府的法规政策管理首先应考虑的是社会的安定和谐,如果政府出台的法规政策带来的不是稳定,而是动荡,那还不如不要这样的法规政策出台。就本案例所涉及的物业管理费收取标准而言,广东省从2005年开始实行物业收费指导价,但这里我们应该注意的是政府指导价只是一个"指导性"的参照标准,是作为一个市场经济的管理者,给物业管理企业和业主提供一个参考标准,为将来出现纠纷时提供一个衡量标准。政府在这里扮演的角色不应该是强制干预,即使在具体干预之前也应向物业管理企业了解具体情况,与物业管理企业进行协商,避免引起矛盾、纠纷的扩大化。

换一个角度看,《物业管理条例》中明确规定物业管理企业可以与业主委员会就服务费用进行约定,《物业服务收费管理办法》中也明确规定物业服务费有政府指导价和市场调节价两种形式,其中市场调节价就是业主与物业管理企业在物业服务合同中的约定价格。国家提倡业主通过公开、公平、公正的市场竞争机制选择物业管理企业;鼓励物业管理企业开展正当的价格竞争,促进物业服务收费通过市场竞争形成。因此,丽江花园业主委员会与物业管理公司约定的该小区2005—2006年度的物业收费依然沿用以往的收费方式是符合法规精神的,不应受到番禺区物价局一纸"整改通知"的简单干预。

【解决方法】要善于发挥各种社会关系的积极作用。例如,本案例中的物业管理公司,首先就应该做好以下几个方面的公共关系工作,充分发挥其积极作用,控制不利因素出现。

(1) 与区物价管理部门积极沟通。学会用法规政策保护自己,依靠的不仅仅是据理力争保护自己的合法权利,更重要的是求得对方的理解和支持。

(2) 与业主委员会加强合作,求得业主委员会支持。物业管理费的标准是由业主委员会与物业管理企业共同约定的,区物价局的一纸"整改通知",是对双方合同约定的否决。在业主不通晓法规政策的前提下,遭到业主误解的将不仅是物业管理公司,还将包括业主委员会的成员。

因此，要在区物价部门提出异议的最初，就要让业主委员会的成员清楚，一旦最不利的情况出现，业主委员会成员将会处于何种地位，邀请业主委员会成员随同物业管理公司一同与区物价局进行沟通。

(3) 求得物业管理协会的帮助和支持。一旦求得物业管理协会的出面协调，在符合国家法规政策的前提下，情况往往就会向着有利于物业管理企业的方向发展。

案例 10-5

2003年8月1日，福州永同昌房地产开发有限公司委托永同昌物业管理有限公司（以下简称"永同昌物业"）对文锦小区实行物业管理，负责向业主及物业使用者收取物业管理服务费、停车费、代收代缴水电费；委托管理期限自2003年8月1日至2005年8月1日。2003年10月16日，文锦小区的业主林女士在收房后，和其他业主一样，与永同昌物业签订了《业主公约》和《前期物业管理服务协议》。其中规定林女士每月向该物业公司缴纳物业管理费，收费标准是0.5元/m^2。但是，从2004年3月1日起，林女士就拒绝缴纳物业管理费。所以，该公司诉请法院判令被告向其缴纳自2004年3月至2005年10月30日止的物业管理费1 120元，并按日万分之二点一支付滞纳金73.7元。

而业主林女士表示，自己从2004年3月1日起未交物业管理费是事实。但这是有原因的，而且也得到了其他业主的支持。首先，福州永同昌房地产开发有限公司与永同昌物业签订的管理委托合同已于2005年8月1日到期，所以原告无权要求自己交纳2005年8月至10月的物业管理费。同时，原告未按合同约定为其提供服务，也无权向自己收取物业管理费。她说，物业服务不到位的主要表现有：未按合同约定每半年公布一次财务状况；小区内老人活动室及公共停车场均被物业擅自出租，并私吞租金；小区内下水道堵塞，公共场地用于养鸡，绿化地用于种菜，地下车库用于堆放废品，景观池没有开放，消防存在安全隐患，垃圾未清理。此外，其已按规定向物业缴纳水费，但是却被自来水公司告知该小区已欠水费60余万元。因此，她请求法院驳回原告的诉讼请求。

【分析】从本案例的本质属性看，应属于对合同的履行是否存有违约行为，并怎样承担责任。从本案例的实际情况看，永同昌物业与林女士签订的《业主公约》、《前期物业管理服务协议》系双方真实意思表示且内容不违反法律规定，故双方均应按协议履行。永同昌物业与福州永同昌房地产开发有限公司签订的《物业管理委托合同》虽于2005年8月1日到期，但此日期后永同昌物业仍然为小区提供物业管理服务，并且业主也未提出终止要求，永同昌物业与林女士之间的物业管理服务关系依然存在，所以，林女士等提出的永同昌物业无权要求自己缴纳2005年8月至10月的物业管理费的要求不能成立。

从永同昌物业履行物业管理服务合同的实际状况看，其所提供的物业管理服务中存在未按合同要求提供服务或其提供的服务质量与合同约定不符，属于违约行为。依照物业服务收费应当遵循费用与服务水平相适应的原则，物业管理公司提供服务的质量状况应按质定价，适当减少业主的应交物管费用。

本案例经法院审理，林女士只缴纳原物业管理费的70%，即应于判决生效后十日内一次性支付原告福州永同昌物业管理有限公司自2004年3月1日起至2005年10月31日止的物业管理费784元，并驳回永同昌物业的其他诉讼请求。

【解决方法】以物业管理服务合同为依据开展物业管理服务活动，应成为物业管理企业最根本的出发点。求得业主或使用人支持和理解的最好方式就是履行物业管理服务合同，认真履行物业管理企业的应尽义务。

催缴物业管理费是物业管理服务工作中的重点，在具体操作中，应坚持区别性对待的原则，以争取拖欠物业管理费的业主或使用人的支持和理解为最高目标，在收缴的方式上应灵活掌握，如可采用适当减免滞纳金、分期付款等有利于促成缴清拖欠物业管理费的优惠条件。尤其是在自身履行物业管理服务合同不到位的情况下，切忌盲目地采取法律诉讼的方式。如果已经看到自己在履行物业管理服务合同方面的不足，那最好的方法就是向业主或使用人说清自己的难处，求得理解，并主动按照合同法的要求，给业主或使用人以适当的减免，并积极地改进服务质量，与业主或使用人保持良好的沟通，以使问题在改进中逐渐得到解决。

◈ **案例 10-6**

租户欠缴物业管理费怎么办

某年8月，某业主与王小姐签订了一份房屋租赁合同，把自己的一套房子出租给她居住，租期为两年。合同除了对租金及支付期限作了约定外，还约定物业管理费由王小姐承担。前几天，该业主收到物业管理公司的催款函，说已欠付近一年的物业管理费。为此业主投诉，称租赁合同中已约定由房客交付物业管理费，物业管理公司不应再向业主催缴物业管理费。

【**解决方法**】 物业管理公司接到业主投诉后，应与业主沟通，说明上述观点，以求得业主的理解。同时，还应提请业主了解在房屋对外租赁时，应到物业管理公司履行必要的手续，以便物业管理公司了解掌握业主对外租赁情况，配合业主做好房屋租赁的管理工作，以避免其他问题的出现。

在物业管理服务中，对业主对外租赁，物业管理公司要做好指导、监督和调解等方面的工作，重点放在租赁关系即租赁合同关系的管理上，这样才能配合业主保证租赁关系的建立和正常进行。具体应做好以下事项。

(1) 按规定的条件和程序指导签订租赁合同，建立租赁关系。
(2) 监督落实租赁合同中出租人享有的权利和履行的义务。
(3) 监督检查承租人行使租赁合同中规定的权利和履行应尽的义务。
(4) 处理协调租赁双方在租赁合同履行过程中出现的矛盾纠纷及其他意外情况。
(5) 监督租赁关系的变更与终止。
(6) 租赁合同终止时，指导办理停、退租手续。

任务 4 写字楼物业管理

写字楼是指用于办公的建筑物，或者是由办公楼组成的大楼。它是供政府机构的行政管理人员和企事业单位的职员行政办公和从事商业经营活动的大厦。作为收益型物业，写字楼也常常被用来全部出租，以收回投资和取得利润。在在写字楼集中地区往往形成城市的中心商务区，大大缩短了社会各方面人员的空间距离，写字楼已成为现代城市发展的重要组成部分。由于其建筑物档次高，设备、设施复杂，并且办公的人员密度大、时间集中，因而管理的要求高、难度大。

一、写字楼物业的类型

目前我国写字楼分类尚未形成统一标准,主要依照其所处的地理位置、规模、功能进行分类。

(一)按写字楼建筑面积分类

(1)小型写字楼。建筑面积一般在 10 000 m^2 以下。
(2)中型写字楼。建筑面积一般在 10 000~30 000 m^2。
(3)大型写字楼。建筑面积一般在 30 000 m^2 以上。

例如,美国纽约的世界贸易中心大厦,香港的中环中心大厦等。美国芝加哥市于2004年建成使用的南迪波恩大厦,高达609.75 m,建筑面积达176 500 m^2,共108层。其中,最高的13个层面为数字电视设备楼,32个层面为办公区,40个层面为公寓套房,11个层面为停车场,其余是购物及商务区。

(二)按使用功能分类

(1)单纯型写字楼,基本上只有办公一种功能,没有其他功能(如公寓、餐厅等)的写字楼。
(2)商住型写字楼,具有办公和居住两种功能的写字楼。此类写字楼分为两种,一种是办公室内有套间可以住宿;另外一种是写字楼的一部分为办公,另一部分为住宿。
(3)综合型写字楼,以办公为主,同时又具备其他多种功能,如有公寓、商场、展厅、餐厅、保龄球场、健身房等多种功能的综合型楼宇。

(三)按现代化程度分类

(1)非智能型写字楼,即没有智能化设备、设施的一般楼宇。
(2)智能型写字楼,是指具备高度自动化功能的写字楼,通常包括通信自动化、办公自动化、楼宇管理自动化等功能。

(四)按照位置、建筑物状况、收益水平等综合条件标准

国外通常将写字楼分为甲、乙、丙三个等级。

(1)甲级写字楼,是指具有优越的地理位置和交通环境,建筑物的自然状况良好,建筑质量达到或超过有关建筑条例或规范的要求;其收益能力与新建成的写字楼相当;有完善的物业管理服务,包括24小时的维护维修与保安服务。
(2)乙级写字楼,是指具有优越地理位置,建筑物的自然状况良好,建筑质量达到或超过有关建筑条例或规范的要求;但建筑物的功能不是最先进的,有自然磨损存在,收益能力低于新建落成的同类建筑物。
(3)丙级写字楼,是指物业的使用年限已较长,建筑物在某些方面不能满足新的建筑条例或规范的要求;建筑物存在较明显的物理磨损和功能陈旧,但仍能满足低收入承租人的需求,因租金较低,尚可保持一个合理的出租率。

二、现代写字楼物业的特点

现代写字楼符合现代化的各种要求,一般具有比较现代化的设备,而且环境优越、通信快捷、交通方便,有宽阔的停车场(库)相匹配。它具有如下新的特点。

(一)现代写字楼多建于大城市的中心繁华地段,地理位置好

由于大城市交通方便、经贸活动频繁、信息集中通畅,所以各类机构倾向于在大城市的中心地带建造或租用写字楼,以便集中处理办公、处理公务和经营等事项。作为金融、贸易及信息中心的大城市的繁华地段,写字楼更为集中。

(二)现代写字楼规模大、建筑档次高、设备先进

目前大中城市新建的写字楼规模少则几万平方米,多则几十万平方米,而且都具有较高的档次。其综合造价每平方米大概为 6 000~10 000 元,物业的机电设备、设施多,技术含量高,除正常的供配电、给排水、电梯、消防系统外,还有中央空调、楼宇设备自动化控制系统、楼宇办公自动化系统、楼宇智能化管理系统等。

(三)现代写字楼功能齐全、设施配套,形成了独立的生活和工作系统

现代写字楼一般还拥有自己的设备层、停车场,以及商场、会议、商务、娱乐、餐饮、健身房等工作与生活辅助设施。这更好地满足了租户在楼内高效率工作和生活的需要,同时也造成其管理与服务内容的复杂化。

(四)时间集中,人员流动性大

写字楼物业与住宅物业明显不同的是写字楼客户的作息时间较集中,一般是早上 8:00 或 8:30 至下午 5:00 或 5:30,星期六、星期日休息。在上下班时间及办公时间内,人员流动性较大。

(五)经营管理要求高、时效性强

由于现代写字楼本身规模大、功能多、设备复杂先进,加之进驻的多为大型客户,自然对各方面的管理要求都较高;另外,由于写字楼具有收益性物业的特性,较高的出租(售)率是其获得良好稳定收益的保证。若经营管理不当,就不能赢得客户,甚至会马上失去已有的客户,而当期空置即意味着当期损失。所以,其经营管理的时效性极强。

写字楼物业的特点决定了对物业管理服务的特殊要求和内容。

三、写字楼物业管理的要求

写字楼物业管理可围绕"安全、舒适、快捷"六个字展开。"安全"是指让用户在写字楼里工作安全放心;"舒适"是指要创造优美整洁的环境,让用户感到舒适、方便;"快捷"是指让用户在大楼内可随时与世界各地进行联系,交换信息,抓住商机。为此,写字楼管理与服务要按照以下要求展开。

（一）科学化、制度化、规范化、高起点

现代写字楼技术含量高,管理范围广,不能只凭经验办事。要积极探索制定并不断完善一套覆盖各个方面的管理制度,使整个管理工作有章可循,有据可依,管理与服务走上科学化、制度化、规范化的轨道;要有高素质的员工队伍,高技术的管理手段,高标准的管理要求。只有这样,才能达到良好的管理效果。

（二）加强治安防范,严格出入管理制度,建立客户档案

写字楼的安全保卫工作很重要,它不仅涉及国家、企业和个人财产与生命安全,还涉及大量的行业、商业、部门机密。由于写字楼一班在办公时间都是开放的,所以治安管理难度大。必须加强治安防范,建立和健全各种值班制度,坚持非办公时间出入大楼的检查登记制度,坚持定期检查楼宇防盗与安全设施制度,坚持下班交接检查制度。加强前门、后门的警卫及中央监控,坚持24小时值班巡逻,力求做到万无一失。同时,应全面建立客户档案,熟悉业主、租户情况,增加沟通了解,做到时时心中有数,确保业主、租户的人身和财产安全。

（三）加强消防管理,做好防火工作

由于写字楼规模大、功能多、设备复杂、人流频繁、装修量大,加之高层建筑承受风力和易受雷击,所以火灾隐患较多。因此,写字楼防火要求较高,应特别加强对消防工作的管理。一定要教育员工、业主、租户遵守用火、用电制度,明确防火责任人,熟悉消防基本知识,掌握防火、救火的基本技能;加强防范措施,定期检查、完善消防设施,落实消防措施,发现问题及时处理,消除事故隐患。

（四）重视清洁管理

清洁的好坏是写字楼管理服务水平的重要体现,关乎大厦的形象。由于写字楼一般都采用大量质地优良的高级装饰材料进行装饰,所以清洁难度大,专业要求高。为此要制定完善的清洁细则,明确需要清洁的地方、清洁次数、检查方法等。同时要加强经常性巡视保洁,保证大厅、过道随脏随清,办公室内无杂物、灰尘,门窗干净明亮,会议室整洁,茶具清洁消毒。

（五）加强设备、设施的管理与维修保养

设备、设施的正常运行是写字楼运作的核心。应重视写字楼水电设施（包括高低压变电房,备用发电房,高低压电缆、电线、上下水管道等各项设施）的全面管理和维修,供水、供电要有应急措施。应特别注意对电梯的保养与维修,注重对消防系统的检查、测试和对空调系统的保养、维修。要有健全的检查维修制度,要对公用设备、公共场所,如大厅、走廊、电梯间等定期检查、维修、维护,对业主、租户的设备报修要及时处理,并定期检查。要做到电梯运转率不低于98%,应急发电率达到100%,消防设备完好率达到100%。

（六）设立服务中心,完善配套服务

管理就是服务,为方便客户,满足客户的需要,写字楼应有配套的服务。例如,设立服务中心,帮助业主、租户办理入住和退房手续,解决相关问题;提供问询及打字、传真、复印、订票服务等;提供其他可能的委托服务,如代客购物、代送快件等。

（七）加强沟通协调，不断改进工作

要加强与业主、租户的沟通，主动征询、听取他们对物业服务工作的意见与要求，认真接受、处理业主、租户的投诉，及时反映、解决他们提出的问题。要谨慎对待、协调好各方面关系，协调配合好政府各部门的工作，还要不断改进各项管理，使各项工作指标达到同行业先进水平。

四、写字楼物业管理的内容

（一）对小业主或承租商的管理

统一产权型的公共商用写字楼，其经营者都是承租商，可以在承租合同中写入相应的管理条款，对承租户的经营行为进行规范管理，也可以以商场经营管理公约的形式对他们进行管理引导。对于分散产权型的公共商用写字楼，一般宜采用管理公约的形式，明确业主、经营者与管理者的责任、权利和义务，以此规范双方的行为，保证良好的经营秩序；也可由工商部门、管理公司和业主、经营者代表共同组成管理委员会，由管理委员会制定管理条例，对每位经营者的经营行为进行约束，以保证良好的公共经营秩序。

（二）租售营销服务

为了保证写字楼有较高的租售率和较高的收益，物业管理公司必须做好营销服务。写字楼营销的市场调研和营销计划的制订、整体形象的宣传推介，引导买、租客户考察物业，与客户的联络、谈判、签约，帮助客户和业主沟通等均属于写字楼的营销推广与服务范畴。

（三）安全保卫管理

保安工作的基本原则是：宾客至上，服务第一；预防为主；谁主管，谁负责；群防群治，内紧外松。严格制定保安规章制度，加强保安措施，配备专门保安人员和保安设备。安全保卫要坚持全天值班巡逻，并安排便衣保安人员巡逻。在硬件上要配套安装电视监控器及红外线报警器等报警监控装置，对商场进行全方位的监控。

（四）消防管理

由于写字楼属于人流密集型场所，所以消防安全非常重要。其消防工作的指导思想是：以防为主、宣传先行、防消结合。消防工作要常抓不懈，首先要进行消防宣传，定期组织消防演习；发动大家，及时消除火灾苗头和隐患；定期组织及安排消防检查。

（五）设备的管理、维修、保养

管理好机电设备，保证设备的正常运转是写字楼正常运作的核心。《全国城市物业管理优秀大厦标准及评分细则》中关于大厦设备管理的要求远远多于和高于一般住宅小区的管理标准。要重视对写字楼水电设施的全面管理和维修，保证电梯、手扶电梯、中央空调、电力系统等的正常运行。

(六)环境保洁与绿化美化服务

要有专门人员负责保洁,将垃圾杂物及时清理外运,时时保持场内的清洁卫生,对大理石饰面等要定期打蜡、抛光。绿化美化管理既是一年四季日常性的工作,又具有阶段性的特点,必须按照绿化的不同品种、不同习性、不同季节、不同生长期等,适时确定不同的养护重点,保证无破坏、践踏及随意占用绿地的现象。

(七)客服服务

在写字楼市场的竞争日趋白热化的今天,谁能为客户提供更好的服务及更方便舒适的办公环境,谁就有能拥有更多的客户,谁就能在市场竞争中立于不败之地。写字楼的客服主要指前台服务,具体项目包括以下内容。

(1)日常代理服务,如问询、留言、钥匙分发、信件报刊收发、洗衣送衣等服务。

(2)客户出行代理服务,如行李搬运、寄存、航空机票订购、出租车预约、全国及世界各地酒店预订等服务。

(3)其他服务,如文娱活动安排及组织、旅游活动安排、外币兑换、代售磁卡及餐券等服务。

(八)商务服务

写字楼客户业务类型不同,自身办公条件不同,对商务中心的服务范围的要求就不同,较齐全的商务中心提供的服务项目包括以下内容。

(1)日常办公服务,如秘书、翻译服务,邮政、通信服务,报刊订阅服务,商务会谈、会议安排服务,商务信息咨询、查询服务等。

(2)其他服务,如整套办公设备和人员配备,文件、名片等印刷,成批发放商业信函,电脑、电视、录像、摄像、幻灯片、手机租赁,临时办公室租用,秘书培训等服务。

任务 5 商业物业管理

一、商业物业管理的主要内容

(一)安全保卫管理

大型商业场所面积大、商品繁多、客流量大、人员复杂,这些因素都容易导致发生安全问题。因此,商业场所的安保工作量较大、质量要求高。商业场所物业安全管理服务主要是为客户提供安全、放心的购物环境,并确保商业场所的物品不被偷盗。商业场所安保管理的主要工作具体如下。

(1) 商业场所安保管理实行 24 小时值班巡逻制度,在商业场所营业时间内,物业管理企业应安排便衣保安员在商业场所内巡逻。

(2) 在商业场所的重要部位,如财务室、电梯内、收款台、商业场所各主要出入口等处安装闭路电视监控器、红外线报警器等报警监控装置,安保工作人员对商业场所进行全方位监控。

(3) 商业场所营业结束时,保安应进行严格的清场,确保商业场所内无闲杂人员。

(4) 结合商业场所的实际情况,制订安全管理预案,在紧急情况下能够启动、实施安全预案。

(5) 与当地公安部门建立工作联系,发现案情时,积极主动协助、配合公安部门的工作。

(二) 消防管理

大型商业场所的客流量非常大,各种商品摆放较密集,而且物品种类多,这些都给商业场所的消防管理工作带来较大困难。所以,商业场所的消防管理工作主要应从以下几个方面展开。

(1) 组建一支素质高、责任心强、专业技术过硬、经验丰富的消防队伍。在物业管理企业内部成立一支专业消防队,在商业场所租户群体中成立一支义务消防队。通过宣传、培训,使商业场所内的租户提高消防意识,增加消防知识,熟悉灭火器等消防器材的使用方法。

(2) 针对商业场所特点,完善各种消防标志配置。如避难指示图、各出入口指示、灭火器材的存放位置和标志等。同时,一定要保持标志的完整、清晰。

(3) 结合商业场所的经营特点,制订商业场所消防预案,对物业管理企业全体人员及部分租户进行培训,在紧急情况下能有效组织灭火、疏散人员,保证客户人身财产安全。

(4) 定期或不定期的组织商业场所的消防实战演习,以提高服务管理者和客户在紧急情况下的应变能力。

(5) 定时、定期对消防设备、设施进行检查维护,确保消防设备、设施能随时使用。

(三) 车辆管理

大型商业场所的车辆来往频繁,停留时间较短,停车是否方便、交通是否便利直接关系到商业场所的经济效益。所以,物业管理企业对来往车辆的疏导管理是商业场所物业管理工作的重要组成部分。商业场所车辆管理的主要内容包括以下几点。

(1) 物业管理企业设有专人负责指挥维持交通,安排车辆停放,同时要有专人负责车辆看管,以防丢失。

(2) 商业场所车辆管理要分设货车、小车、摩托车、自行车等专用停放场所。

(3) 物业管理企业要与交通管理部门建立工作联系,了解周边地区停车场的情况,有助于本商业场所的车辆疏导工作和简单处理解决交通纠纷问题。

(四) 环境保洁与绿化管理

随着生活水平的提高,人们对商业场所环境的要求也越来越高。所以,搞好商业场所内外的绿化和美化也是物业管理的重要工作内容。

大型商业场所客流量大,产生垃圾、杂物自然会多,商业场所保洁工作任务繁重,困难较大。商业场所的保洁工作的主要内容有以下几点。

(1) 对商业场所进行流动性保洁,即保洁操作频繁进行,在雨天、雪天应及时采取防护措施。

(2) 专人负责随时、定时收集垃圾、杂物,并清运到垃圾存放点。

(3) 依据商业场营业时间，定期、定时对商业场所地面进行打蜡、抛光等养护工作，随时擦拭各种指示标志、招牌等。

(4) 定期清洁商业场所的外墙面、广告牌等，确保商业场所整洁的外观形象。

(5) 制定适合商业场所的保洁服务质量标准，设立清洁检查机制，并有效落实和实施，确保质量标准有效完成。

（五）房屋及附属设备、设施管理

大型商业场所的房屋及设备、设施是商业场所经营活动所必需的，物业管理企业对商业场所房屋及设备、设施的维修养护工作是否到位，直接关系到商业场所是否能够正常营业。商业场所房屋的管理及维修养护工作与写字楼等类型物业基本相同。商业场所的设备设施管理工作主要有以下几个方面。

(1) 结合同商业场所的营业时间，制订设备设施日常性、阶段性维修养护计划，使设备、设施维修养护工作按部就班地逐步实施，不影响商业场所的正常经营活动。

(2) 建立有效的巡视检查制度，对供电设备系统、给排水系统、消防系统、照明系统、霓虹灯广告等设备定时、定期查巡，及时发现和解决问题，确保设备、设施正常运行。

(3) 对电梯、中央空调等重点设备做好对外委托性维修养护工作，以保证为客户提供顺畅的交通和适宜的温度。

(4) 对设备、设施的报修工作应于第一时间及时处理，保持高效率，以使商业场所不至于因设备故障而中断经营活动。

(5) 及时整改容易造成客户损伤的设备、设施，如柜台锋利的玻璃边、角应进行修整等，避免使消费者受到意外伤害。

（六）建立公共商业场所识别体系

企业识别系统是强化公共商业企业形象的一种重要方式，它包括理念识别体系、视角识别体系和行为识别体系，三者互相促进，可产生良好的商业产果。

建立企业识别系统是改变企业形象，注入新鲜感，增强企业活力，从而吸引广大消费者注意，提高销售业绩的一种经营手段。其特点是通过对企业的一切可视事物，即形象中的有形部分进行统筹设计、控制、传播，使公共商业场所的识别特征一贯化、统一化、标准化和专业化。具体做法是综合围绕在企业四周的消费群体及其关系群体，如股东群体、制造商群体、金融群体，以公共商业场所特有和专用的文字、图案、字体组合成的基本标志作为客户和公众识别自己的特征，并深入贯穿到公共商业场所形象的全部内容，如企业名称、商标、招牌、证章，以及企业简介、广告、员工服装、办公室、展厅等。建立识别系统是公共商业场所促销的一项有效战略，必须系统展开，长期坚持。

二、商业场所物业管理的特点

（一）需要确保商业场所的安全性

由于进出商业场所的客流量大、人员复杂、商业场所内部商品繁多，因而给商业场所的安全防范工作带来很大的困难。物业管理企业应通过完善的技防和人防措施,最大限度地保证业主、客户的利益,在防盗的同时注意策略、方法得当,保证客户安全、放心地购物消费。

由于商业场所内部人员流动大、商品众多,其内部火灾的防范工作尤其重要。作为从事商业场所管理工作的物业管理企业,平时要做好对消防设备、设施的日常维护保养工作,同时要制定并完善紧急情况下的应急措施,通过各项管理制度的切实执行,保证商业场所内消防通道的畅通,一旦出现紧急情况便能够及时将客户疏散。

(二)需要确保设备设施的可靠性

商业场所的设备、设施尤其是高层商业场所的设备、设施,是开展正常经营活动所必需的保证。电梯的故障将会给客户购物带来极大的不便,供电系统的故障会给商业场所带来巨大的混乱,同时造成不安全因素。空调系统的故障将会使客户失去一个舒适的购物、休闲环境。因此,要对商业场所内各种设备、设施进行精心的养护和及时的维修,以保证设备设施可靠的运行。

(三)需要确保客户消费的便利性

由于商业场所来往人员多、车流量大,为了给前来休闲、购物的客户提供一个便利的环境条件,在管理过程中要有专人负责来往车辆的疏导工作,以保证客户的出行方便。现代大型商业场所停车是否便利,将会直接影响商业场所的经济效益。

(四)需要确保环境的整洁性

商业场所人员复杂、流动量大、人员素质参差不齐,加上废弃的商品包装杂物会使得商业场所内的垃圾增多,环境卫生变差。另外,对户外的招牌广告、霓虹灯要及时进行清洁维护,保持商业场所外观的整洁,树立良好的外部形象。

小结

本学习情境是学习物业管理实务的基础,主要介绍了物业管理的起源和发展,介绍了物业及物业管理的基本概念和基本原理,同时对物业管理与传统房屋管理进行了比较,并提出了物业管理的内容和基本环节,也阐明了物业管理的目标、原则及意义。本学习情境重点是要掌握物业及物业管理的含义、特点,以及物业管理与传统房屋管理的关系,物业管理与社区管理的关系等。

(1)物业管理到底是管理还是服务?

某小区实行物业管理后,不少居民对物业管理公司的一些工作很不理解。比如,物业管理公司的管理人员不让业主把车停放在楼下门口,把小区原来的四个出口封闭了两个,不让居民把被子拿到小区的空地上随地晾晒等。对此居民非常疑惑,不是说物业管理公司是我们聘请来为大家服务的吗?可物业管理公司为什么又处处管着我们?物业管理到底是管理还是服务?

(2)什么是物业管理?物业管理与传统房屋管理之间有何关系?

(3) 何谓物业？物业与房地产业有什么区别？

(4) 案例分析

物业保洁人员这样做对吗？

某日清晨，某花园小区新雇用的保洁员魏某在19号的公共通道打扫卫生时，发现该楼1601号单元的大门一直半开着，她便上前按业主家的门铃，按了几次没有应答，而且从门外看上去室内也没有任何动静，魏某便好奇的侧身进入室内想看个究竟。正在这时，业主白小姐从电梯里出来，一见自己家大门开着，惊慌的径直走进家中恰巧碰上保洁员魏某在自己家里，白小姐先是一愣，然后便生气的质问魏某是干什么的，为什么在自己家里，然后立即报了110，将魏某遭送到公安局。

试分析：魏某错在哪里？如果碰到以上情况（业主家没人而且门又开着），应该如何处理？

(5) 案例分析

物业公司如何应对住宅小区业主健身扰民？

近年来，一股全民健身热潮在全国掀起。某住宅小区就活跃着这样一支健身队，他们大多是已退休的中老年人，为了充实生活、开阔心境、锻炼身体，每天清晨身着整齐的服装到小区花园的空地上集合，放着音乐跳健身操。然而，他们却忽略了播放音乐对他人的影响，妨碍了他人的休息。于是，不少业主纷纷找到管理该小区的物业公司投诉，请物业公司尽快解决这一问题。

试问物业公司该怎么办？

(6) 案例分析

二手商品房住宅维修基金该不该交？

2005年，王女士通过某房屋中介看中了一套2000年的二手商品房，总价35万。该套房屋整体房屋状况良好且地处繁华位置、交通便利，王女士看后十分满意。在与该业主签署《房屋买卖合同》中发现一条关于房屋公共维修基金由谁来缴纳的条款，其中王女士所购的这套二手房原业主所缴纳的房屋公共维修基金为6 000元。

那么，对于这笔费用王女士应不应该支付给业主呢？

参考文献

[1] 刘洪玉.房地产开发经营与管理[M].北京:中国建筑工业出版社,2011.
[2] 沈建忠,张小宏.房地产基本制度与政策[M].北京:中国建筑工业出版社,2011.
[3] 王建红.房地产投资分析[M].北京:电子工业出版社,2012.
[4] 陈修齐.房地产市场营销学[M].北京:电子工业出版社,2007.
[5] 左振华.物业管理概论[M].北京:电子工业出版社,2007.
[6] 熊帅梁.房地产经纪实务[M].大连:东北财经大学出版社,2009.
[7] 钱伟荣.房地产销售实务[M].北京:对外经济贸易大学出版社,2011.
[8] 白德懋.居住区规划与环境设计[M].北京:中国建筑工业出版社,2000.
[9] 刘洪玉.房地产开发[M].北京:首都经济贸易大学出版社,2006.
[10] 银花,张如颖.房地产经营与管理[M].北京:机械工业出版社,2007.
[11] 吕萍.房地产开发与经营[M].3版.北京:中国人民大学出版社,2011.
[12] 李加林,周心怡.物业管理实务[M].北京:中国建筑工业出版社,2006.
[13] 刘洪玉,柴强.物业经营管理[M].北京:中国建筑工业出版社,2006.
[14] 张景伊,陈伟.物业管理基本制度与政策[M].北京:中国建筑工业出版社,2006.
[15] 陆伟良.智能化建筑导论[M].北京:中国建筑工业出版社,1996.
[16] 潘家华,李景国.中国房地产发展报告 NO.7[M].北京:社会科学文献出版社,2010.
[17] 姚迎伟.房地产营销全攻略[M].北京:经济管理出版社,2004.
[18] 黄国辉.房地产开发与营销[M].北京:北京理工大学出版社,2012.
[19] 唐欣,张延东.房地产开发与经营[M].武汉:华中科技大学出版社,2009.
[20] 张建中,冯天才,张勇,等.房地产开发与经营[M].2版.北京:北京大学出版社,2013.